정보화실무 2021

Excel 2021 & Powerpoint 2021

단계학습 **정보화 실무 2021 자료 다운로드 방법**

이 책의 차례

정보화 실무 2021

1. 렉스미디어 홈페이지(www.rexmedia.net)에 접속한 후 왼쪽 상단의 [일반 교재]를 클릭합니다.

2. 일반 교재 안내 페이지가 나타나면 [단계학습]-[(단계학습)정보화실무2021]을 클릭합니다.

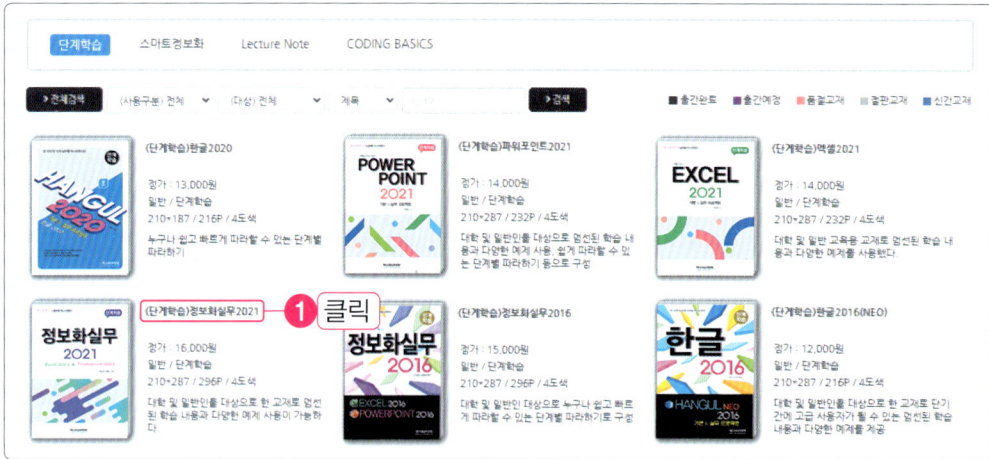

3. 교재 상세 페이지가 나타나면 [학습자료]를 클릭합니다.

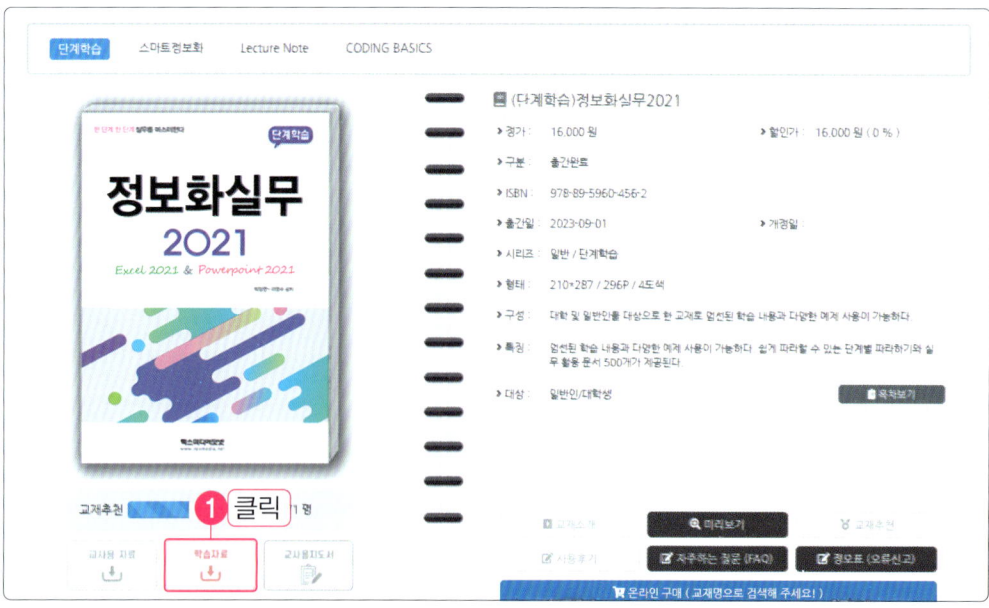

4 자료실 페이지가 나타나면 [단계학습 정보화실무 2021_학습자료(예제 및 완성)]을 클릭합니다.

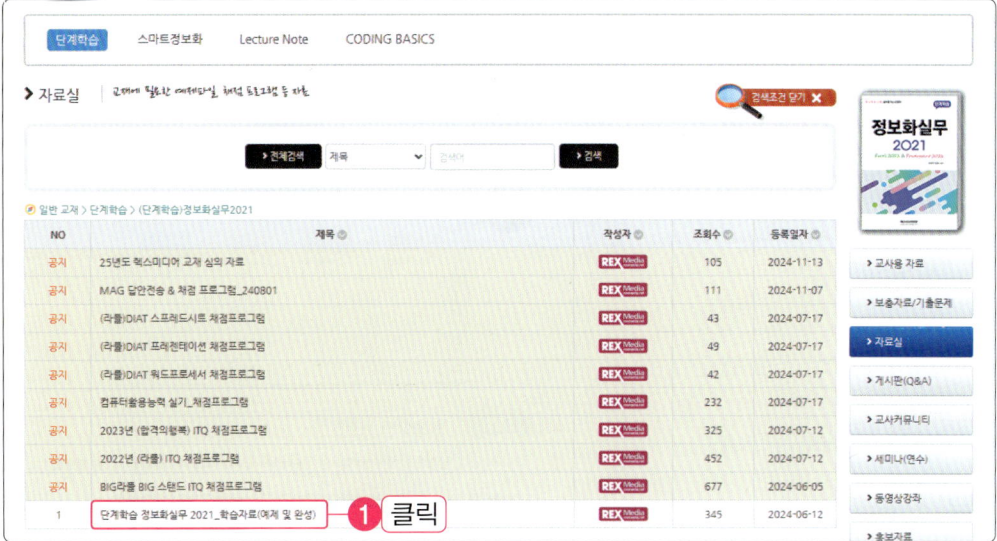

5 ▶다운로드 단추를 클릭하여 자료를 다운로드 받습니다.

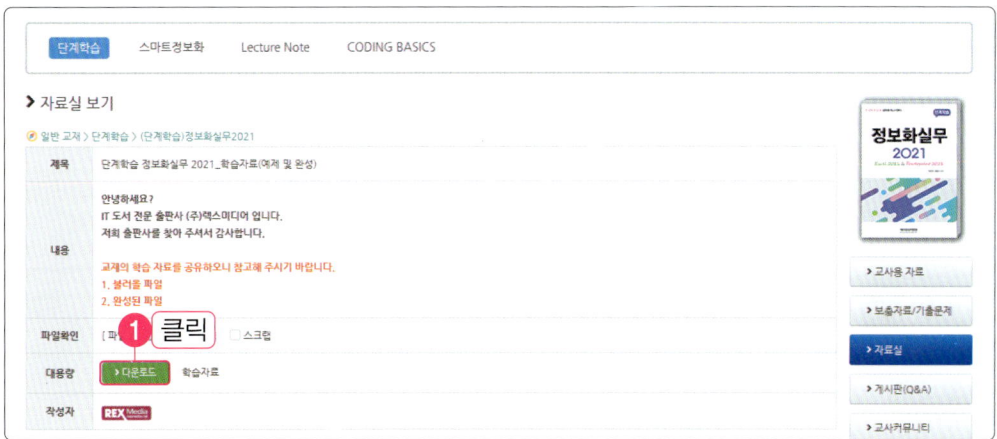

6 **파일 탐색기를 실행**한 후 다운로드 받은 파일을 압축을 해제하면 다음과 같이 단계학습 정보화실무 2021 자료가 다운로드된 것을 확인할 수 있습니다.

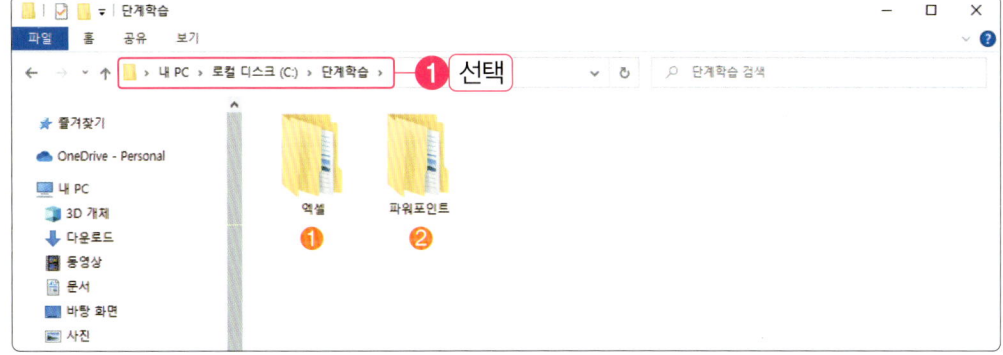

❶ 엑셀 2021 기본(연습문제)에서 사용하는 연습파일과 완성파일이 담겨져 있습니다.
❷ 파워포인트 2021 기본(연습문제)에서 사용하는 연습파일과 완성파일이 담겨져 있습니다.

이 책의 구성

정보화 실무 2021

장 제목
장의 제목입니다.

학습 내용
장에서 다루는 학습 내용입니다.

미리보기
따라하기의 결과 화면입니다.

따라하기 예제파일
따라하기에서 사용하는 예제파일입니다.

절 제목
절의 제목입니다.

따라하기
학습 내용을 배우고 익히는 과정입니다. 누구나 쉽고 빠르게 따라할 수 있도록 단계별로 따라하는 과정을 자세히 설명하였습니다.

Tip
따라하기에서 필요한 내용이나 참고할 내용입니다.

알고 넘어갑시다!
학습 내용과 관련 있는 내용이지만 따라하기에서 다루지 못한 내용입니다.

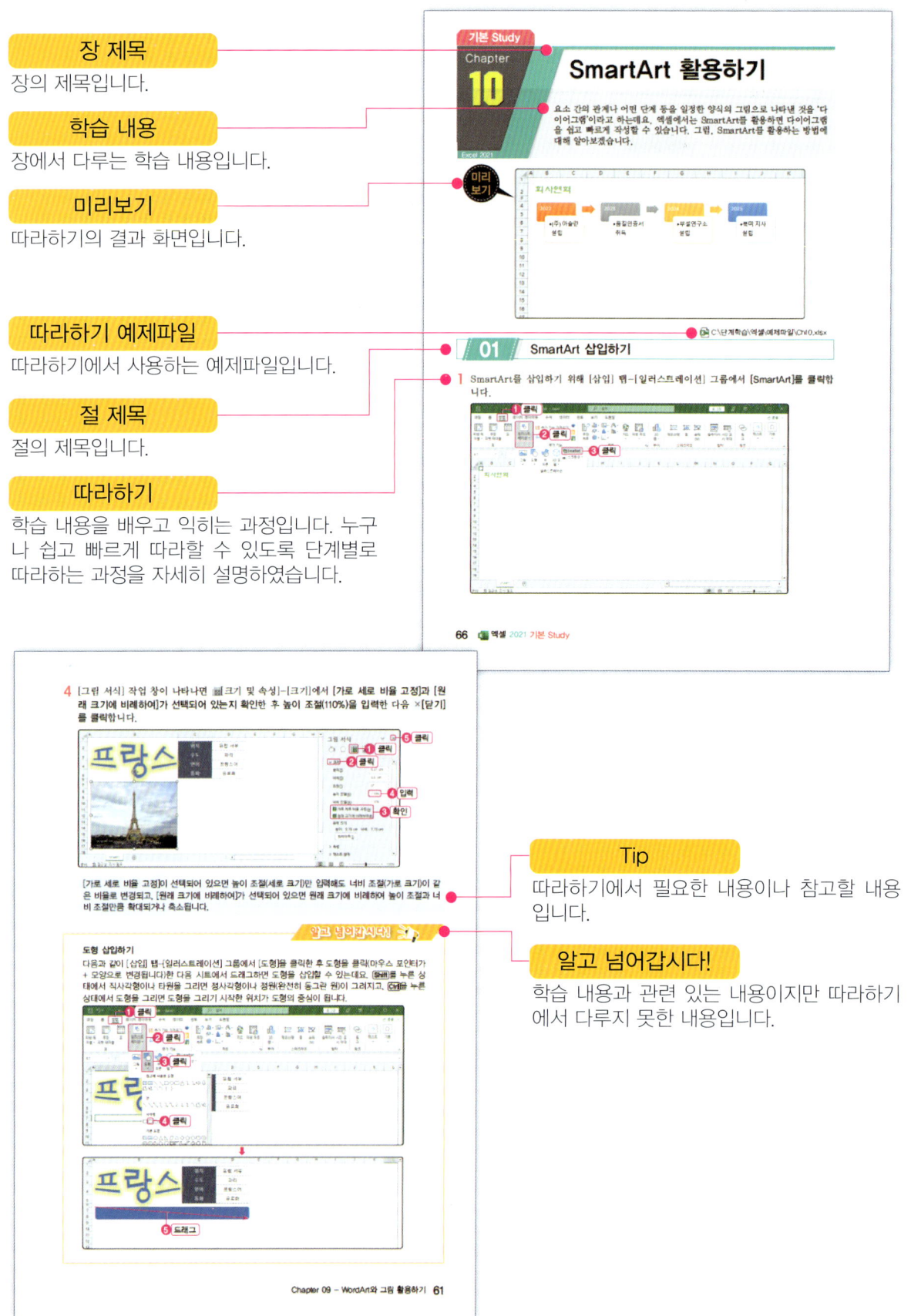

이 책의 구성

정보화 실무 2021

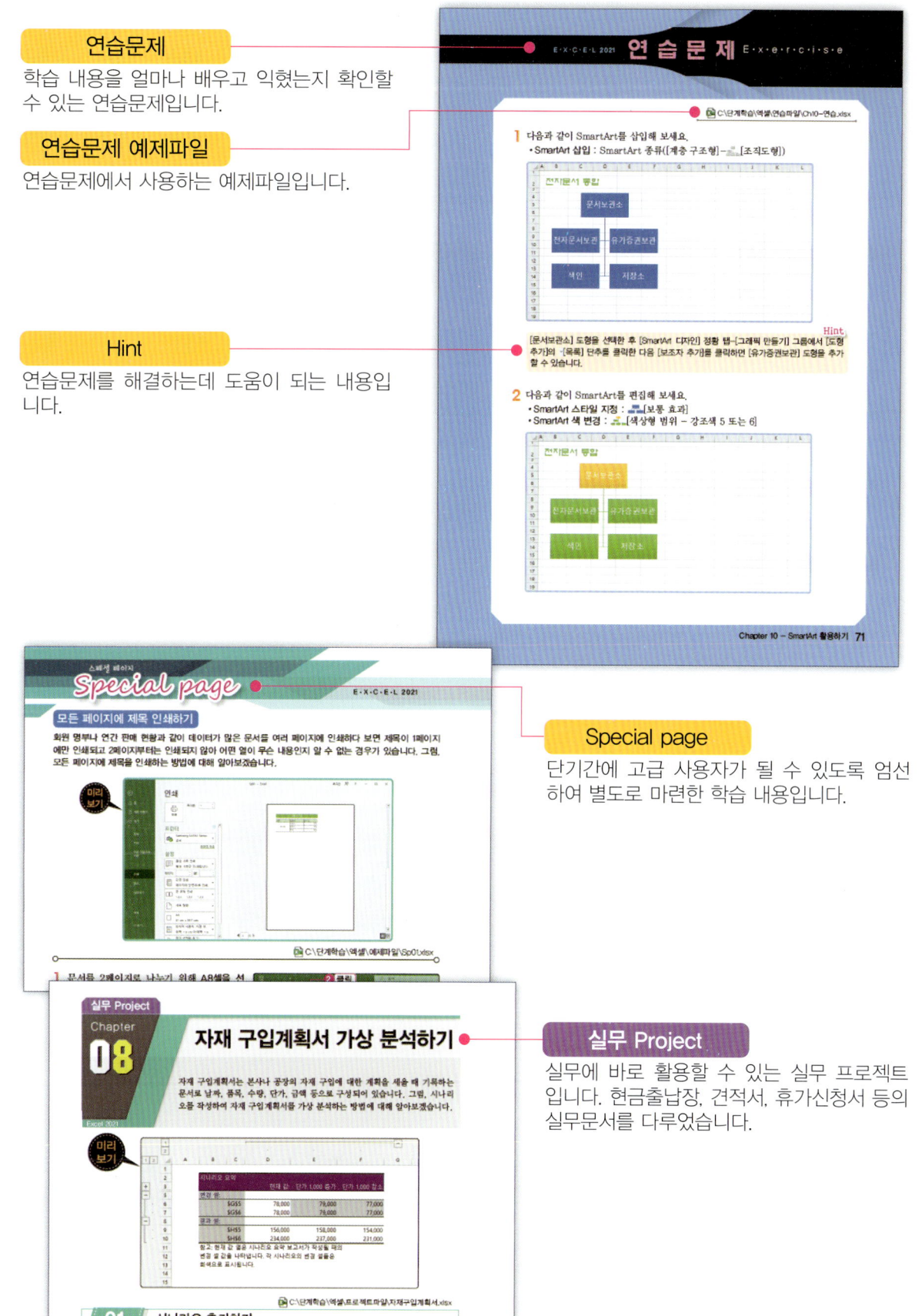

연습문제
학습 내용을 얼마나 배우고 익혔는지 확인할 수 있는 연습문제입니다.

연습문제 예제파일
연습문제에서 사용하는 예제파일입니다.

Hint
연습문제를 해결하는데 도움이 되는 내용입니다.

Special page
단기간에 고급 사용자가 될 수 있도록 엄선하여 별도로 마련한 학습 내용입니다.

실무 Project
실무에 바로 활용할 수 있는 실무 프로젝트입니다. 현금출납장, 견적서, 휴가신청서 등의 실무문서를 다루었습니다.

이 책의 차례

정보화 실무 2021

(Excel)

- **Chapter 01** • 엑셀 시작하기 ······ 2
  - 엑셀 실행하고 문서 작성하기 • 문서 저장하고 엑셀 종료하기

- **Chapter 02** • 기호와 한자 입력하기 ······ 8
  - 문서 열고 기호 입력하기
  - 한자 입력하고 다른 이름으로 문서 저장하기

- **Chapter 03** • 자동 채우기로 데이터 입력하기 ······ 14
  - 채우기 기능과 채우기 핸들 사용하기
  - 사용자 지정 목록에 직급 등록하고 직급 입력하기

- **Chapter 04** • 행/열 편집하기 ······ 22
  - 행/열 삽입하기
  - 행 높이와 열 너비 변경하고 행 숨기기/숨기기 취소하기

- **Chapter 05** • 시트 편집하기 ······ 30
  - 시트 이름 바꾸고 시트 복사하기 • 시트 삭제하기

- **Chapter 06** • 셀 서식 지정하기 ······ 36
  - 글꼴과 맞춤 서식 지정하기
  - 테두리와 채우기 서식 지정하고 표시 형식 지정하기

- **Chapter 07** • 셀 스타일과 표 서식 지정하기 ······ 44
  - 셀 스타일 지정하기 • 표 서식 지정하기

- **Chapter 08** • 테마 지정하고 문서 인쇄하기 ······ 50
  - 테마 지정하기 • 문서 인쇄하기

- **Chapter 09** • WordArt와 그림 활용하기 ······ 56
  - WordArt 활용하기 • 그림 활용하기

- **Chapter 10** • SmartArt 활용하기 ······ 66
  - SmartArt 삽입하기 • SmartArt 편집하기

- **Special page** • 모든 페이지에 제목 인쇄하기 ······ 72

- **Chapter 11** • 수식 알아보기 ······ 74
  - 수식 입력하기 • 참조 알아보기

- **Chapter 12** • 함수 알아보기 ······ 80
  - 자동 합계 사용하기 • 함수 마법사 사용하기

- **Chapter 13** • 함수 활용하기 ······ 88
  - 함수를 중첩해 사용하여 합격여부 구하기
  - 압축강도 순위 구하기

정보화 실무 2021

이 책의 차례

- **Chapter 14 · 조건부 서식 지정하기** ·· 98
  - 데이터 막대와 아이콘 집합 사용하기
  - 조건부 서식의 조건 편집하기
- **Chapter 15 · 이름 정의하고 데이터 유효성 검사 설정하기** ················ 104
  - 이름 정의하기 • 데이터 유효성 검사 설정하기
- **Chapter 16 · 차트 작성하기** ·· 110
  - 차트 삽입하고 편집하기 • 새 시트로 차트 이동하기
- **Chapter 17 · 데이터 정렬하기** ·· 118
  - 데이터 정렬하기 • 사용자 지정 목록 순으로 데이터 정렬하기
- **Chapter 18 · 자동 필터 사용하기** ·· 124
  - 자동 필터 사용하기 • 사용자 지정 자동 필터 사용하기
- **Chapter 19 · 고급 필터 사용하기** ·· 130
  - 현재 위치에 원하는 데이터만 표시하기
  - 다른 위치에 원하는 데이터만 표시하기
- **Chapter 20 · 부분합 사용하기** ·· 136
  - 부분합 사용하기 • 윤곽 기호 사용하기
- **Special page · 스파크라인 작성하기** ··· 142

Powerpoint

- **Chapter 01 · 파워포인트 시작하기** ·· 2
  - 파워포인트 실행하고 프레젠테이션 작성하기
  - 프레젠테이션 저장하고 파워포인트 종료하기
- **Chapter 02 · 기호와 한자 입력하기** ··· 8
  - 프레젠테이션 열고 기호 입력하기
  - 한자 입력하고 다른 이름으로 프레젠테이션 저장하기
- **Chapter 03 · 슬라이드 편집하기** ·· 14
  - 슬라이드 삽입하고 삭제하기 • 슬라이드 복제하고 이동하기
- **Chapter 04 · 단락 편집하기** ·· 20
  - 단락의 목록 수준 조정하고 단락 간격 지정하기
  - 개요 보기 창에서 단락 이동하기
- **Chapter 05 · 글머리 기호 넣고 번호 매기기** ······································ 26
  - 글머리 기호 넣기 • 번호 매기기
- **Chapter 06 · 글꼴과 맞춤 서식 지정하고 서식 복사하기** ···················· 32
  - 글꼴과 맞춤 서식 지정하기 • 서식 복사하기

이 책의 차례

정보화 실무 2021

- **Chapter 07** • 테마 지정하기 38
  - 테마 지정하기 • 테마 색과 테마 글꼴 변경하기
- **Chapter 08** • 프레젠테이션 인쇄하기 44
  - 슬라이드의 크기와 머리글/바닥글 지정하기
  - 프레젠테이션 인쇄하기
- **Chapter 09** • 배경 서식 지정하고 WordArt 활용하기 50
  - 배경 서식 지정하기 • WordArt 활용하기
- **Chapter 10** • 도형과 그림 활용하기 56
  - 도형 활용하기 • 그림 활용하기
- **Special page** • 앨범 만들기 64
- **Chapter 11** • SmartArt 활용하기 68
  - SmartArt 삽입하기 • SmartArt 편집하기
- **Chapter 12** • 표 작성하기 74
  - 표 삽입하기 • 표 편집하기
- **Chapter 13** • 차트 작성하기 82
  - 차트 삽입하기 • 차트 편집하기
- **Chapter 14** • 동영상 활용하기 92
  - 동영상 삽입하기 • 동영상 편집하기
- **Chapter 15** • 슬라이드 마스터와 유인물 마스터 설정하기 98
  - 슬라이드 마스터 설정하기 • 유인물 마스터 설정하기
- **Chapter 16** • 화면 전환 효과 지정하고 슬라이드 쇼 시작하기 106
  - 화면 전환 효과 지정하기 • 슬라이드 쇼 시작하기
- **Chapter 17** • 애니메이션 지정하기 112
  - 애니메이션 지정하기 • 애니메이션 추가하기
- **Chapter 18** • 하이퍼링크와 실행 단추 삽입하기 118
  - 하이퍼링크 삽입하기 • 실행 단추 삽입하기
- **Chapter 19** • 슬라이드 숨기고 슬라이드 쇼 재구성하기 126
  - 슬라이드 숨기기 • 슬라이드 쇼 재구성하기
- **Chapter 20** • 슬라이드 쇼 진행하고 예행 연습하기 132
  - 슬라이드 쇼 진행하기 • 예행 연습하기
- **Special page** • 차트 애니메이션 지정하기 140

EXCEL 2021

기본 Study

- **01** 엑셀 시작하기 ·· 2
- **02** 기호와 한자 입력하기 ································· 8
- **03** 자동 채우기로 데이터 입력하기 ················ 14
- **04** 행/열 편집하기 ·· 22
- **05** 시트 편집하기 ·· 30
- **06** 셀 서식 지정하기 ······································· 36
- **07** 셀 스타일과 표 서식 지정하기 ··················· 44
- **08** 테마 지정하고 문서 인쇄하기 ···················· 50
- **09** WordArt와 그림 활용하기 ·························· 56
- **10** SmartArt 활용하기 ···································· 66
- **S** *Special page* 모든 페이지에 제목 인쇄하기 ········ 72
- **11** 수식 알아보기 ·· 74
- **12** 함수 알아보기 ·· 80
- **13** 함수 활용하기 ·· 88
- **14** 조건부 서식 지정하기 ································ 98
- **15** 이름 정의하고 데이터 유효성 검사 설정하기 ······· 104
- **16** 차트 작성하기 ·· 110
- **17** 데이터 정렬하기 ··· 118
- **18** 자동 필터 사용하기 ···································· 124
- **19** 고급 필터 사용하기 ···································· 130
- **20** 부분합 사용하기 ··· 136
- **S** *Special page* 스파크라인 작성하기 ················· 142

기본 Study

Chapter 01

엑셀 시작하기

계산 기능이 뛰어나서 매입매출장이나 거래명세서와 같이 표 형태로 된 데이터를 쉽고 빠르게 처리할 수 있는 프로그램을 '스프레드시트'라고 하는데요. 엑셀은 스프레드시트 중에서 가장 대표적인 프로그램입니다. 그럼, 엑셀을 실행하고 문서를 작성하는 방법과 문서를 저장하고 엑셀을 종료하는 방법에 대해 알아보겠습니다.

미리보기

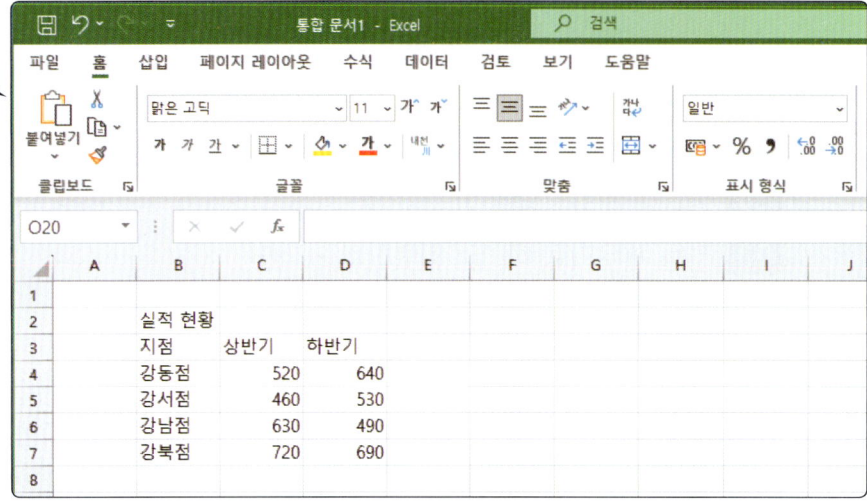

01 엑셀 실행하고 문서 작성하기

1 엑셀을 실행하기 위해 작업 표시줄에서 ⊞[시작] 단추를 클릭한 후 앱 뷰에서 [Excel]을 클릭합니다.

2 엑셀이 실행되면 [홈]을 클릭한 후 [새 통합 문서]를 클릭합니다.

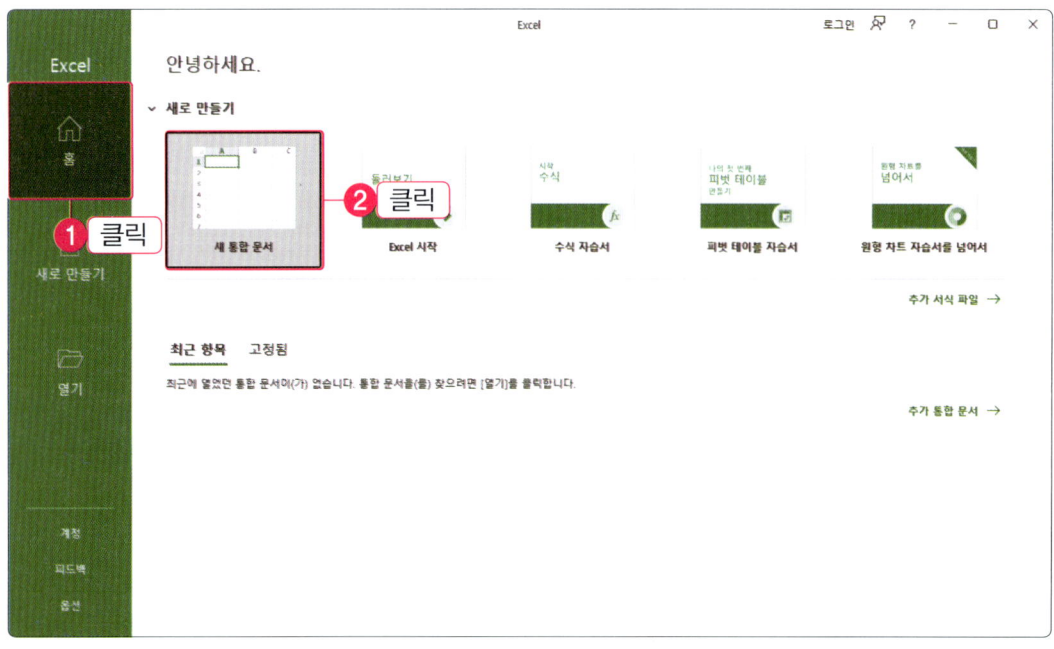

엑셀의 화면 구성

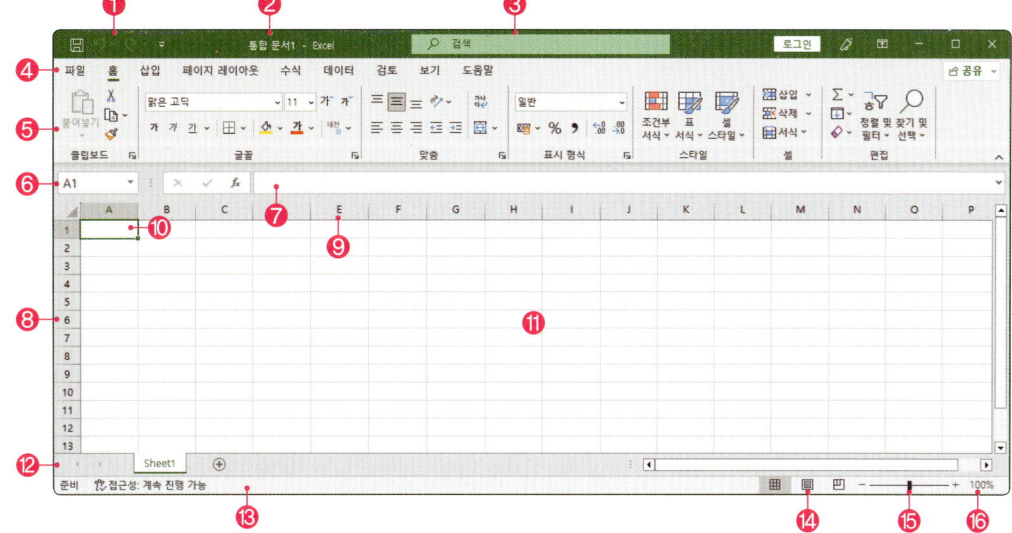

❶ **빠른 실행 도구 모음** : 자주 사용하는 기능을 빠르게 실행할 수 있는 도구 모음(엑셀에서 제공하는 기능을 아이콘으로 만들어 놓은 것)입니다.

❷ **제목 표시줄** : 문서의 파일 이름(새 문서는 '통합 문서1', '통합 문서2', …로 표시)과 프로그램의 이름(Excel)이 표시되는 곳입니다.

❸ **검색** : 텍스트부터 명령, 도움말 등까지 원하는 내용을 신속하게 찾을 수 있습니다.

❹ **파일 탭** : 백스테이지(Backstage)로 전환하여 열기, 저장, 인쇄 등을 할 수 있는 탭입니다. 백스테이지에서 ⊙을 클릭하면 메인스테이지(Mainstage)로 전환할 수 있습니다.

❺ **리본 메뉴** : 메뉴와 도구 모음이 하나로 통합된 메뉴입니다. 리본 메뉴는 [홈], [삽입], [페이지 레이아웃] 등의 탭으로 구성되어 있고, 탭은 서로 관련 있는 기능별로 구분하여 놓은 그룹으로 구성되어 있습니다. 그룹에 [추가 옵션]이 있는 경우, [추가 옵션]을 클릭하면 해당 대화상자나 작업 창이 나타납니다.

❻ **이름 상자** : 선택한 셀의 주소나 WordArt, SmartArt, 차트 등의 개체 이름이 표시되는 곳입니다. 이름 상자를 사용하여 특정 셀을 선택하거나 이름을 정의할 수 있습니다.

❼ **수식 입력줄** : 선택한 셀의 데이터나 수식이 표시되는 곳입니다. 수식 입력줄을 사용하여 선택한 셀에 데이터나 수식을 입력할 수 있습니다.

❽ **행 머리글** : 행(가로 방향)을 나타내는 숫자가 표시되는 곳입니다. 행은 1,048,576행(1~1,048,576)이 있습니다.

❾ **열 머리글** : 열(세로 방향)을 나타내는 문자가 표시되는 곳입니다. 열은 16,384열(A~XFD)이 있습니다.

❿ **셀** : 행과 열이 교차하면서 생긴 영역입니다.

⓫ **워크시트** : 문서를 작성하는 곳입니다. 셀들로 구성되어 있습니다.

⓬ **시트 탭** : 시트 이름이 표시되는 곳입니다. 시트 탭을 사용하여 시트 삽입, 시트 삭제, 시트 이름 바꾸기 등을 할 수 있습니다.

⓭ **상태 표시줄** : 준비, 입력, 편집 등의 작업 상태가 표시되는 곳입니다.

⓮ **보기 바로 가기** : 통합 문서 보기를 전환할 수 있는 곳입니다. ▦[기본], ▤[페이지 레이아웃], ▥[페이지 나누기 미리 보기]로 구성되어 있습니다.

⓯ **확대/축소 슬라이더** : ＋[확대]나 －[축소]를 클릭하거나 ▮[확대/축소]를 드래그하여 시트 화면의 확대/축소 배율을 지정할 수 있는 곳입니다.

⓰ **확대/축소** : 시트 화면의 확대/축소 배율이 퍼센트(%)로 표시되는 곳입니다.

3 새 문서가 만들어지면 **B2셀을 선택**합니다.

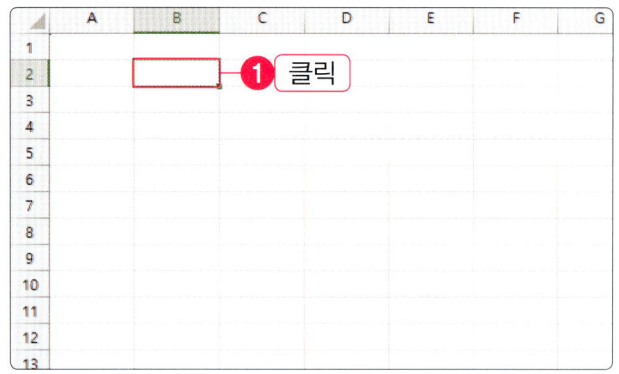

'B2'와 같이 셀을 서로 구분하기 위해 열을 나타내는 문자와 행을 나타내는 숫자를 조합하여 셀에 부여한 주소를 '셀 주소'라고 합니다.

알고 넘어갑시다!

셀 선택하기
- **하나의 셀 선택** : 셀을 클릭합니다.
- **연속적인 셀 선택** : 셀 범위를 드래그하거나 첫 번째 셀을 선택한 후 Shift 를 누른 상태에서 마지막 셀을 선택합니다.
- **비연속적인 셀 선택** : 셀을 선택한 후 Ctrl 을 누른 상태에서 다른 셀을 선택합니다.
- **모든 셀 선택** : [모두 선택] 단추를 클릭하거나 Ctrl + A 를 누릅니다.

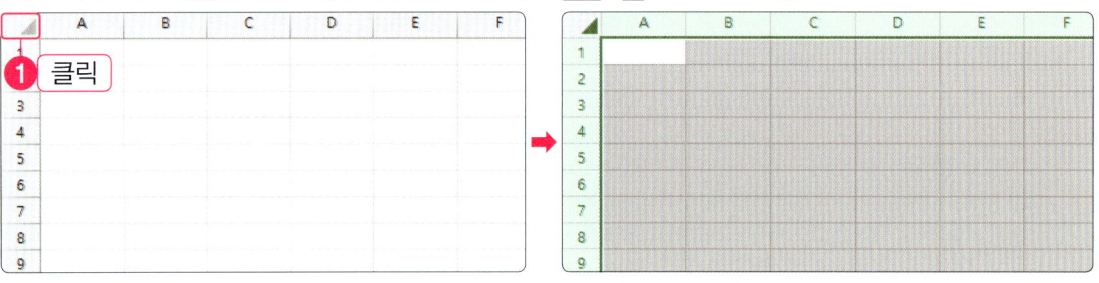

4 B2셀에 '실적 현황'을 입력한 후 Enter 를 누릅니다.

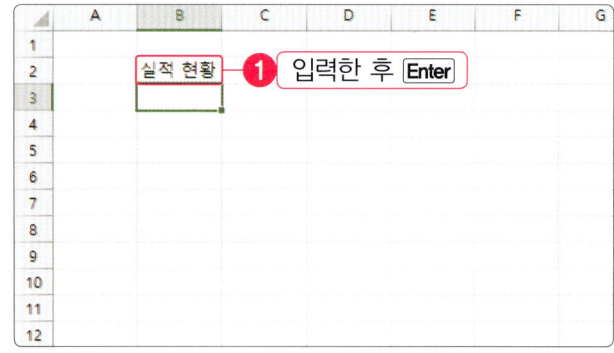

엑셀에서는 셀에 데이터를 입력하여 문서를 작성합니다.

알고 넘어갑시다!

키보드를 사용하여 셀 포인터 이동하기
셀 포인터는 선택한 셀을 나타내는 굵은 녹색 테두리를 말합니다.
- ← / → / ↑ / ↓ : 왼쪽/오른쪽/위쪽/아래쪽으로 한 셀씩 이동합니다.
- Tab : 오른쪽으로 한 셀씩 이동합니다.
- Shift + Tab : 왼쪽으로 한 셀씩 이동합니다.
- Enter : 아래쪽으로 한 셀씩 이동합니다.
- Shift + Enter : 위쪽으로 한 셀씩 이동합니다.
- Ctrl + Home : A1셀로 이동합니다.
- Ctrl + End : 문서의 마지막 행, 마지막 열에 있는 셀로 이동합니다.

5 같은 방법으로 **다음과 같이 데이터를 입력**합니다.

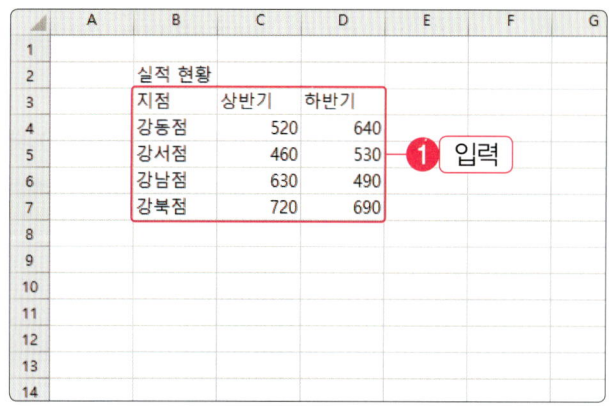

- 엑셀에서는 한글, 영어, 한자, 기호 등의 문자 데이터와 숫자, 날짜, 시간 등의 수치 데이터가 있는데요. 데이터를 입력하면 기본적으로 문자 데이터는 셀의 왼쪽에 맞추어 입력되고, 수치 데이터는 셀의 오른쪽에 맞추어 입력됩니다.
- 셀 내용 자동 완성은 셀에 입력하는 내용 중에서 처음 몇 글자가 해당 열의 기존 내용과 일치하면 나머지 내용을 자동으로 입력할 수 있는 기능입니다. B4셀에 '강동점'을 입력한 후 B5셀에 '강'을 입력하면 '강동점'이 자동으로 나타나는데요. Enter 를 누르면 '강동점'을 입력할 수 있고, 무시하고 '서점'을 입력하면 '강서점'을 입력할 수 있습니다. 여기서는 '강서점'을 입력합니다.

알고 넘어갑시다!

데이터 수정하기
- **방법1** : 셀을 선택한 후 수식 입력줄을 클릭하여 수식 입력줄에서 수정합니다.
- **방법2** : 셀을 더블클릭하거나 셀을 선택한 후 F2 를 눌러 해당 셀에서 수정합니다.

새 문서 만들기
다음과 같이 [파일] 탭-[새로 만들기]를 클릭한 후 [새 통합 문서]를 클릭하면 기존 문서를 그대로 둔 상태에서 새 문서를 만들 수 있고, Ctrl + N 을 누르면 기존 문서를 그대로 둔 상태에서 새 문서를 바로 만들 수 있습니다.

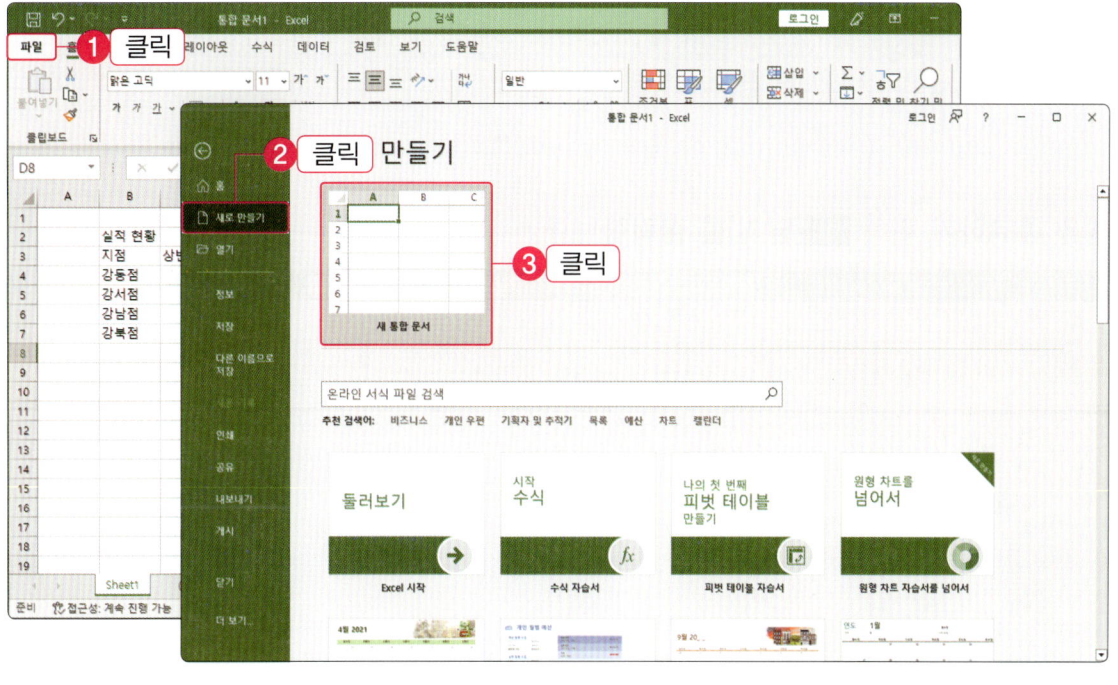

02 문서 저장하고 엑셀 종료하기

1 문서를 저장하기 위해 [파일] 탭-[다른 이름으로 저장]을 클릭한 후 [찾아보기]를 클릭합니다.

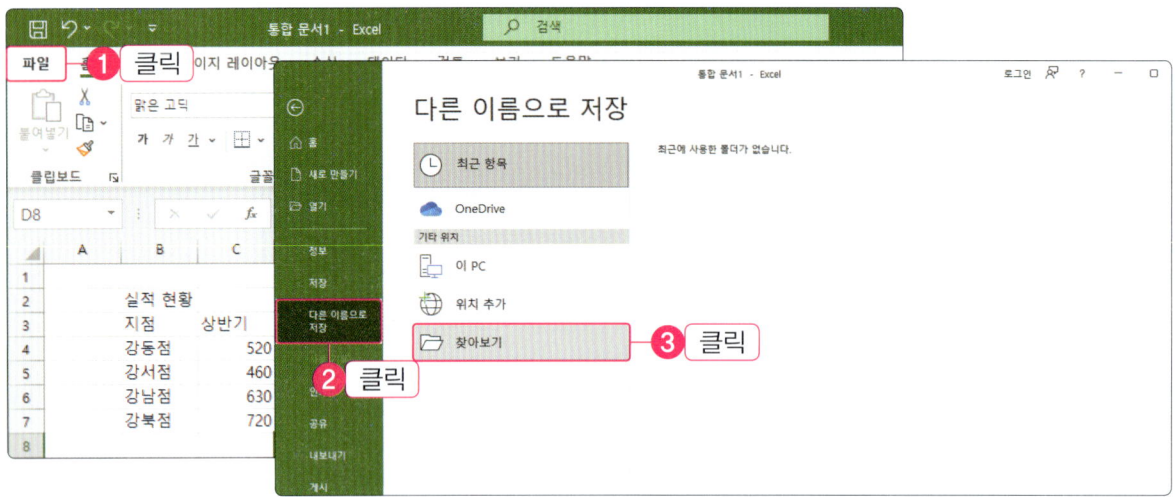

새 문서를 만든 후 문서를 작성한 경우에는 [파일] 탭-[다른 이름으로 저장]을 클릭하거나 Ctrl+S를 누르면 문서를 저장할 수 있습니다.

2 [다른 이름으로 저장] 대화상자가 나타나면 **위치(문서)를 선택**한 후 **파일 이름(실적 현황)을 입력**한 다음 [저장] 단추를 클릭합니다.

문서를 저장하면 확장자가 'xlsx'인 통합 문서(하나 이상의 워크시트나 차트시트 등이 포함된 문서)로 저장됩니다.

3 엑셀을 종료하기 위해 ⊠[닫기]를 클릭합니다.

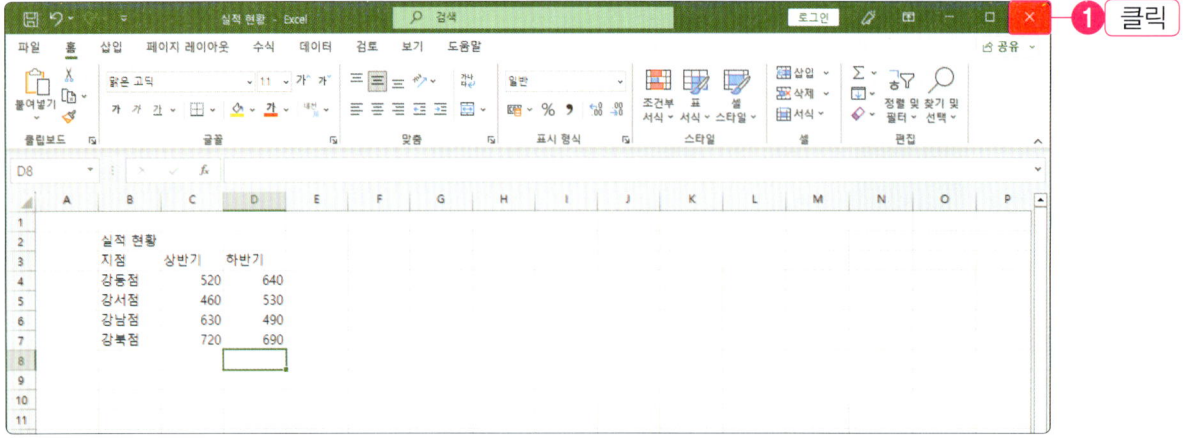

4 엑셀이 종료됩니다.

1 다음과 같이 엑셀을 실행한 후 새 문서를 만든 다음 문서를 작성해 보세요.

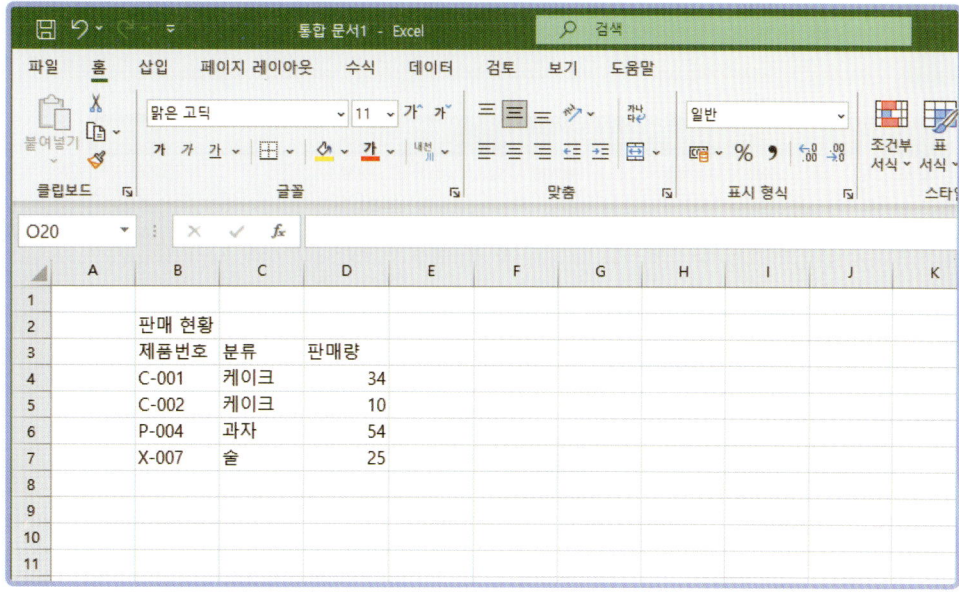

2 다음과 같이 데이터를 수정한 후 문서를 저장해 보세요.
  • 문서 저장 : 위치(문서), 파일 이름(판매 현황)

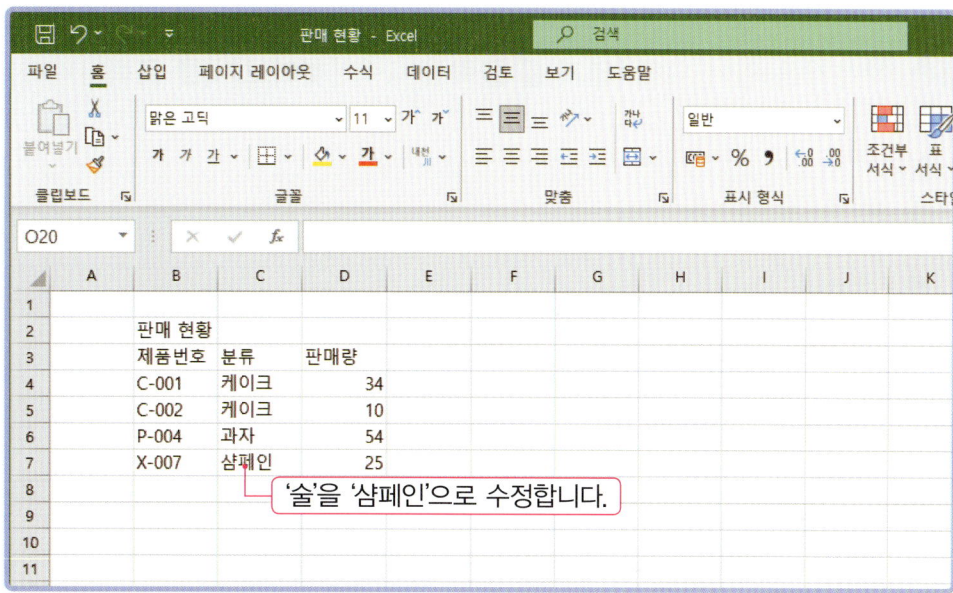

'술'을 '샴페인'으로 수정합니다.

Hint 새 문서를 만든 후 문서를 작성한 경우에는 [파일] 탭-[다른 이름으로 저장]을 클릭하면 문서를 저장할 수 있습니다.

기본 Study

Chapter 02 기호와 한자 입력하기

엑셀에서 키보드로 입력할 수 없는 기호(●, ■, ▲ 등)는 기호 기능을 사용하여 입력하고, 한자는 한글을 입력한 후 한글/한자 변환 기능을 사용하여 입력합니다. 그럼, 문서를 열고 기호를 입력하는 방법과 한자를 입력하고 다른 이름으로 문서를 저장하는 방법에 대해 알아보겠습니다.

Excel 2021

미리보기

C:\단계학습\엑셀\예제파일\Ch02.xlsx

01 문서 열고 기호 입력하기

1 **엑셀을 실행**한 후 문서를 열기 위해 **[열기]를 클릭**한 다음 **[찾아보기]를 클릭**합니다.

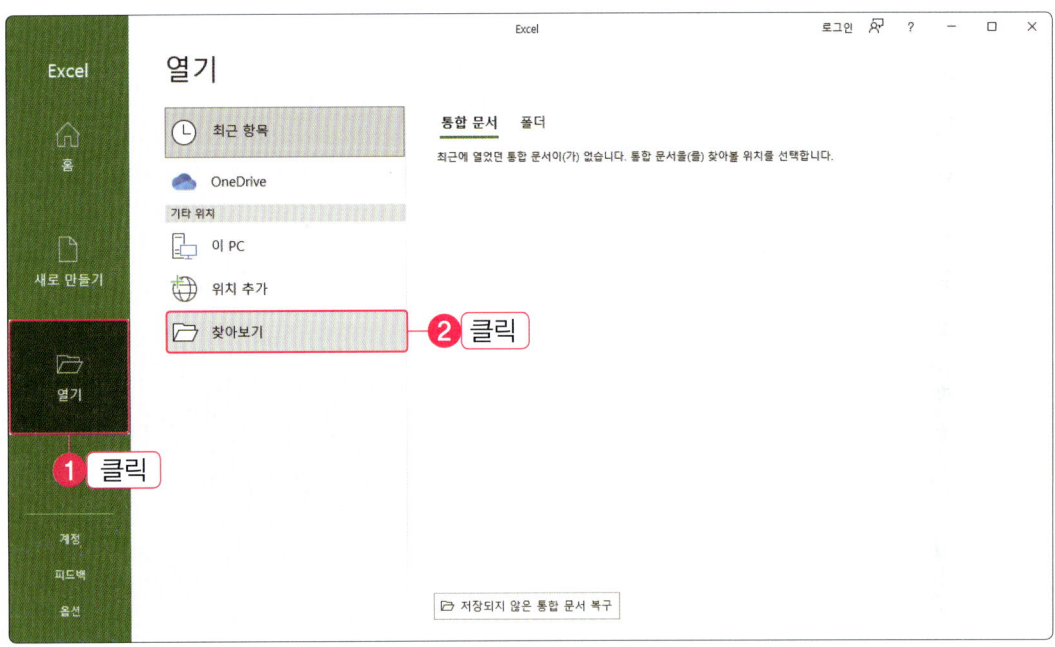

여기서는 엑셀을 실행한 후 문서를 바로 여는 경우인데요. 다른 문서가 열려 있는 경우에는 [파일] 탭-[열기]를 클릭하거나 Ctrl+O를 누르면 문서를 열 수 있습니다.

2 [열기] 대화상자가 나타나면 **위치(C:\단계학습\엑셀\예제파일)**를 **선택**한 후 **파일(Ch02)**을 **선택**한 다음 **[열기]** 단추를 **클릭**합니다.

> 'C:\단계학습\엑셀\예제파일' 폴더가 없는 경우에는 자료를 다운로드(Information 2Page 참고)합니다.

3 기호를 입력하기 위해 **B2셀을 더블클릭**한 후 **'국내'** 앞에 커서를 둔 다음 [삽입] 탭-[기호] 그룹에서 **[기호]**를 **클릭**합니다.

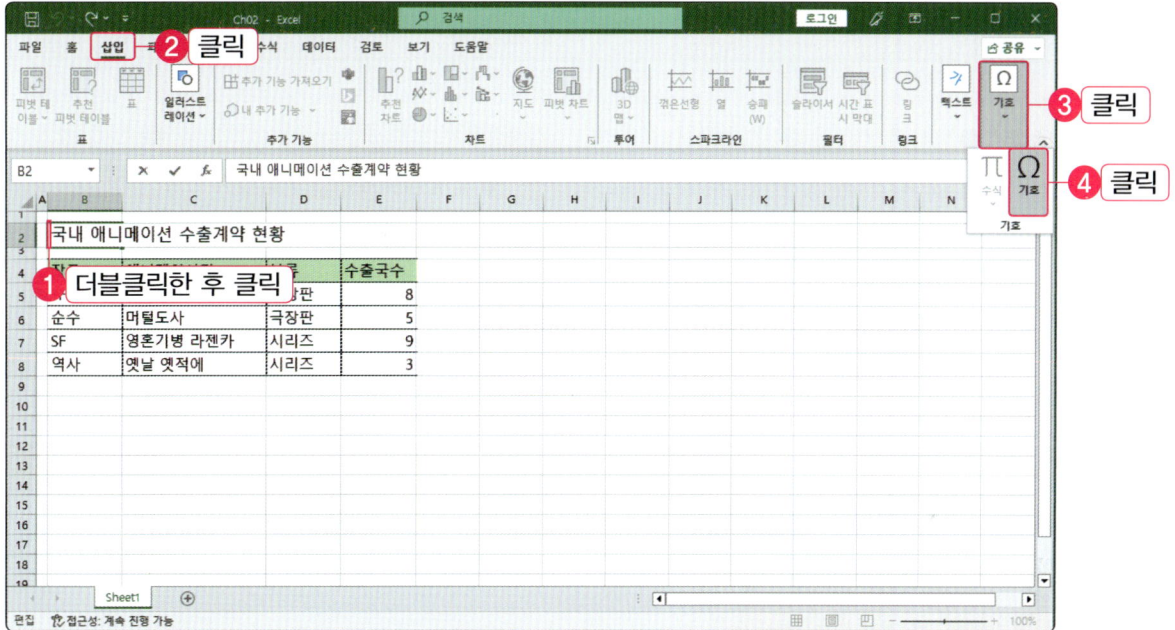

알고 넘어갑시다!

날짜 입력하기
- 연도, 월, 일을 '2024-9-2'와 같이 하이픈(-)이나 '2024/9/2'와 같이 슬래시(/)로 구분하여 입력합니다.

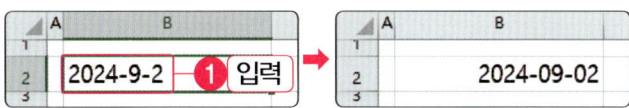

- Ctrl+;을 누르면 현재 시스템 날짜가 입력됩니다.

시간 입력하기
- 시, 분, 초를 '9:5:32'와 같이 콜론(:)으로 구분하여 입력합니다.

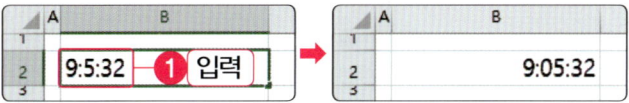

- Ctrl+Shift+;을 누르면 현재 시스템 시간이 입력됩니다.

4 [기호] 대화상자가 나타나면 [기호] 탭에서 **글꼴(맑은 고딕)과 하위 집합(도형 기호)을 선택**한 후 **기호(●)를 선택**한 다음 **[삽입] 단추를 클릭**합니다. 그런 다음 '●' 기호가 삽입되면 **[닫기] 단추를 클릭**합니다.

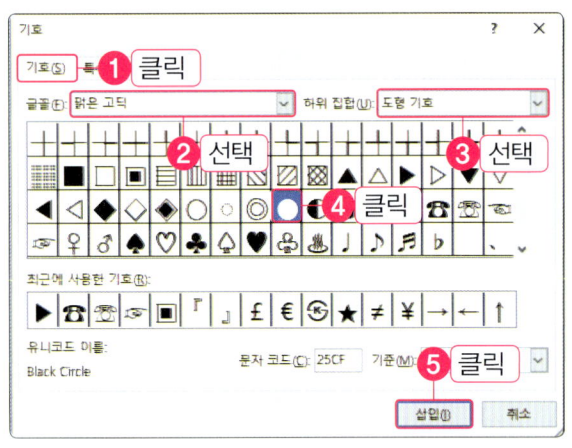
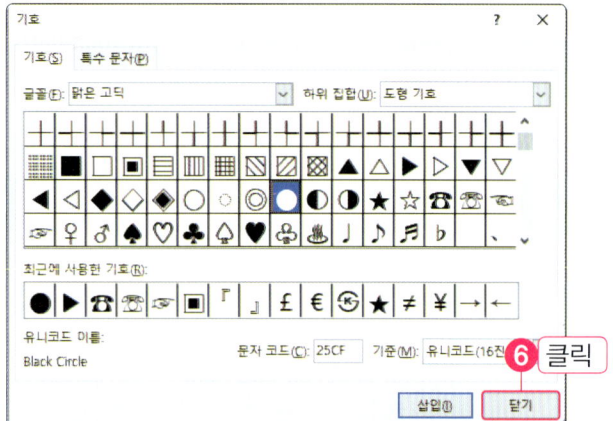

[삽입] 단추를 클릭하면 [취소] 단추가 [닫기] 단추로 변경됩니다.

5 다음과 같이 '●' 기호가 입력됩니다.

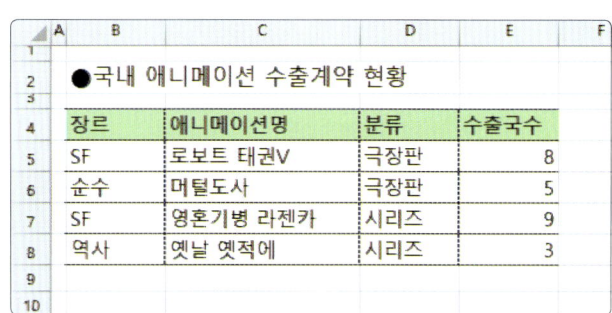

알고 넘어갑시다!

한글 자음을 사용하여 기호 입력하기

다음과 같이 한글 자음(ㄱ~ㅎ)을 입력한 후 [한자]를 눌러 기호를 입력할 수도 있습니다.

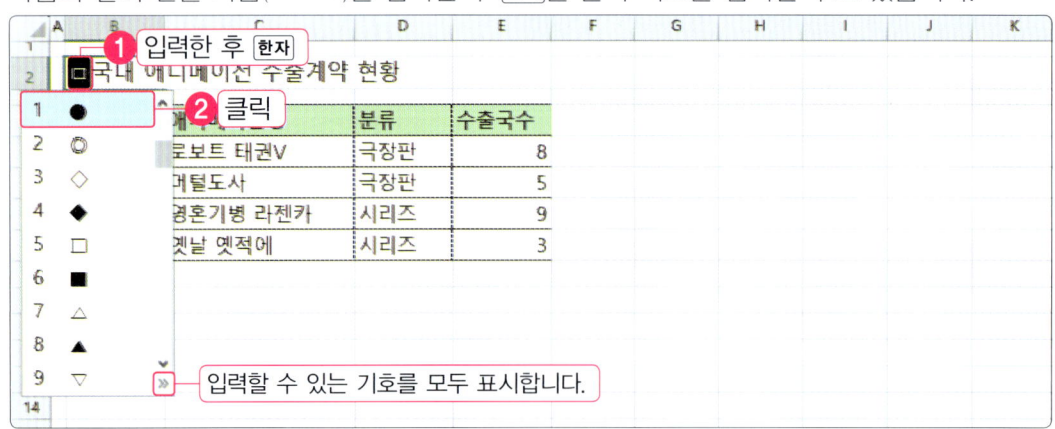

한글 자음별 입력할 수 있는 기호

- ㄴ : 괄호(《, 》, 【, 】 등)
- ㄹ : 단위(₩, ㎣, ㎞, dB 등)
- ㅂ : 상자 그리기(─, │, ┬, ┼ 등)
- ㅇ : 원/괄호 영문, 원/괄호 숫자(ⓐ, (a), ①, (1) 등)
- ㅊ : 분수, 첨자(⅓, ⅔, ¹, ₄ 등)
- ㄷ : 수학 기호(÷, ≠, ∴, ≒ 등)
- ㅁ : 도형(●, □, ▲, ♥ 등)
- ㅅ : 원/괄호 한글(㉠, ㉮, ⒢, ⒫ 등)
- ㅈ : 숫자, 로마 숫자(0, 9, ⅰ, Ⅹ 등)
- ㅎ : 로마 문자(Δ, Θ, Ω, β 등)

02 한자 입력하고 다른 이름으로 문서 저장하기

1 한자를 입력하기 위해 B2셀을 더블클릭한 후 '국내'를 드래그하여 선택한 다음 [검토] 탭-[언어] 그룹에서 [한글/한자 변환]을 클릭합니다.

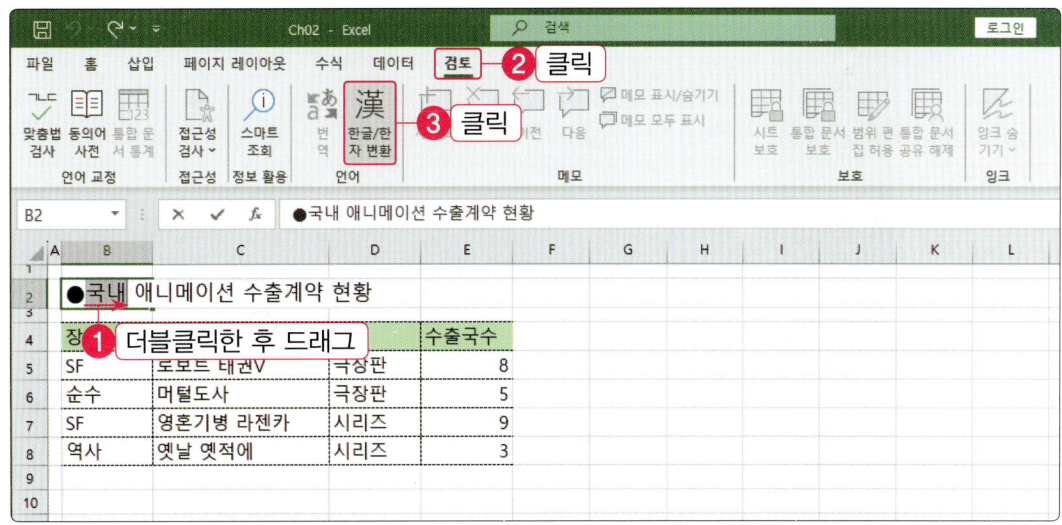

> B2셀을 더블클릭한 후 '국내'를 드래그하여 선택한 다음 한자를 눌러 한자를 입력할 수도 있습니다.

2 [한글/한자 변환] 대화상자가 나타나면 **한자(國內)와 입력 형태(漢字)를 선택**한 후 [변환] 단추를 클릭합니다.

> [한자 사전] 단추를 클릭하면 한자의 음, 뜻, 획수 등을 확인할 수 있습니다.

알고 넘어갑시다!

입력 형태
- 한글 : 國內 → 국내
- 한글(漢字) : 국내 → 국내(國內)
- 漢字 : 국내 → 國內
- 漢字(한글) : 국내 → 國內(국내)

3 다음과 같이 한글 '국내'가 한자 '國內'로 변환됩니다.

Chapter 02 - 기호와 한자 입력하기 **11**

4 다른 이름으로 문서를 저장하기 위해 **[파일] 탭-[다른 이름으로 저장]을 클릭**한 후 **[찾아보기]를 클릭**합니다.

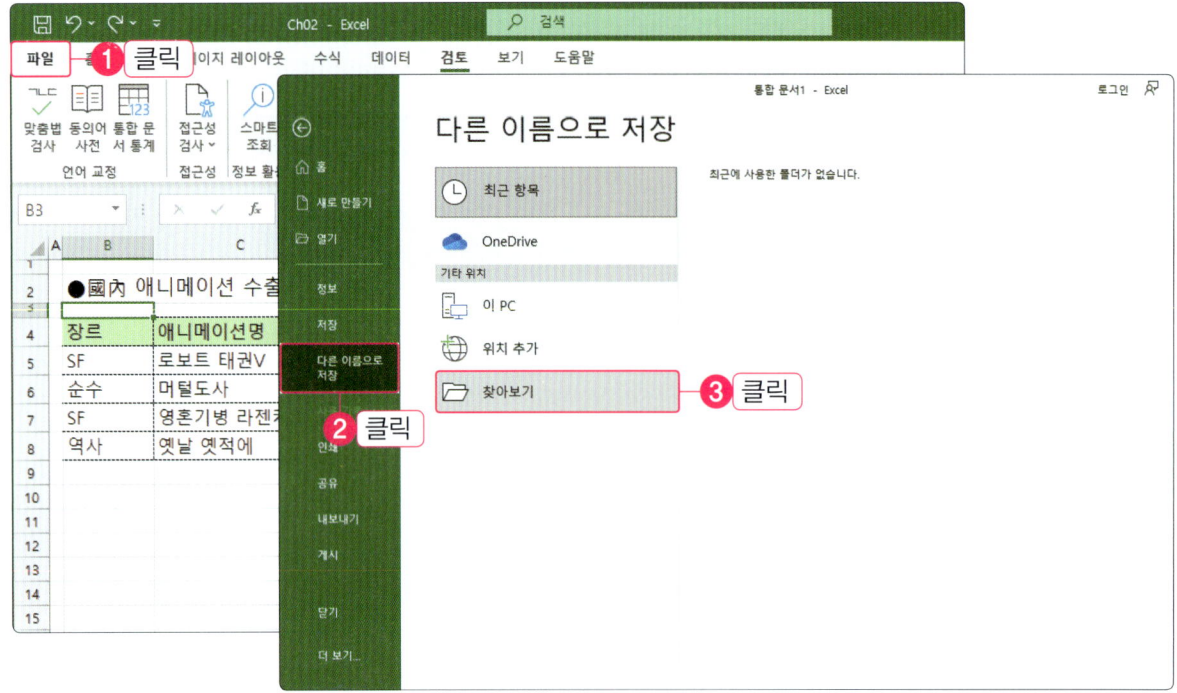

- F12를 눌러 다른 이름으로 문서를 저장할 수도 있습니다.
- 문서를 연 후 데이터를 수정한 다음 [파일] 탭-[저장]을 클릭하면 기존 파일 이름으로 문서가 저장됩니다. 기존 문서가 데이터를 수정한 문서로 변경되는 것인데요, 기존 문서를 그대로 두고 데이터를 수정한 문서를 하나 더 만들려면 [파일] 탭-[다른 이름으로 저장]을 클릭하여 다른 파일 이름으로 문서를 저장해야 합니다.

5 [다른 이름으로 저장] 대화상자가 나타나면 **위치(문서)를 선택**한 후 **파일 이름(국내 애니메이션 수출계약 현황)을 입력**한 다음 **[저장] 단추를 클릭**합니다.

6 다른 이름으로 문서가 저장됩니다.

알고 넘어갑시다!

문서 닫기

엑셀에서 ✕[닫기]를 클릭하면 모든 문서를 닫고 엑셀을 종료하지만 [파일] 탭-[닫기]를 클릭하거나 Ctrl+F4를 누르면 해당 문서만 닫습니다.

연습문제

C:\단계학습\엑셀\연습파일\Ch02-연습.xlsx

1 다음과 같이 문서를 연 후 접수 날짜와 접수 시간을 입력해 보세요.
  • 문서 열기 : 위치(C:\단계학습\엑셀\연습파일), 파일(Ch02-연습)

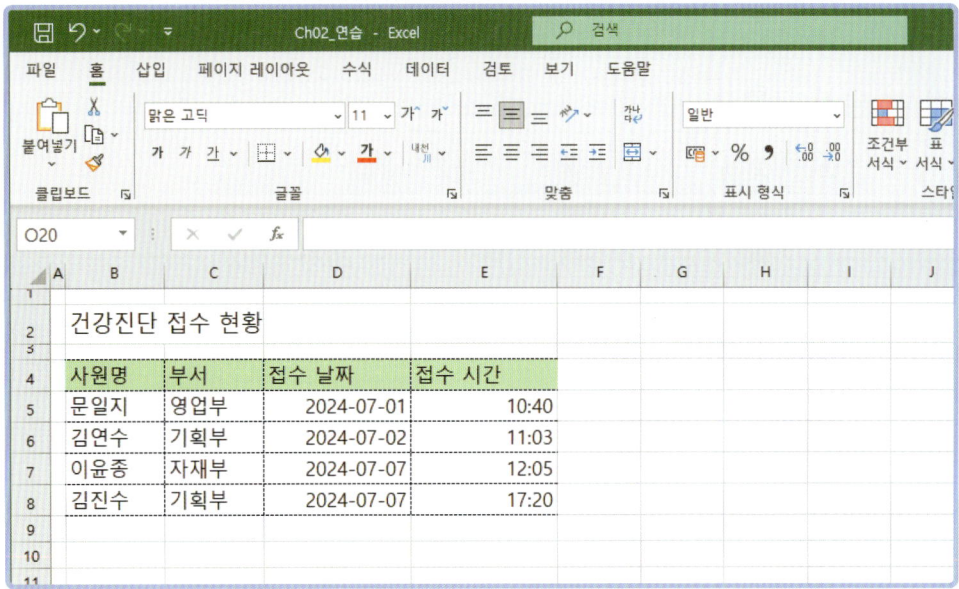

Hint 다른 문서가 열려 있는 경우에는 [파일] 탭-[열기]를 클릭하면 문서를 열 수 있습니다.

2 다음과 같이 기호와 한자를 입력한 후 다른 이름으로 문서를 저장해 보세요.
  • 다른 이름으로 문서 저장 : 위치(문서), 파일 이름(건강진단 접수 현황)

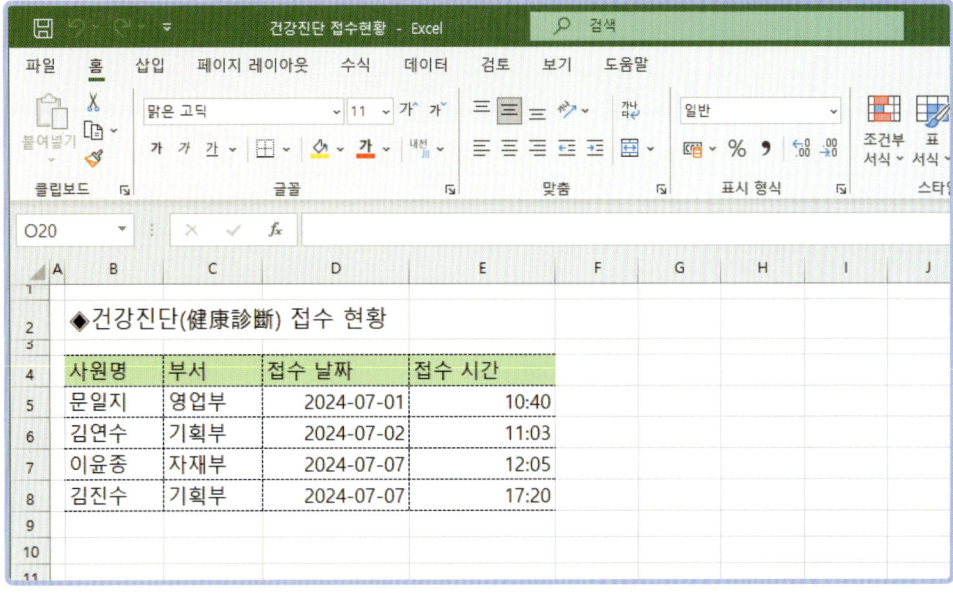

Chapter 02 – 기호와 한자 입력하기 13

기본 Study

Chapter 03 자동 채우기로 데이터 입력하기

Excel 2021

자동 채우기는 같은 데이터나 일정한 간격으로 증가 또는 감소하는 데이터를 일일이 입력하지 않고 한 번에 입력할 수 있는 기능인데요. 채우기 기능이나 채우기 핸들을 사용하면 자동 채우기로 데이터를 입력할 수 있습니다. 그럼, 자동 채우기로 데이터를 입력하는 방법에 대해 알아보겠습니다.

	A	B	C	D	E	F	G
1							
2		당직 근무표					
3							
4		순번	사번	사원명	직급	날짜	
5		1	RC-001	최재혁	사원	2024-07-04	
6		2	RC-002	김태희	대리	2024-07-07	
7		3	RC-003	우영우	사원	2024-07-10	
8		4	RC-004	이지은	대리	2024-07-13	

C:\단계학습\엑셀\예제파일\Ch03.xlsx

01 채우기 기능과 채우기 핸들 사용하기

1 순번을 입력하기 위해 **B5:B8셀 범위를 선택**한 후 [홈] 탭-[편집] 그룹에서 [채우기]를 클릭한 다음 **[계열]**을 클릭합니다.

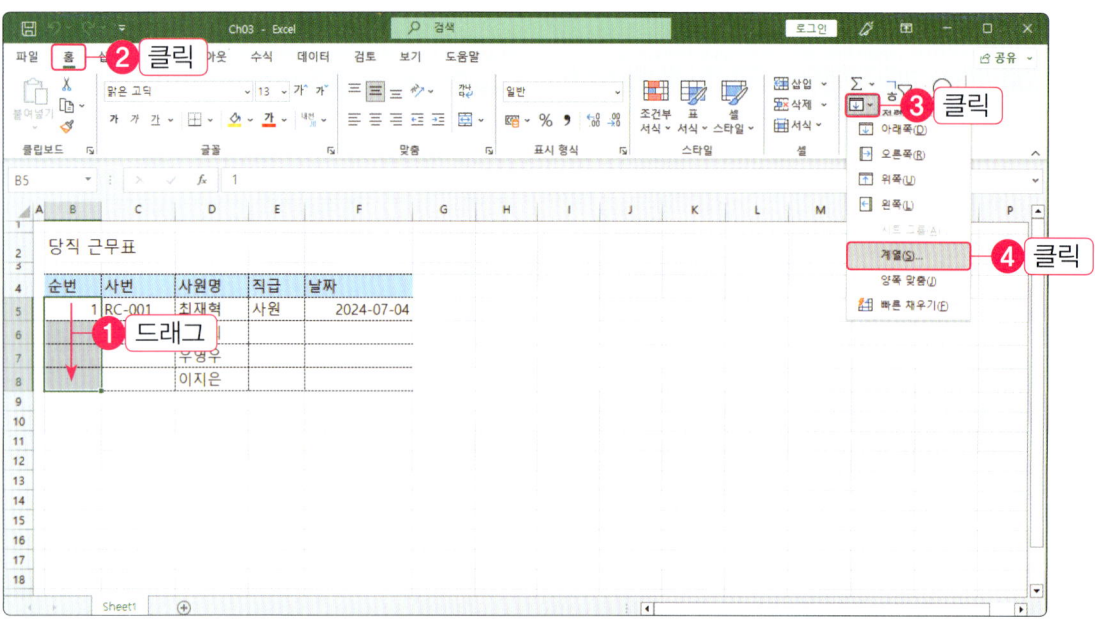

엑셀에서는 셀 범위를 표시할 때 'B5:B8'과 같이 콜론(:)을 사용하여 표시하는데요. B5:B8셀 범위를 선택하라는 것은 B5셀부터 B8셀까지 드래그하여 선택하라는 것입니다.

2 [연속 데이터] 대화상자가 나타나면 **유형(선형)**을 선택한 후 **단계 값(1)을 입력**한 다음 [확인] 단추를 클릭합니다.

- [선형]을 선택하면 단계 값을 더한 값이 입력되고, [급수]를 선택하면 단계 값을 곱한 값이 입력됩니다.
- [종료 값]을 입력하면 종료 값까지만 입력됩니다.

알고 넘어갑시다!

아래쪽/오른쪽/위쪽/왼쪽

셀 범위를 선택한 후 [홈] 탭-[편집] 그룹에서 [채우기]를 클릭한 다음 [아래쪽]/[오른쪽]/[위쪽]/[왼쪽]을 클릭하면 선택한 셀 범위의 맨 위쪽/맨 왼쪽/맨 아래쪽/맨 오른쪽 셀에 있는 데이터가 선택한 셀 범위의 다른 셀에 입력되는데요. 다음은 B5:B8셀 범위를 선택한 후 [홈] 탭-[편집] 그룹에서 [채우기]를 클릭한 다음 [아래쪽]을 클릭한 경우입니다.

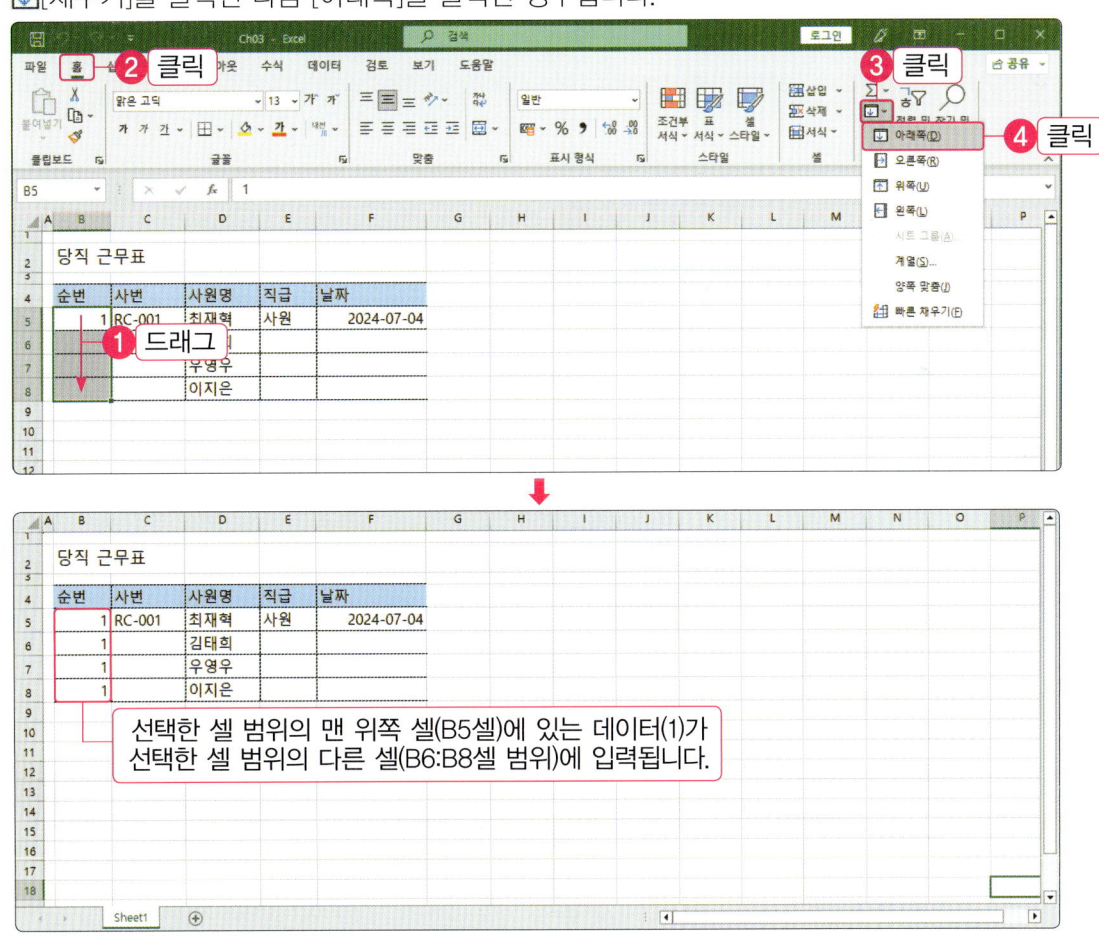

선택한 셀 범위의 맨 위쪽 셀(B5셀)에 있는 데이터(1)가 선택한 셀 범위의 다른 셀(B6:B8셀 범위)에 입력됩니다.

3 순번(1씩 증가한 숫자)이 입력되면 사번을 입력하기 위해 **C5셀을 선택**한 후 **채우기 핸들을 C8셀까지 드래그**합니다.

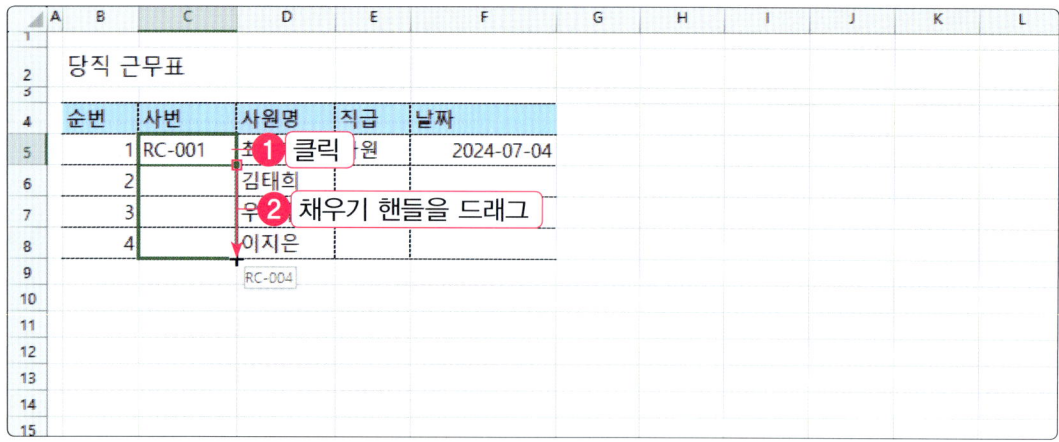

채우기 핸들은 셀 포인터 오른쪽 아래에 있는 정사각형(☐)을 말합니다.

4 사번(같은 문자와 1씩 증가한 숫자)이 입력되면 날짜를 입력하기 위해 **F5셀을 선택**한 후 **채우기 핸들을 F8셀까지 드래그**합니다. 그런 다음 **[자동 채우기 옵션]을 클릭**한 후 **[평일 단위 채우기]를 클릭**합니다.

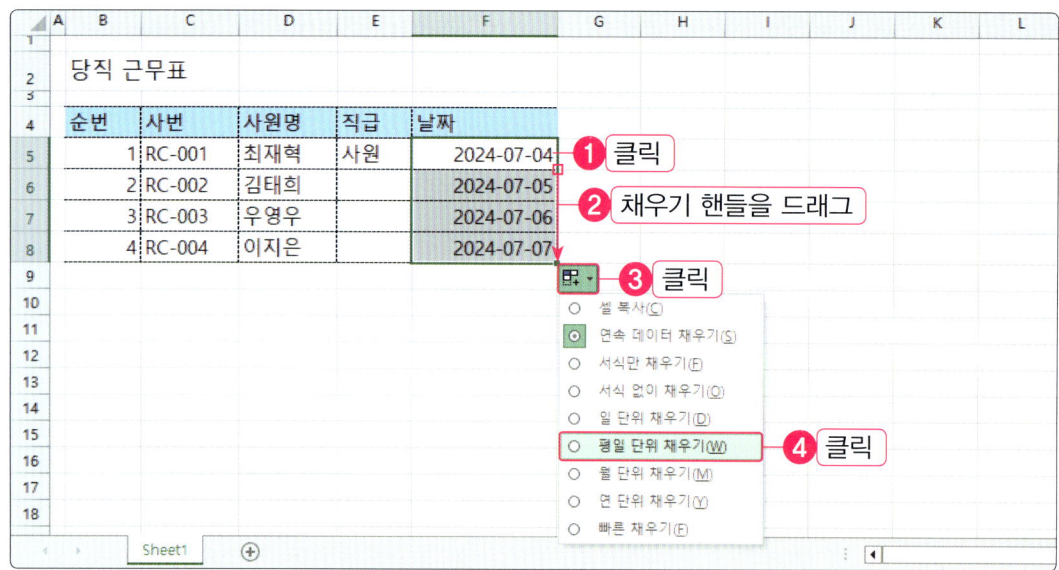

채우기 핸들을 사용하면 마지막 셀 오른쪽 아래에 [자동 채우기 옵션]이 나타납니다.

알고 넘어갑시다!

채우기 핸들을 사용하는 경우, 데이터에 따른 자동 채우기 결과
- **문자** : 같은 문자가 입력됩니다.
- **숫자** : 채우기 핸들을 드래그하면 같은 숫자가 입력되고, Ctrl을 누른 상태에서 채우기 핸들을 드래그하면 1씩 증가한 숫자가 입력됩니다.
- **문자와 숫자 조합** : 채우기 핸들을 드래그하면 같은 문자와 1씩 증가한 숫자가 입력되고, Ctrl을 누른 상태에서 채우기 핸들을 드래그하면 같은 문자와 같은 숫자가 입력됩니다.
- **날짜** : 채우기 핸들을 드래그하면 1일씩 증가한 날짜가 입력되고, Ctrl을 누른 상태에서 채우기 핸들을 드래그하면 같은 날짜가 입력됩니다.

5 다음과 같이 날짜(토요일과 일요일을 제외하고 1일씩 증가한 날짜)가 입력됩니다.

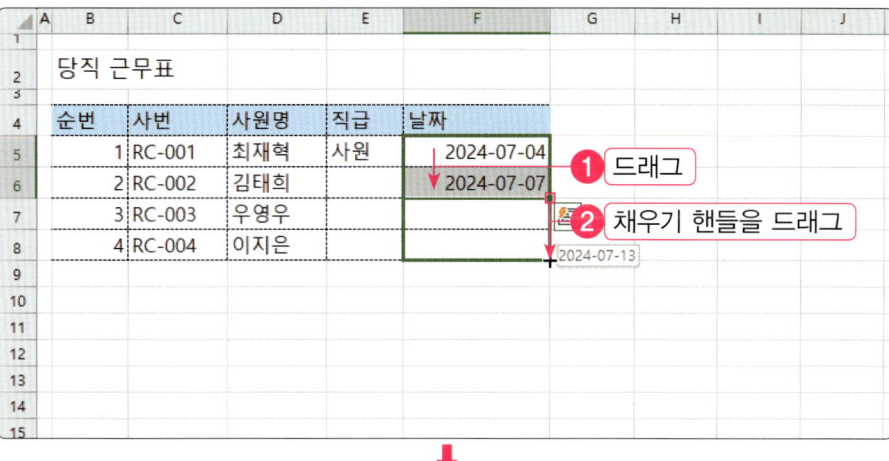

2024년 7월 6일은 토요일이고, 2024년 7월 7일은 일요일이기 때문에 입력되지 않은 것입니다.

알고 넘어갑시다!

추세 반영하여 데이터 입력하기

숫자, 문자와 숫자 조합, 날짜 데이터인 경우, 첫 번째 데이터와 두 번째 데이터를 선택한 후 채우기 핸들을 드래그하면 첫 번째 데이터와 두 번째 데이터 간의 간격만큼씩 증가 또는 감소하는 데이터가 입력되는데요. 다음은 F5:F6셀 범위를 선택한 후 채우기 핸들을 F8셀까지 드래그한 경우입니다.

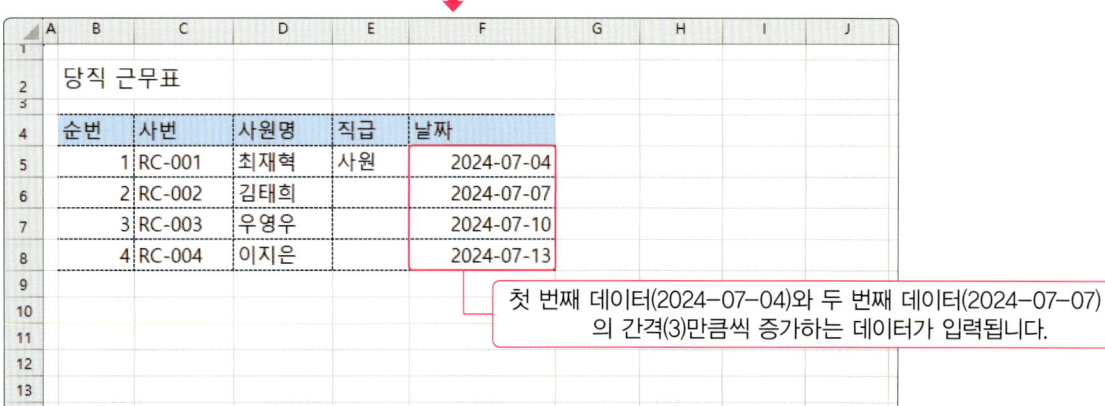

첫 번째 데이터(2024-07-04)와 두 번째 데이터(2024-07-07) 간의 간격(3)만큼씩 증가하는 데이터가 입력됩니다.

Chapter 03 - 자동 채우기로 데이터 입력하기 **17**

02 사용자 지정 목록에 직급 등록하고 직급 입력하기

1 사용자 지정 목록에 직급을 등록하기 위해 **[파일] 탭-[옵션]을 클릭**합니다.

2 [Excel 옵션] 대화상자가 나타나면 [고급]에서 **[사용자 지정 목록 편집] 단추를 클릭**합니다.

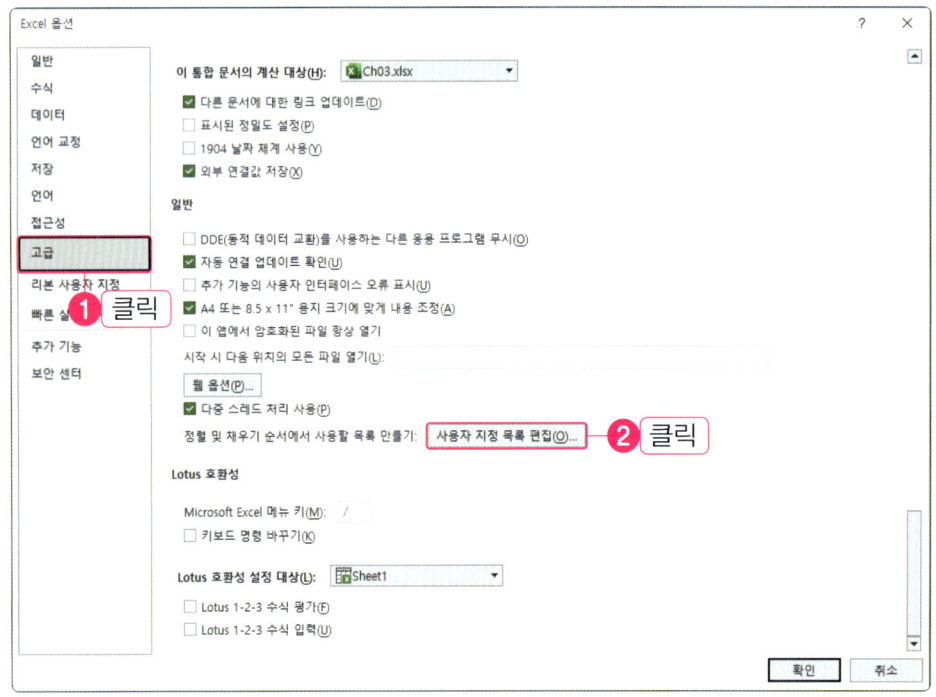

'일'을 입력한 후 자동 채우기로 데이터를 입력하면 '월', '화', …가 입력되는데요. 이것은 '일', '월', '화', …가 사용자 지정 목록에 등록되어 있기 때문입니다.

3 [사용자 지정 목록] 대화상자가 나타나면 **목록 항목(사원, 대리)을 입력**한 후 **[추가] 단추를 클릭**합니다. 그런 다음 목록 항목이 사용자 지정 목록에 등록되면 **[확인] 단추를 클릭**합니다.

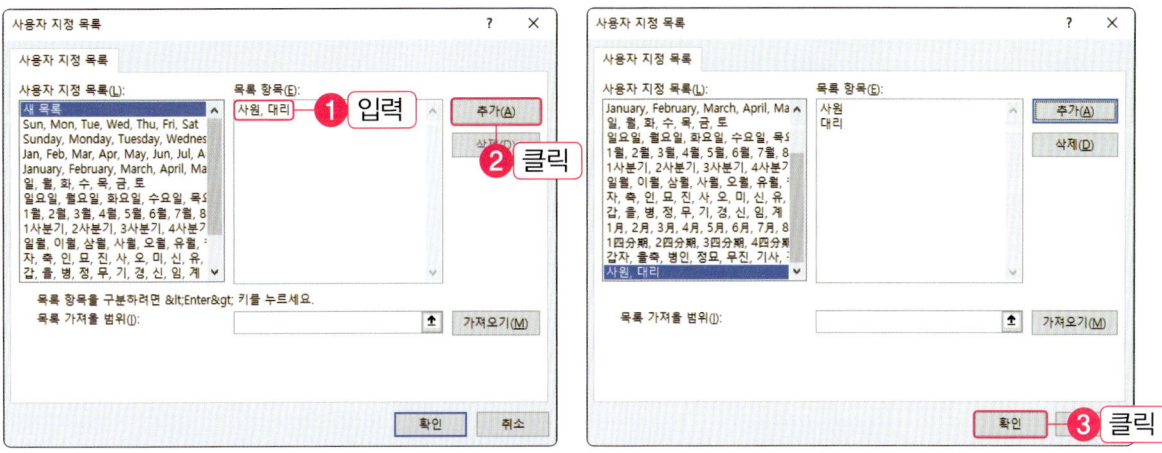

직접 사용자 지정 목록에 등록한 데이터는 삭제할 수 있지만 기본적으로 사용자 지정 목록에 등록되어 있는 데이터는 삭제할 수 없습니다.

알고 넘어갑시다!

목록 항목 입력하기

다음과 같이 목록 항목은 Enter 를 누르거나 쉼표(,)로 구분하여 입력합니다.

4 [Excel 옵션] 대화상자가 다시 나타나면 **[확인] 단추를 클릭**합니다.

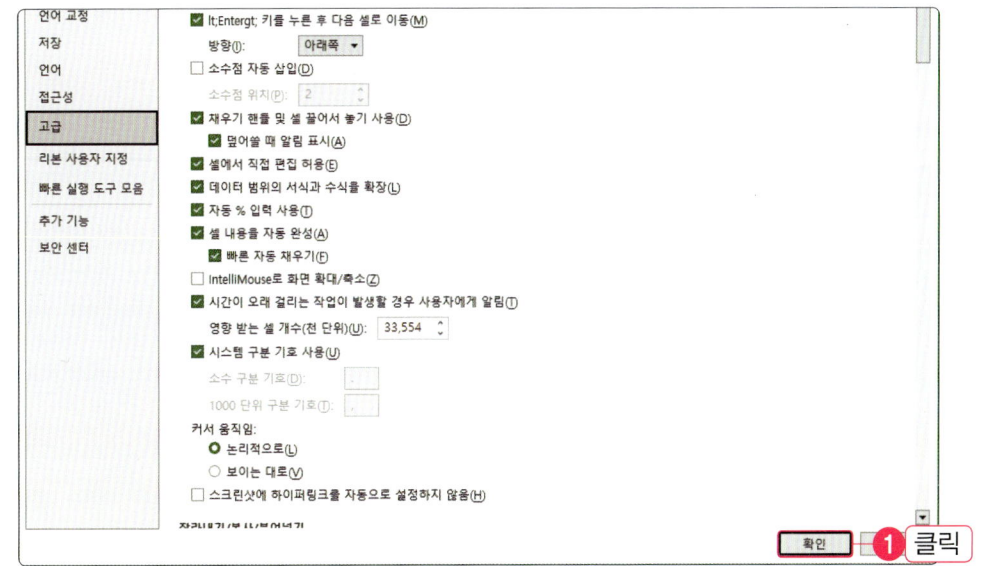

5 직급을 입력하기 위해 **E5셀을 선택**한 후 **채우기 핸들을 E8셀까지 드래그**합니다.

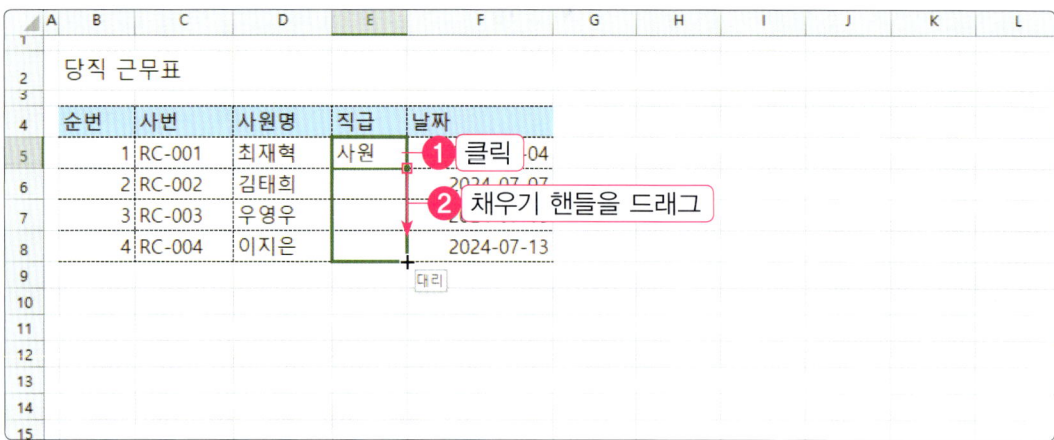

6 다음과 같이 직급이 입력됩니다.

알고 넘어갑시다!

한 셀에 두 줄 이상 입력하기

다음과 같이 Alt + Enter 를 사용하면 원하는 곳에서 줄을 바꾸어 한 셀에 두 줄 이상 입력할 수 있습니다.

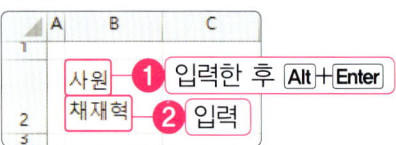

1 다음과 같이 채우기 핸들을 사용하여 분기, 입고량, 출고량을 입력해 보세요.

	A	B	C	D	E
2		서희물산 입출고 계획			
4		분기	입고량	출고량	전담팀
5		1사분기	100	90	영업A팀
6		2사분기	110	95	
7		3사분기	120	100	
8		4사분기	130	105	

Hint C5:D6셀 범위를 선택한 후 채우기 핸들을 D8셀까지 드래그하면 입고량과 출고량을 입력할 수 있습니다.

2 다음과 같이 사용자 지정 목록에 전담팀(영업A팀, 영업B팀)을 등록한 후 채우기 핸들을 사용하여 전담팀을 입력해 보세요.

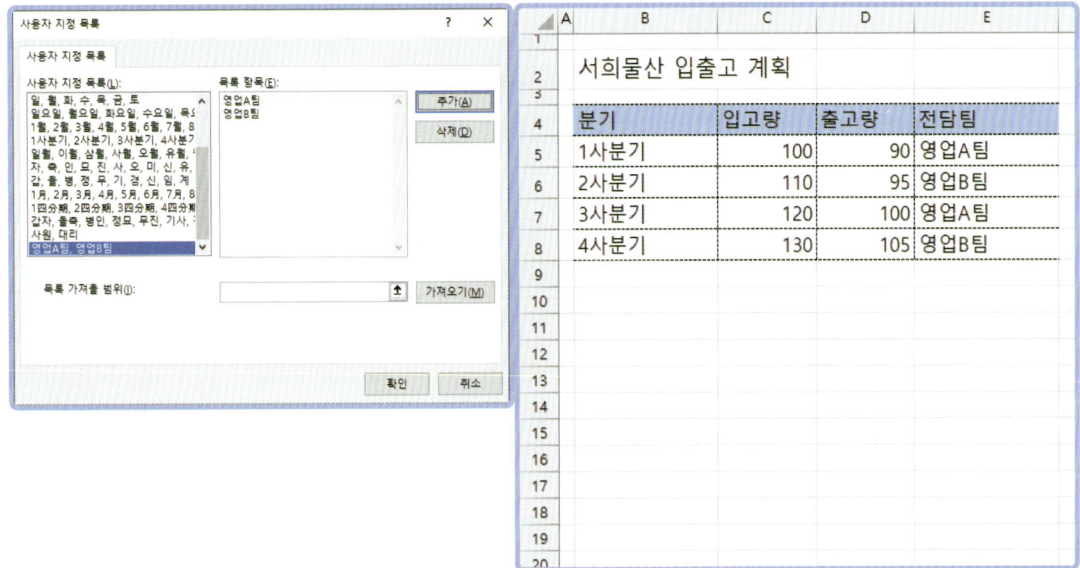

기본 Study

Chapter 04 행/열 편집하기

엑셀에서는 행/열을 삽입하거나 삭제할 수 있고 행 높이와 열 너비를 변경할 수 있으며 행/열을 숨기거나 숨기기를 취소할 수 있는데요. 행/열을 삽입하면 새로운 데이터를 추가할 수 있고, 행/열을 삭제하면 필요 없는 데이터를 지울 수 있습니다. 그럼, 행/열을 편집하는 방법에 대해 알아보겠습니다.

미리보기

강좌명	강사명	수강인원	수강장소
펠트	김재한	38	1강의실
수지침	박기곤	49	2강의실
실용영어	김은희	25	3강의실
홈패션	정성교	28	4강의실

여름학기 강좌 안내

C:\단계학습\엑셀\예제파일\Ch04.xlsx

01 행/열 삽입하기

1 행을 삽입하기 위해 **7행 머리글을 선택**한 후 [홈] 탭-[셀] 그룹에서 **[삽입]을 클릭**합니다.

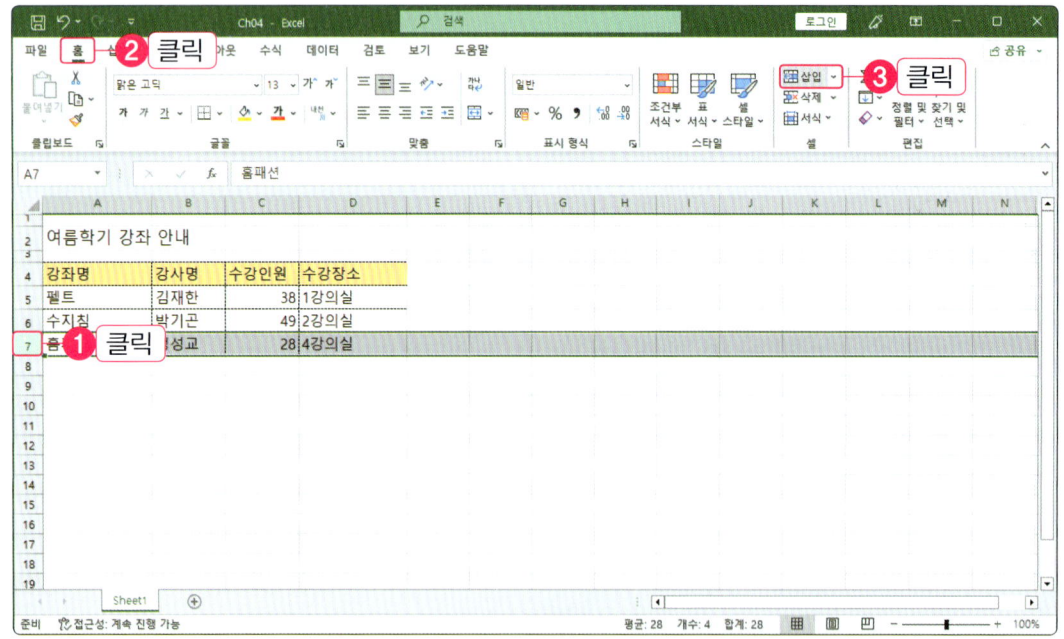

행 머리글의 바로 가기 메뉴에서 [삽입]을 클릭하여 행을 삽입할 수도 있습니다.

2 새로운 행이 삽입되면 **다음과 같이 데이터를 입력**합니다.

> 행을 삽입하면 기존 행이 뒤로 밀리면서 선택한 행의 위쪽에 새로운 행이 삽입됩니다.

알고 넘어갑시다!

행/열 선택하기
- 하나의 행/열 선택 : 행/열 머리글을 클릭합니다.
- 연속적인 행/열 선택 : 행/열 머리글을 드래그하거나 첫 번째 행/열 머리글을 선택한 후 [Shift]를 누른 상태에서 마지막 행/열 머리글을 선택합니다.
- 비연속적인 행/열 선택 : 행/열 머리글을 선택한 후 [Ctrl]을 누른 상태에서 다른 행/열 머리글을 선택합니다.

3 열을 삽입하기 위해 **A열 머리글을 선택**한 후 [홈] 탭-[셀] 그룹에서 **[삽입]을 클릭**합니다.

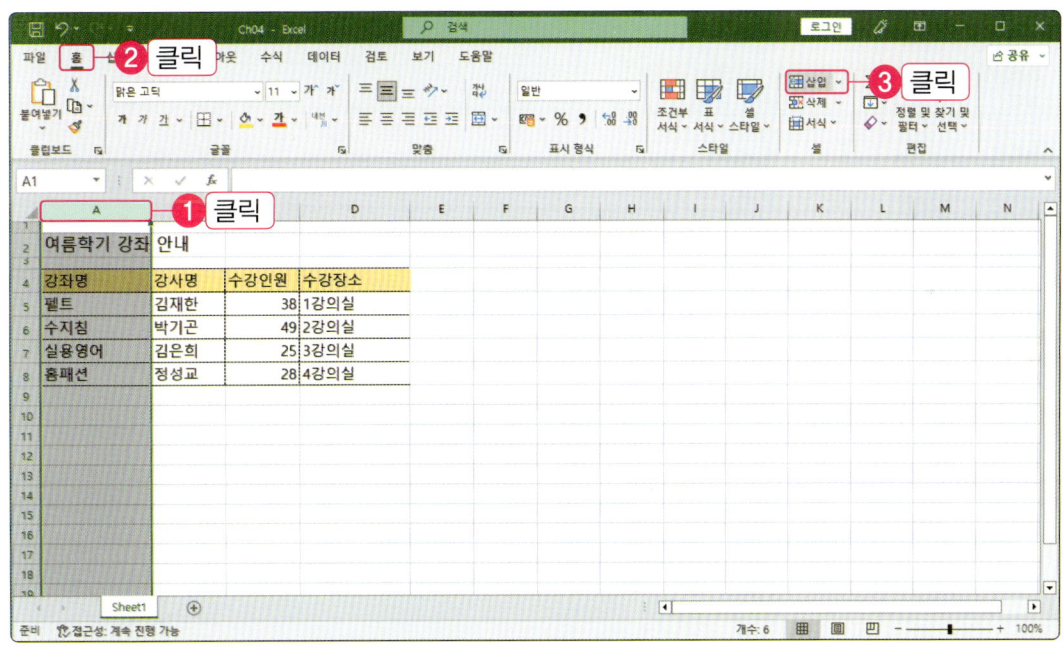

> 열 머리글의 바로 가기 메뉴에서 [삽입]을 클릭하여 열을 삽입할 수도 있습니다.

4 다음과 같이 새로운 열이 삽입됩니다.

> 열을 삽입하면 기존 열이 뒤로 밀리면서 선택한 열의 왼쪽에 새로운 열이 삽입됩니다.

Chapter 04 – 행/열 편집하기 **23**

행/열 삭제하기

행/열 머리글을 선택한 후 [홈] 탭–[셀] 그룹에서 [삭제]를 클릭하거나 행/열 머리글의 바로 가기 메뉴에서 [삭제]를 클릭하면 행/열을 삭제할 수 있습니다. 행/열을 삭제하면 기존 행/열이 앞으로 당겨지면서 선택한 행/열이 삭제되는데요. 다음은 7행을 선택한 후 [홈] 탭–[셀] 그룹에서 [삭제]를 클릭한 경우입니다.

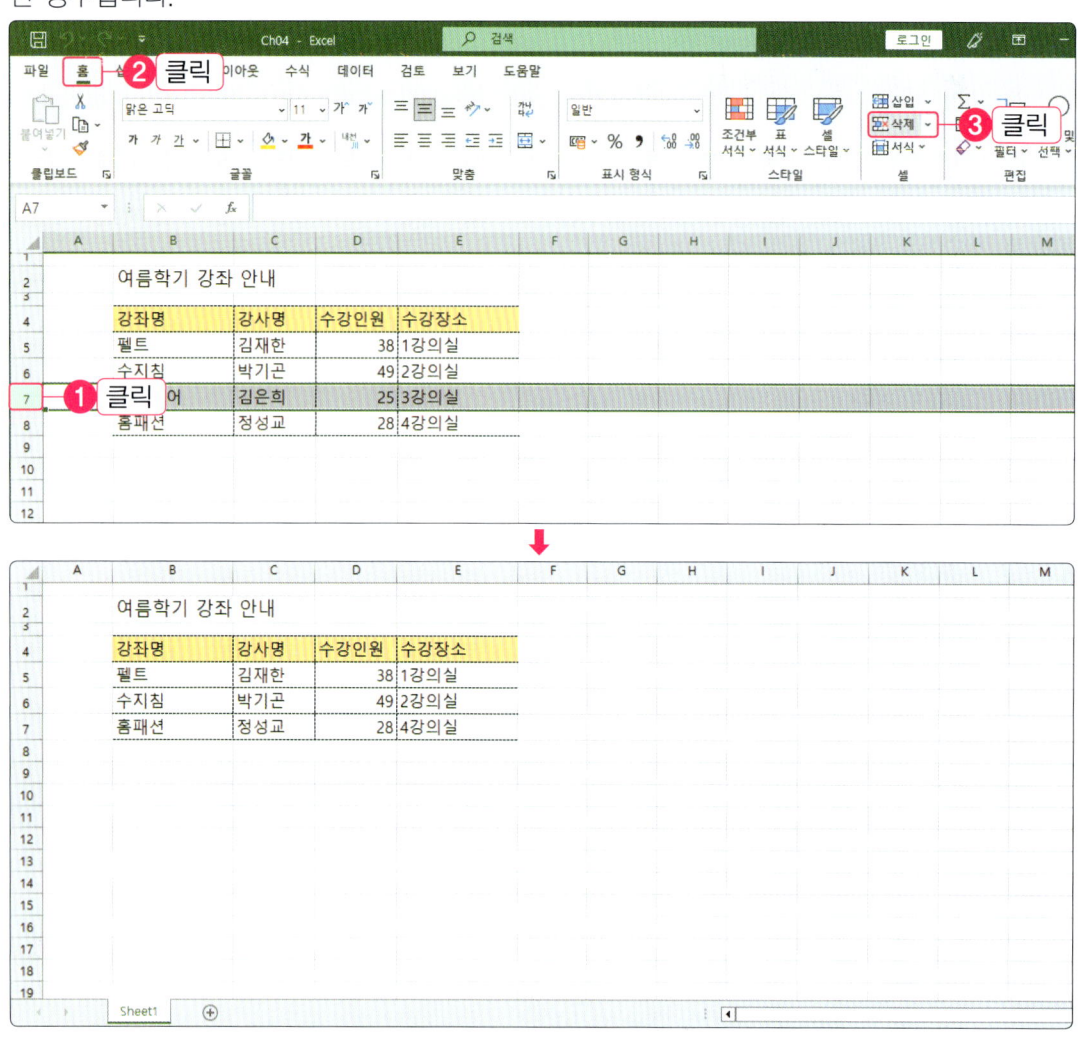

02 행 높이와 열 너비 변경하고 행 숨기기/숨기기 취소하기

1 행 높이를 변경하기 위해 **2행 머리글을 선택**한 후 [홈] 탭-[셀] 그룹에서 **[서식]을 클릭**한 다음 **[행 높이]를 클릭**합니다.

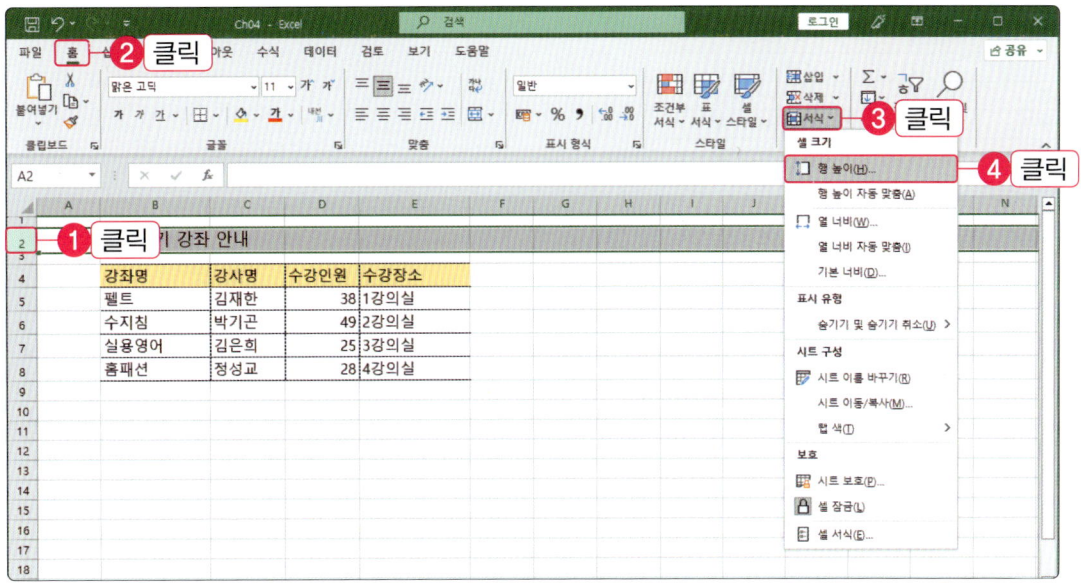

2 [행 높이] 대화상자가 나타나면 **행 높이(25)를 입력**한 후 [확인] 단추를 클릭합니다.

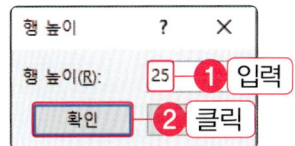

3 열 너비를 변경하기 위해 **A열 머리글을 선택**한 후 [홈] 탭-[셀] 그룹에서 **[서식]을 클릭**한 다음 **[열 너비]를 클릭**합니다.

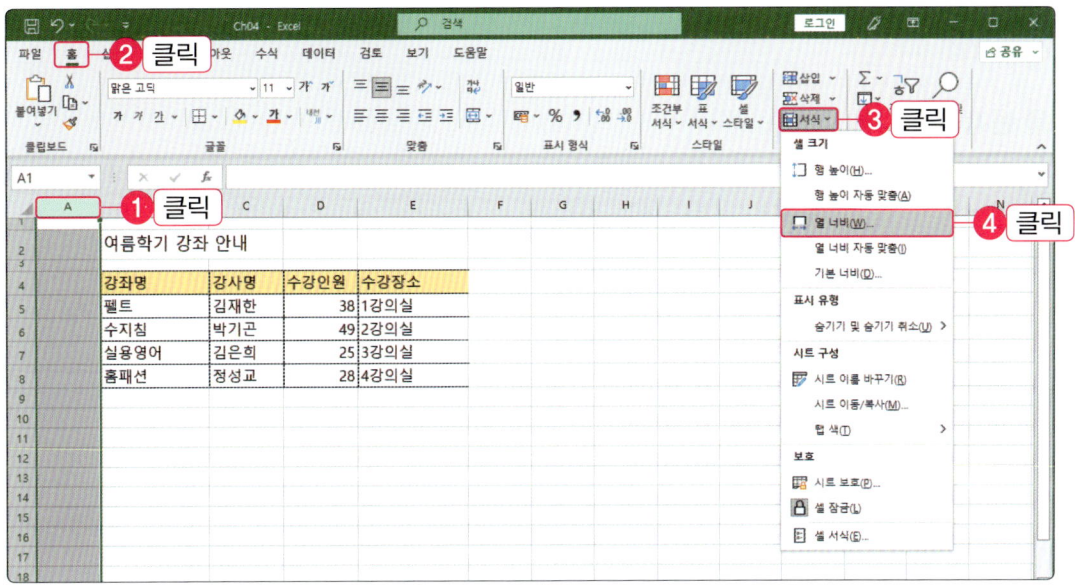

4 [열 너비] 대화상자가 나타나면 **열 너비(1)를 입력**한 후 [확인] 단추를 클릭합니다.

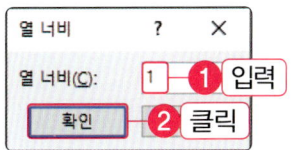

행 높이를 변경하는 다른 방법

다음과 같이 데이터의 크기가 행 높이보다 크면 데이터가 잘려서 표시됩니다.

- **방법1** : 행 머리글의 경계선으로 마우스 포인터를 가져가서 마우스 포인터가 ✥ 모양으로 변경되었을 때 드래그합니다.

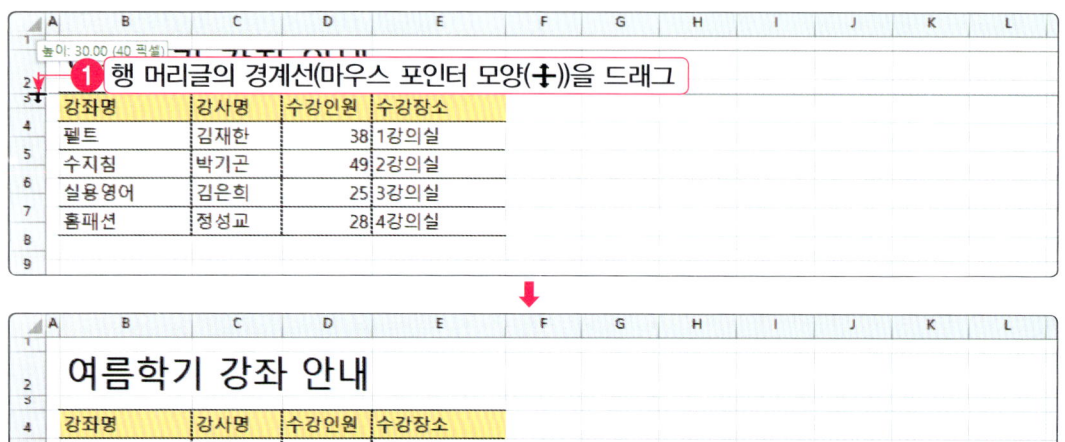

- **방법2** : 행 머리글을 선택한 후 [홈] 탭–[셀] 그룹에서 [서식]을 클릭한 다음 [행 높이 자동 맞춤]을 클릭하거나 행 머리글의 경계선을 더블클릭합니다. 이 방법을 사용하면 행 높이가 데이터의 크기에 맞게 변경됩니다.

열 너비를 변경하는 다른 방법

다음과 같이 데이터의 길이가 열 너비보다 길면 데이터가 오른쪽 셀에 이어서 표시되거나 잘려서 표시됩니다.

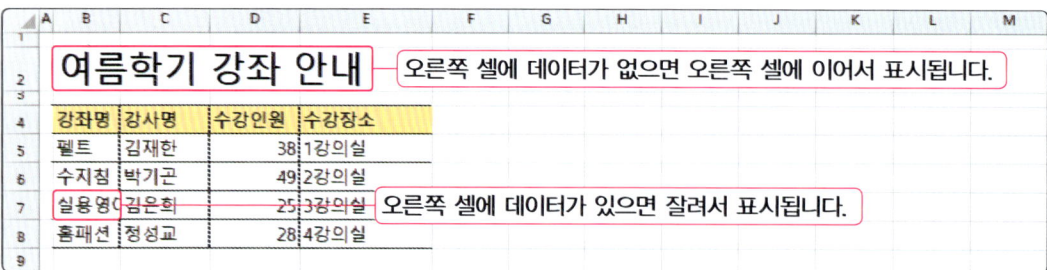

- **방법1** : 열 머리글의 경계선으로 마우스 포인터를 가져가서 마우스 포인터가 ✥ 모양으로 변경되었을 때 드래그합니다.
- **방법2** : 열 머리글을 선택한 후 [홈] 탭–[셀] 그룹에서 [서식]을 클릭한 다음 [열 너비 자동 맞춤]을 클릭하거나 열 머리글의 경계선을 더블클릭합니다. 이 방법을 사용하면 열 너비가 데이터의 길이에 맞게 변경됩니다.

5 행을 숨기기 위해 **6행 머리글을 선택**한 후 [홈] 탭-[셀] 그룹에서 **[서식]을 클릭**한 다음 [숨기기 및 숨기기 취소]-[행 숨기기]를 클릭합니다.

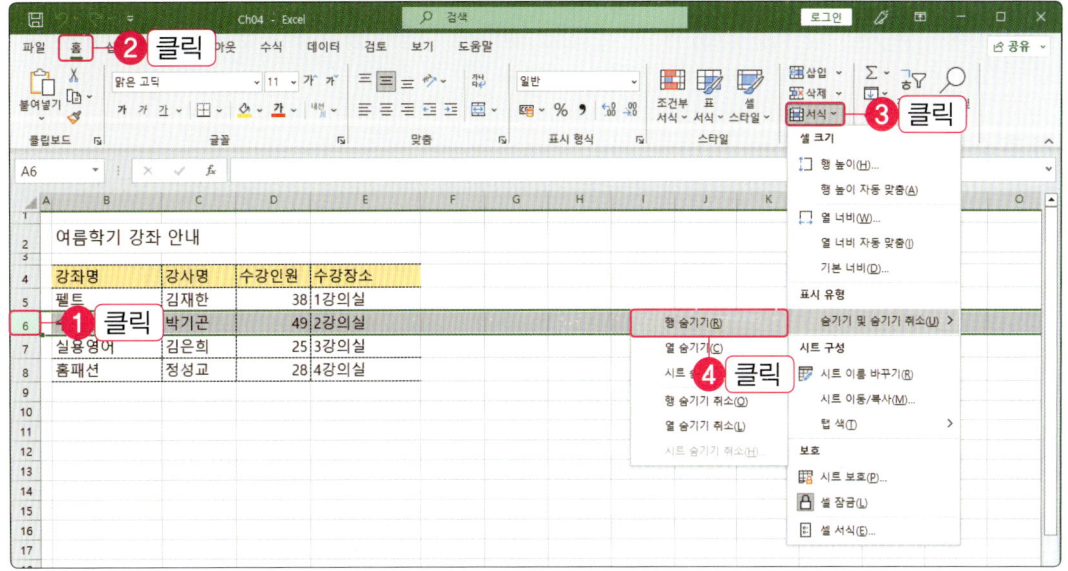

6 행 숨기기를 취소하기 위해 **5:7행 머리글을 선택**한 후 [홈] 탭-[셀] 그룹에서 **[서식]을 클릭**한 다음 [숨기기 및 숨기기 취소]-[행 숨기기 취소]를 클릭합니다.

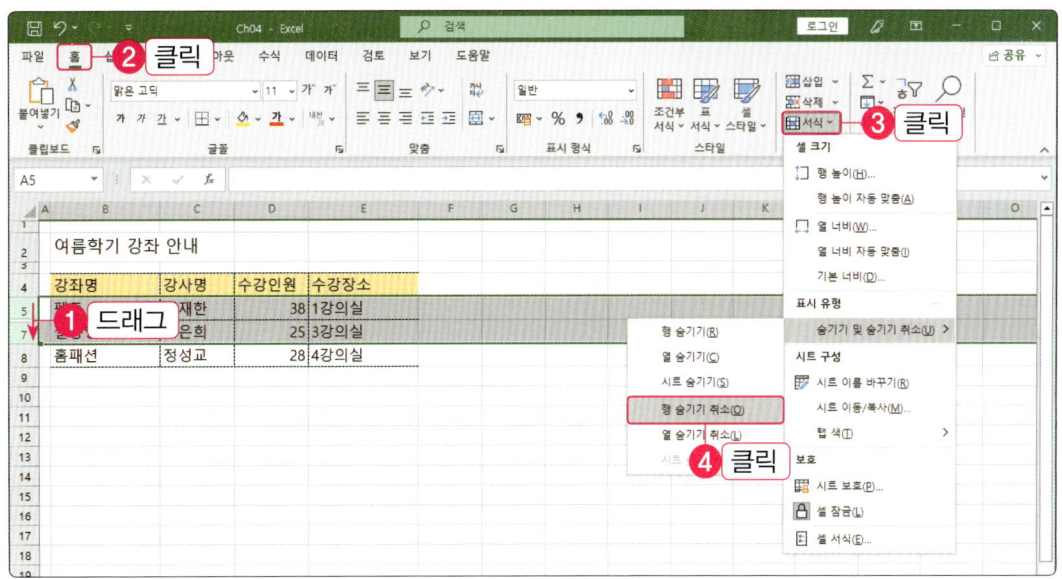

7 다음과 같이 행 숨기기가 취소됩니다.

> 숨겨진 행 머리글의 경계선으로 마우스 포인터를 가져가서 마우스 포인터가 ✥ 모양으로 변경되었을 때 아래쪽으로 드래그하여 행 숨기기를 취소할 수도 있습니다.

Chapter 04 - 행/열 편집하기 **27**

열 숨기기

열 머리글을 선택한 후 [홈] 탭-[셀] 그룹에서 [서식]을 클릭한 다음 [숨기기 및 숨기기 취소]-[열 숨기기]를 클릭합니다.

열 숨기기 취소하기

- **방법1** : 숨겨진 열의 앞과 뒤에 있는 열 머리글을 드래그하여 선택한 후 [홈] 탭-[셀] 그룹에서 [서식]을 클릭한 다음 [숨기기 및 숨기기 취소]-[열 숨기기 취소]를 클릭합니다.
- **방법2** : 숨겨진 열 머리글의 경계선으로 마우스 포인터를 가져가서 마우스 포인터가 ↔ 모양으로 변경되었을 때 오른쪽으로 드래그합니다.

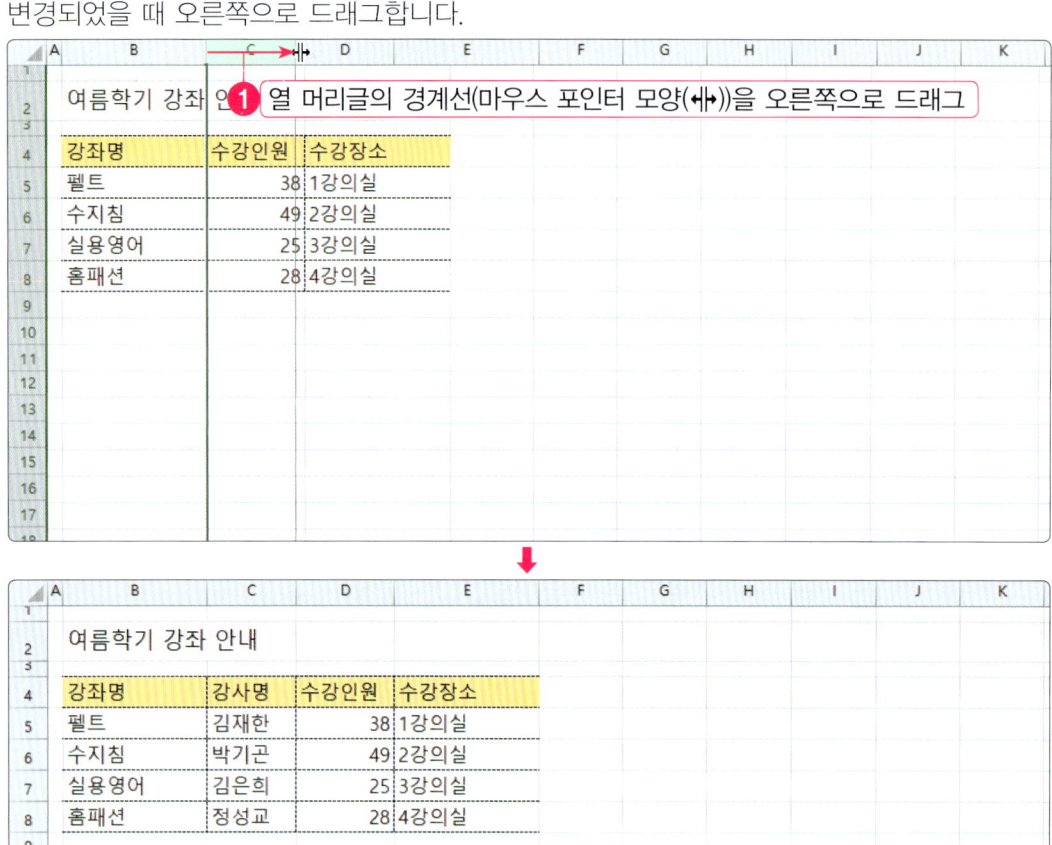

연습문제

C:\단계학습\엑셀\연습파일\Ch04-연습.xlsx

1 다음과 같이 행을 삭제한 후 열을 삽입해 보세요.
- 행 삭제 : 6행
- 열 삽입 : A열 앞

	A	B	C	D	E
2		복합기 판매량 비교			
4		모델명	7월	8월	9월
5		DCP-T710W	450	470	420
6		L4150	270	250	260
7		L3106	210	230	250
8		SL-J1560	190	200	210

Hint 6행 머리글을 선택한 후 [홈] 탭-[셀] 그룹에서 [삭제]를 클릭하면 행을 삭제할 수 있고, A열 머리글을 선택한 후 [홈] 탭-[셀] 그룹에서 [삽입]을 클릭하면 열을 삽입할 수 있습니다.

2 다음과 같이 행 높이와 열 너비를 변경해 보세요.
- 행 높이 변경 : 4:8행(20)
- 열 너비 변경 : A열(1)

	A	B	C	D	E
2		복합기 판매량 비교			
4		모델명	7월	8월	9월
5		DCP-T710W	450	470	420
6		L4150	270	250	260
7		L3106	210	230	250
8		SL-J1560	190	200	210

기본 Study

Chapter 05

시트 편집하기

엑셀에서는 시트 이름을 바꿀 수 있고 시트를 복사하거나 이동할 수 있으며 시트를 삽입하거나 삭제할 수 있는데요. 시트 이름을 데이터에 맞게 바꾸면 시트 이름만 보고도 데이터를 쉽고 빠르게 찾을 수 있습니다. 그럼, 시트를 편집하는 방법에 대해 알아보겠습니다.

Excel 2021

미리 보기

	A	B	C	D	E
2	신발나라 판매 현황				
4	상품코드	상품명	전월 판매량	당월 판매량	
5	B1-06	코브라209	270	360	
6	H2-81	멜란지그레이	50	90	
7	S4-32	심플워커	690	870	
8	B308	블랙스톰	910	970	

C:\단계학습\엑셀\예제파일\Ch05.xlsx

01 시트 이름 바꾸고 시트 복사하기

1 시트 이름을 바꾸기 위해 시트 탭에서 **[Sheet1] 시트를 선택**한 후 [홈] 탭-[셀] 그룹에서 [서식]을 클릭한 다음 [시트 이름 바꾸기]를 클릭합니다.

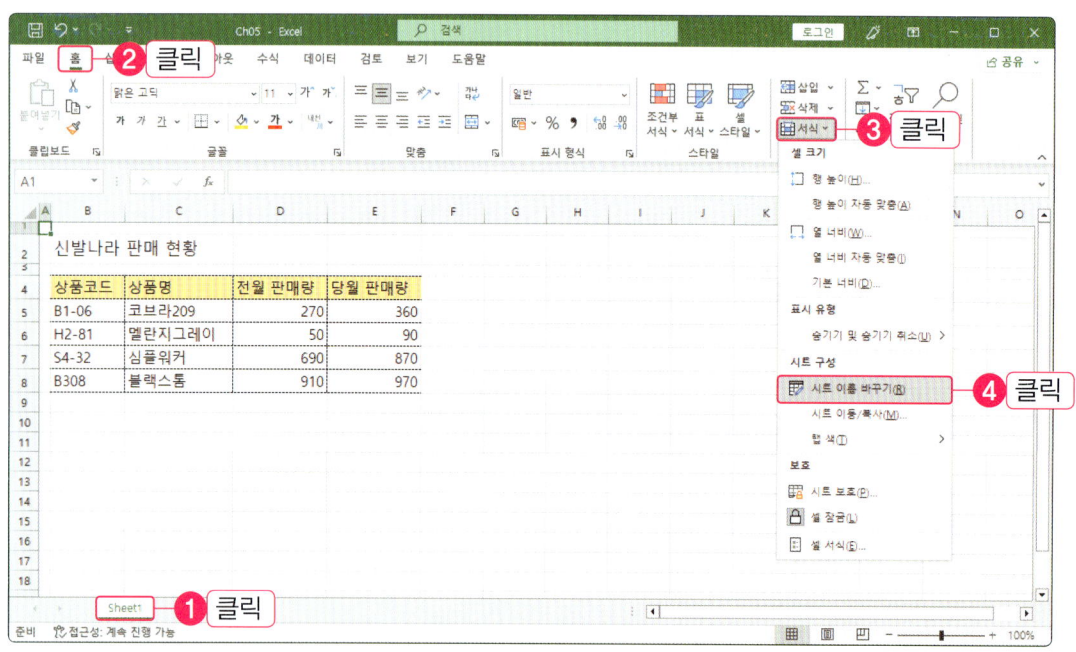

시트 탭에 있는 시트의 바로 가기 메뉴에서 [이름 바꾸기]를 클릭하거나 시트를 더블클릭하여 시트 이름을 바꿀 수도 있습니다.

2 [Sheet1] 시트에 '신발나라 판매 현황'을 입력합니다.

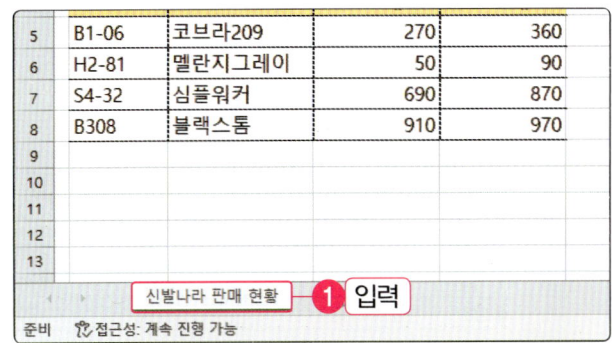

알고 넘어갑시다!

시트 선택하기
- 하나의 시트 선택 : 시트 탭에서 시트를 클릭합니다.
- 연속적인 시트 선택 : 시트 탭에서 첫 번째 시트를 선택한 후 Shift 를 누른 상태에서 마지막 시트를 선택합니다.
- 비연속적인 시트 선택 : 시트 탭에서 첫 번째 시트를 선택한 후 Ctrl 을 누른 상태에서 다른 시트를 선택합니다.

3 시트를 복사하기 위해 시트 탭에서 [신발나라 판매 현황] 시트를 선택한 후 [홈] 탭-[셀] 그룹에서 [서식]을 클릭한 다음 [시트 이동/복사]를 클릭합니다.

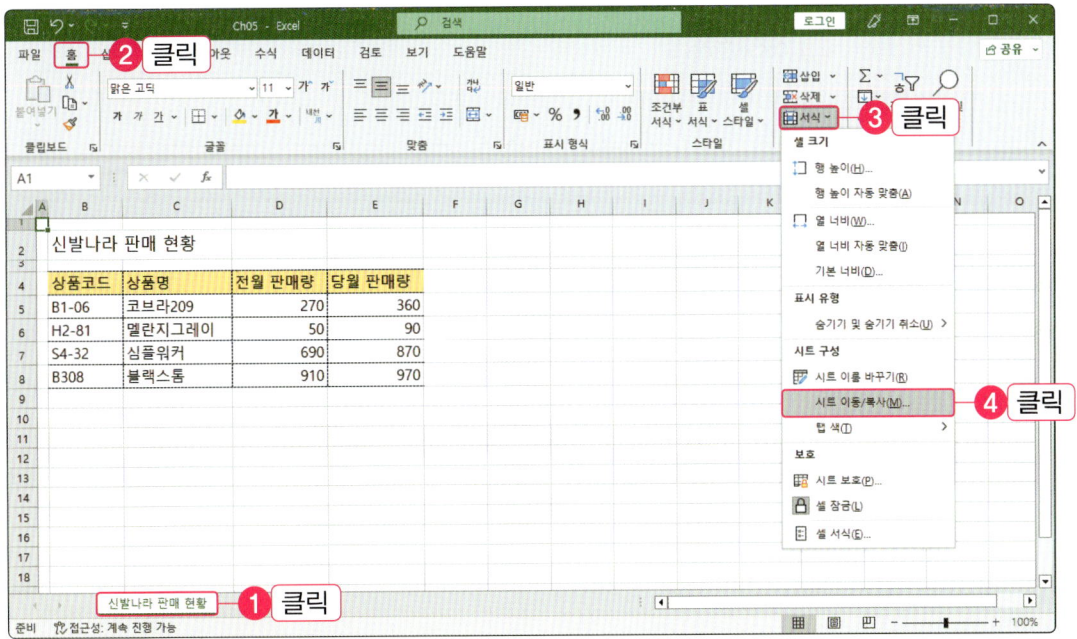

4 [이동/복사] 대화상자가 나타나면 **다음 시트의 앞에(신발나라 판매 현황)를 선택**한 후 [복사본 만들기]를 선택한 다음 [확인] 단추를 클릭합니다.

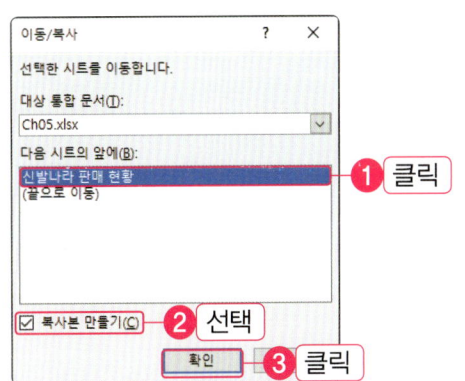

[복사본 만들기]를 선택하면 시트가 복사되고, 선택 해제하면 시트가 이동됩니다.

5 다음과 같이 시트가 복사됩니다.

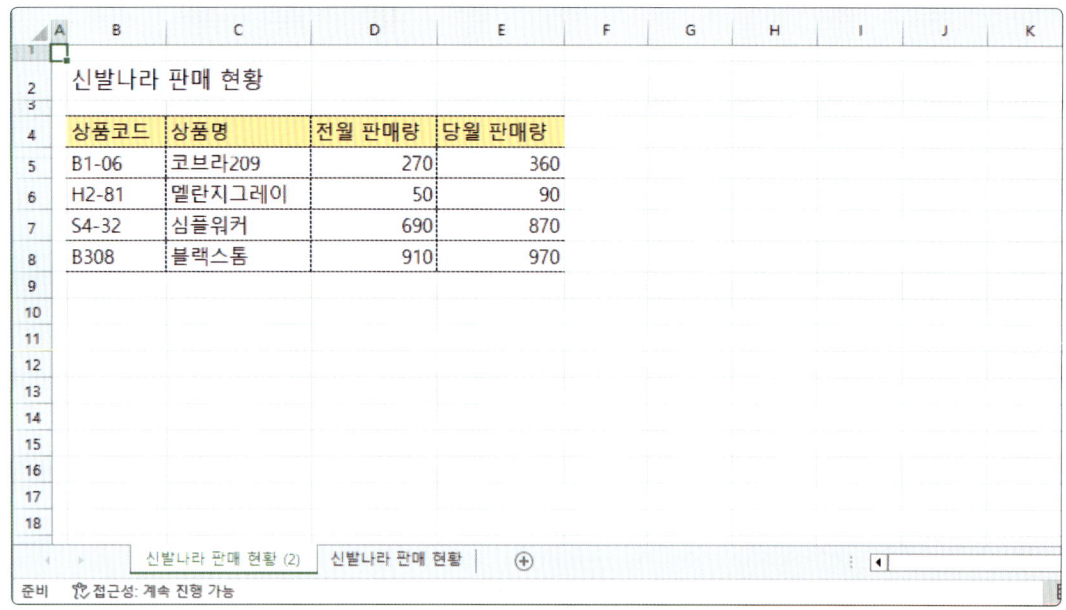

알고 넘어갑시다!

시트를 복사하는 다른 방법

시트 탭에서 Ctrl 을 누른 상태에서 시트를 드래그합니다. 시트가 복사될 위치는 ▼으로 표시됩니다.

❶ Ctrl+드래그

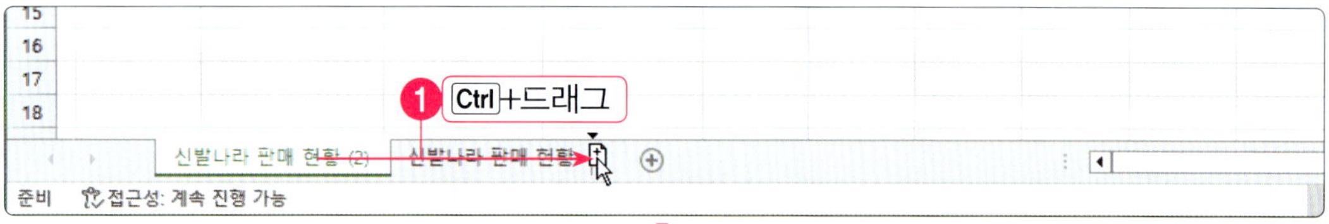

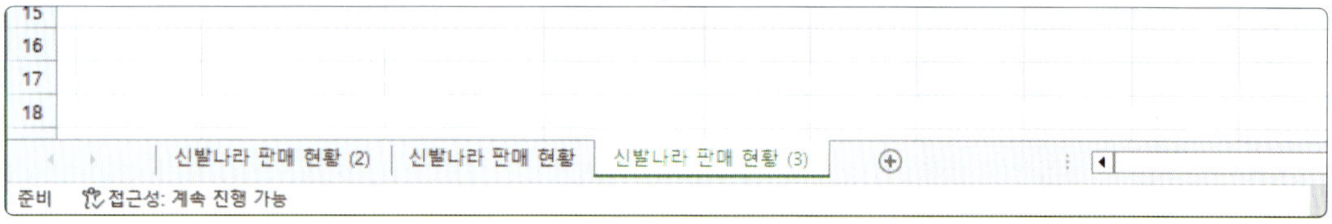

시트를 이동하는 다른 방법

시트 탭에서 시트를 드래그합니다. 시트가 이동될 위치는 ▼으로 표시됩니다.

❶ 드래그

엑셀 2021 기본 Study

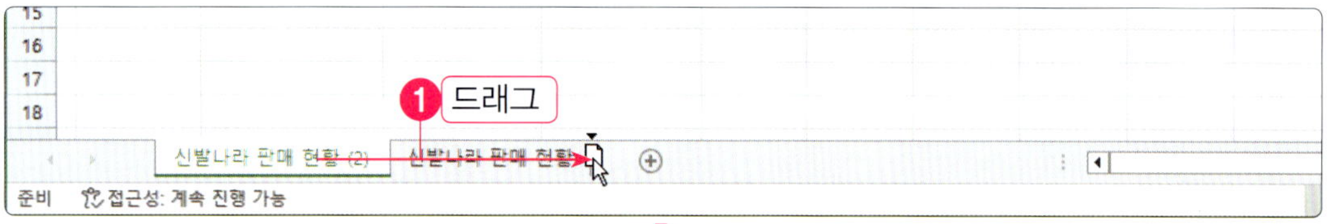

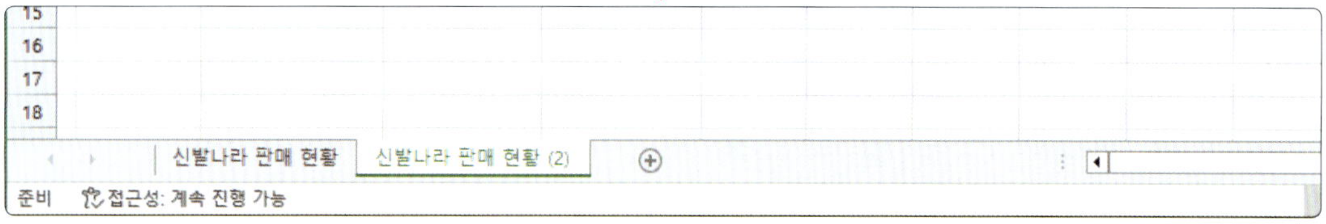

02 시트 삭제하기

1 시트를 삭제하기 위해 시트 탭에서 **[신발나라 판매 현황 (2)] 시트를 선택**한 후 [홈] 탭-[셀] 그룹에서 **[삭제]의 [목록] 단추를 클릭**한 다음 **[시트 삭제]를 클릭**합니다.

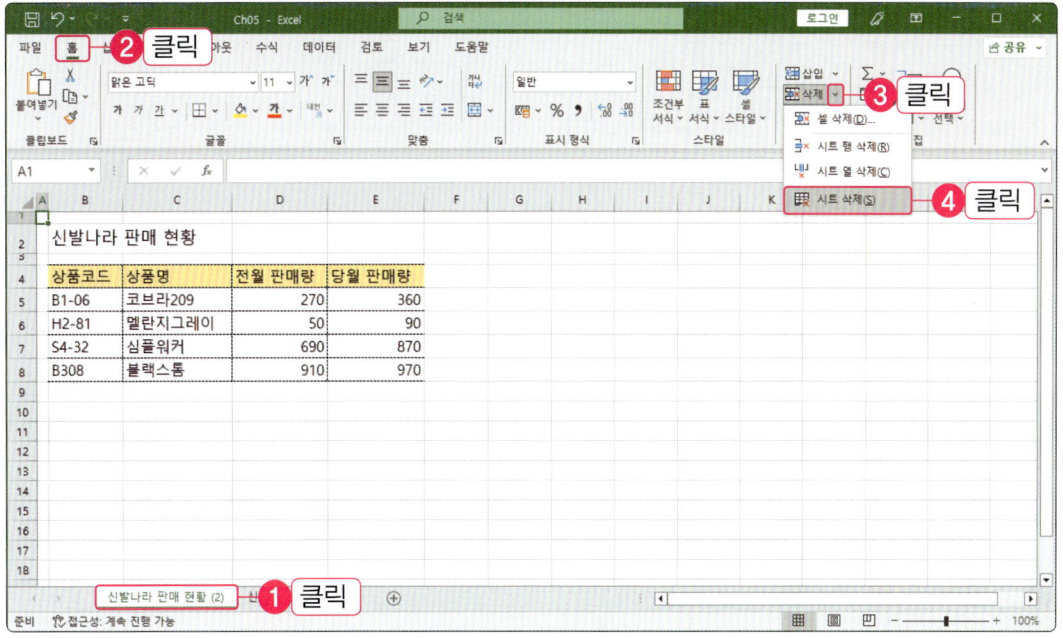

> 시트 탭에 있는 시트의 바로 가기 메뉴에서 [삭제]를 클릭하여 시트를 삭제할 수도 있습니다.

2 '이 시트가 Microsoft Excel에서 영구적으로 삭제됩니다.'라는 내용의 메시지가 나타나면 **[삭제] 단추를 클릭**합니다.

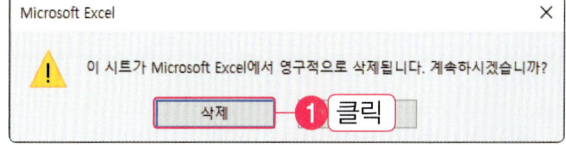

> 데이터가 없는 시트를 삭제하면 '이 시트가 Microsoft Excel에서 영구적으로 삭제됩니다.'라는 내용의 메시지가 나타나지 않습니다.

3 다음과 같이 시트가 삭제됩니다.

시트 삽입하기

- **방법1** : 시트 탭에서 시트를 선택한 후 [홈] 탭-[셀] 그룹에서 [삽입]의 ▼[목록] 단추를 클릭한 다음 [시트 삽입]을 클릭하거나 Shift+F11 을 누릅니다. 새 시트는 선택한 시트의 앞에 삽입됩니다.

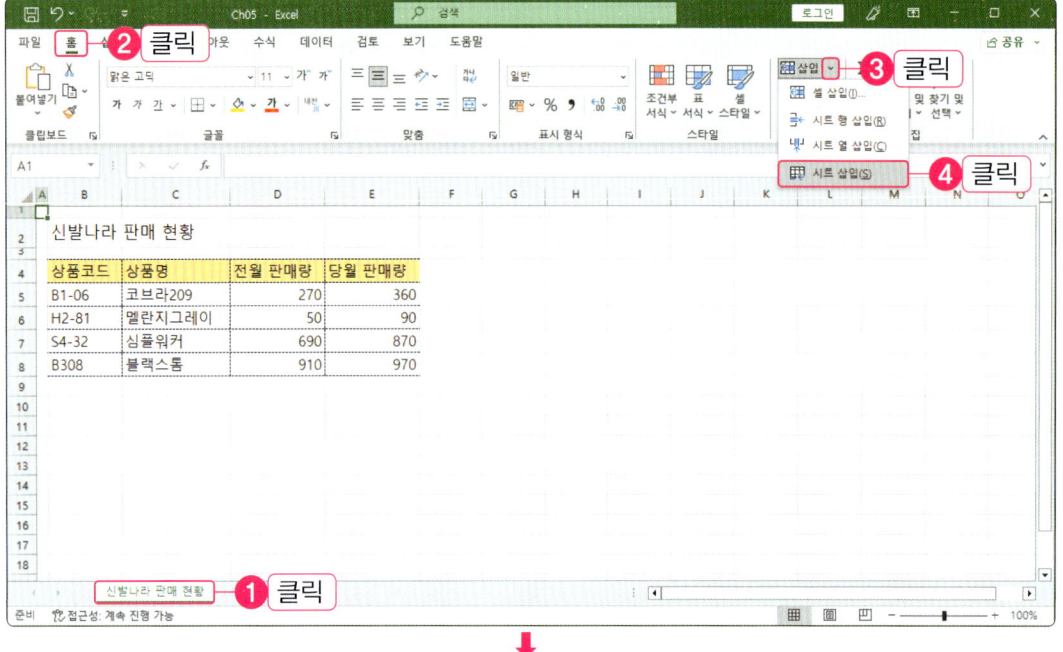

- **방법2** : 시트 탭에서 ⊕[새 시트]를 클릭합니다. 새 시트는 맨 끝에 삽입됩니다.

연습문제 Exercise

C:\단계학습\엑셀\연습파일\Ch05-연습.xlsx

1 다음과 같이 시트를 복사해 보세요.
- **시트 복사** : [Sheet1] 시트를 복사

> **Hint**
> 시트 탭에서 [Sheet1] 시트를 선택한 후 [홈] 탭-[셀] 그룹에서 [서식]을 클릭한 다음 [시트 이동/복사]를 클릭합니다. 그런 다음 [이동/복사] 대화상자에서 다음 시트의 앞에((끝으로 이동))를 선택한 후 [복사본 만들기]를 선택한 다음 [확인] 단추를 클릭하면 시트를 복사할 수 있습니다.

2 다음과 같이 시트 이름을 바꾸어 보세요.
- **시트 이름 바꾸기** : Sheet1 → 생활용품 매출 현황(1), Sheet1 (2) → 생활용품 매출 현황(2)

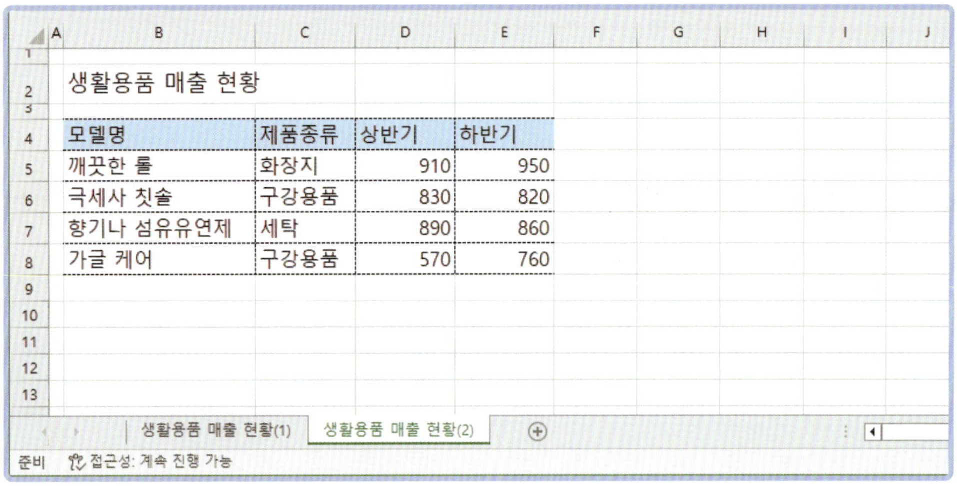

Chapter 05 - 시트 편집하기

기본 Study

Chapter 06

셀 서식 지정하기

셀 서식은 셀과 셀에 입력한 데이터를 원하는 모양으로 변경할 수 있는 기능으로 글꼴 서식, 맞춤 서식, 테두리 서식, 채우기 서식, 표시 형식이 있는데요. 셀 서식을 지정하면 깔끔하고 세련된 문서를 작성할 수 있습니다. 그럼, 셀 서식을 지정하는 방법에 대해 알아보겠습니다.

Excel 2021

미리보기

	해수욕장	지역	경관	수질	지원금
	국토교통부 지원 해수욕장				
	주문진	강원	1,950	1,850	950,000,000
	춘장대	충남	2,050	1,950	900,000,000
	꼭지	충남	2,100	1,950	750,000,000
	낙산	강원	1,800	2,000	1,250,000,000

C:\단계학습\엑셀\예제파일\Ch06.xlsx

01 글꼴과 맞춤 서식 지정하기

1 글꼴 서식을 지정하기 위해 **B2셀을 선택**한 후 [홈] 탭-[글꼴] 그룹에서 **[추가 옵션]을 클릭**합니다.

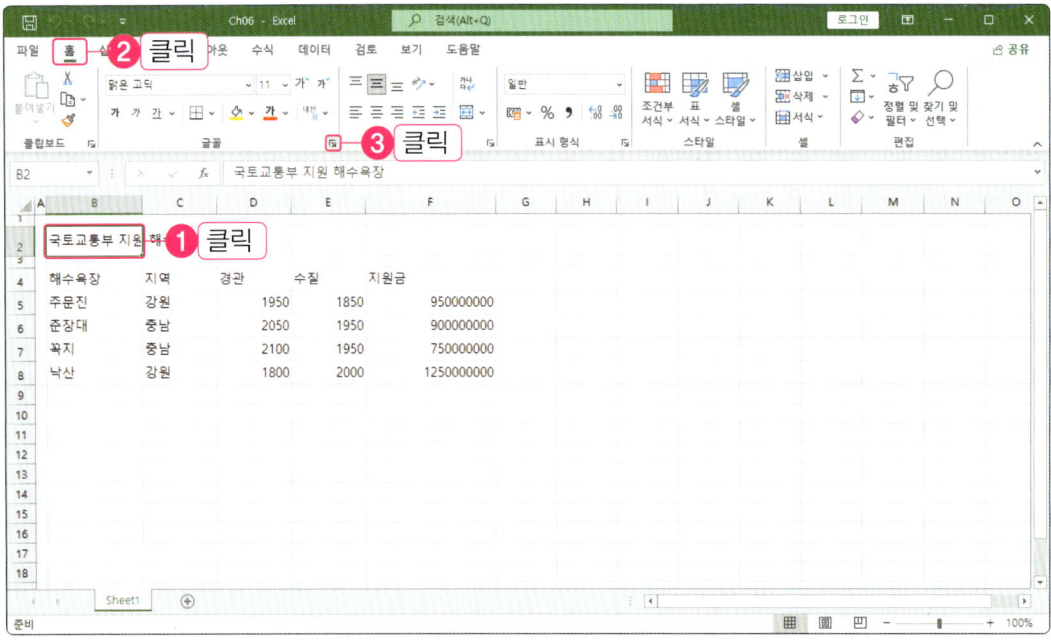

2. [셀 서식] 대화상자의 [글꼴] 탭이 나타나면 **글꼴**(HY견고딕), **글꼴 스타일**(굵은 기울임꼴), **크기**(18), **색**(파랑, 강조 1)을 **선택**한 후 [확인] 단추를 **클릭**합니다.

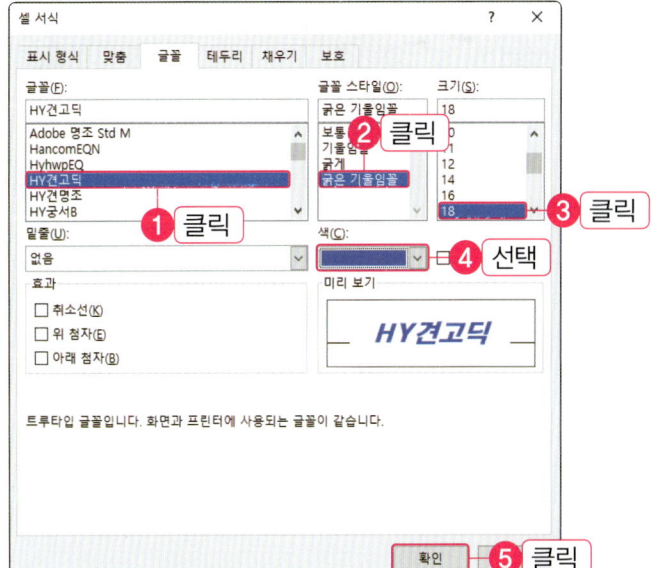

[셀 서식] 대화상자는 셀의 바로 가기 메뉴에서 [셀 서식]을 클릭하거나 Ctrl+1을 눌러 나타나게 할 수도 있습니다.

3. **B4:F8셀 범위를 선택**한 후 [홈] 탭-[글꼴] 그룹에서 **글꼴 크기**(13)를 **입력**합니다.

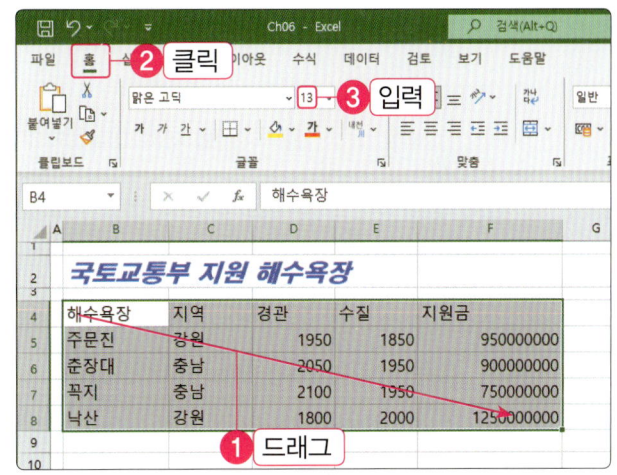

알고 넘어갑시다!

[글꼴] 그룹

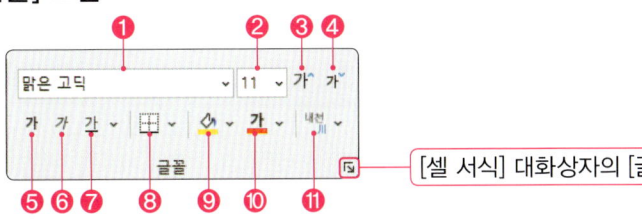

[셀 서식] 대화상자의 [글꼴] 탭이 나타납니다.

❶ **글꼴** : 텍스트의 모양을 지정합니다.
❷ **글꼴 크기** : 텍스트의 크기를 지정합니다.
❸ **글꼴 크기 크게** : 텍스트의 크기를 크게 합니다.
❹ **글꼴 크기 작게** : 텍스트의 크기를 작게 합니다.
❺ **굵게** : 텍스트를 진하게 표시합니다.
❻ **기울임꼴** : 텍스트를 오른쪽으로 기울여서 표시합니다.
❼ **밑줄** : 텍스트 아래에 밑줄이나 이중 밑줄을 표시합니다.
❽ **테두리** : 셀의 테두리에 선을 지정합니다.
❾ **채우기 색** : 셀에 채우기 색을 지정합니다.
❿ **글꼴 색** : 텍스트의 색을 지정합니다.
⓫ **윗주 필드 표시/숨기기** : 윗주(본문의 뜻을 알기 쉽게 설명한 내용이나 참조)를 표시하거나 숨깁니다. 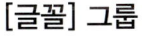[윗주 필드 표시/숨기기]의 [목록] 단추를 클릭하면 윗주를 편집하거나 설정할 수 있습니다.

4 맞춤 서식을 지정하기 위해 **B2:F2셀 범위를 선택**한 후 [홈] 탭-[맞춤] 그룹에서 [병합하고 가운데 맞춤]을 클릭합니다.

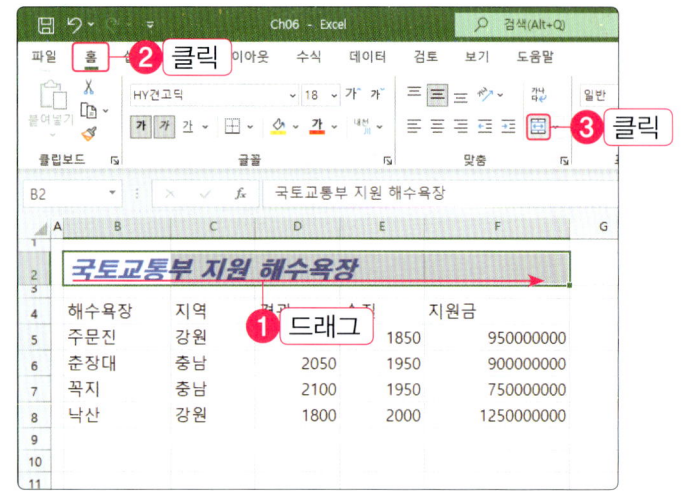

알고 넘어갑시다!

[맞춤] 그룹

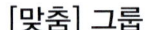

[셀 서식] 대화상자의 [맞춤] 탭이 나타납니다.

❶ **위쪽 맞춤** : 셀의 위쪽에 맞추어 텍스트를 표시합니다.
❷ **가운데 맞춤** : 세로 방향으로 셀의 가운데에 맞추어 텍스트를 표시합니다.
❸ **아래쪽 맞춤** : 셀의 아래쪽에 맞추어 텍스트를 표시합니다.

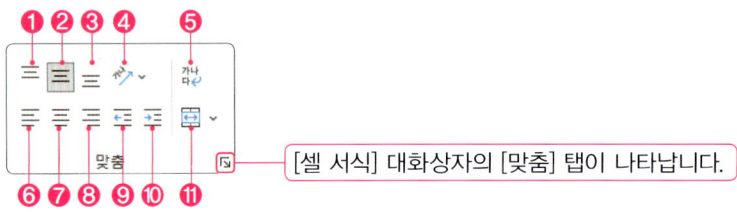

❹ **방향** : 텍스트를 회전시키거나 세로쓰기를 합니다.

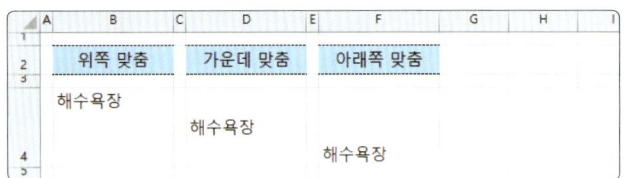

❺ **자동 줄 바꿈** : 열 너비에 맞게 줄을 바꾸어 여러 줄로 텍스트를 표시합니다. 열 너비를 변경하면 줄이 자동으로 조정됩니다.

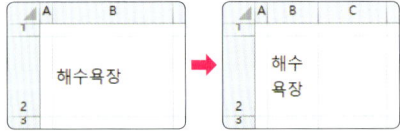

❻ **왼쪽 맞춤** : 셀의 왼쪽에 맞추어 텍스트를 표시합니다.
❼ **가운데 맞춤** : 가로 방향으로 셀의 가운데에 맞추어 텍스트를 표시합니다.
❽ **오른쪽 맞춤** : 셀의 오른쪽에 맞추어 텍스트를 표시합니다.
❾ **내어쓰기** : 셀의 왼쪽 테두리와 텍스트 사이의 여백을 줄입니다.
❿ **들여쓰기** : 셀의 왼쪽 테두리와 텍스트 사이의 여백을 늘립니다.
⓫ **병합하고 가운데 맞춤** : 선택한 셀들을 병합(선택한 셀들을 합쳐서 하나의 셀로 만드는 것)한 후 가로 방향으로 병합된 셀의 가운데에 맞추어 텍스트를 표시합니다.

5 B4:F4셀 범위와 B5:C8셀 범위를 선택한 후 [홈] 탭-[맞춤] 그룹에서 ≡[가운데 맞춤]을 클릭합니다.

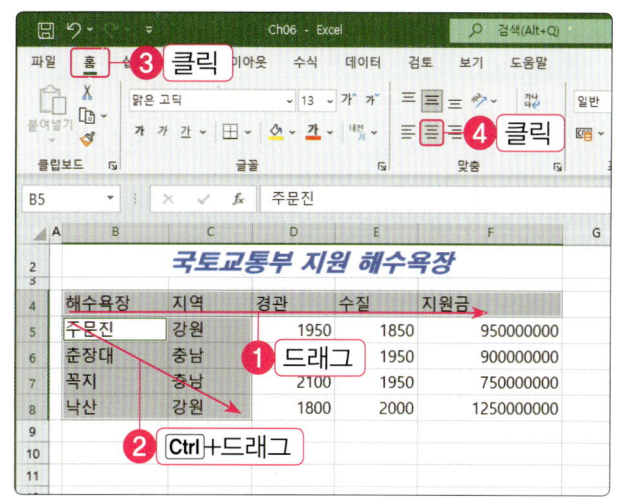

6 다음과 같이 맞춤 서식이 지정됩니다.

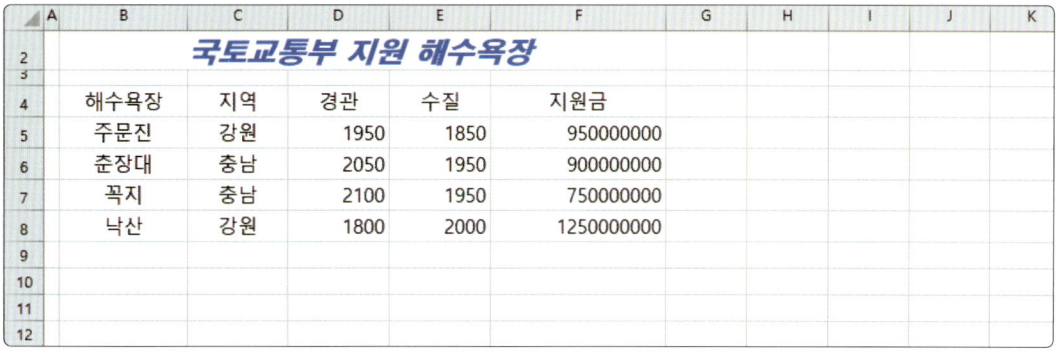

알고 넘어갑시다!

서식 복사

다음과 같이 셀을 선택한 후 [홈] 탭-[클립보드] 그룹에서 🖌[서식 복사]를 클릭한 다음 다른 셀을 클릭하면 선택한 셀에 지정된 서식을 복사하여 다른 셀에 지정할 수 있는데요. 셀을 선택한 후 [홈] 탭-[클립보드] 그룹에서 🖌[서식 복사]를 클릭하면 서식 복사를 한 번만 할 수 있고, 🖌[서식 복사]를 더블클릭하면 Esc를 눌러 서식 복사를 해제할 때까지 할 수 있습니다.

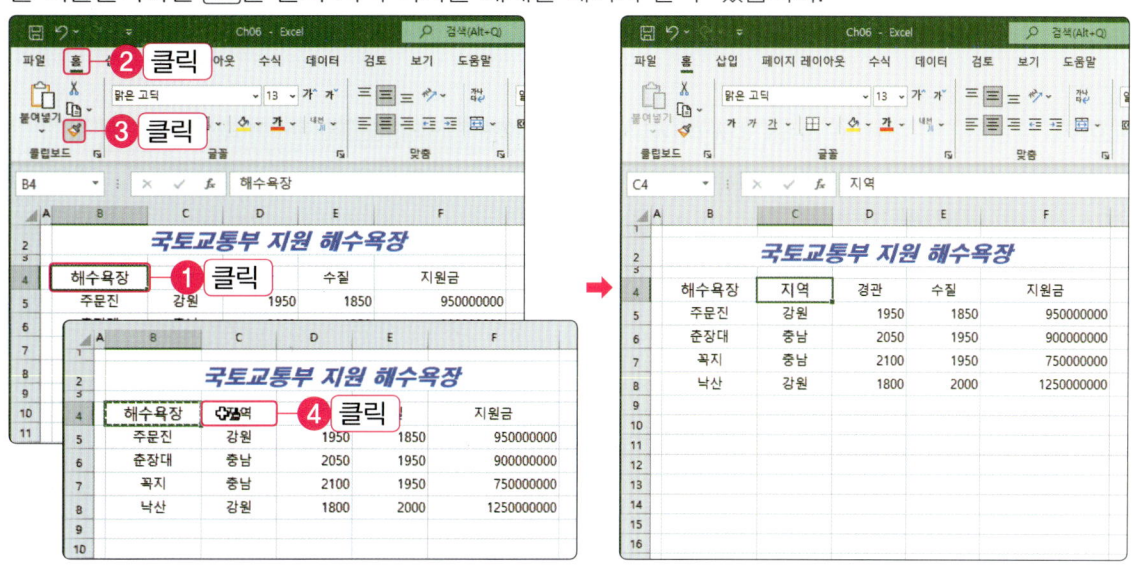

Chapter 06 - 셀 서식 지정하기 **39**

02 테두리와 채우기 서식 지정하고 표시 형식 지정하기

1 테두리 서식을 지정하기 위해 **B4:F8셀 범위를 선택**한 후 [홈] 탭-[글꼴] 그룹에서 ↘[추가 옵션]을 클릭합니다.

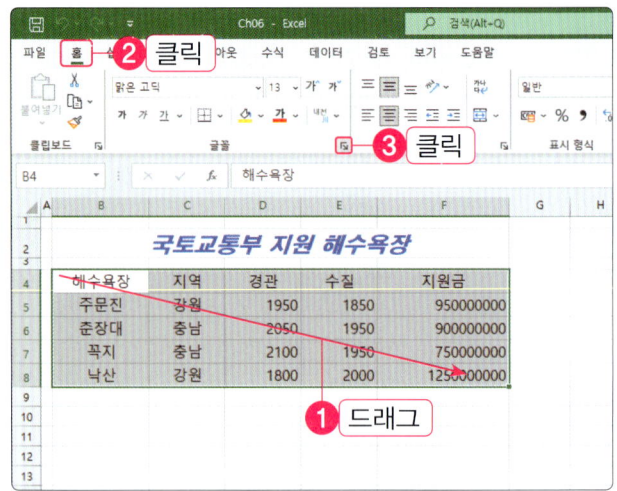

2 [셀 서식] 대화상자의 [글꼴] 탭이 나타나면 [테두리] 탭에서 **선 색(연한 파랑)을 선택**한 후 **선 스타일(──)을 선택**한 다음 ⊞과 ⊞을 클릭합니다. 그런 다음 **선 스타일( )을 선택**한 후 ⊞[안쪽]을 클릭한 다음 [확인] 단추를 클릭합니다.

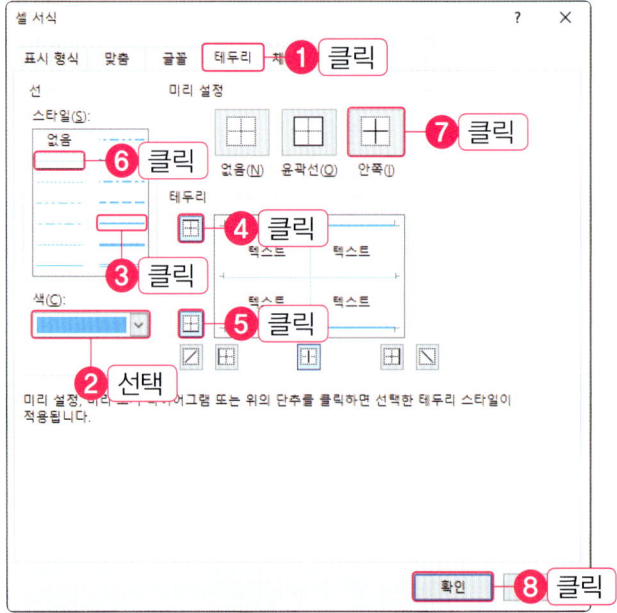

3 채우기 서식을 지정하기 위해 **B4:F4셀 범위를 선택**한 후 [홈] 탭-[글꼴] 그룹에서 ◇[채우기 색]의 ∨[목록] 단추를 클릭한 다음 [파랑, 강조 5, 60% 더 밝게]를 클릭합니다.

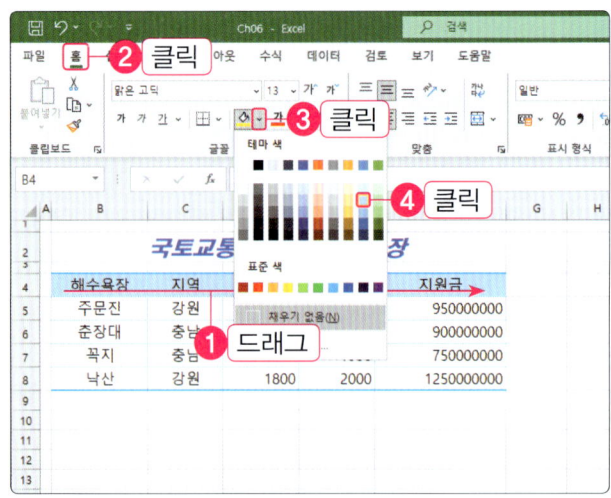

4 표시 형식을 지정하기 위해 **D5:F8셀 범위를 선택**한 후 [홈] 탭-[표시 형식] 그룹에서 **, [쉼표 스타일]을 클릭**합니다.

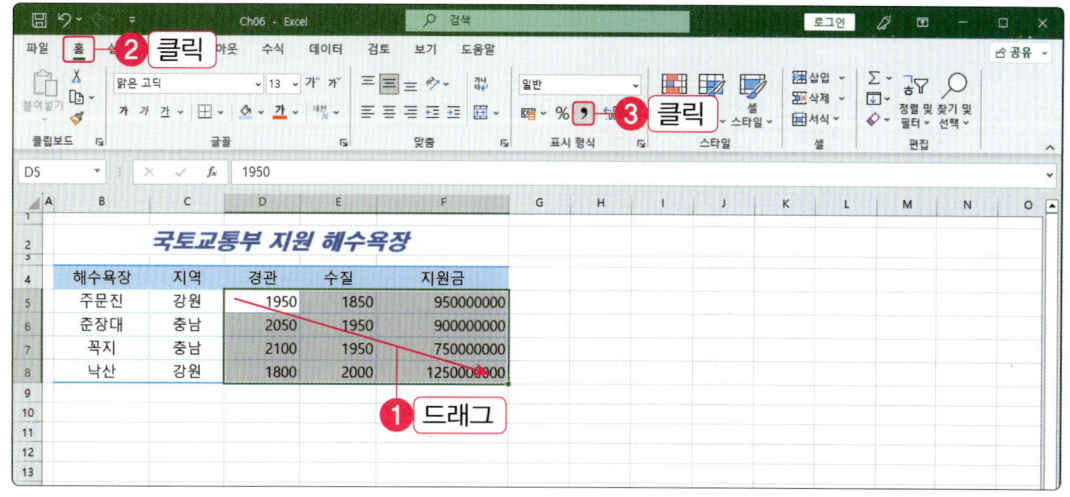

[표시 형식] 그룹

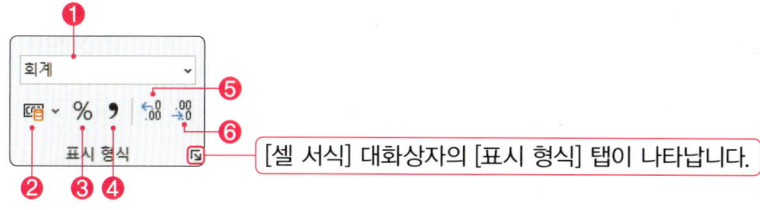

[셀 서식] 대화상자의 [표시 형식] 탭이 나타납니다.

❶ **표시 형식** : 셀 값이 표시되는 방법을 지정합니다. 일반은 표시 형식을 지정하지 않은 것을 말합니다.

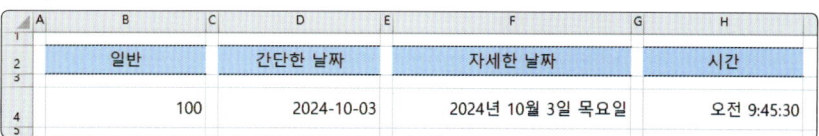

❷ **회계 표시 형식** : 통화 기호를 사용하여 셀 값을 표시합니다.

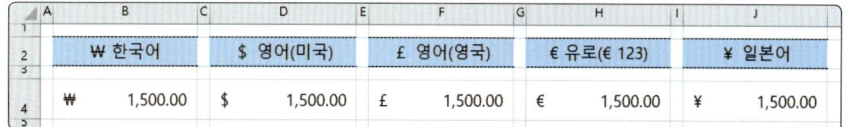

❸ **백분율 스타일** : 셀 값에 100을 곱한 값을 백분율 기호(%)와 함께 표시합니다.

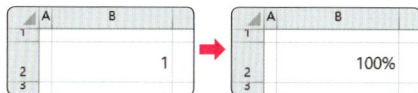

❹ **쉼표 스타일** : 천 단위 구분 기호(,)를 사용하여 셀 값을 표시합니다.

❺ **자릿수 늘림** : 소수 자릿수를 늘려 셀 값을 자세히 표시합니다.

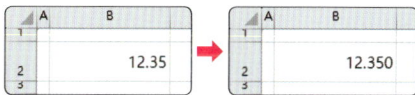

❻ **자릿수 줄임** : 소수 자릿수를 줄여 셀 값을 간단히 표시합니다.

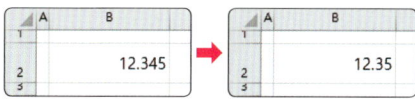

5 다음과 같이 표시 형식이 지정됩니다.

해수욕장	지역	경관	수질	지원금
주문진	강원	1,950	1,850	950,000,000
춘장대	충남	2,050	1,950	900,000,000
꼭지	충남	2,100	1,950	750,000,000
낙산	강원	1,800	2,000	1,250,000,000

표 제목: 국토교통부 지원 해수욕장

알고 넘어갑시다!

사용자 지정 표시 형식

사용자 지정 표시 형식은 사용자가 직접 표시 형식을 지정하여 숫자, 날짜, 시간 등을 원하는 형식으로 표시할 수 있는 표시 형식입니다. [셀 서식] 대화상자의 [표시 형식] 탭에서 범주를 '사용자 지정'으로 선택하면 사용자 지정 표시 형식을 지정할 수 있는데요. 다음은 사용자 지정 표시 형식에 사용되는 주요 서식 코드입니다.

서식 코드	설명
#	• 숫자의 자릿수가 형식에 지정된 자릿수보다 많은 경우, 숫자를 반올림하여 형식에 지정된 소수 자릿수로 표시합니다. ❶ • 숫자의 자릿수가 형식에 지정된 자릿수보다 적은 경우, 숫자를 그대로 표시합니다. ❷
0	• 숫자의 자릿수가 형식에 지정된 자릿수보다 많은 경우, 숫자를 반올림하여 형식에 지정된 소수 자릿수로 표시합니다. ❸ • 숫자의 자릿수가 형식에 지정된 자릿수보다 적은 경우, 숫자를 형식에 지정된 자릿수만큼 0을 표시합니다. ❹
,	• 천 단위마다 천 단위 구분 기호(,)를 표시합니다. ❺ • 쉼표 서식 코드 다음에 다른 서식 코드가 없는 경우, 천 단위로 나눈 값을 반올림하여 표시합니다. ❻
@	• 문자의 표시 위치를 지정합니다. ❼

	데이터	형식	결과값
❶	12.56	#.#	12.6
❷	12.56	###.###	12.56
❸	12.56	0.0	12.6
❹	12.56	000.000	012.560
❺	456789	#,##0	456,789
❻	456789	#,	457
❼	아슬란	@" 주식회사"	아슬란 주식회사

연습문제 Exercise

C:\단계학습\엑셀\연습파일\Ch06-연습.xlsx

1 다음과 같이 글꼴과 맞춤 서식을 지정해 보세요.
- B2:F2셀 범위 : 글꼴(휴먼엑스포), 글꼴 크기(20), 글꼴 색(주황, 강조 2), 가[기울임꼴], [병합하고 가운데 맞춤]
- B4:F8셀 범위 : 글꼴 크기(13)
- B4:F4셀 범위/B5:C8셀 범위 : 글꼴(휴먼엑스포), [가운데 맞춤]

	지점	예금종류	1월	2월	3월
			지점별 예금 수신고		
	서울	보통예금	4320000	3960000	4730000
	대전	세금우대	3390000	2840000	2960000
	부산	주택예금	2570000	2980000	2180000
	광주	보통예금	1970000	2050000	2150000

2 다음과 같이 테두리와 채우기 서식을 지정한 후 표시 형식을 지정해 보세요.
- B3:F3셀 범위 : 굵은 아래쪽 테두리
- B5:F8셀 범위 : 위쪽/굵은 아래쪽 테두리
- B6:F6셀 범위/B8:F8셀 범위 : 채우기 색(녹색, 강조 6, 80% 더 밝게)
- D5:F8셀 범위 : [쉼표 스타일]

	지점	예금종류	1월	2월	3월
			지점별 예금 수신고		
	서울	보통예금	4,320,000	3,960,000	4,730,000
	대전	세금우대	3,390,000	2,840,000	2,960,000
	부산	주택예금	2,570,000	2,980,000	2,180,000
	광주	보통예금	1,970,000	2,050,000	2,150,000

Hint
B3:F3셀 범위를 선택한 후 [홈] 탭-[글꼴] 그룹에서 [테두리]의 [목록] 단추를 클릭한 다음 [굵은 아래쪽 테두리]를 클릭합니다. 그런 다음 B5:F8셀 범위를 선택한 후 [홈] 탭-[글꼴] 그룹에서 [테두리]의 [목록] 단추를 클릭한 다음 [위쪽/굵은 아래쪽 테두리]를 클릭하면 테두리 서식을 지정할 수 있습니다.

기본 Study

Chapter 07 셀 스타일과 표 서식 지정하기

Excel 2021

셀 스타일과 표 서식은 서식을 일일이 지정하지 않고 한 번에 지정할 수 있는 기능인데요. 셀 스타일과 표 서식을 지정하면 그 만큼 서식을 쉽고 빠르게 지정할 수 있습니다. 그럼, 셀 스타일과 표 서식을 지정하는 방법에 대해 알아보겠습니다.

C:\단계학습\엑셀\예제파일\Ch07.xlsx

01 셀 스타일 지정하기

1 셀 스타일을 지정하기 위해 **B2셀을 선택**한 후 [홈] 탭-[스타일] 그룹에서 **[셀 스타일]**을 클릭한 다음 **[제목 1]**을 클릭합니다.

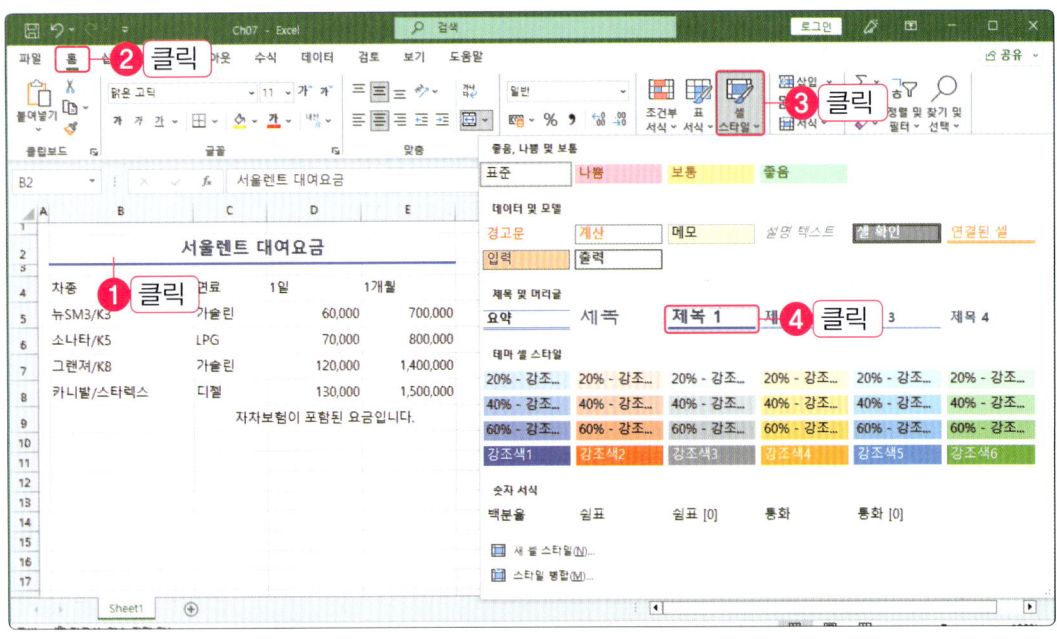

셀 스타일은 미리 정의되어 있는 셀 서식을 지정할 수 있는 기능입니다.

2 C9셀을 **선택**한 후 [홈] 탭-[스타일] 그룹에서 **[셀 스타일]을 클릭**한 다음 **[주황, 강조색2]**를 **클릭**합니다.

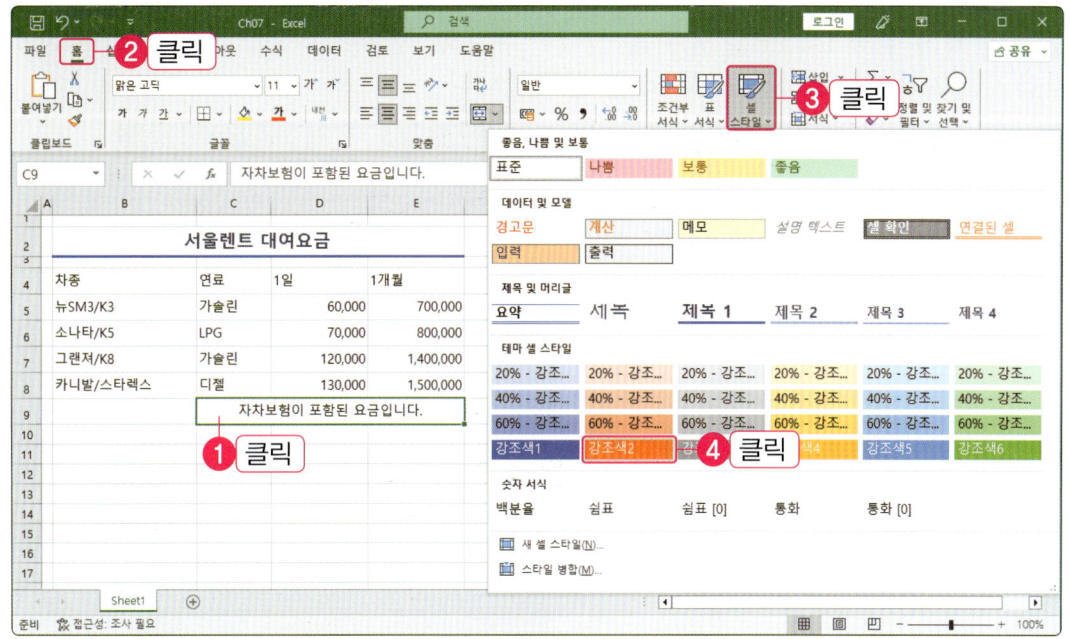

[표준]을 클릭하면 지정한 셀 스타일뿐만 아니라 셀 스타일을 지정하기 전에 지정한 모든 셀 서식이 제거됩니다.

3 다음과 같이 셀 스타일이 지정됩니다.

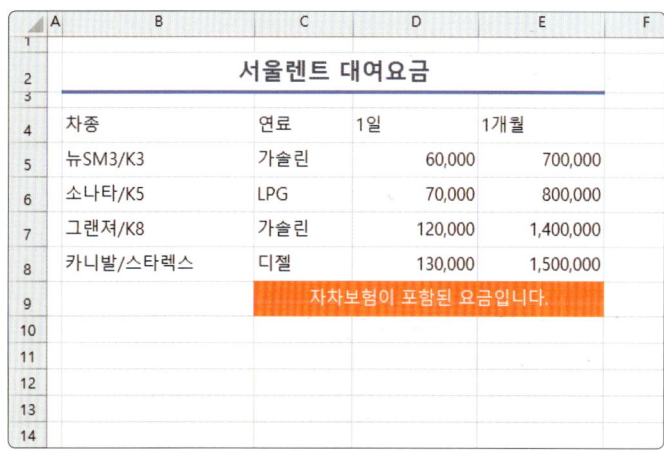

Chapter 07 – 셀 스타일과 표 서식 지정하기 **45**

02 표 서식 지정하기

1 표 서식을 지정하기 위해 **B4:E8셀 범위를 선택**한 후 [홈] 탭-[스타일] 그룹에서 [**표 서식**]을 **클릭**한 다음 [**녹색, 표 스타일 보통 14**]를 클릭합니다.

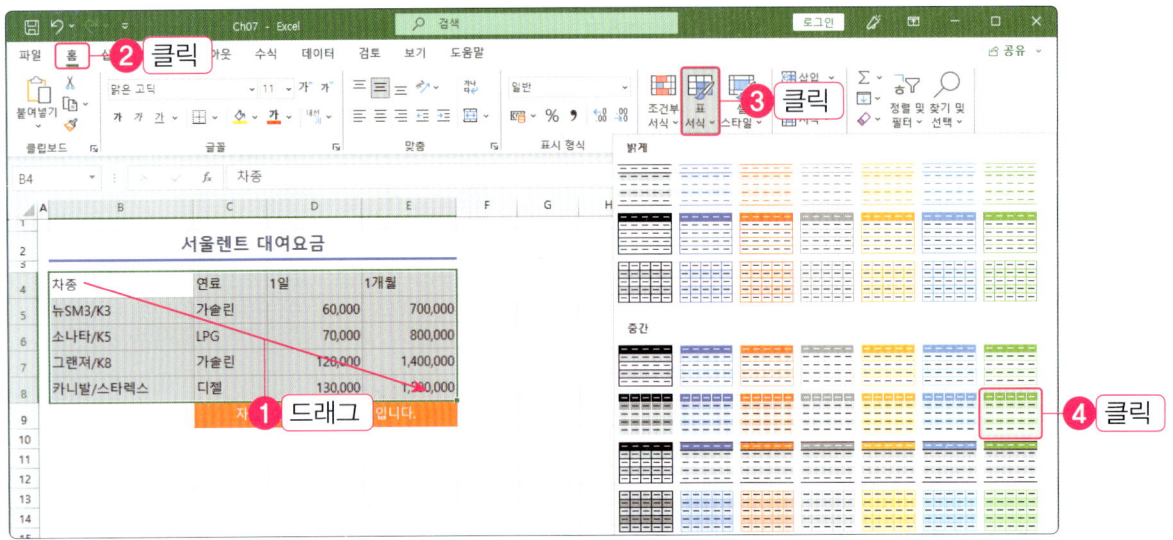

표 서식은 데이터를 표로 변환한 후 표 스타일(미리 정의되어 있는 글꼴 서식, 테두리 서식, 채우기 서식)을 지정할 수 있는 기능입니다.

2 [표 만들기] 대화상자가 나타나면 [**확인**] 단추를 **클릭**합니다.

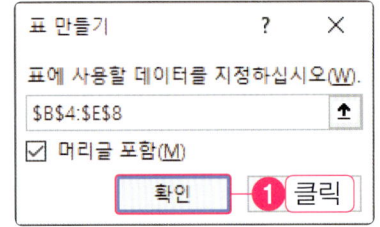

3 표 스타일 옵션을 지정하기 위해 [테이블 디자인] 상황 탭-[표 스타일 옵션] 그룹에서 [**첫째 열**]을 **선택**합니다.

표 서식을 지정하면 머리글 행(여기서는 B4:E4셀 범위)에 [필터 목록] 단추가 나타납니다.

4 표를 정상 범위로 변환하기 위해 [테이블 디자인] 정황 탭-[도구] 그룹에서 **[범위로 변환]**을 클릭합니다.

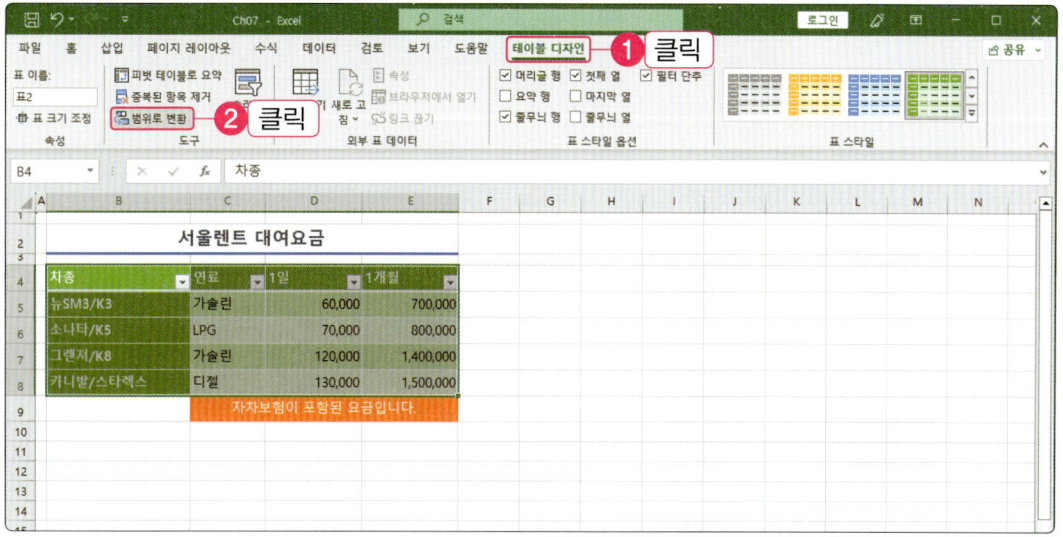

표 서식을 지정하면 행/열은 삽입하거나 삭제할 수 있지만 셀은 삽입하거나 삭제할 수 없고 셀 병합도 할 수 없습니다. 이와 같이 표 기능이 오히려 작업에 방해되거나 표 스타일만 필요하고 표 기능은 필요하지 않은 경우에는 표를 정상 범위로 변환해야 하는데요. 표를 정상 범위로 변환한다는 것은 표를 일반 데이터로 변환한다는 것입니다.

알고 넘어갑시다!

표 기능

표 서식을 지정하면 새로운 데이터를 입력하는 경우, 표 서식이 자동으로 지정됩니다. 그리고 ▼[필터 목록] 단추를 사용하여 데이터를 정렬하거나 필터링을 하는 등의 표 기능을 사용할 수 있습니다. 정렬은 데이터를 일정한 순서에 의해 차례대로 재배열하는 작업을 말하고, 필터링은 많은 데이터 중에서 원하는 데이터만 표시하는 작업을 말하는데요. 다음은 [1개월] 필드(데이터에서 열을 '필드'라고 합니다)의 ▼[필터 목록] 단추를 클릭한 후 [숫자 내림차순 정렬]을 클릭한 경우입니다.

Chapter 07 - 셀 스타일과 표 서식 지정하기 **47**

5 '표를 정상 범위로 변환하시겠습니까?'라고 묻는 대화상자가 나타나면 [예] 단추를 클릭합니다.

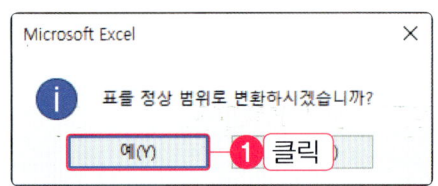

6 다음과 같이 표가 정상 범위로 변환됩니다.

연습문제

C:\단계학습\엑셀\연습파일\Ch07-연습.xlsx

1 다음과 같이 셀 스타일을 지정해 보세요.
- B2셀 : 셀 스타일(제목)

환승역	역장	4월	5월	6월
신도림	김슬기	1,256,249	1,487,656	1,678,453
시청	전은호	1,127,613	1,347,846	1,297,341
교대	이태희	876,220	684,523	942,310
충무로	이현아	789,320	842,357	854,356

서울 지하철 주요 환승역 이용 현황

2 다음과 같이 표 서식을 지정한 후 표를 정상 범위로 변환해 보세요.
- B4:F8셀 범위 : 표 서식(▦[파랑, 표 스타일 밝게 9]), 표를 정상 범위로 변환

환승역	역장	4월	5월	6월
신도림	김슬기	1,256,249	1,487,656	1,678,453
시청	전은호	1,127,613	1,347,846	1,297,341
교대	이태희	876,220	684,523	942,310
충무로	이현아	789,320	842,357	854,356

서울 지하철 주요 환승역 이용 현황

> **Hint**
> 표 서식을 지정한 후 [표 도구] 정황 탭-[디자인] 탭-[도구] 그룹에서 [범위로 변환]을 클릭하면 표를 정상 범위로 변환할 수 있습니다.

Chapter 07 - 셀 스타일과 표 서식 지정하기

기본 Study

Chapter 08 테마 지정하고 문서 인쇄하기

엑셀에서는 문서의 전반적인 디자인을 변경할 수 있는 테마를 제공하는데요. 테마를 지정하면 셀 서식뿐만 아니라 표나 차트 등의 스타일도 일관성 있게 변경되기 때문에 깔끔하고 세련된 문서를 작성할 수 있습니다. 그럼, 테마를 지정하고 문서를 인쇄하는 방법에 대해 알아보겠습니다.

Excel 2021

미리보기

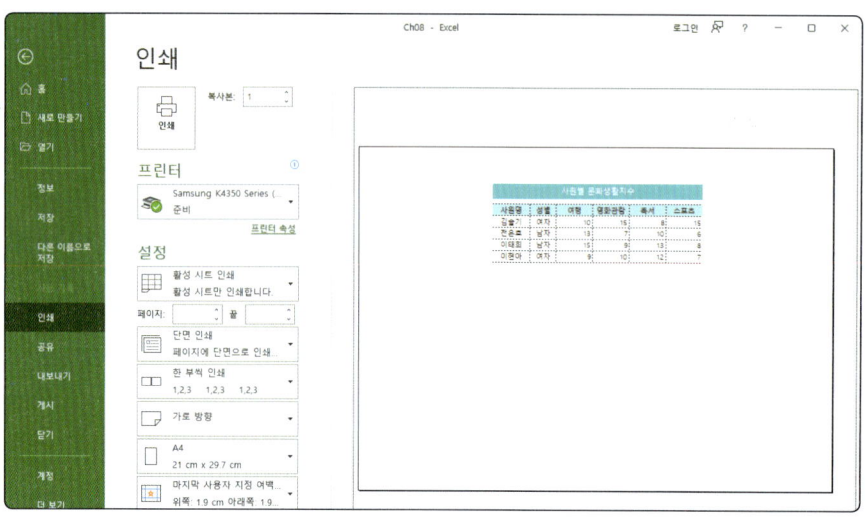

C:\단계학습\엑셀\예제파일\Ch08.xlsx

01 테마 지정하기

1 테마를 지정하기 위해 [페이지 레이아웃] 탭-[테마] 그룹에서 **[테마]를 클릭**한 후 **[메트로폴리탄]을 클릭**합니다.

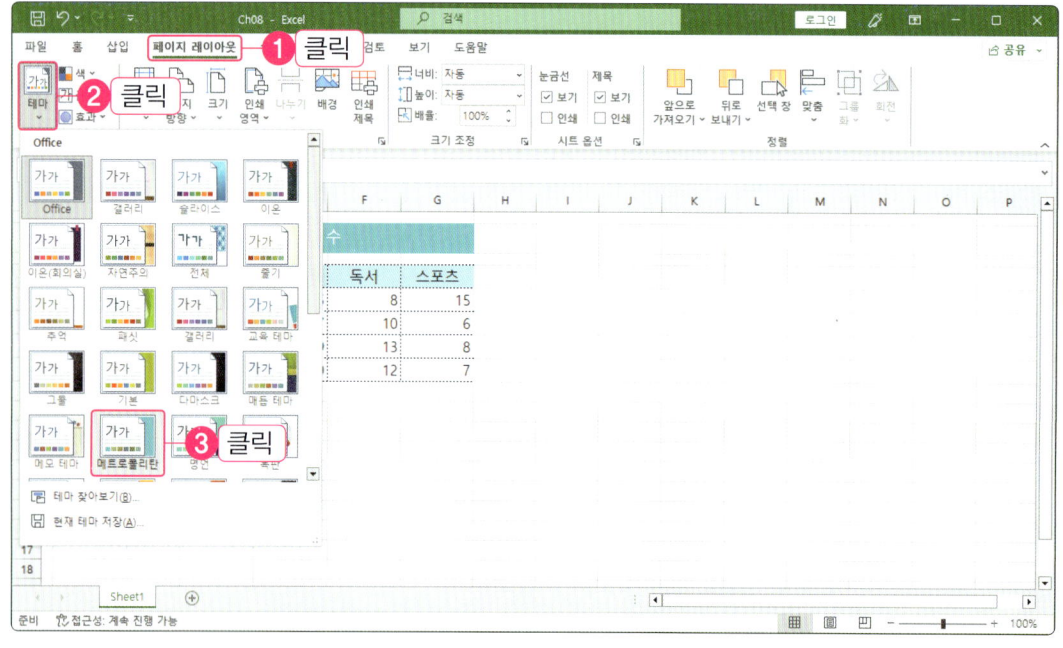

테마는 테마 색, 테마 글꼴, 테마 효과로 구성된 서식 모음입니다.

2 다음과 같이 테마가 지정됩니다.

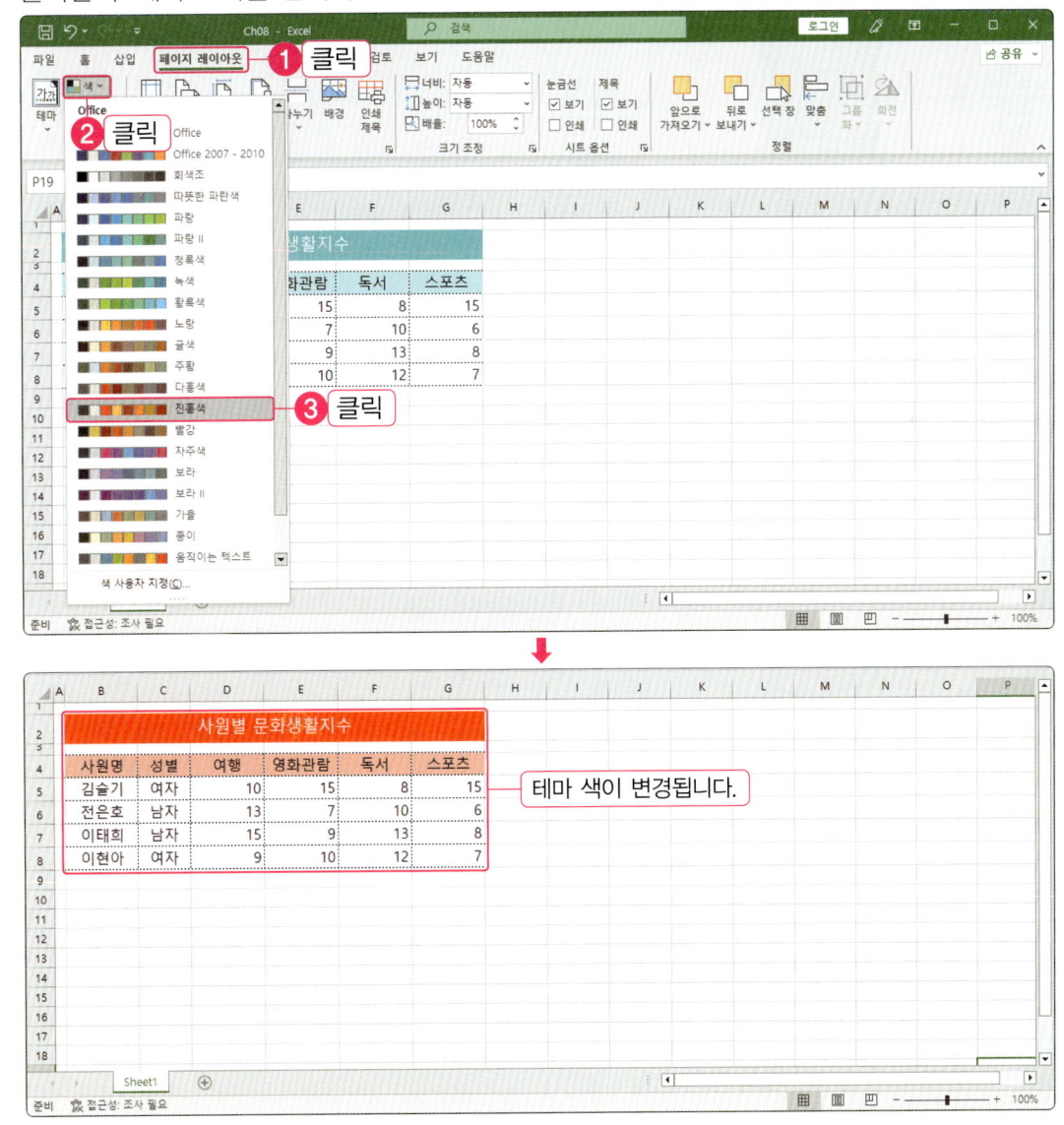

알고 넘어갑시다!

테마 색/테마 글꼴/테마 효과 변경하기

다음과 같이 [페이지 레이아웃] 탭-[테마] 그룹에서 [색]을 클릭한 후 테마 색을 선택하면 테마 색을 변경할 수 있고, [글꼴]을 클릭한 후 테마 글꼴을 선택하면 테마 글꼴을 변경할 수 있으며 [효과]를 클릭한 후 테마 효과를 선택하면 테마 효과를 변경할 수 있습니다.

테마 색이 변경됩니다.

Chapter 08 – 테마 지정하고 문서 인쇄하기 **51**

02 문서 인쇄하기

1 문서가 인쇄되는 모양을 확인하기 위해 **[파일] 탭-[인쇄]를 클릭**합니다.

엑셀에서는 문서를 인쇄하기 전에 인쇄 백스테이지에서 문서가 인쇄되는 모양을 확인한 후 필요에 따라 페이지를 설정하는 것이 좋은데요. 시트는 페이지 단위로 구분된 것이 아니기 때문에 문서가 조각으로 나뉘어 인쇄될 수 있기 때문입니다.

2 인쇄 백스테이지로 전환되면 **문서가 인쇄되는 모양을 확인**한 후 페이지를 설정하기 위해 **[페이지 설정]을 클릭**합니다.

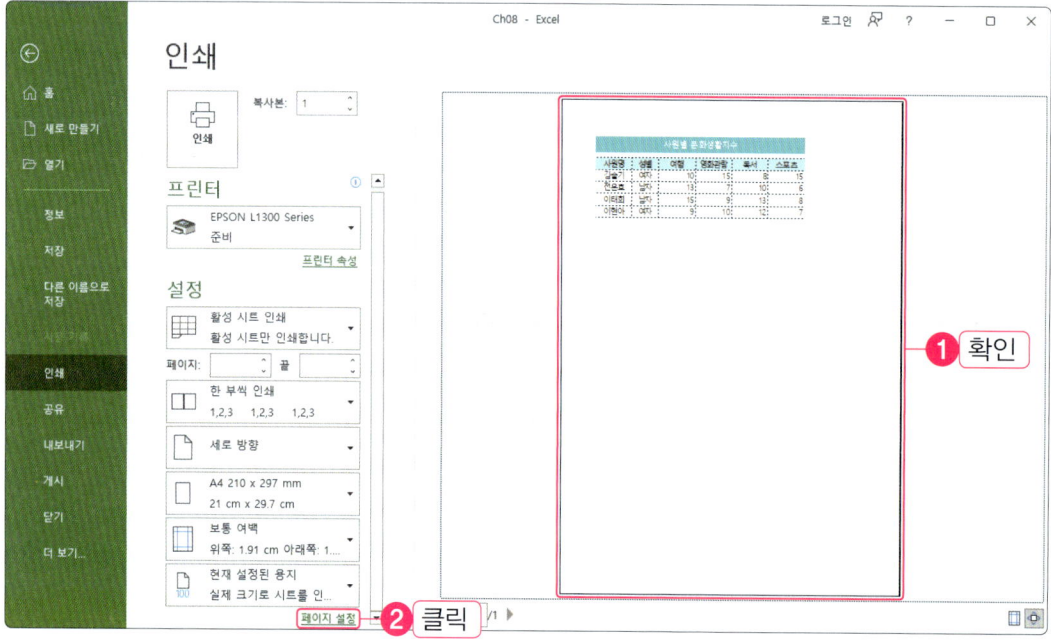

3 [페이지 설정] 대화상자가 나타나면 [페이지] 탭에서 **용지 방향(가로)을 선택**한 후 [여백] 탭을 클릭합니다. 그런 다음 [페이지 설정] 대화상자의 [여백] 탭이 나타나면 **페이지 가운데 맞춤([가로] 선택)을 선택**한 후 [확인] 단추를 클릭합니다.

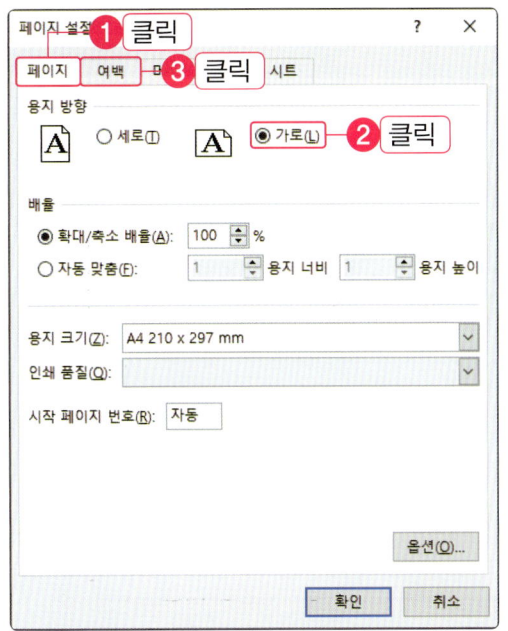 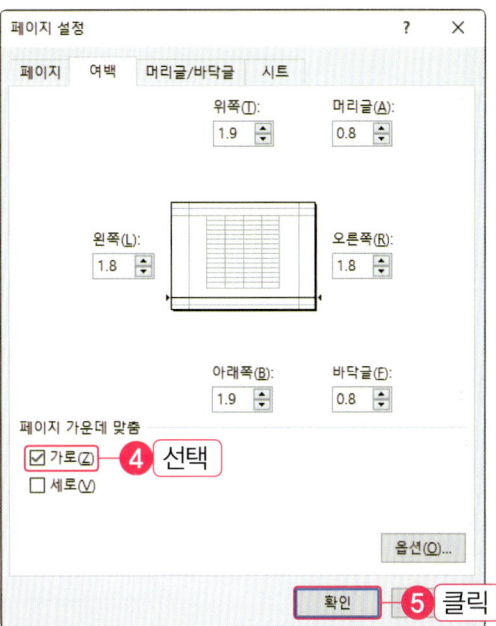

> [페이지 설정] 대화상자는 [페이지 레이아웃] 탭-[페이지 설정] 그룹에서 [추가 옵션]을 클릭하여 나타나게 할 수도 있습니다.

4 인쇄 백스테이지로 다시 전환되면 문서를 인쇄하기 위해 **인쇄 영역(활성 시트 인쇄)을 선택**한 후 [인쇄] 단추를 클릭합니다.

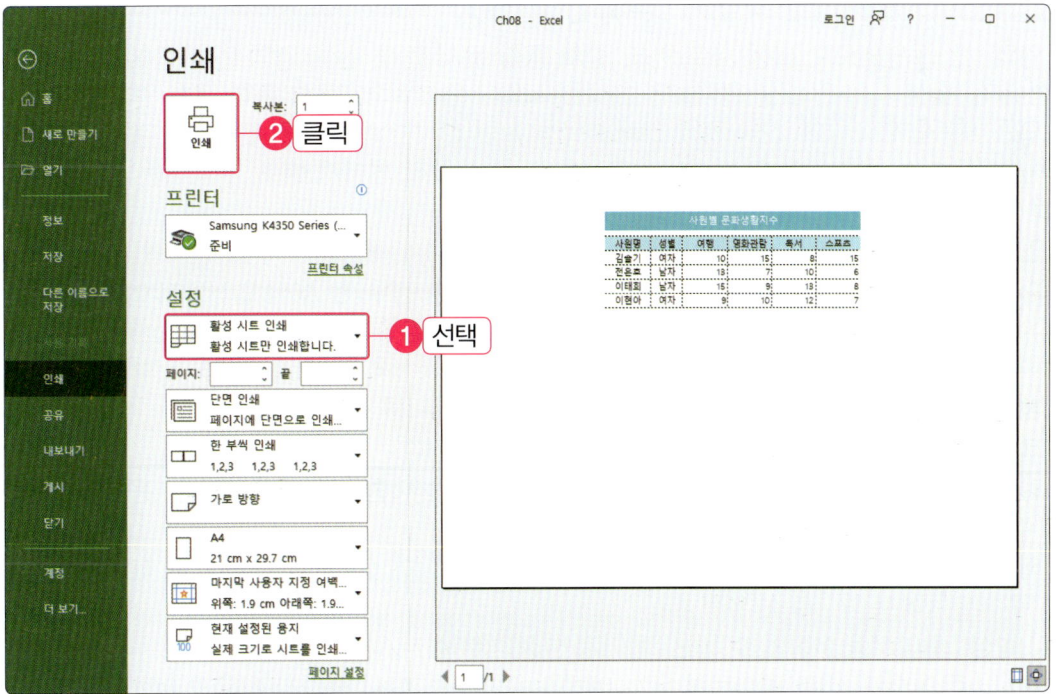

> Ctrl+P를 눌러 문서를 인쇄할 수도 있습니다.

5 문서가 인쇄됩니다.

문서 인쇄하기

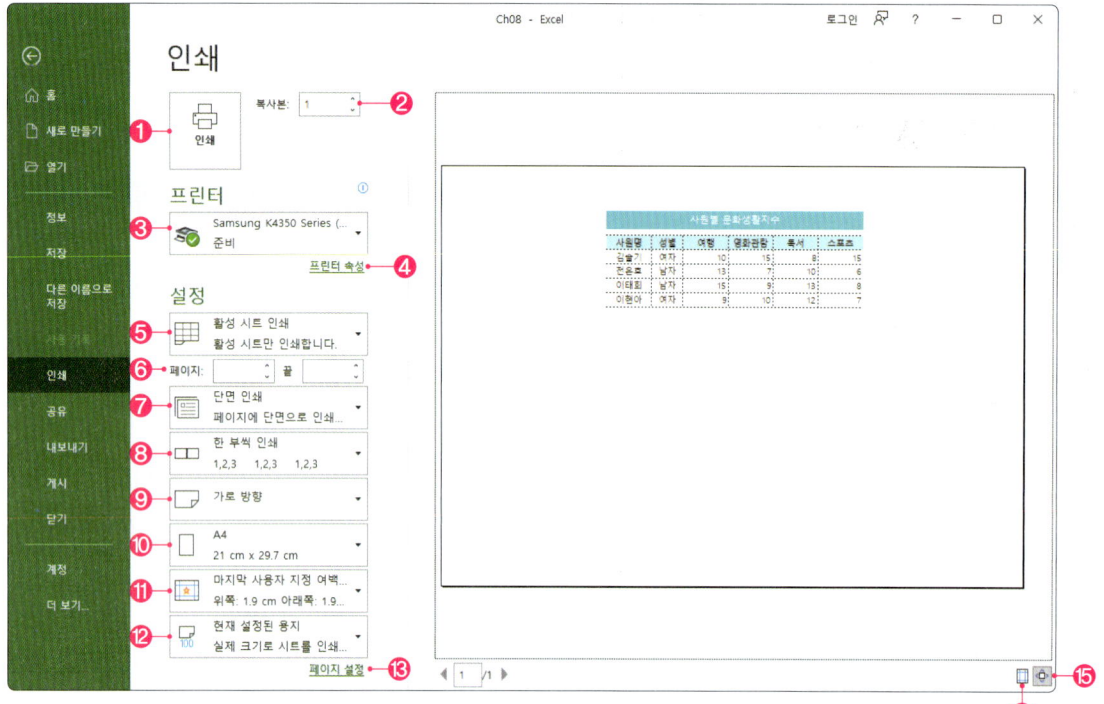

- ❶ **인쇄** : 문서를 인쇄합니다.
- ❷ **복사본** : 인쇄 매수를 지정합니다.
- ❸ **프린터** : 프린터를 선택합니다.
- ❹ **프린터 속성** : 프린터 속성을 지정할 수 있는 [프린터 속성] 대화상자가 나타납니다. [프린터 속성] 대화상자는 선택한 프린터에 따라 다르게 나타납니다.
- ❺ **인쇄 영역** : 인쇄 영역으로 활성 시트 인쇄, 전체 통합 문서 인쇄, 선택 영역 인쇄 중에서 하나를 선택합니다. '활성 시트 인쇄'를 선택하면 선택한 시트만 인쇄하고, '전체 통합 문서 인쇄'를 선택하면 모든 시트를 인쇄하며 '선택 영역 인쇄'를 선택하면 선택한 셀 범위만 인쇄합니다.
- ❻ **페이지/위치** : 일부 페이지만 인쇄하는 경우, 페이지에는 시작 페이지 번호, 위치에는 끝 페이지 번호를 입력합니다.
- ❼ **단면 인쇄/양면 인쇄** : 페이지에 단면으로 인쇄할지 양면으로 인쇄할지 여부를 선택합니다.
- ❽ **인쇄 순서** : 여러 페이지로 이루어진 문서를 여러 부 인쇄하는 경우, 한 부씩 인쇄할지 여부를 선택합니다. 예를 들어 2페이지로 이루어진 문서를 2부 인쇄하는 경우, '한 부씩 인쇄'를 선택하면 1, 2, 1, 2페이지 순으로 인쇄하고, '한 부씩 인쇄 안 함'을 선택하면 1, 1, 2, 2페이지 순으로 인쇄합니다.
- ❾ **용지 방향** : 용지 방향으로 세로 방향과 가로 방향 중에서 하나를 선택합니다.
- ❿ **용지 크기** : 용지 크기로 A3, A4, A5 등에서 하나를 선택합니다.
- ⓫ **용지 여백** : 용지 여백으로 기본, 넓게, 좁게 등에서 하나를 선택합니다. 용지 여백은 용지에서 인쇄 영역 밖의 빈 공간을 말합니다.
- ⓬ **인쇄 배율** : 인쇄 배율로 한 페이지에 시트 맞추기, 한 페이지에 모든 열 맞추기, 한 페이지에 모든 행 맞추기 등에서 하나를 선택합니다.
- ⓭ **페이지 설정** : 페이지를 설정할 수 있는 [페이지 설정] 대화상자가 나타납니다.
- ⓮ **여백 표시** : [여백 표시]를 클릭하면 용지 여백을 표시하고, 다시 클릭하면 용지 여백을 표시하지 않습니다.
- ⓯ **페이지 확대/축소** : [페이지 확대/축소]를 클릭하면 인쇄 내용을 확대하여 보여주고, 다시 클릭하면 인쇄 내용을 축소하여 보여줍니다.

연습문제

C:\단계학습\엑셀\연습파일\Ch08-연습.xlsx

1 다음과 같이 테마를 지정해 보세요.
- 테마 지정 : 갤러리

	A	B	C	D	E
2		평생교육원 수강 현황			
4		강좌코드	강좌명	수강료	수강기간
5		RE-1412	창업과 경영	150,000	3
6		EC-3289	경제학개론	80,000	1
7		BU-2398	생활영어	65,000	2
8		SE-1293	회계와 사회	120,000	1

> **Hint**
> [페이지 레이아웃] 탭-[테마] 그룹에서 [테마]를 클릭한 후 [갤러리]를 클릭하면 테마를 지정할 수 있습니다.

2 다음과 같이 페이지를 설정한 후 문서를 인쇄해 보세요.
- 페이지 설정 : 용지 방향(가로), 페이지 가운데 맞춤([가로] 선택, [세로] 선택)
- 문서 인쇄 : 인쇄 영역(활성 시트 인쇄)

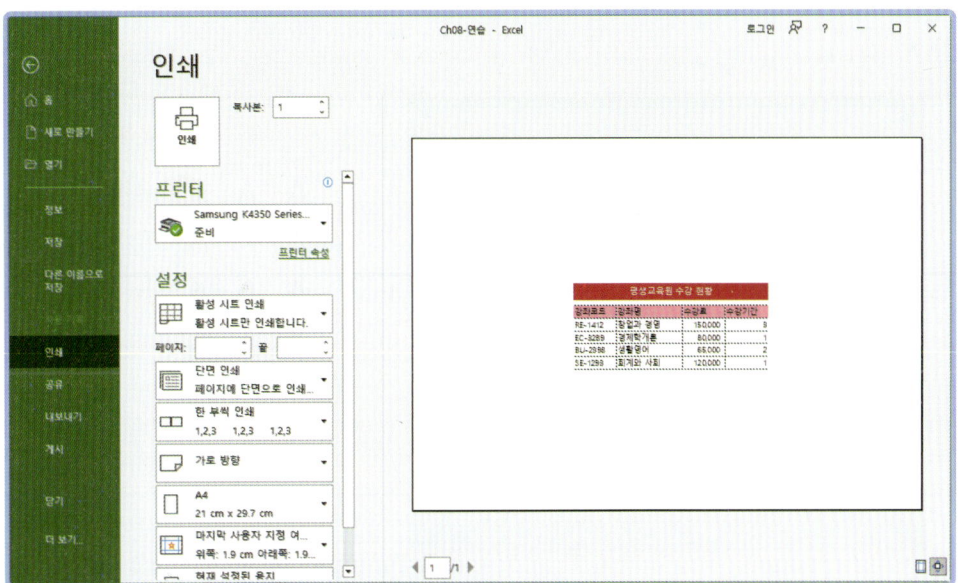

Chapter 08 - 테마 지정하고 문서 인쇄하기

기본 Study

Chapter 09 WordArt와 그림 활용하기

WordArt는 텍스트 채우기나 텍스트 윤곽선 등이 미리 정의되어 있는 텍스트 스타일인데요. WordArt와 그림을 활용하면 문서를 부각시킬 수 있습니다. 그림, WordArt와 그림을 활용하는 방법에 대해 알아보겠습니다.

Excel 2021

미리보기

C:\단계학습\엑셀\예제파일\Ch09.xlsx

01 WordArt 활용하기

1. WordArt를 삽입하기 위해 [삽입] 탭-[텍스트] 그룹에서 [WordArt]를 클릭한 후 A[채우기: 파랑, 강조색 1, 그림자]를 클릭합니다.

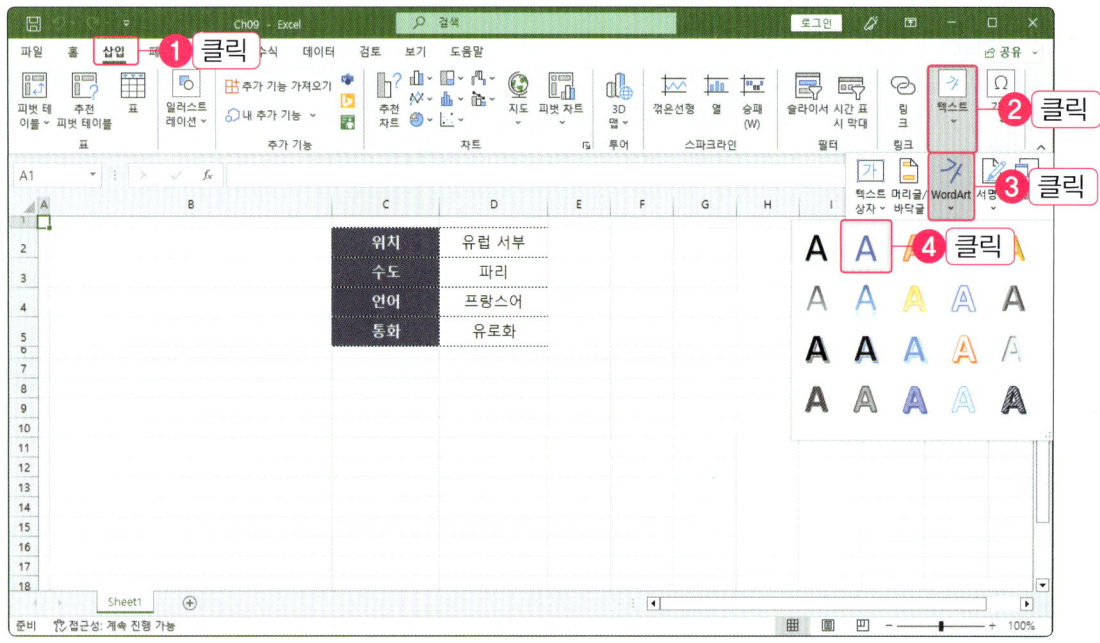

2 WordArt가 삽입되면 **WordArt 텍스트(프랑스)를 입력**합니다. 그런 다음 WordArt 텍스트에 글꼴 서식을 지정하기 위해 **WordArt 텍스트를 드래그하여 선택**한 후 [홈] 탭-[글꼴] 그룹에서 **글꼴(HY엽서M)을 선택**합니다.

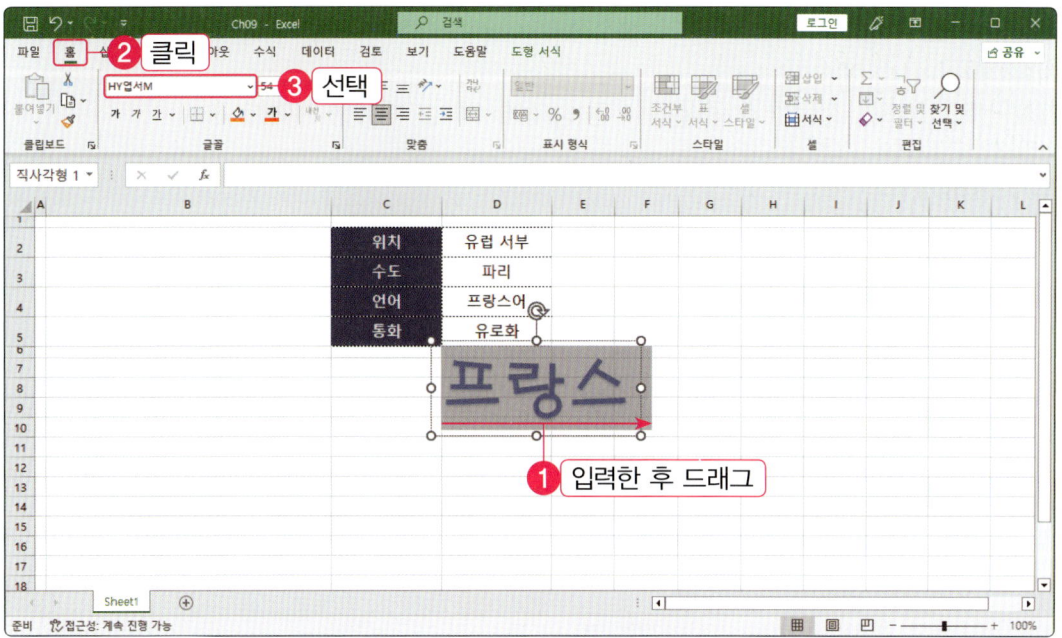

- WordArt가 삽입된 후 바로 WordArt 텍스트를 입력하면 기존 WordArt 텍스트가 지워진 다음 새 WordArt 텍스트가 입력됩니다.
- WordArt 텍스트로 마우스 포인터를 가져가서 마우스 포인터가 I 모양으로 변경되었을 때 클릭하면 WordArt 텍스트를 수정할 수 있습니다.

3 네온 텍스트 효과를 지정하기 위해 **WordArt를 선택**한 후 [도형 서식] 정황 탭-[WordArt 스타일] 그룹에서 **[텍스트 효과]를 클릭**한 다음 [네온]-[네온: 18pt, 황금색, 강조색 4]를 **클릭**합니다.

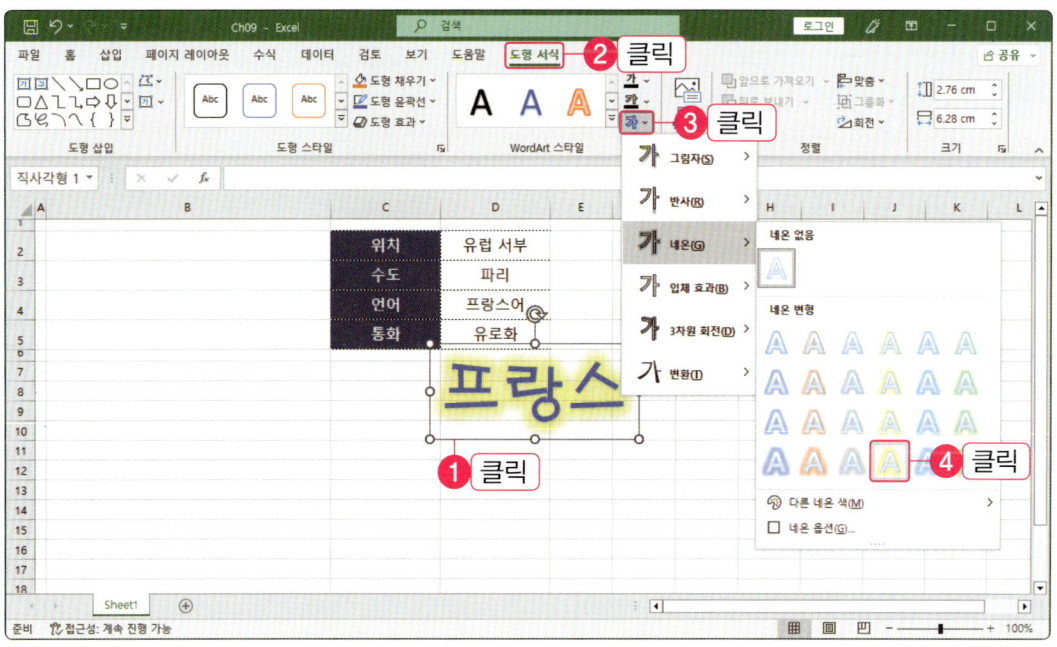

알고 넘어갑시다!

개체 선택하기

셀에 직접 입력하는 데이터 이외의 WordArt, SmartArt, 차트 등을 '개체'라고 합니다.
- 하나의 개체 선택 : 개체로 마우스 포인터를 가져가서 마우스 포인터가 모양으로 변경되었을 때 클릭합니다.
- 여러 개체 선택 : 개체를 선택한 후 Shift 를 누른 상태에서 다른 개체를 선택합니다.

개체 선택 해제하기
- 방법1 : 시트의 빈 부분을 클릭합니다.
- 방법2 : Esc 를 누릅니다.

4 변환 텍스트 효과를 지정하기 위해 [도형 서식] 정황 탭-[WordArt 스타일] 그룹에서 [텍스트 효과]를 클릭한 후 [변환]-abcde[중지]를 클릭합니다.

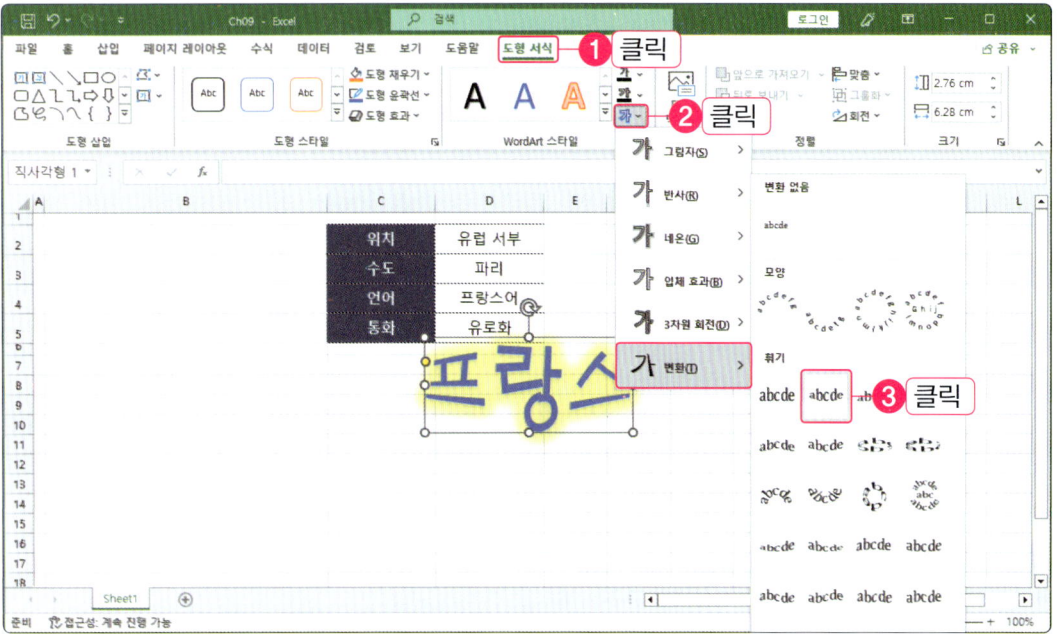

5 변환 텍스트 효과가 지정되면 **다음과 같이 WordArt를 이동**한 후 WordArt의 크기를 조정하기 위해 **WordArt의 크기 조정 핸들(○)을 드래그**합니다.

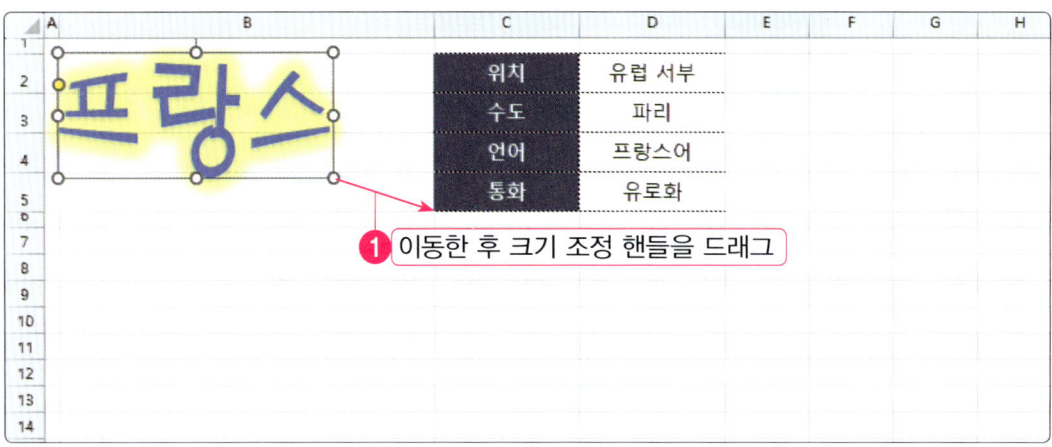

6 다음과 같이 WordArt의 크기가 조정됩니다.

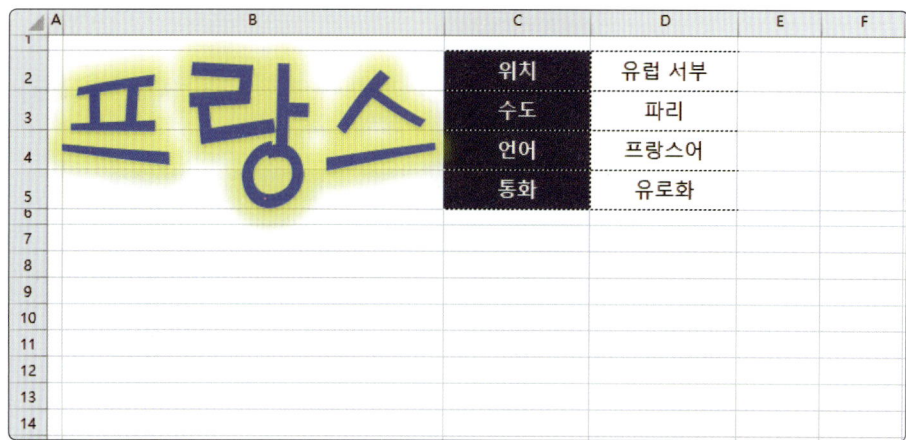

알고 넘어갑시다!

개체 이동하기
- 개체 이동 : 개체를 선택한 후 드래그합니다.
- 눈금선에 맞추어 개체 이동 : 개체를 선택한 후 [Alt]를 누른 상태에서 드래그합니다.
- 수평이나 수직 방향으로 개체 이동 : 개체를 선택한 후 [Shift]를 누른 상태에서 드래그합니다.

개체 복사하기
- 방법1 : 개체를 선택한 후 [Ctrl]을 누른 상태에서 드래그합니다.
- 방법2 : 개체를 선택한 후 [Ctrl]+[D]를 누릅니다.

개체의 크기 조정하기
- 개체의 크기 조정 : 개체를 선택한 후 개체의 크기 조정 핸들을 드래그합니다.

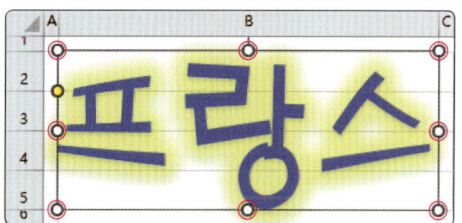

◀ 개체의 크기 조정 핸들

- 눈금선에 맞추어 개체의 크기 조정 : 개체를 선택한 후 개체의 크기 조정 핸들을 [Alt]를 누른 상태에서 드래그합니다.

개체 지우기

개체를 선택한 후 [Delete]를 누릅니다.

02 그림 활용하기

1 그림을 삽입하기 위해 **B7셀을 선택**한 후 [삽입] 탭-[일러스트레이션] 그룹에서 **[그림]-[이 디바이스...]을 클릭**합니다.

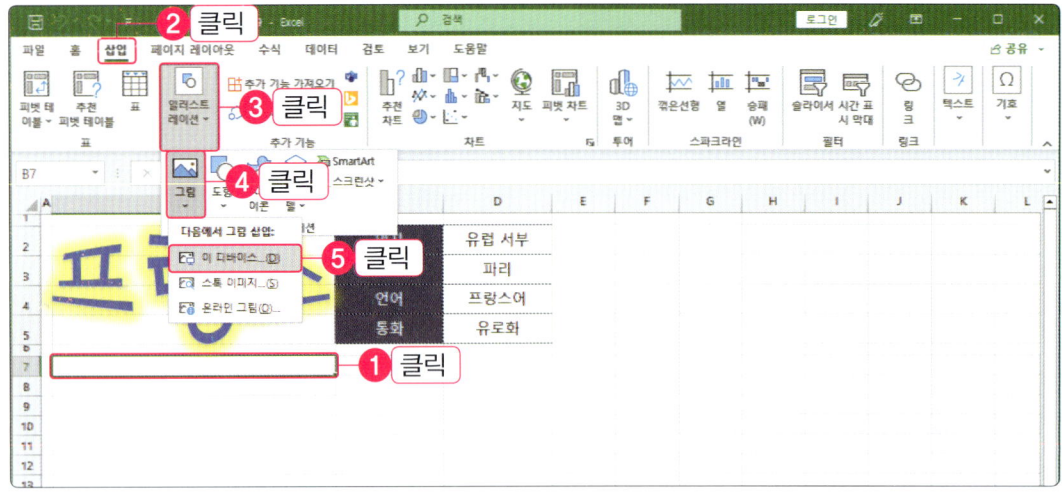

선택한 셀(여기서는 B7셀)에 그림이 삽입됩니다.

2 [그림 삽입] 대화상자가 나타나면 **위치(C:\ 단계학습\엑셀\예제파일)를 선택**한 후 **파일 (프랑스)을 선택**한 다음 [삽입] 단추를 클릭합니다.

3 그림이 삽입되면 그림의 크기를 조정하기 위해 **그림을 선택**한 후 [그림 서식] 정황 탭-[크기] 그룹에서 **[추가 옵션]을 클릭**합니다.

4 [그림 서식] 작업 창이 나타나면 [크기 및 속성]-[크기]에서 **[가로 세로 비율 고정]**과 **[원래 크기에 비례하여]**가 선택되어 있는지 확인한 후 **높이 조절(110%)**을 입력한 다음 [닫기]를 클릭합니다.

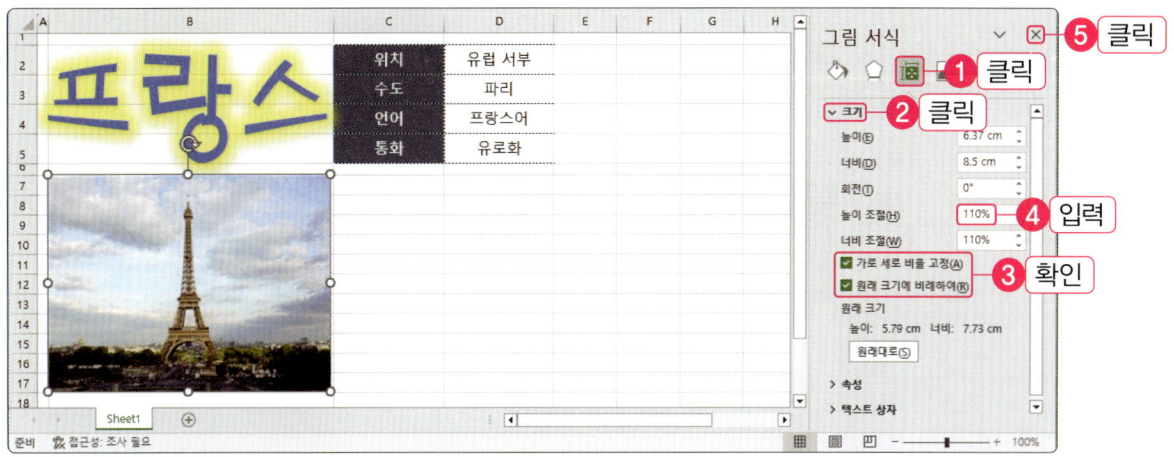

[가로 세로 비율 고정]이 선택되어 있으면 높이 조절(세로 크기)만 입력해도 너비 조절(가로 크기)이 같은 비율로 변경되고, [원래 크기에 비례하여]가 선택되어 있으면 원래 크기에 비례하여 높이 조절과 너비 조절만큼 확대되거나 축소됩니다.

알고 넘어갑시다!

도형 삽입하기

다음과 같이 [삽입] 탭-[일러스트레이션] 그룹에서 [도형]을 클릭한 후 도형을 클릭(마우스 포인터가 + 모양으로 변경됩니다)한 다음 시트에서 드래그하면 도형을 삽입할 수 있는데요. Shift 를 누른 상태에서 직사각형이나 타원을 그리면 정사각형이나 정원(완전히 동그란 원)이 그려지고, Ctrl 을 누른 상태에서 도형을 그리면 도형을 그리기 시작한 위치가 도형의 중심이 됩니다.

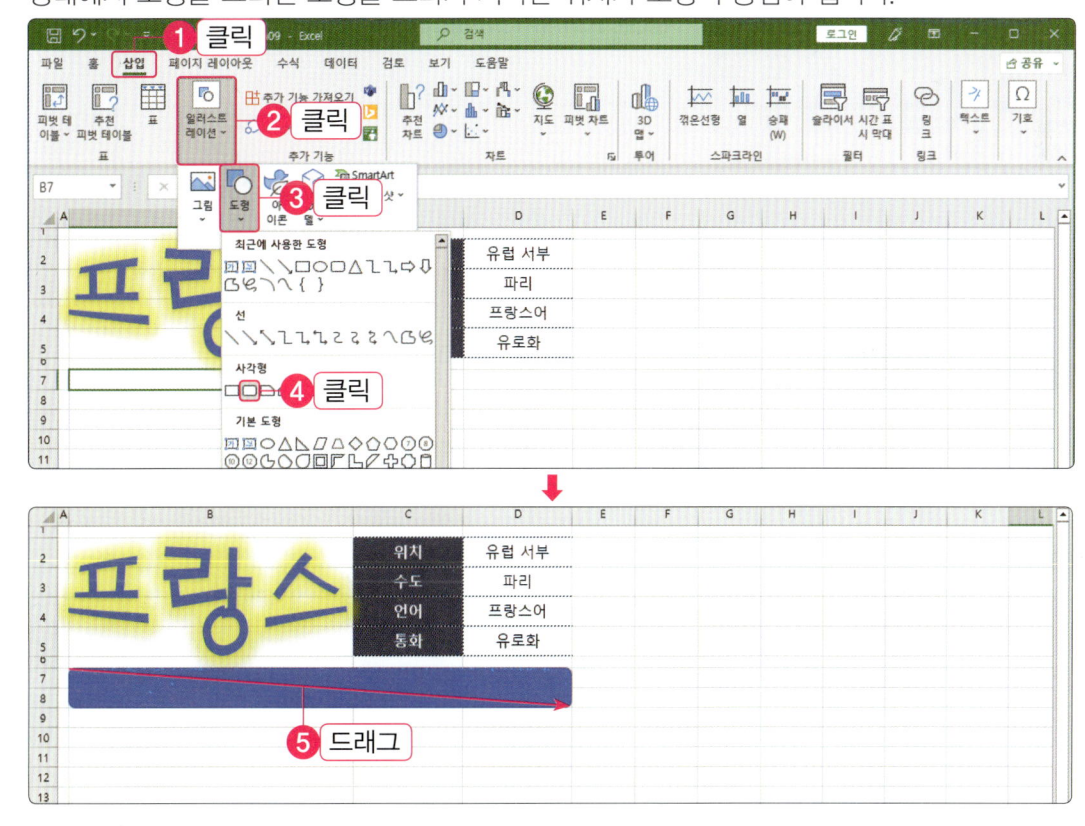

Chapter 09 – WordArt와 그림 활용하기 **61**

5 그림 스타일을 지정하기 위해 [그림 서식] 정황 탭–[그림 스타일] 그룹에서 [자세히] 단추를 클릭합니다.

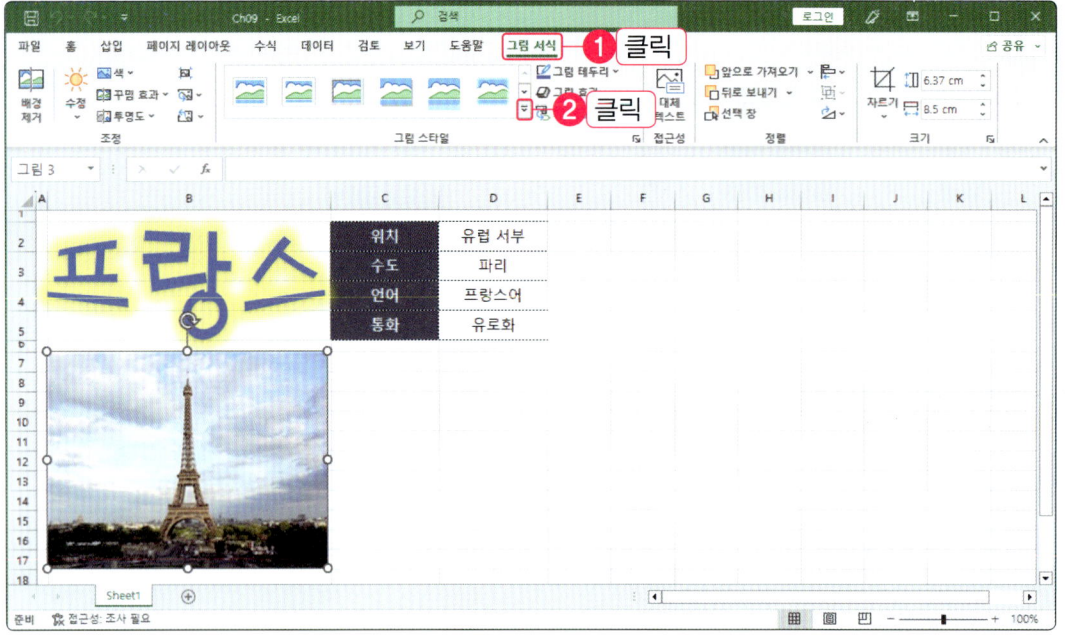

6 그림 스타일 목록이 나타나면 [회전, 흰색]을 클릭합니다.

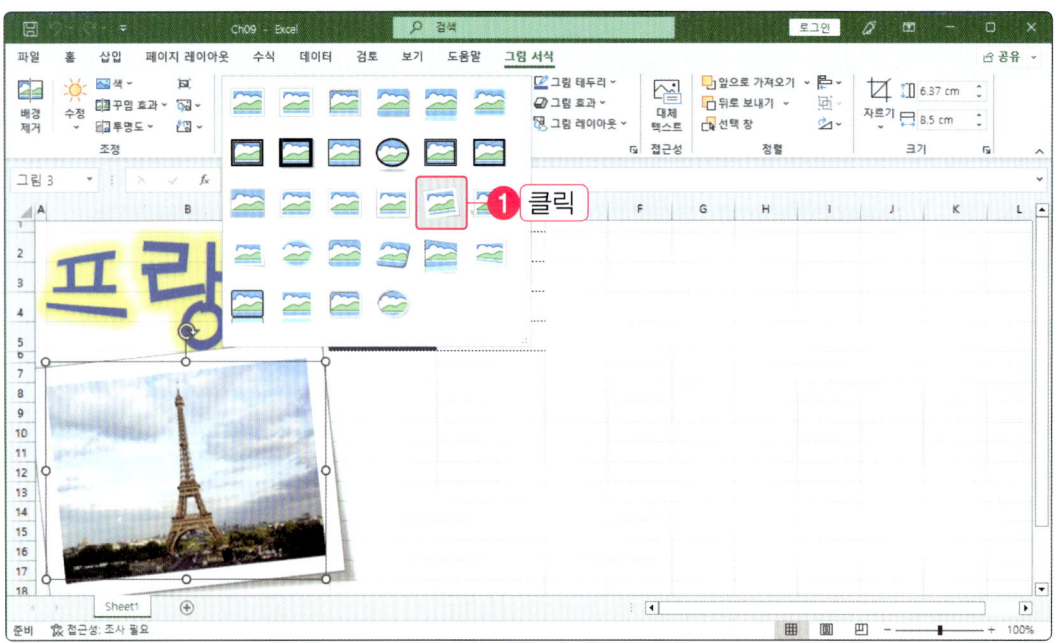

알고 넘어갑시다!

그림 원래대로

그림을 선택한 후 [그림 서식] 정황 탭–[조정] 그룹에서 [그림 원래대로]의 [목록] 단추를 클릭한 다음 [그림 원래대로]를 클릭하면 그림에 지정한 서식을 제거할 수 있고, [그림 및 크기 다시 설정]을 클릭하면 그림을 원래대로 되돌릴 수 있습니다.

7 그림 테두리를 지정하기 위해 [그림 서식] 정황 탭-[그림 스타일] 그룹에서 [그림 테두리]의 [목록] 단추를 클릭한 후 [주황, 강조 2]를 클릭합니다.

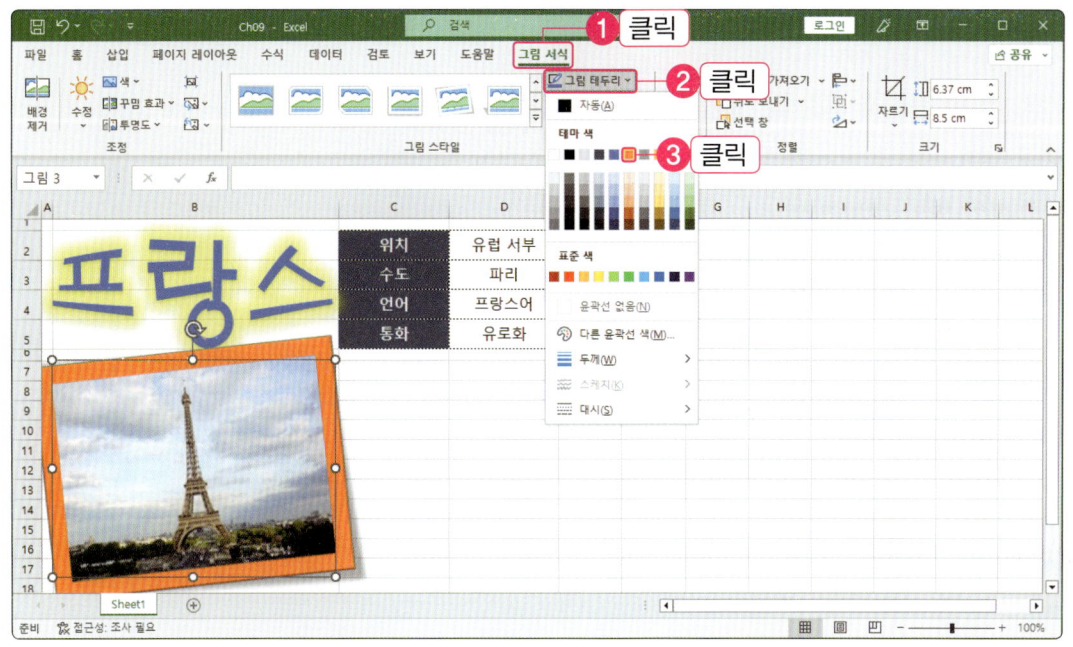

알고 넘어갑시다!

개체의 겹치는 순서 다시 매기기

개체를 서로 겹치면 나중에 삽입한 개체가 먼저 삽입한 개체 위에 겹쳐집니다. 개체를 선택한 후 [그리기 도구]/[그림 도구] 정황 탭-[서식] 탭-[정렬] 그룹에서 [앞으로 가져오기]의 [목록] 단추를 클릭한 다음 [앞으로 가져오기]/[맨 앞으로 가져오기]를 클릭하거나 [뒤로 보내기]의 [목록] 단추를 클릭한 다음 [뒤로 보내기]/[맨 뒤로 보내기]를 클릭하면 개체의 겹치는 순서를 다시 매길 수 있는데요. WordArt나 도형을 선택하면 [그리기 도구] 정황 탭이 나타나고, 그림을 선택하면 [그림 도구] 정황 탭이 나타납니다.

앞으로 가져오기
선택한 개체(■)를 한 단계 위로 이동

맨 앞으로 가져오기
선택한 개체(■)를 맨 위로 이동

뒤로 보내기
선택한 개체(■)를 한 단계 아래로 이동

맨 뒤로 보내기
선택한 개체(■)를 맨 아래로 이동

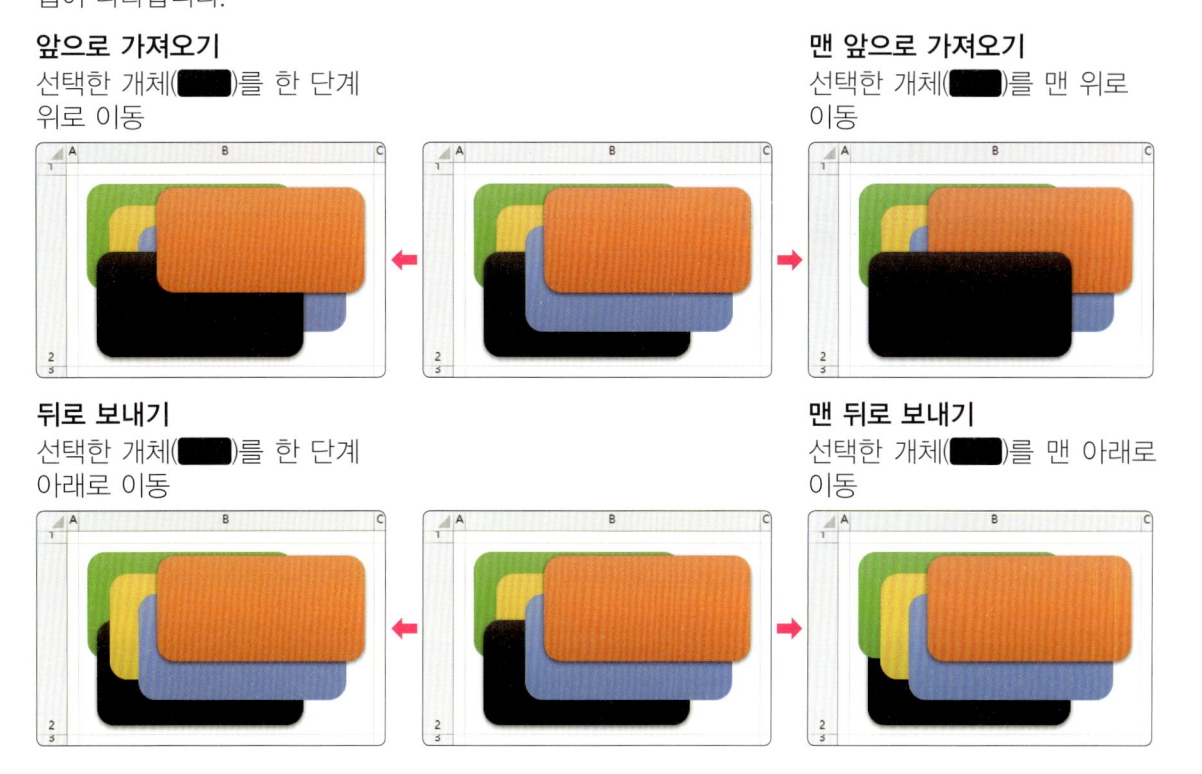

8 꾸밈 효과를 지정하기 위해 [그림 서식] 정황 탭-[조정] 그룹에서 **[꾸밈 효과]**를 클릭한 후 [파스텔 부드럽게]를 클릭합니다.

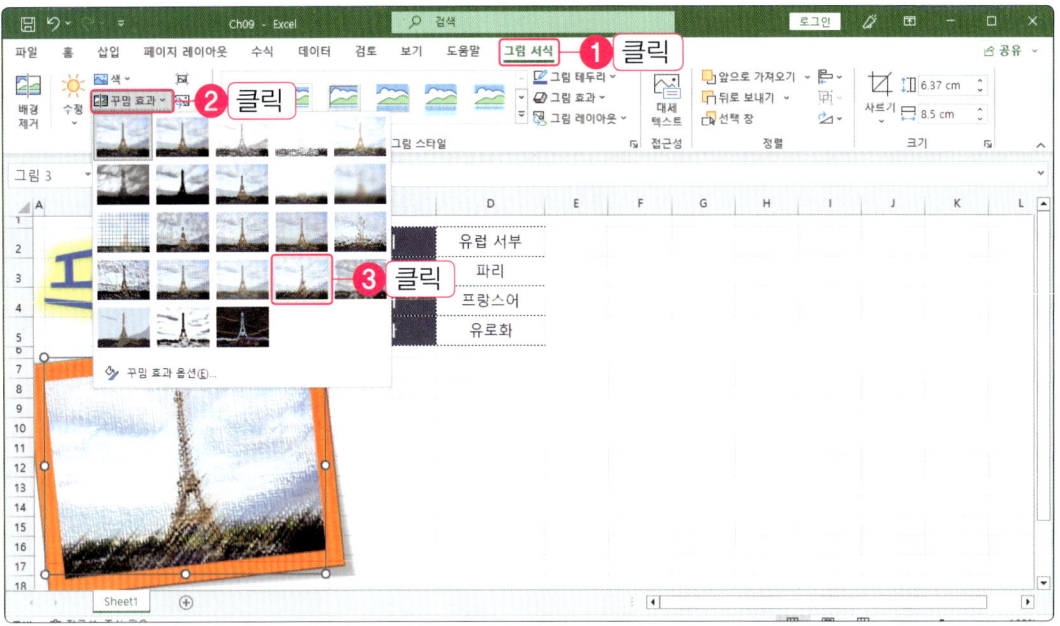

9 다음과 같이 꾸밈 효과가 지정됩니다.

1 다음과 같이 WordArt를 활용하여 문서를 작성해 보세요.
- WordArt 삽입 : **A**[채우기: 검정, 텍스트 색 1, 그림자])
- WordArt 텍스트에 글꼴 서식 지정 : 글꼴(휴먼편지체)
- 네온 텍스트 효과 지정 : **A**[네온: 18pt, 주황, 강조색 2]
- 변환 텍스트 효과 지정 : **abcde**[갈매기형 수장: 위로]

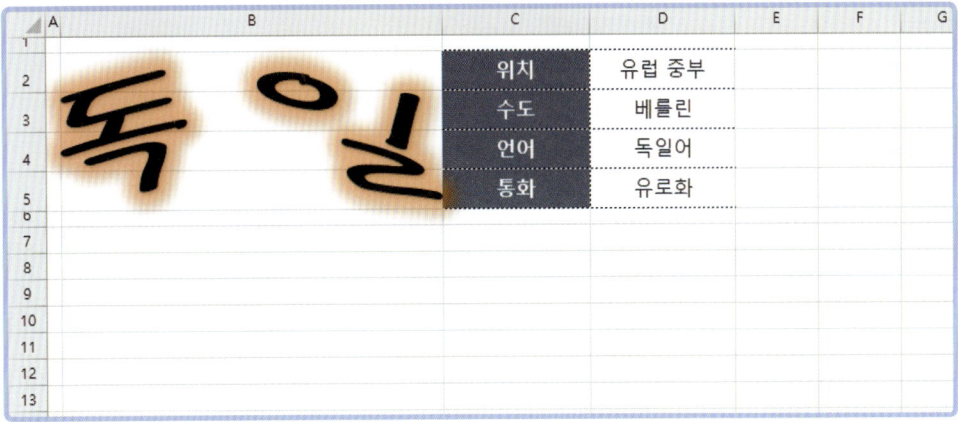

2 다음과 같이 그림을 활용하여 문서를 작성해 보세요.
- 그림 삽입 : 위치(C:\단계학습\엑셀\연습파일), 파일(독일)
- 그림의 크기 조정 : 높이 조절(110%), [가로 세로 비율 고정] 선택, [원래 크기에 비례하여] 선택)
- 그림 스타일과 그림 테두리 지정 : 그림 스타일(🖼[단순형 프레임, 흰색]), 그림 테두리(청회색, 텍스트 2)
- 꾸밈 효과 지정 : 🖼[연필 스케치]

기본 Study

Chapter 10 SmartArt 활용하기

요소 간의 관계나 어떤 단계 등을 일정한 양식의 그림으로 나타낸 것을 '다이어그램'이라고 하는데요. 엑셀에서는 SmartArt를 활용하면 다이어그램을 쉽고 빠르게 작성할 수 있습니다. 그럼, SmartArt를 활용하는 방법에 대해 알아보겠습니다.

C:\단계학습\엑셀\예제파일\Ch10.xlsx

01 SmartArt 삽입하기

1 SmartArt를 삽입하기 위해 [삽입] 탭-[일러스트레이션] 그룹에서 **[SmartArt]를 클릭**합니다.

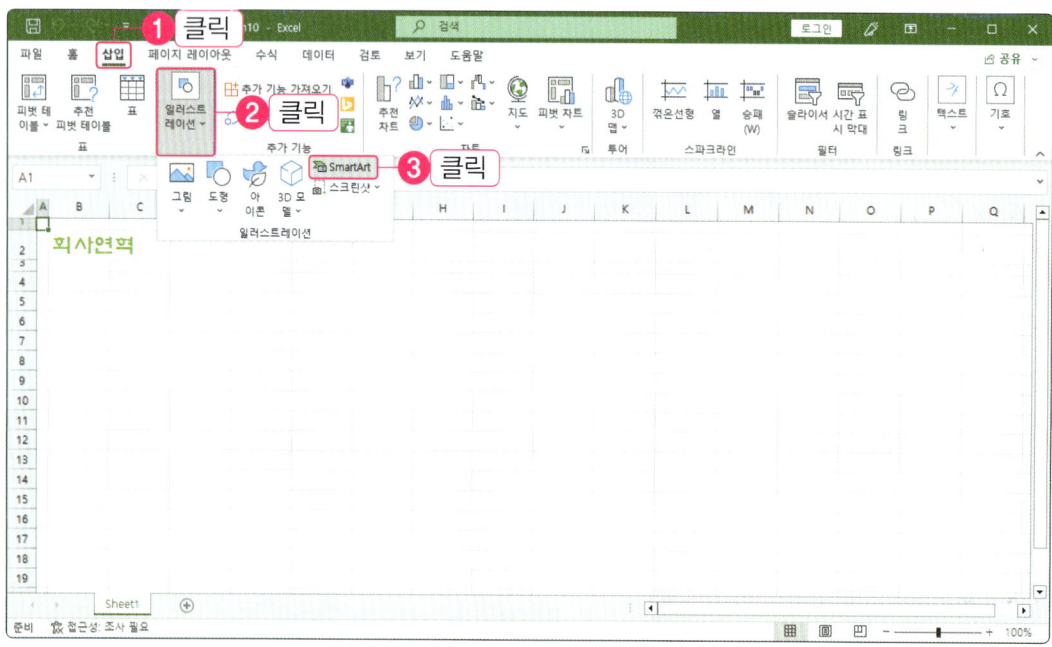

2 [SmartArt 그래픽 선택] 대화상자가 나타나면 [프로세스형]에서 [강조 프로세스형]을 선택한 후 [확인] 단추를 클릭합니다.

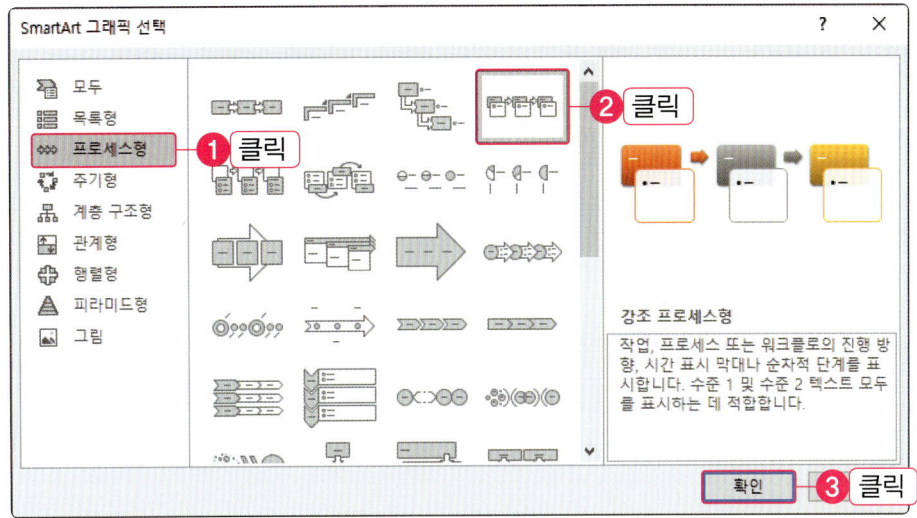

알고 넘어갑시다!

SmartArt 종류
- [목록형] : 비순차 정보를 표시하는 경우에 주로 사용합니다.
- [프로세스형] : 순차 정보를 표시하는 경우에 주로 사용합니다.
- [주기형] : 순환 정보를 표시하는 경우에 주로 사용합니다.
- [계층 구조형] : 계층 정보를 표시하는 경우에 주로 사용합니다.
- [관계형] : 정보 사이의 관계를 표시하는 경우에 주로 사용합니다.
- [행렬형] : 전체 정보에 대한 각 정보의 관계를 표시하는 경우에 주로 사용합니다.
- [피라미드형] : 정보 사이의 관계를 상대적으로 표시하는 경우에 주로 사용합니다.
- [그림] : 그림을 활용하여 정보를 표시하는 경우에 주로 사용합니다.

3 SmartArt가 삽입되면 **다음과 같이 SmartArt를 이동**한 후 SmartArt의 크기를 조정하기 위해 **SmartArt의 크기 조정 핸들(○)을 드래그**합니다.

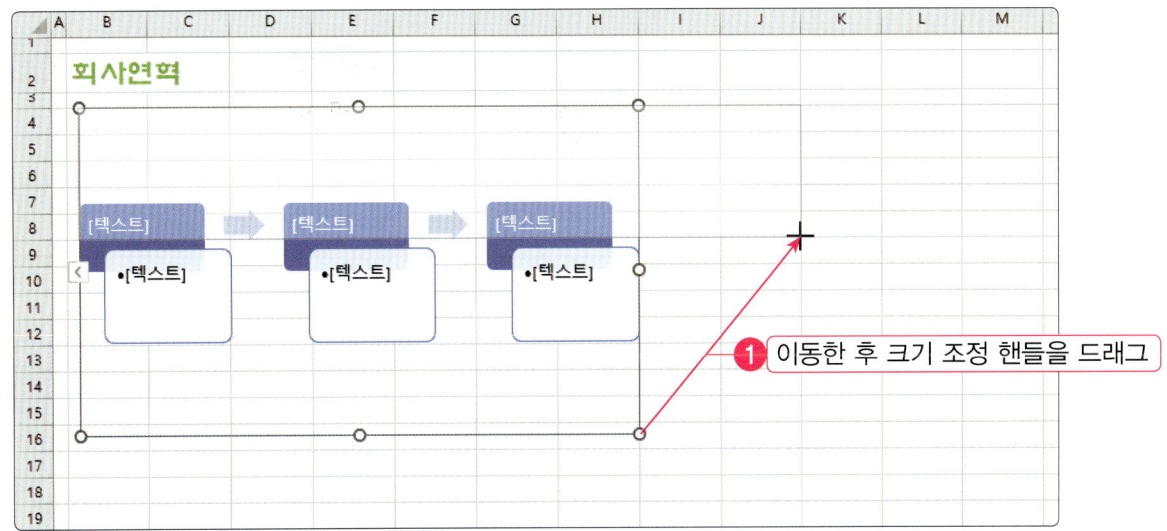

도형을 선택한 후 SmartArt의 테두리를 클릭하면 SmartArt를 선택할 수 있는데요. SmartArt를 선택한 후 SmartArt의 테두리를 드래그하면 SmartArt를 이동할 수 있습니다.

4 도형을 추가하기 위해 **수준 1의 첫 번째 도형을 선택**한 후 [SmartArt 디자인] 정황 탭–[그래픽 만들기] 그룹에서 **[도형 추가]의 ˇ[목록] 단추를 클릭**한 다음 **[앞에 도형 추가]**를 클릭합니다.

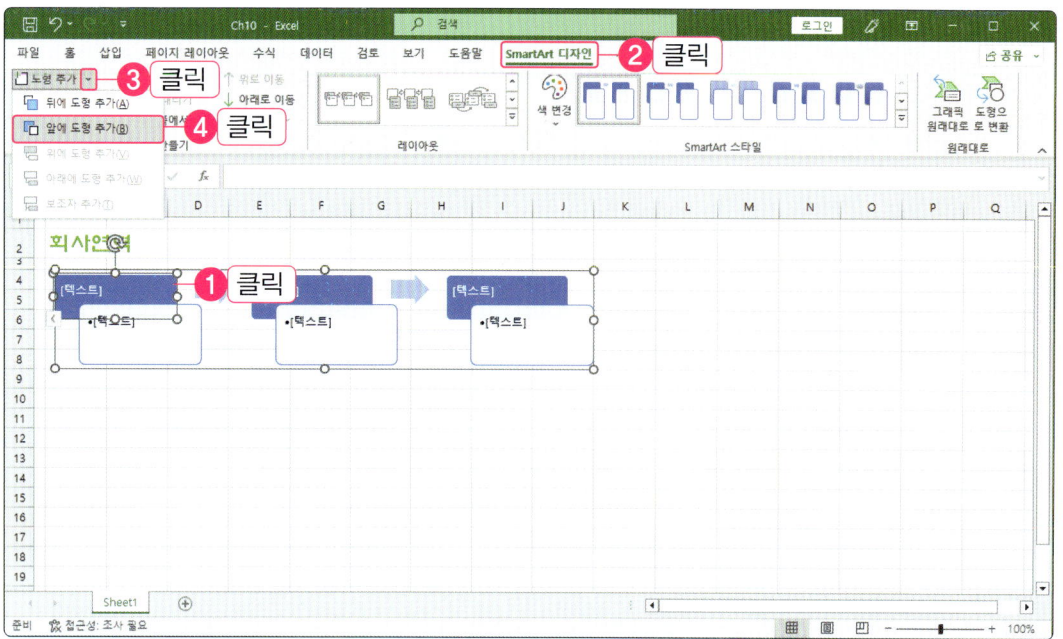

- 강조 프로세스형 SmartArt에서 수준 1 도형은 위쪽에 있는 도형을 말하고, 수준 2 도형은 아래쪽에 있는 도형을 말합니다.
- 다른 수준 1 도형을 선택(수준 2 도형을 선택하면 도형을 추가할 수 없습니다)한 후 [SmartArt 도구] 정황 탭–[디자인] 탭–[그래픽 만들기] 그룹에서 [도형 추가]의 ˇ[목록] 단추를 클릭한 다음 [뒤에 도형 추가]/[앞에 도형 추가]를 클릭하여 도형을 추가할 수도 있습니다.
- 강조 프로세스형 SmartArt에서는 도형을 추가하면 수준 1 도형과 수준 2 도형이 함께 추가됩니다.

5 도형이 추가되면 **다음과 같이 SmartArt 텍스트를 입력**합니다.

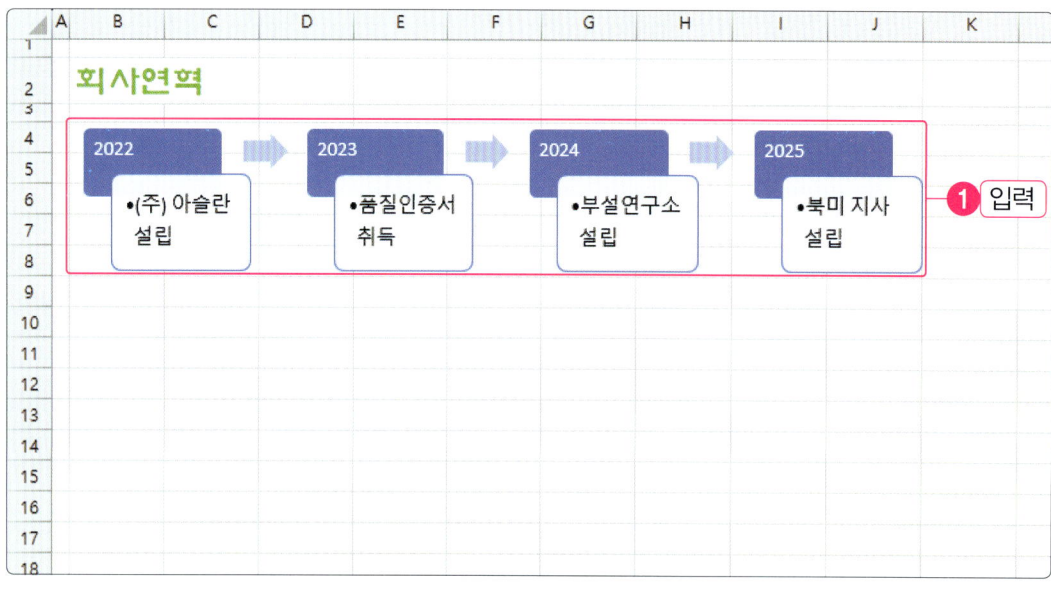

02 SmartArt 편집하기

1 SmartArt 스타일을 지정하기 위해 **SmartArt를 선택**한 후 [SmartArt 디자인] 정황 탭-[SmartArt 스타일] 그룹에서 [자세히] 단추를 클릭합니다.

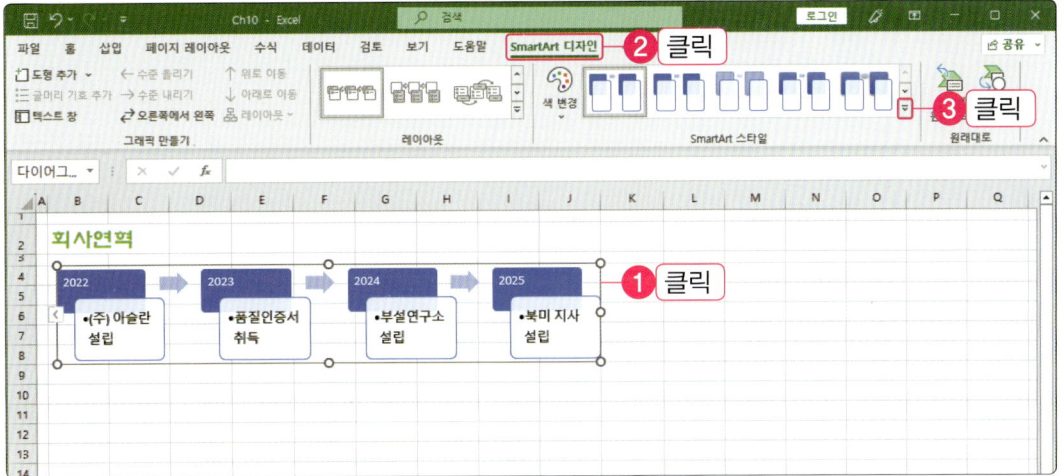

2 SmartArt 스타일 목록이 나타나면 [보통 효과]를 클릭합니다.

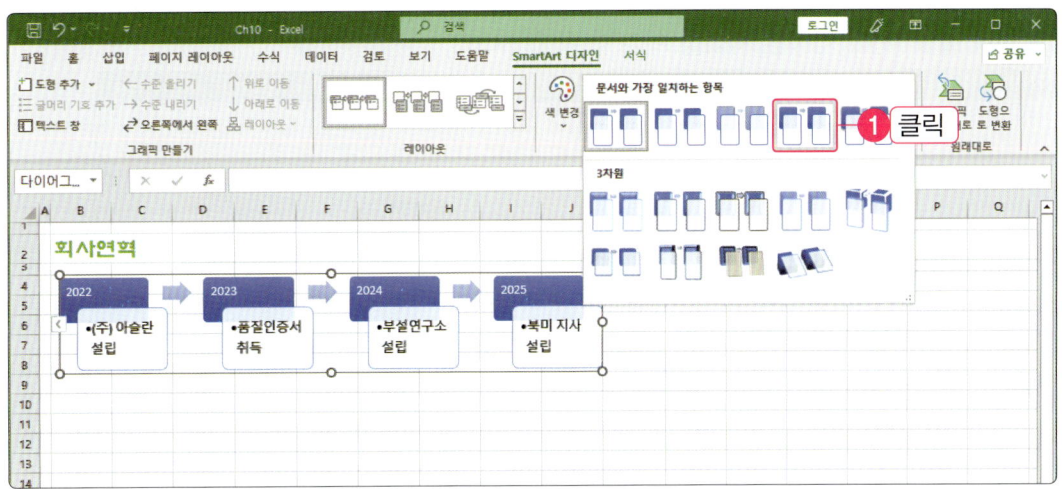

3 SmartArt 색을 변경하기 위해 [SmartArt 디자인] 정황 탭-[SmartArt 스타일] 그룹에서 **[색 변경]**을 클릭한 후 [색상형 – 강조색]을 클릭합니다.

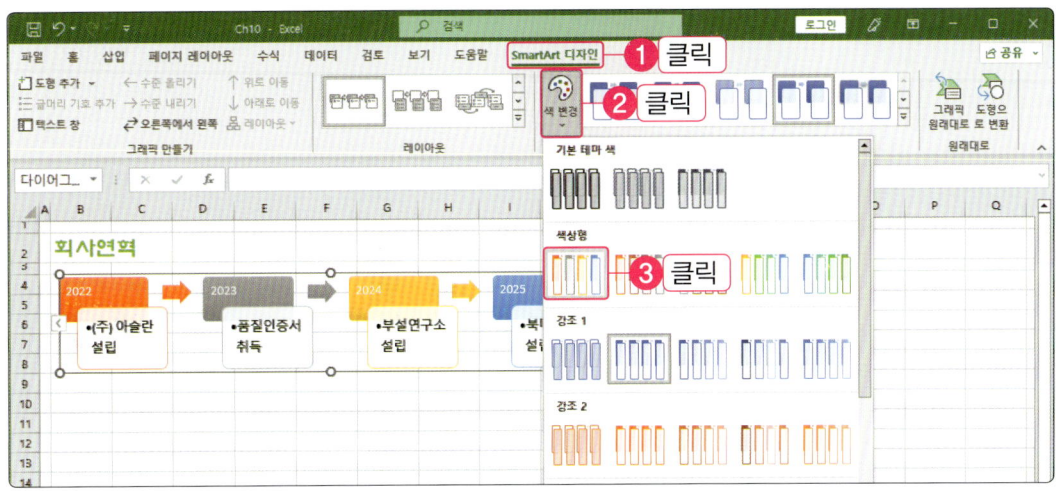

4 다음과 같이 SmartArt 색이 변경됩니다.

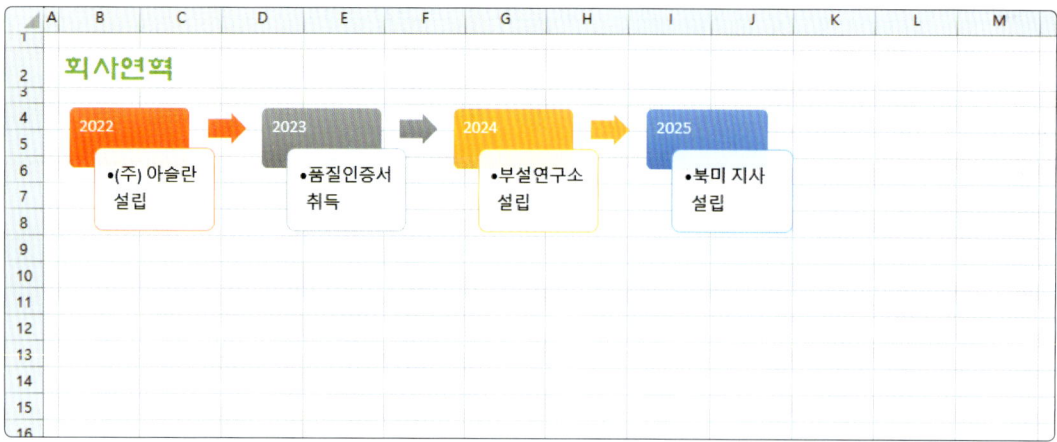

- 강조 프로세스형 SmartArt에서는 수준 1 도형을 선택(수준 2 도형을 선택하면 도형을 지울 수 없습니다)한 후 Delete 를 누르면 도형을 지울 수 있습니다.
- 강조 프로세스형 SmartArt에서는 수준 1 도형을 지우면 수준 1 도형과 수준 2 도형이 함께 지워집니다.

그래픽 원래대로

다음과 같이 SmartArt를 선택한 후 [SmartArt 디자인] 정황 탭-[원래대로] 그룹에서 [그래픽 원래대로]를 클릭하면 SmartArt에 지정한 서식을 제거할 수 있습니다.

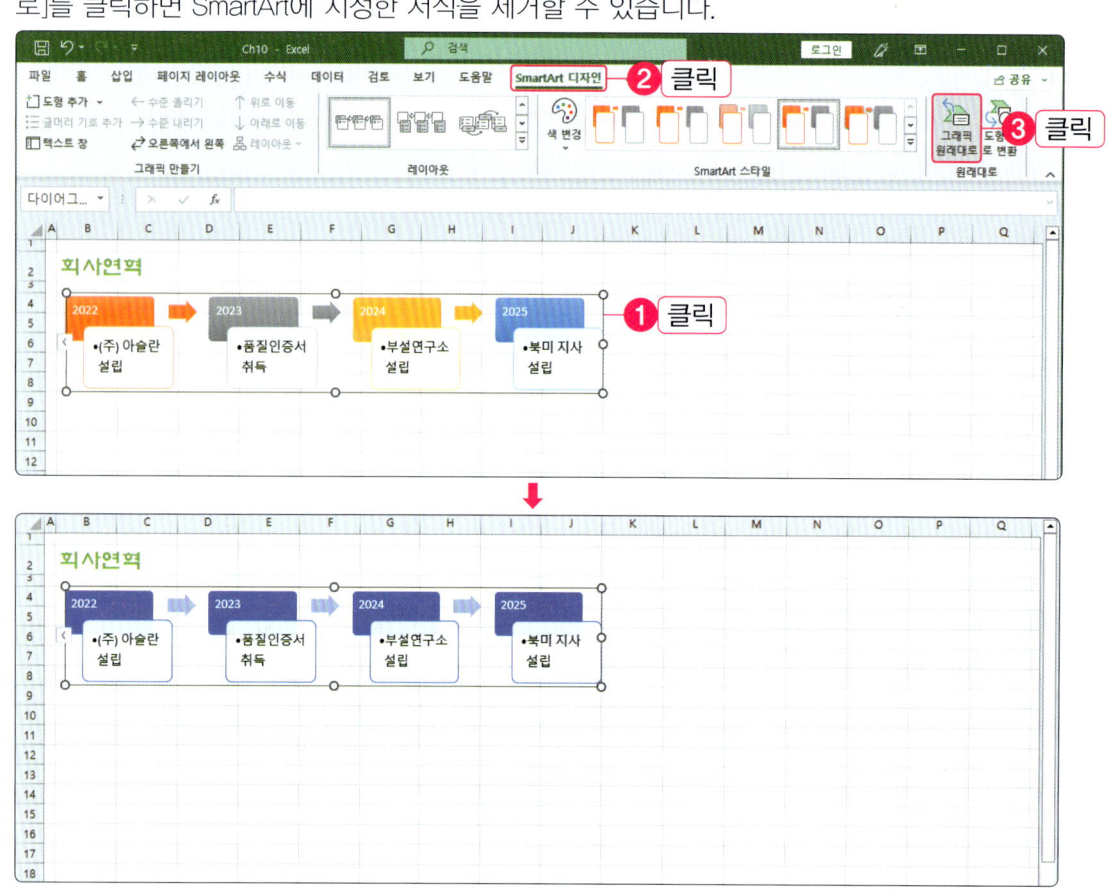

연습문제

C:\단계학습\엑셀\연습파일\Ch10-연습.xlsx

1 다음과 같이 SmartArt를 삽입해 보세요.
- SmartArt 삽입 : SmartArt 종류([계층 구조형]-[조직도형])

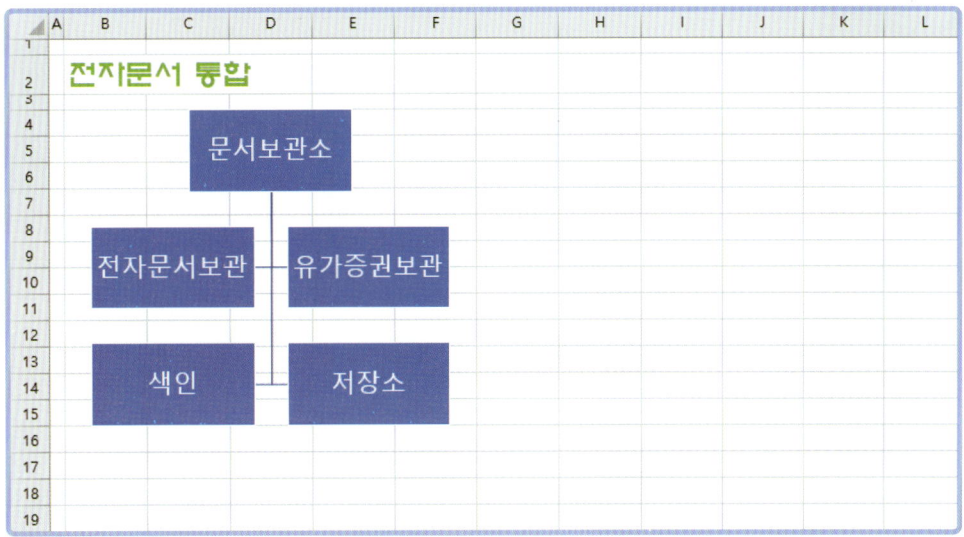

> **Hint**
> [문서보관소] 도형을 선택한 후 [SmartArt 디자인] 정황 탭-[그래픽 만들기] 그룹에서 [도형 추가]의 [목록] 단추를 클릭한 다음 [보조자 추가]를 클릭하면 [유가증권보관] 도형을 추가할 수 있습니다.

2 다음과 같이 SmartArt를 편집해 보세요.
- SmartArt 스타일 지정 : [보통 효과]
- SmartArt 색 변경 : [색상형 범위 - 강조색 5 또는 6]

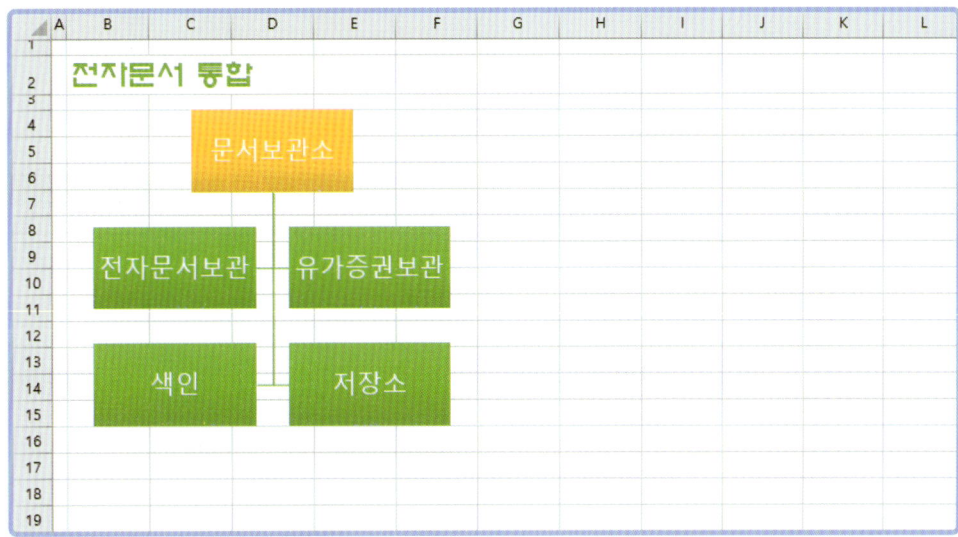

스페셜 페이지

E·X·C·E·L 2021

모든 페이지에 제목 인쇄하기

회원 명부나 연간 판매 현황과 같이 데이터가 많은 문서를 여러 페이지에 인쇄하다 보면 제목이 1페이지에만 인쇄되고 2페이지부터는 인쇄되지 않아 어떤 열이 무슨 내용인지 알 수 없는 경우가 있습니다. 그럼, 모든 페이지에 제목을 인쇄하는 방법에 대해 알아보겠습니다.

C:\단계학습\엑셀\예제파일\Sp01.xlsx

1 문서를 2페이지로 나누기 위해 **A8셀을 선택**한 후 [페이지 레이아웃] 탭-[페이지 설정] 그룹에서 [나누기]를 클릭한 다음 [페이지 나누기 삽입]을 클릭합니다.

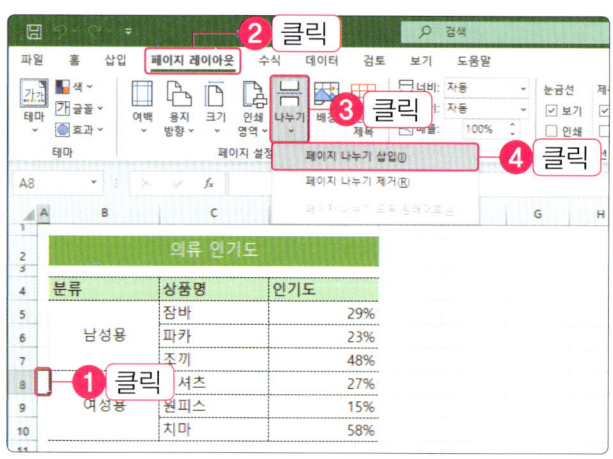

페이지 나누기는 선택한 셀을 기준으로 왼쪽과 위쪽에 삽입되는데요. 여기서는 A8셀의 왼쪽에 열이 없기 때문에 A8셀의 위쪽에만 페이지 나누기가 삽입됩니다.

2 모든 페이지에 제목을 인쇄하기 위해 [페이지 레이아웃] 탭-[페이지 설정] 그룹에서 [인쇄 제목]을 클릭합니다.

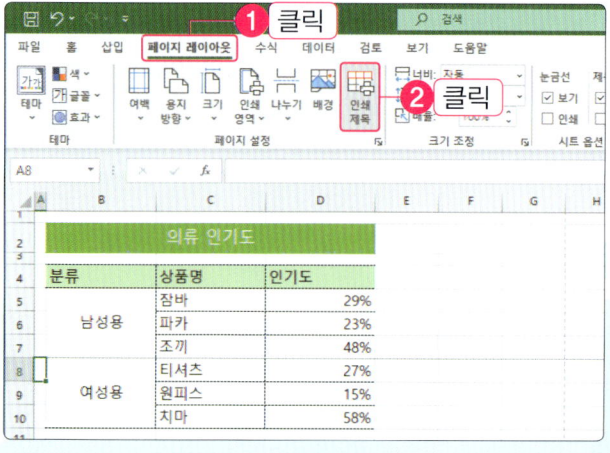

72 엑셀 2021 기본 Study

3 [페이지 설정] 대화상자가 나타나면 [시트] 탭에서 **반복할 행($1:$4)을 입력**한 후 **[인쇄 미리 보기] 단추를 클릭**합니다.

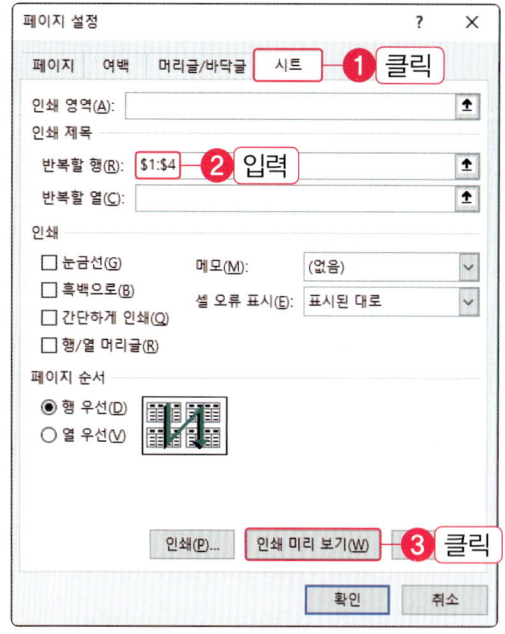

4 인쇄 백스테이지로 전환되면 2페이지에 인쇄되는 내용을 확인하기 위해 ▶[다음 페이지]를 클릭합니다.

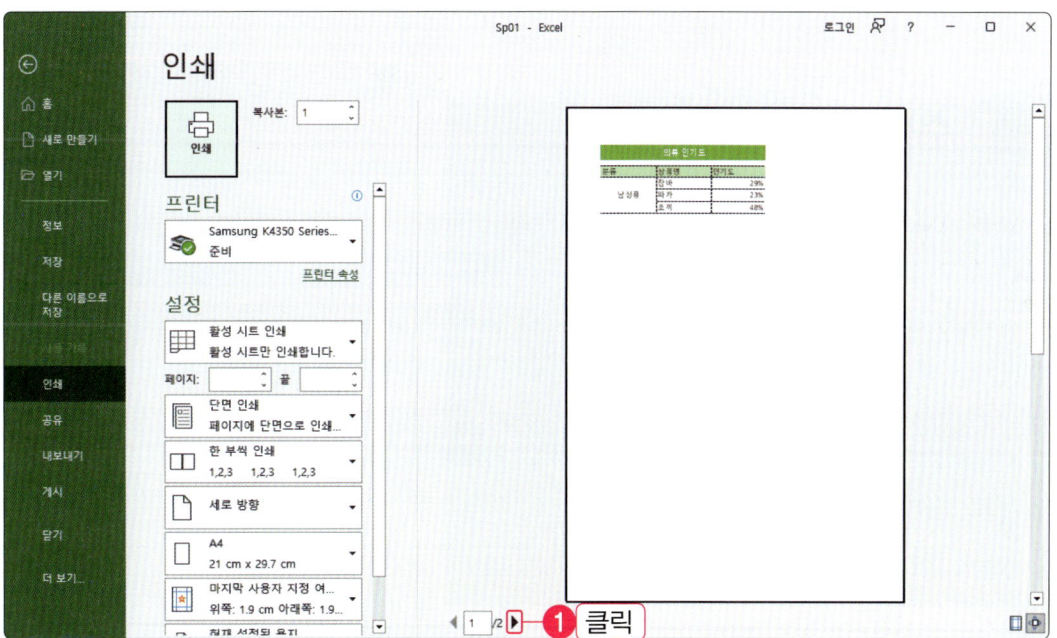

5 2페이지가 나타나면 제목(1:4행)이 인쇄되는 것을 확인할 수 있습니다.

기본 Study
Chapter 11
수식 알아보기

엑셀에서 수식은 셀 값을 계산하기 위한 식을 말하는데요.
수식은 '=SUM(A1:A3)- B5-7'과 같이 등호(=), 함수(SUM(A1:A3)), 연산자(-), 참조(B5), 상수(7)로 구성되어 있습니다.
그럼, 수식에 대해 알아보겠습니다.

미리 보기

지점	입고량	출고량	재고량	재고량 비율
강동점	198	188	10	8%
강서점	150	127	23	19%
강남점	181	92	89	72%
강북점	168	166	2	2%
합계	697	573	124	

 C:\단계학습\엑셀\예제파일\Ch11.xlsx

01 수식 입력하기

1 재고량을 구하기 위해 **E5셀**에 '**=C5-D5**'를 **입력**합니다.

수식 '=C5-D5'에서 셀 주소인 C5와 D5는 셀을 클릭하여 입력할 수도 있는데요. '='를 입력한 후 C5셀을 클릭하면 수식이 '='에서 '=C5'로 변경됩니다.

2 **E5셀을 선택**한 후 **채우기 핸들을 E8셀**까지 **드래그**합니다.

수식을 입력하면 셀에는 결과값(10)이 나타나고, 수식 입력줄에는 입력한 수식(=C5-D5)이 나타납니다.

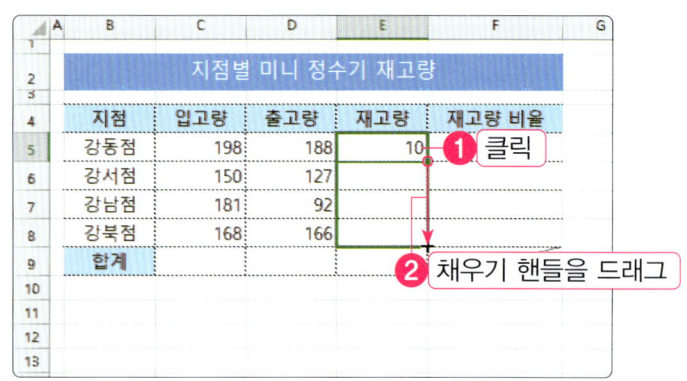

수식의 구성

=SUM(A1:A3)−B5−7
① ② ③ ④ ③ ⑤

① **등호** : 다음 내용이 수식이라는 것을 나타내는 기호입니다. 엑셀에서 수식을 입력할 때는 '=SUM(A1:A3)−B5−7'과 같이 등호를 먼저 입력해야 합니다. 등호를 입력하지 않고 'SUM(A1:A3)−B5−7'만 입력하면 수식이 아닌 문자 데이터로 인식하여 계산할 수 없습니다.

② **함수** : 수식을 쉽고 빠르게 입력할 수 있도록 미리 정의되어 있는 수식입니다. SUM 함수는 선택한 셀 범위의 합계를 구하는 함수입니다.

③ **연산자** : 계산의 종류를 나타내는 기호입니다. 연산자에는 산술 연산자, 비교 연산자, 텍스트 연결 연산자 등이 있습니다.

- **산술 연산자** : 더하기, 빼기, 곱하기, 나누기 등과 같은 기본적인 계산을 하는 연산자입니다.

연산자	기능	연산자	기능
+	더하기	−	음수
−	빼기	%	백분율
*	곱하기	^	거듭제곱
/	나누기		

	A	B	C	D	E	F	G	H	I
1									
2		데이터1	데이터2		수식	결과값		수식	결과값
3		30	10		=B3+C3	40		=-B3	-30
4					=B3-C4	20		=B3%	0.3
5					=B3*C5	300		=B3^2	900
6					=B3/C6	3			

- **비교 연산자** : 두 값을 비교하여 참이면 논리값 TRUE를 구하고, 거짓이면 논리값 FALSE를 구하는 연산자입니다.

연산자	기능	연산자	기능
=	같다	>=	크거나 같다(이상)
>	크다(초과)	<=	작거나 같다(이하)
<	작다(미만)	<>	같지 않다

	A	B	C	D	E	F	G	H	I
1									
2		데이터1	데이터2		수식	결과값		수식	결과값
3		30	10		=B3=C3	FALSE		=B3>=C3	TRUE
4					=B3>C4	TRUE		=B3<=C3	FALSE
5					=B3<C5	FALSE		=B3<>C3	TRUE

- **텍스트 연결 연산자** : 여러 값을 연결하여 하나의 텍스트로 만드는 연산자입니다.

연산자	기능
&	여러 값을 연결

	A	B	C	D	E
1					
2		데이터		수식	결과값
3		2021		="엑셀 "&B3	엑셀 2021

> 문자 데이터는 큰따옴표("")로 묶어 연결합니다. '엑셀' 뒤에 1자리의 공백 문자열(" ")이 있습니다.

④ **참조** : B5셀 값이 '2'인 경우, 셀 주소인 'B5'를 입력하면 B5셀 값인 '2'를 가져오는데, 이렇게 셀 주소를 사용하여 셀 값을 가져오는 것을 '참조'라고 합니다.

⑤ **상수** : 수식에 직접 입력하는 문자나 숫자입니다.

3 합계를 구하기 위해 **C9셀**에 '**=C5+C6+C7+C8**'을 **입력**합니다.

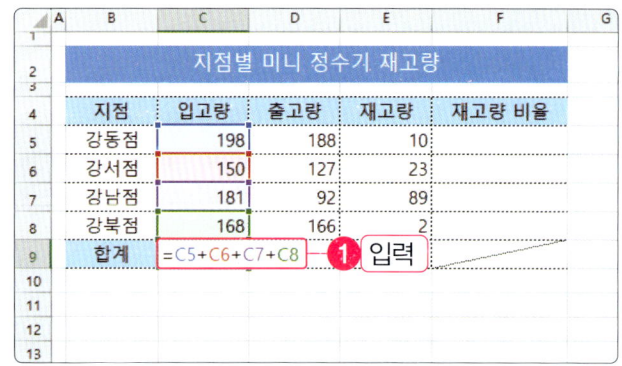

4 **C9셀을 선택**한 후 **채우기 핸들을 E9셀까지 드래그**합니다.

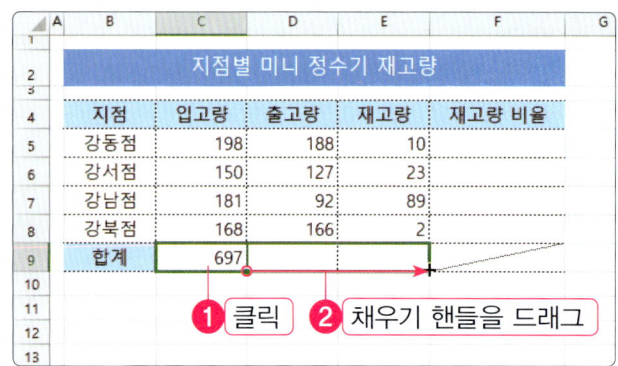

5 다음과 같이 합계가 구해집니다.

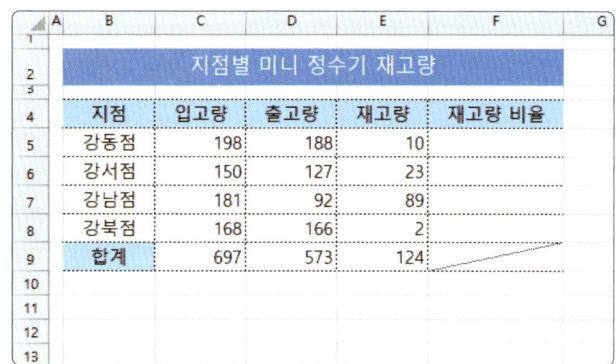

Ctrl+~를 누르면 워크시트에 수식이 나타나고, 다시 Ctrl+~를 누르면 결과값이 나타납니다.

알고 넘어갑시다!

재계산되는지 확인하기

엑셀에서 수식을 입력할 때 '=198-188'과 같이 셀 값을 입력하여 계산하지 않고 '=C5-D5'와 같이 셀 주소를 입력하여 계산하면 다음과 같이 셀 값이 변경되는 경우, 재계산되는데요. 재계산이 안 되는 경우에는 [Excel 옵션] 대화상자의 [수식]에서 통합 문서 계산이 '자동'으로 선택되어 있는지 확인합니다.

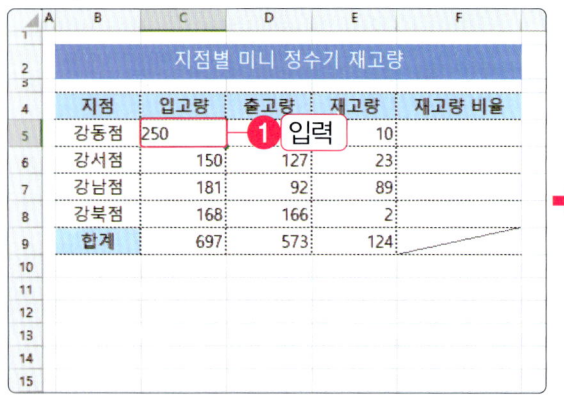
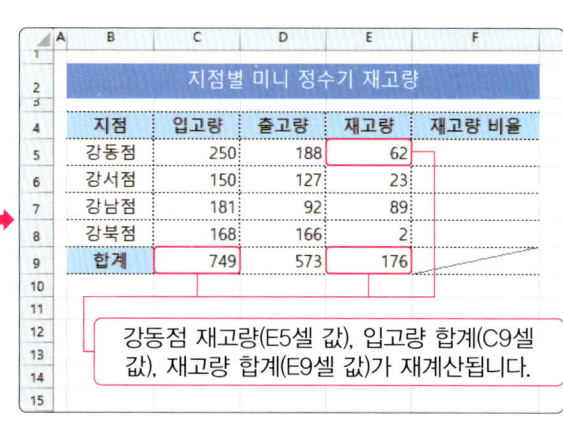

강동점 재고량(E5셀 값), 입고량 합계(C9셀 값), 재고량 합계(E9셀 값)가 재계산됩니다.

02 참조 알아보기

1 재고량 비율을 구하기 위해 F5셀에 '=E5/$E$9'를 입력합니다.

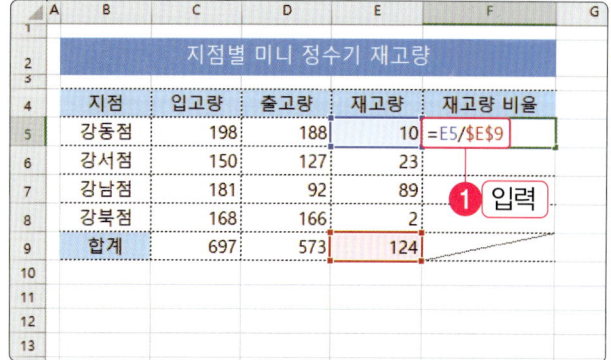

> 수식 '=E5/$E$9'에서 '$E$9'는 E9셀을 클릭한 후 F4를 누르면 쉽고 빠르게 입력할 수 있습니다.

2 F5셀을 선택한 후 채우기 핸들을 F8셀까지 드래그합니다.

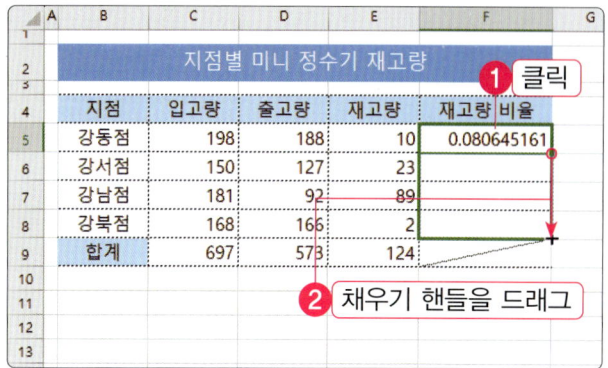

3 재고량 비율을 백분율 스타일로 표시하기 위해 F5:F8셀 범위를 선택한 후 [홈] 탭-[표시 형식] 그룹에서 %[백분율 스타일]을 클릭합니다.

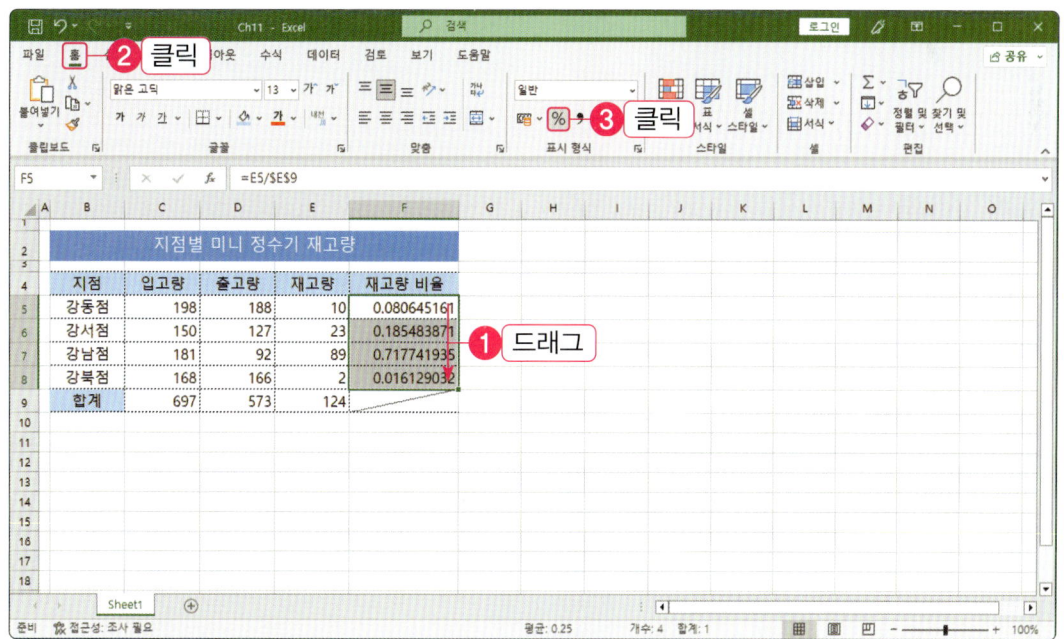

Chapter 11 – 수식 알아보기

4 다음과 같이 재고량 비율이 백분율 스타일로 표시됩니다.

지점	입고량	출고량	재고량	재고량 비율
강동점	198	188	10	8%
강서점	150	127	23	19%
강남점	181	92	89	72%
강북점	168	166	2	2%
합계	697	573	124	

알고 넘어갑시다!

참조 알아보기

엑셀에는 참조하는 방법에 따라 상대 참조, 절대 참조, 혼합 참조가 있습니다. 상대 참조는 수식을 복사하는 경우, 참조하는 행과 열이 상대적으로 변경되는 것을 말하고, 절대 참조는 변경되지 않는 것을 말하는데요. 재고량 비율(F5:F8셀 범위)에서 수식을 확인해 보면 '/' 연산자를 기준으로 앞의 셀 주소는 E5, E6, E7, E8로 변경되었지만 뒤의 셀 주소는 $E$9로 변경되지 않은 것을 확인할 수 있습니다. F5셀에 입력한 수식 '=E5/$E$9'에서 E5는 상대 참조이고, $E$9는 절대 참조인 것입니다.

지점	입고량	출고량	재고량	재고량 비율
강동점	198	188	=C5-D5	=E5/$E$9
강서점	150	127	=C6-D6	=E6/$E$9
강남점	181	92	=C7-D7	=E7/$E$9
강북점	168	166	=C8-D8	=E8/$E$9
합계	=C5+C6+C7+C8	=D5+D6+D7+D8	=E5+E6+E7+E8	

상대 참조는 E5와 같이 행과 열 앞에 $ 기호가 없지만 절대 참조는 $E$9와 같이 행과 열 앞에 $ 기호가 있습니다. 반면에 혼합 참조는 E$9와 같이 행 앞에 $ 기호가 있거나 $E9와 같이 열 앞에 $ 기호가 있는데요. 혼합 참조는 상대 참조와 절대 참조의 혼합으로 수식을 복사하는 경우, 행과 열 중에서 한쪽($ 기호가 없는 행/열)은 상대적으로 변경되고, 다른 한쪽($ 기호가 있는 행/열)은 변경되지 않습니다.

참조는 셀 주소를 입력한 후 F4를 누르면 F4를 누를 때마다 다음과 같은 순서로 변경됩니다.

연습문제 Exercise

C:\단계학습\엑셀\연습파일\Ch11-연습.xlsx

1 다음과 같이 수식을 입력하여 판매량과 합계를 구해 보세요.
- 판매량 : 전반기+하반기
- 합계 : 수유점+쌍문점+창동점+노원점

지점	전반기	하반기	판매량	판매량 비율
수유점	62	70	132	
쌍문점	55	89	144	
창동점	46	101	147	
노원점	81	51	132	
합계	244	311	555	

지점별 미니 전기밥솥 판매량

2 다음과 같이 수식을 입력하여 판매량 비율을 구한 후 판매량 비율을 백분율 스타일로 표시해 보세요.
- 판매량 비율 : 판매량/판매량 합계

지점	전반기	하반기	판매량	판매량 비율
수유점	62	70	132	24%
쌍문점	55	89	144	26%
창동점	46	101	147	26%
노원점	81	51	132	24%
합계	244	311	555	

지점별 미니 전기밥솥 판매량

Hint 판매량 비율을 구한 후 F5:F8셀 범위를 선택한 다음 [홈] 탭-[표시 형식] 그룹에서 %[백분율 스타일]을 클릭하면 판매량 비율을 백분율 스타일로 표시할 수 있습니다.

기본 Study

Chapter 12 함수 알아보기

Excel 2021

함수를 사용하면 연산자를 반복해서 사용하거나 연산자만으로 해결할 수 없는 수식을 쉽고 빠르게 처리할 수 있는데요. 함수는 수식의 한 부분이기 때문에 수식과 마찬가지로 등호(=)로 시작합니다. 그럼, 함수에 대해 알아보겠습니다.

	A	B	C	D	E	F	G
1							
2		국가별 수입 현황					
3							
4		국가	BT-001	BT-002	BT-003	국가별 합계	
5		미국	60	90	80	230	
6		중국	85	60	90	235	
7		프랑스	80	95	85	260	
8		독일	75	75	25	175	
9		품목별 평균	75	80	70		
10		품목별 최대값	85	95	90		
11							
12							

C:\단계학습\엑셀\예제파일\Ch12.xlsx

01 자동 합계 사용하기

1 국가별 합계를 구하기 위해 **F5셀을 선택**한 후 [수식] 탭-[함수 라이브러리] 그룹에서 **[자동 합계]를 클릭**합니다.

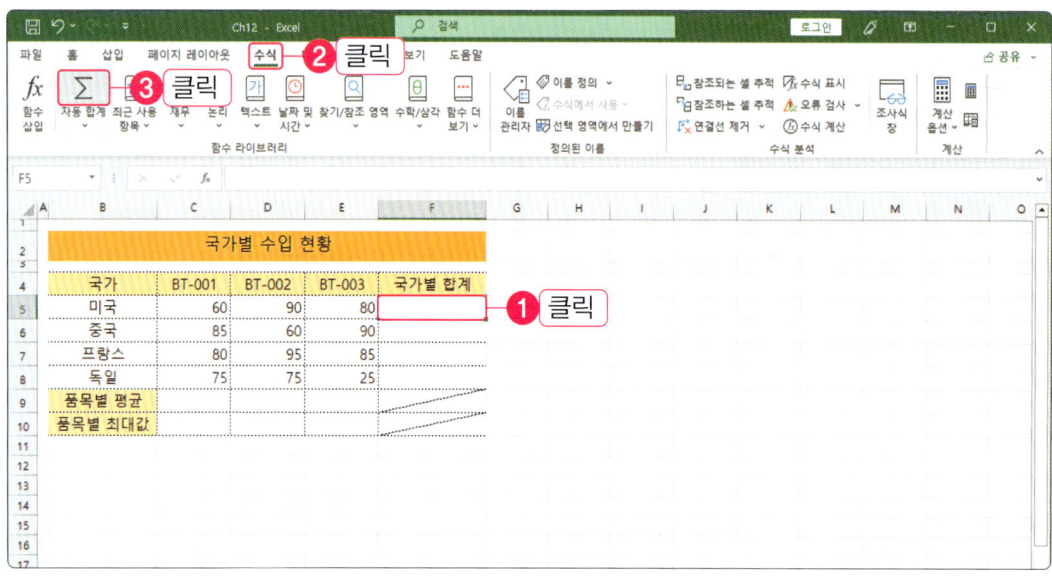

- 자동 합계는 엑셀에서 가장 많이 사용하는 함수를 아이콘으로 만들어 놓은 것입니다.
- [자동 합계]를 클릭하면 합계만 구할 수 있지만 [자동 합계]의 ˅[목록] 단추를 클릭하면 합계뿐만 아니라 평균, 숫자 개수, 최대값(가장 큰 값), 최소값(가장 작은 값)도 구할 수 있습니다.

2 F5셀에 '=SUM(C5:E5)'가 나타나면 Enter 를 누릅니다.

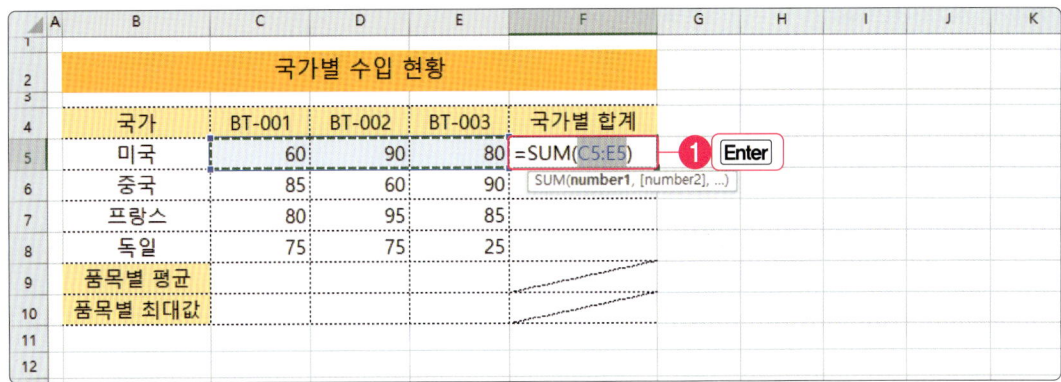

알고 넘어갑시다!

함수의 구성

함수는 등호, 함수 이름, 인수로 구성되어 있으며 '인수'라는 특정값을 사용하여 결과값을 구합니다. TODAY 함수처럼 인수가 필요 없는 함수도 있지만 거의 대부분의 함수는 인수를 필요로 하는데요. 인수는 괄호로 묶으며 인수가 여러 개인 경우에는 쉼표(,)로 구분하여 입력합니다.

=SUM(A1:A3,A5) 인수1, 인수2 → 함수 → 결과값
함수 이름 인수1 인수2

3 F5셀을 선택한 후 채우기 핸들을 F8셀까지 드래그합니다.

① 클릭
② 채우기 핸들을 드래그

4 다음과 같이 국가별 합계가 구해집니다.

국가	BT-001	BT-002	BT-003	국가별 합계
미국	60	90	80	230
중국	85	60	90	235
프랑스	80	95	85	260
독일	75	75	25	175
품목별 평균				
품목별 최대값				

자동 합계에서 사용하는 함수

자동 합계에서 합계는 SUM 함수, 평균은 AVERAGE 함수, 숫자 개수는 COUNT 함수, 최대값은 MAX 함수, 최소값은 MIN 함수를 사용하여 구합니다.

- **SUM 함수**
  - 구문 : SUM(number1, [number2], …)
  - 설명 : number1, [number2], …의 합계를 구합니다.
- **AVERAGE 함수**
  - 구문 : AVERAGE(number1, [number2], …)
  - 설명 : number1, [number2], …의 평균을 구합니다.
- **COUNT 함수**
  - 구문 : COUNT(value1, [value2], …)
  - 설명 : value1, [value2], …에서 숫자가 있는 셀의 개수를 구합니다.
- **MAX 함수**
  - 구문 : MAX(number1, [number2], …)
  - 설명 : number1, [number2], … 중에서 가장 큰 값을 구합니다.
- **MIN 함수**
  - 구문 : MIN(number1, [number2], …)
  - 설명 : number1, [number2], … 중에서 가장 작은 값을 구합니다.

월	판매량	함수	결과값
1월	10	❶ =SUM(C3:C7)	72
2월	35	❷ =AVERAGE(C3:C7)	18
3월		❸ =COUNT(C3:C7)	4
4월	21	❹ =MAX(C3:C7)	35
5월	6	❺ =MIN(C3:C7)	6

❶ 매입량(C3:C7)의 합계를 구합니다. C5셀은 빈 셀(데이터가 없는 셀)입니다. SUM 함수는 빈 셀을 무시하고 계산합니다.
❷ 매입량(C3:C7)의 평균을 구합니다. AVERAGE 함수는 빈 셀을 무시하고 계산합니다.
❸ 매입량(C3:C7)에서 숫자가 있는 셀의 개수를 구합니다.
❹ 매입량(C3:C7) 중에서 가장 많은 매입량을 구합니다.
❺ 매입량(C3:C7) 중에서 가장 적은 매입량을 구합니다.

02 함수 마법사 사용하기

1 품목별 평균을 구하기 위해 **C9셀을 선택**한 후 [수식] 탭–[함수 라이브러리] 그룹에서 **[함수 삽입]**을 클릭합니다.

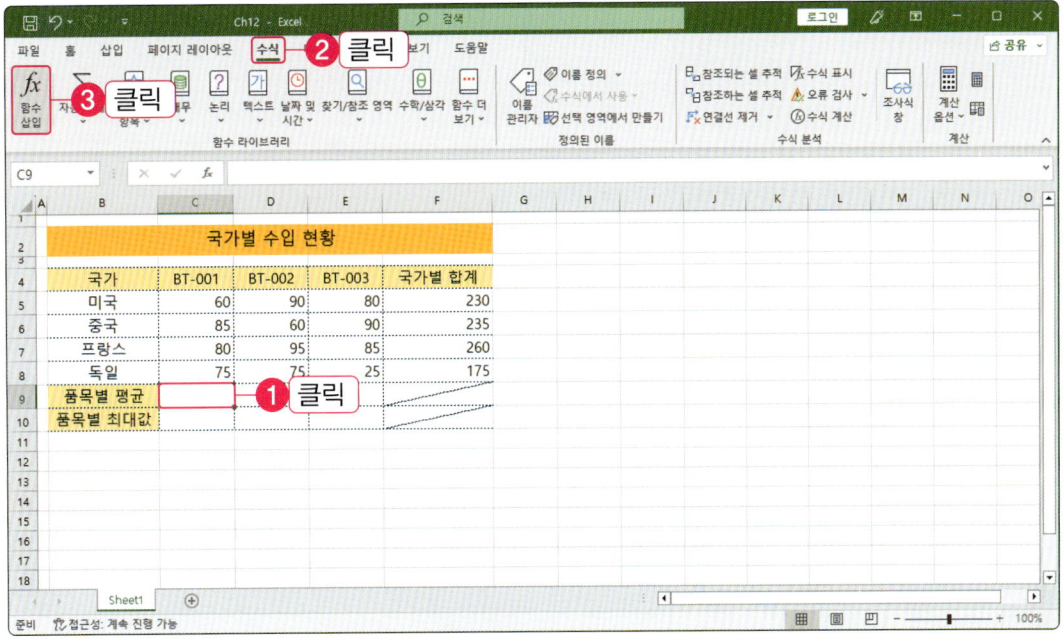

함수 마법사를 사용하면 함수에 대한 정보를 얻을 수 있고, 도움말을 통해 함수에 대한 구문과 예제 등을 참고할 수 있기 때문에 함수를 쉽고 빠르게 입력할 수 있습니다.

2 [함수 마법사] 대화상자가 나타나면 **범주(통계)를 선택**한 후 **함수(AVERAGE)를 선택**한 다음 **[확인] 단추**를 클릭합니다.

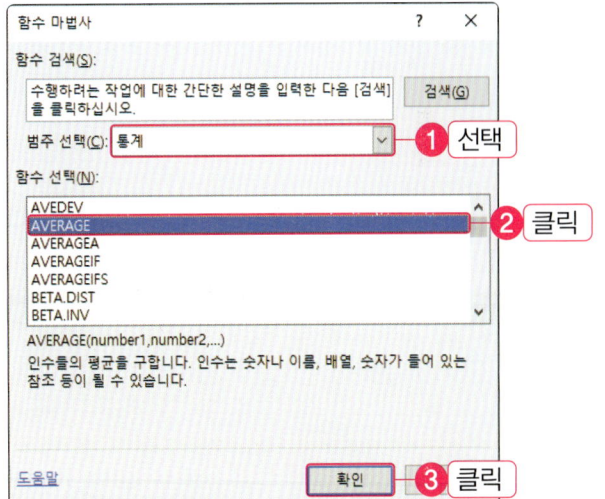

- 함수 마법사는 함수를 날짜/시간, 수학/삼각, 통계 등의 범주로 분류하여 제공합니다.
- [함수 마법사] 대화상자는 수식 입력줄에서 f_x[함수 삽입]을 클릭하거나 [수식] 탭–[함수 라이브러리] 그룹에서 [자동 합계]의 ▾[목록] 단추를 클릭한 후 [기타 함수]를 클릭하여 나타나게 할 수도 있습니다.

Chapter 12 – 함수 알아보기 **83**

3 AVERAGE 함수의 [함수 인수] 대화상자가 나타나면 **Number1(C5:C8)을 입력**한 후 **[확인] 단추를 클릭**합니다.

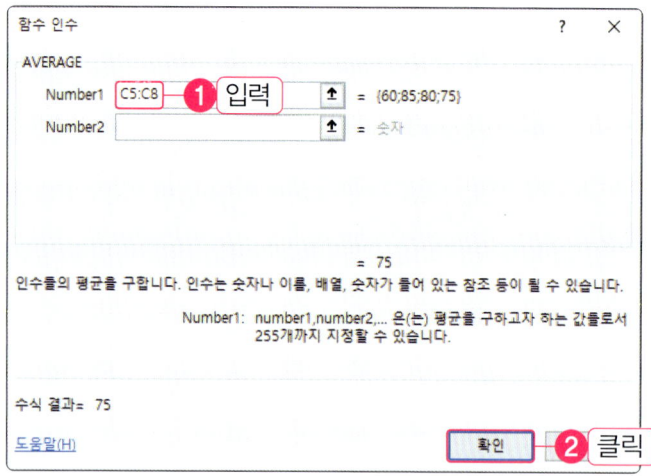

Number1의 🔺을 클릭한 후 C5:C8셀 범위를 드래그하면 Number1을 쉽고 빠르게 입력할 수 있습니다.

알고 넘어갑시다!

도움말
[함수 마법사] 대화상자나 [함수 인수] 대화상자에서 [도움말]을 클릭하면 다음과 같이 함수에 대한 구문과 예제 등을 참고할 수 있습니다.

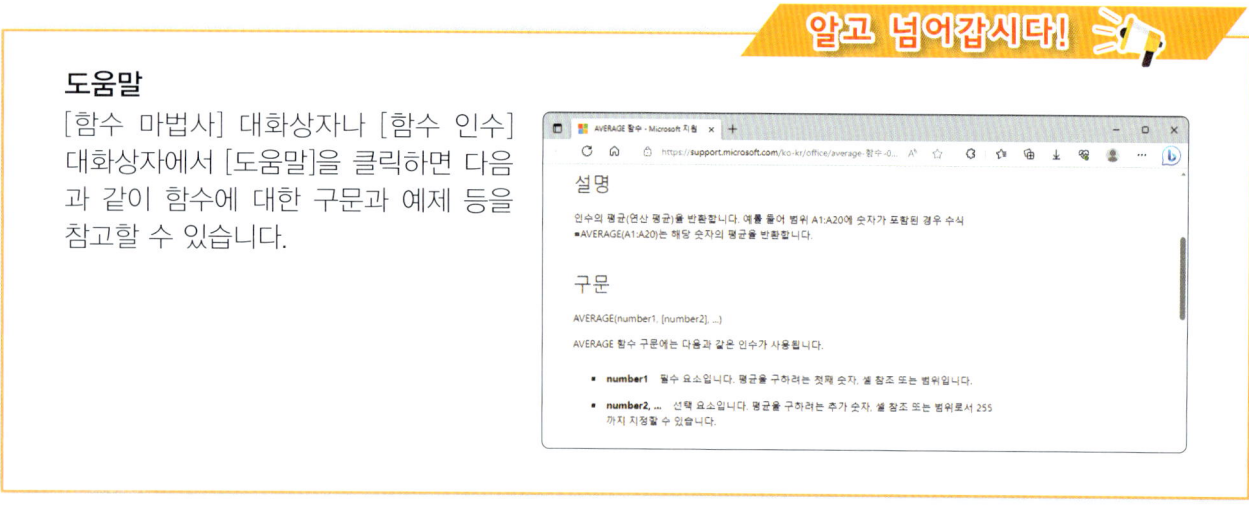

4 품목별 최대값을 구하기 위해 **C10셀을 선택**한 후 수식 입력줄에서 *fx* **[함수 삽입]을 클릭**합니다.

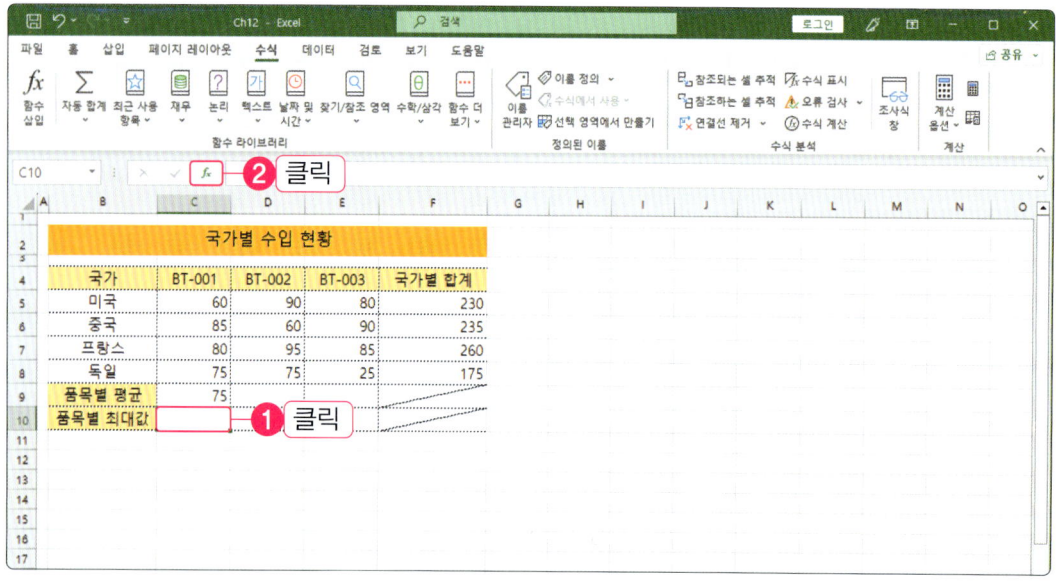

5 [함수 마법사] 대화상자가 나타나면 **범주(통계)를 선택**한 후 **함수(MAX)를 선택**한 다음 **[확인] 단추를 클릭**합니다.

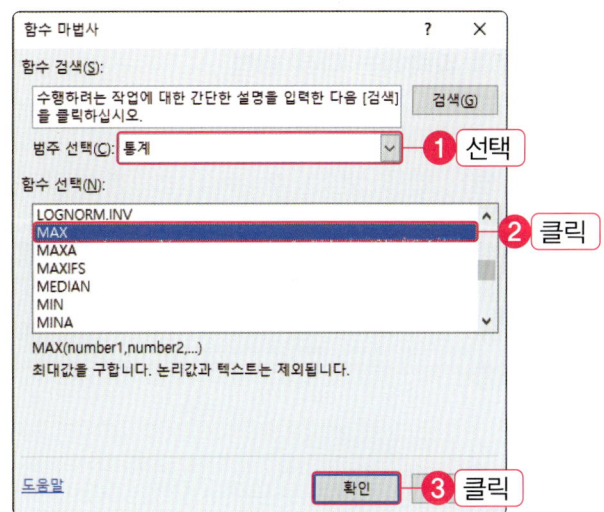

6 MAX 함수의 [함수 인수] 대화상자가 나타나면 **Number1(C5:C8)을 입력**한 후 **[확인] 단추를 클릭**합니다.

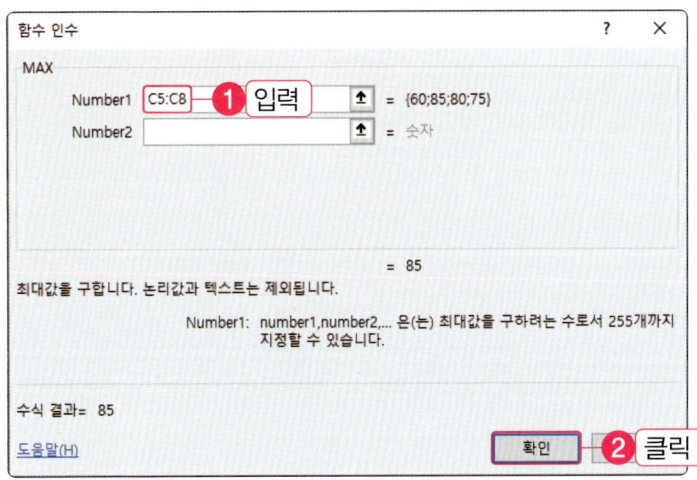

7 **C9:C10셀 범위를 선택**한 후 **채우기 핸들을 E10셀까지 드래그**합니다.

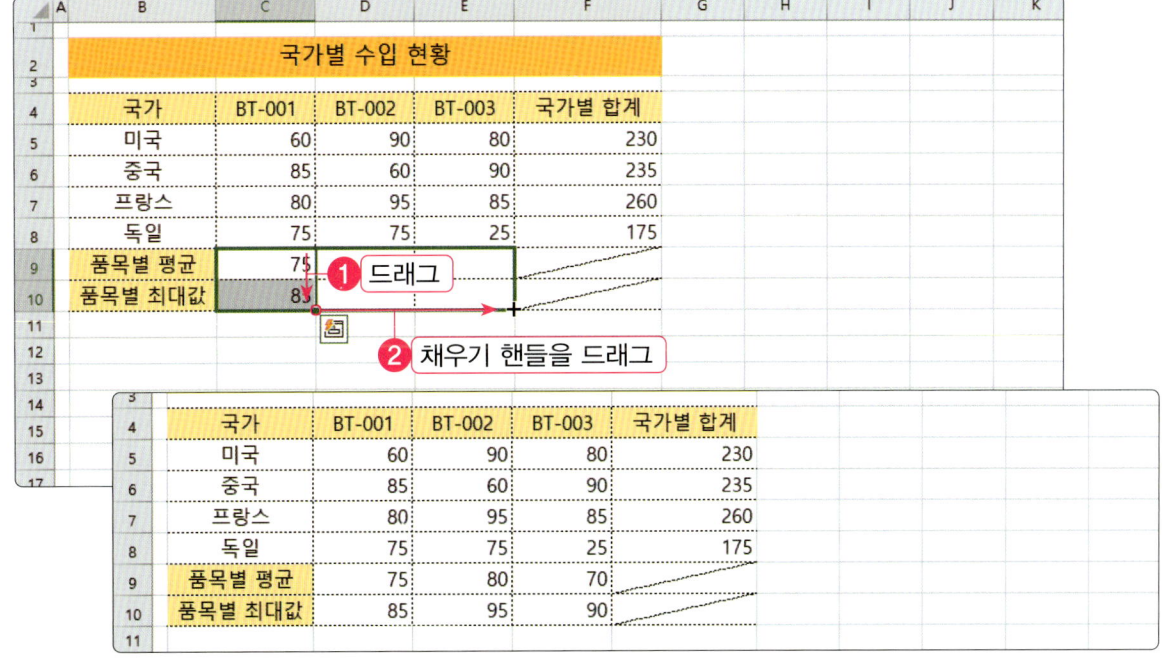

Chapter 12 - 함수 알아보기　**85**

함수를 입력하는 다른 방법

함수는 자동 합계나 함수 마법사를 사용하는 방법 이외에 다음과 같은 방법으로도 입력할 수 있습니다.

- **방법1** : 셀을 선택한 후 [수식] 탭-[함수 라이브러리] 그룹에서 범주를 선택한 다음 함수를 선택합니다.

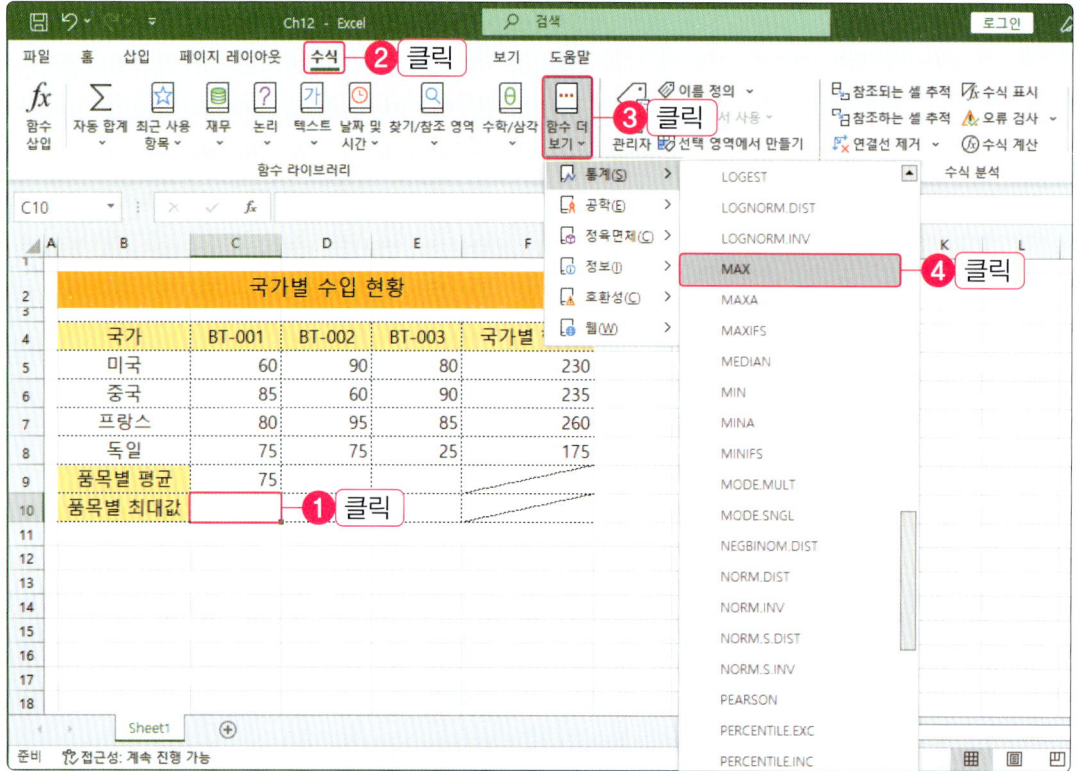

- **방법2** : 셀에 등호를 입력한 후 함수 이름을 입력한 다음 입력한 함수 이름으로 시작하는 함수 목록이 나타나면 함수를 더블클릭합니다.

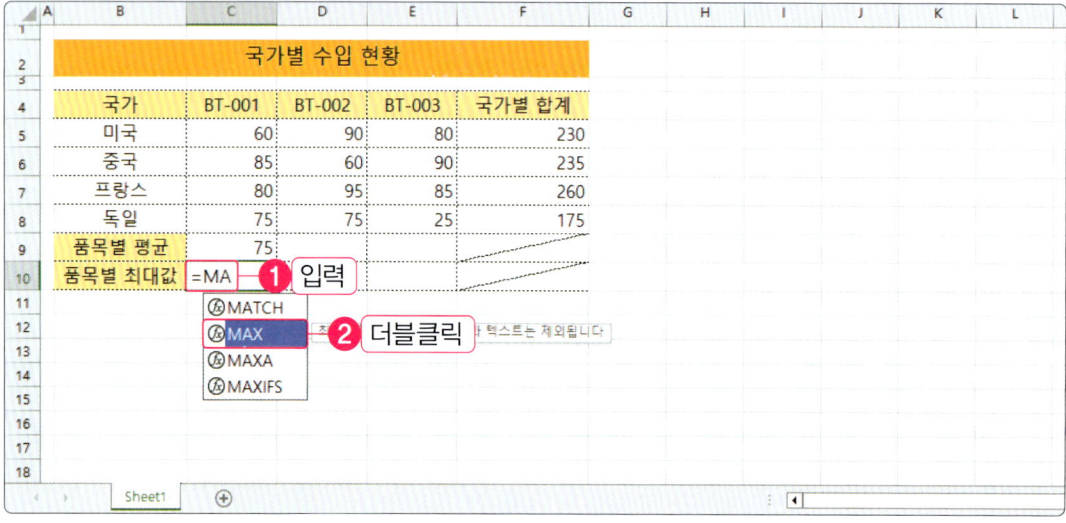

C:\단계학습\엑셀\연습파일\Ch12-연습.xlsx

1 다음과 같이 자동 합계를 사용하여 연수생별 평균을 구해 보세요.

	쇼핑몰 구축 과정 평가			
연수생	포토샵	HTML	DSLR	연수생별 평균
김슬기	70	90	80	80
전은호	85	90	80	85
이태희	95	90	85	90
이현아	80	75	85	80
과정별 합계				
과정별 최소값				

Hint
F5셀을 선택한 후 [수식] 탭-[함수 라이브러리] 그룹에서 [자동 합계]의 ▾[목록] 단추를 클릭한 다음 [평균]을 클릭합니다. 그런 다음 F5셀에 '=AVERAGE(C5:E5)'가 나타나면 Enter 를 누른 후 F5셀을 선택한 다음 채우기 핸들을 F8셀까지 드래그하면 연수생별 평균을 구할 수 있습니다.

2 다음과 같이 함수 마법사를 사용하여 과정별 합계와 과정별 최소값을 구해 보세요.

	쇼핑몰 구축 과정 평가			
연수생	포토샵	HTML	DSLR	연수생별 평균
김슬기	70	90	80	80
전은호	85	90	80	85
이태희	95	90	85	90
이현아	80	75	85	80
과정별 합계	330	345	330	
과정별 최소값	70	75	80	

Hint
과정별 합계는 SUM 함수, 과정별 최소값은 MIN 함수를 사용하면 구할 수 있습니다.

기본 Study
Chapter 13
함수 활용하기

함수를 사용하다 보면 한 가지의 함수만 사용하여 결과값을 구할 수가 없기 때문에 두 가지 이상의 함수를 중첩해 사용하여 결과값을 구하는 경우가 많은데요. 함수를 중첩해 사용한다는 것은 함수 안에 다른 함수를 인수로 사용한다는 것입니다. 그럼, 함수를 활용하는 방법에 대해 알아보겠습니다.

Excel 2021

시료	흡수율 (%)	압축강도 (N/mm²)	합격여부	압축강도 순위
시료1	10	24.7	합격	2
시료2	12	23.3	불합격	4
시료3	15	25.1	불합격	1
시료4	7	24.5	합격	3

점토 벽돌(1종) 시험 성적표

C:\단계학습\엑셀\예제파일\Ch13.xlsx

01 함수를 중첩해 사용하여 합격여부 구하기

1 합격여부를 구하기 위해 **E5셀을 선택**한 후 [수식] 탭-[함수 라이브러리] 그룹에서 **[논리]를 클릭**한 다음 **[IF]를 클릭**합니다.

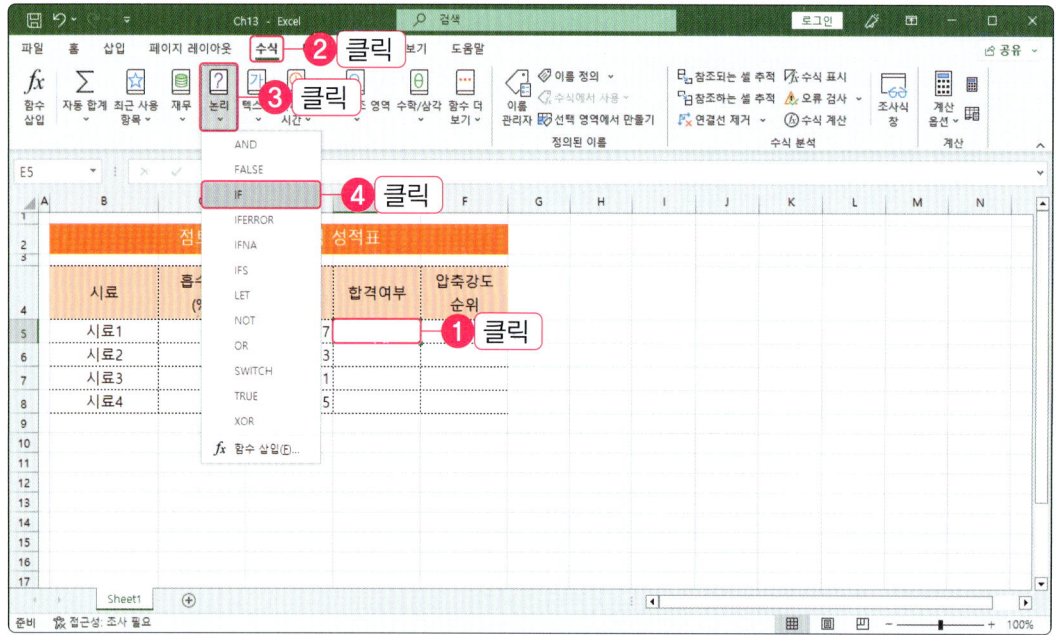

2 IF 함수의 [함수 인수] 대화상자가 나타나면 Logical_test의 입력 상자를 클릭한 후 [함수 상자]의 [목록] 단추를 클릭한 다음 [함수 추가]를 클릭합니다.

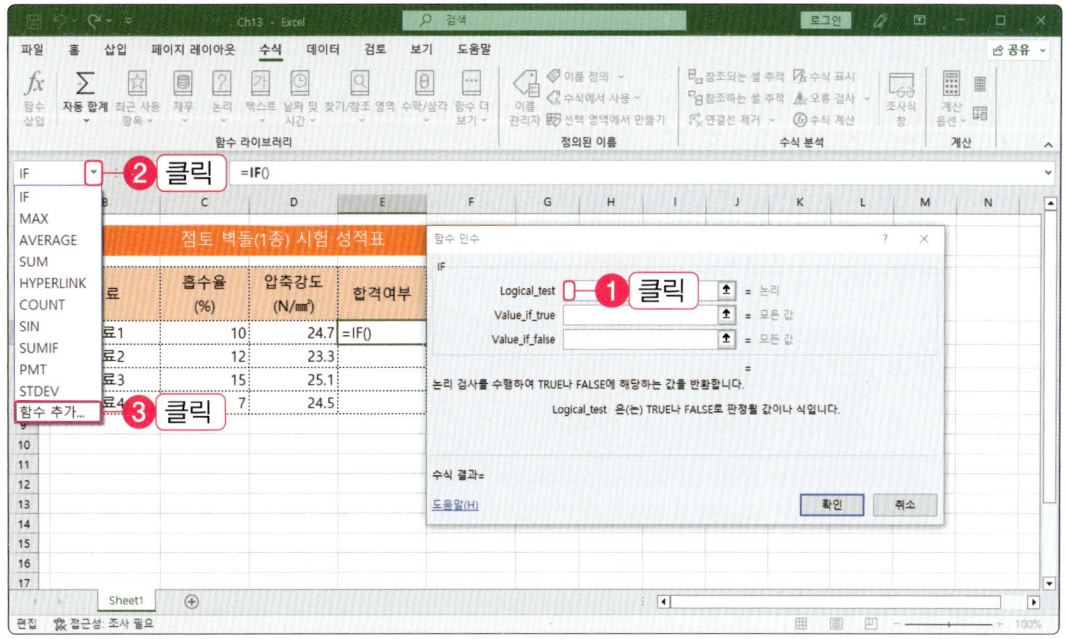

여기서는 AND 함수를 추가할 것입니다. [함수 상자]의 [목록] 단추를 클릭하면 최근에 사용한 함수 목록이 나타나는데요. 최근에 사용한 함수 목록에 AND 함수가 있으면 [함수 추가]를 클릭하지 않고 AND 함수를 클릭합니다.

알고 넘어갑시다!

IF 함수
- 구문 : IF(logical_test, [value_if_true], [value_if_false])
- 설명 : logical_test가 참이면 value_if_true를 구하고, 거짓이면 value_if_false를 구합니다.

3 [함수 마법사] 대화상자가 나타나면 **범주(논리)를 선택**한 후 **함수(AND)를 선택**한 다음 [확인] 단추를 클릭합니다.

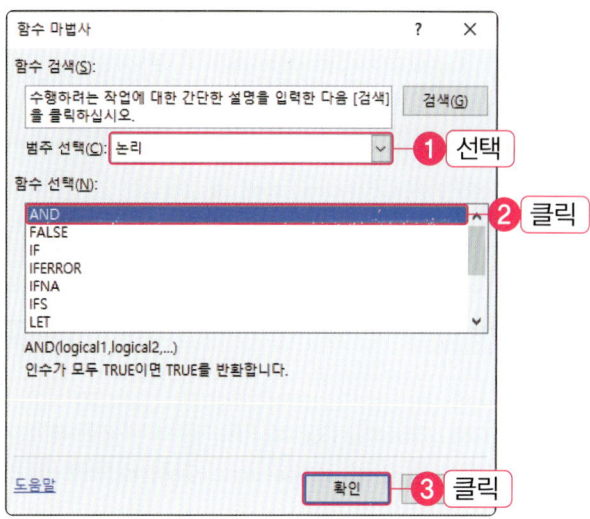

Chapter 13 – 함수 활용하기 **89**

4 AND 함수의 [함수 인수] 대화상자가 나타나면 Logical1(C5〈=10)과 Logical2(D5〉=24.5)를 **입력**한 후 수식 입력줄에서 **IF를 클릭**합니다.

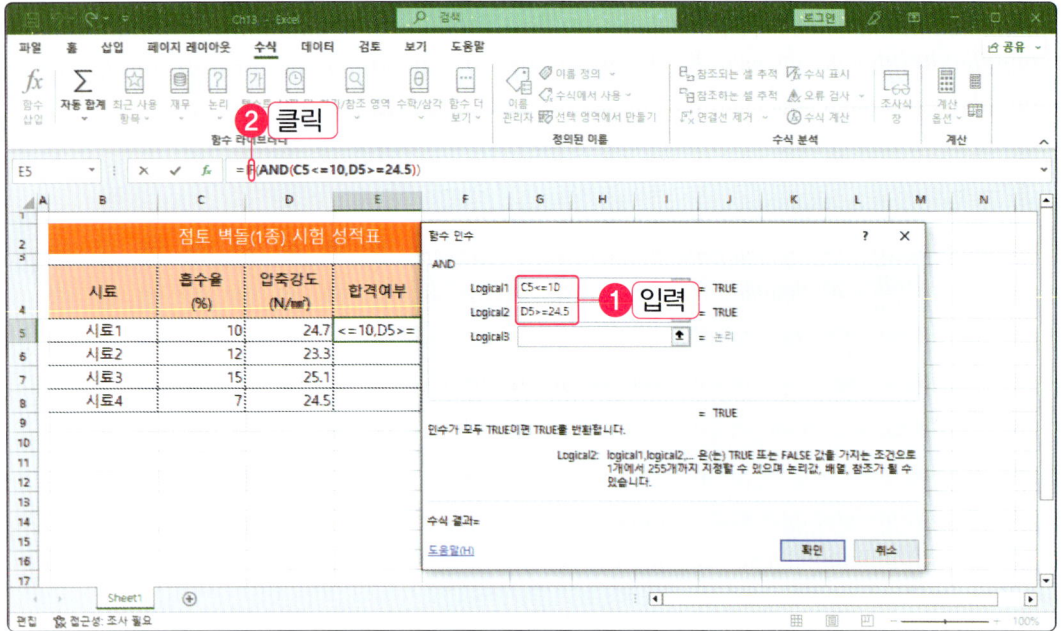

> 알고 넘어갑시다!
>
> **AND 함수**
> - 구문 : AND(logical1, [logical2], …)
> - 설명 : logical이 모두 참이면 논리값 TRUE를 구하고, 하나라도 거짓이면 논리값 FALSE를 구합니다.

5 IF 함수의 [함수 인수] 대화상자가 다시 나타나면 Value_if_true("합격")와 Value_if_false("불합격")를 **입력**한 후 [확인] 단추를 **클릭**합니다.

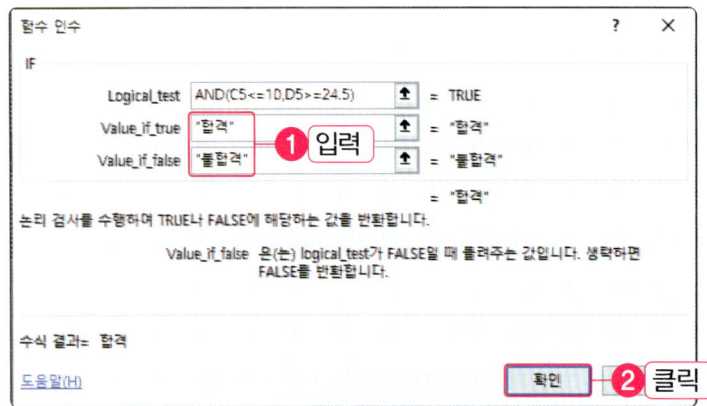

=IF(AND(C5〈=10,D5〉=24.5),"합격","불합격") : 흡수율(C5)이 10 이하(〈=)이고 압축강도(D5)가 24.5 이상 (〉=)이면 '합격'을 표시하고, 그렇지 않으면 '불합격'을 표시합니다.

6 E5셀을 **선택**한 후 **채우기 핸들을 E8셀까지 드래그**합니다.

7 합격여부가 구해집니다.

알고 넘어갑시다!

오류값

엑셀은 수식에서 오류가 발생하면 #DIV/0!, #N/A, #NAME? 등의 오류값을 표시하여 어떤 오류가 발생하였는지 알려줍니다. 예를 들어 '=100/0'을 입력하면 #DIV/0! 오류값을 표시하는데요. 이것은 숫자를 0으로 나눠서 오류가 발생하였기 때문입니다. 오류값이 표시된 셀에는 #DIV/0! 과 같이 왼쪽 위에 오류 표시기(녹색 삼각형)가 나타나고, 오류값이 표시된 셀을 선택하면 [오류 검사] 단추가 나타나는데요. 다음과 같이 오류값이 표시된 셀을 선택한 후 [오류 검사] 단추를 클릭한 다음 [이 오류에 대한 도움말]을 클릭([도움말] 작업 창이 나타납니다)하면 해당 오류에 대한 원인과 수정하는 방법 등을 참고할 수 있습니다.

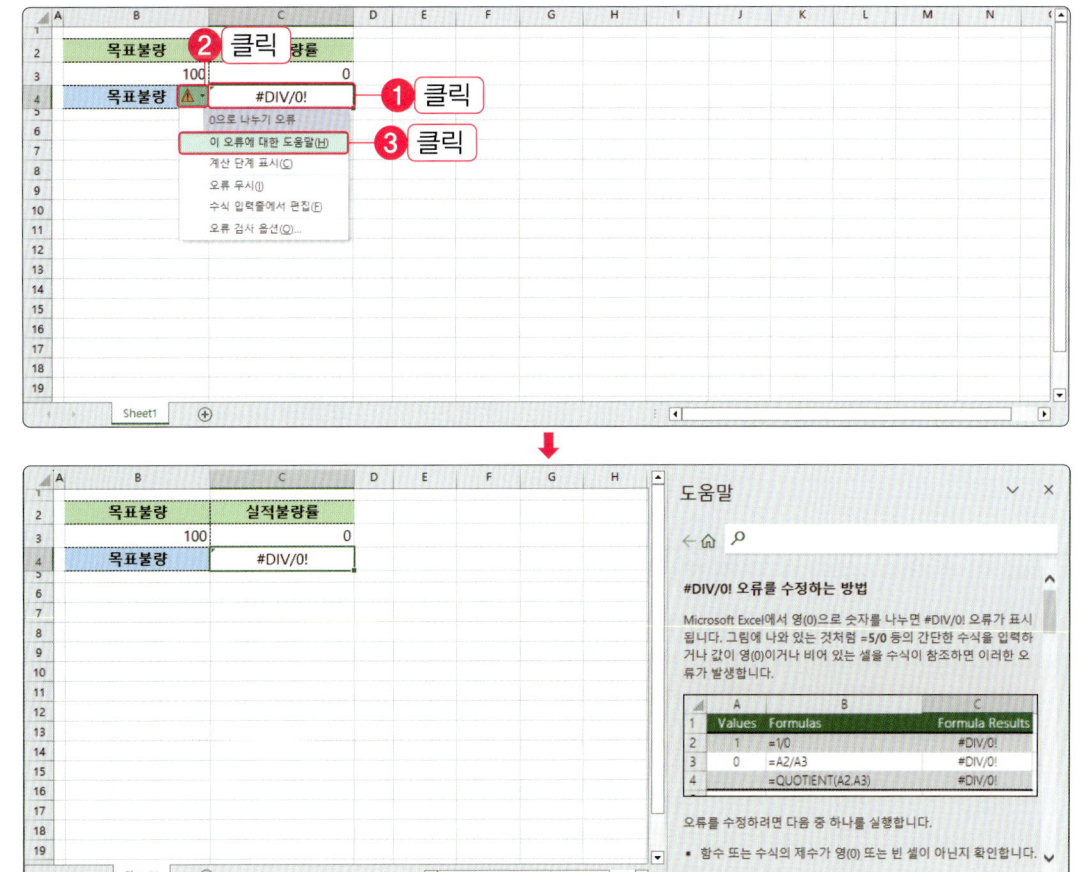

02 압축강도 순위 구하기

1 압축강도 순위를 구하기 위해 F5셀에 '=RANK.EQ(D5,$D$5:$D$8,0)'을 입력합니다.

=RANK.EQ(D5,$D$5:$D$8,0) : 모든 시료의 압축강도($D$5:$D$8)에서 시료1의 압축강도(D5)가 몇 번째로 큰 압축강도인지(0)를 구합니다. 모든 시료의 압축강도($D$5:$D$8)는 F5:F8셀 범위의 모든 셀에서 변경되지 않고 참조해야 하기 때문에 절대 참조로 입력해야 합니다.

알고 넘어갑시다!

RANK.EQ 함수
- 구문 : RANK.EQ(number, ref, [order])
- 설명 : ref에서 number의 순위를 구합니다. order가 0이거나 생략되면 가장 큰 number가 1위가 되고, 0 이외의 숫자이면 가장 작은 number가 1위가 됩니다. number가 같은 경우에는 가장 높은 순위를 구합니다.

2 F5셀을 선택한 후 채우기 핸들을 F8셀까지 드래그합니다.

3 다음과 같이 압축강도 순위가 구해집니다.

주요 함수

● **SUMIF 함수**
- 구문 : SUMIF(range, criteria, [sum_range])
- 설명 : range에서 criteria를 만족하는 데이터를 검색한 후 sum_range에서 이와 대응하는 데이터의 합계를 구합니다.

● **SUMIFS 함수**
- 구문 : SUMIFS(sum_range, criteria_range1, criteria1, [criteria_range2, criteria2], …)
- 설명 : criteria(criteria_range1에서는 criteria1을 만족, criteria_range2에서는 criteria2를 만족)를 모두 만족하는 데이터를 검색한 후 sum_range에서 이와 대응하는 데이터의 합계를 구합니다.

	B	C	D	E	F	G	H
2	날짜	부서	품목	수량		함수	결과값
3	12월 01일	영업1부	알뜰형PC	100	❶	=SUMIF(C3:C7,"영업2부",E3:E7)	130
4	12월 04일	영업2부	알뜰형PC	60	❷	=SUMIFS(E3:E7,C3:C7,C3,D3:D7,D3)	180
5	12월 07일	영업1부	알뜰형PC	80			
6	12월 15일	영업1부	보급형PC	90			
7	12월 21일	영업2부	보급형PC	70			

❶ 부서(C3:C7)가 영업2부인 데이터의 수량(E3:E7) 합계를 구합니다.
❷ 부서(C3:C7)가 영업1부(C3)이고 품목(D3:D7)이 알뜰형PC(D3)인 데이터의 수량(E3:E7) 합계를 구합니다.

● **ROUND 함수**
- 구문 : ROUND(number, num_digits)
- 설명 : number를 num_digits 아래에서 반올림하여 num_digits로 구합니다.

● **ROUNDUP 함수**
- 구문 : ROUNDUP(number, num_digits)
- 설명 : number를 num_digits 아래에서 올림하여 num_digits로 구합니다.

● **ROUNDDOWN 함수**
- 구문 : ROUNDDOWN(number, num_digits)
- 설명 : number를 num_digits 아래에서 내림하여 num_digits로 구합니다.

	B	C	D	E
2	데이터		함수	결과값
3	456.654	❶	=ROUND(B3,2)	456.65
4	123.321	❷	=ROUND(B3,0)	457
5	789.987	❸	=ROUND(B3,-2)	500
6		❹	=ROUNDUP(B3,2)	123.4
7		❺	=ROUNDUP(B3,0)	124
8		❻	=ROUNDUP(B3,-2)	130
9		❼	=ROUNDDOWN(B3,2)	789.98
10		❽	=ROUNDDOWN(B3,0)	789
11		❾	=ROUNDDOWN(B3,-2)	700

❶ 456.654(B3)를 소수 3자리에서 반올림하여 소수 2자리(2)로 구합니다.
❷ 456.654(B3)를 소수 1자리에서 반올림하여 일의 자리(0)로 구합니다.
❸ 456.654(B3)를 십의 자리에서 반올림하여 백의 자리(-2)로 구합니다.
❹ 123.321(B4)을 소수 2자리에서 올림하여 소수 1자리(1)로 구합니다.
❺ 123.321(B4)을 소수 1자리에서 올림하여 일의 자리(0)로 구합니다.
❻ 123.321(B4)을 일의 자리에서 올림하여 십의 자리(-1)로 구합니다.
❼ 789.987(B5)을 소수 3자리에서 내림하여 소수 2자리(2)로 구합니다.
❽ 789.987(B5)을 소수 1자리에서 내림하여 일의 자리(0)로 구합니다.
❾ 789.987(B5)을 십의 자리에서 내림하여 백의 자리(-2)로 구합니다.

알고 넘어갑시다!

- **COUNTA 함수**
  - 구문 : COUNTA(value1, [value2], …)
  - 설명 : value1, [value2], …에서 비어 있지 않은 셀의 개수를 구합니다.
- **COUNTIF 함수**
  - 구문 : COUNTIF(range, criteria)
  - 설명 : range에서 criteria를 만족하는 셀의 개수를 구합니다.
- **COUNTIFS 함수**
  - 구문 : COUNTIFS(criteria_range1, criteria1, [criteria_range2, criteria2], …)
  - 설명 : criteria(criteria_range1에서는 criteria1을 만족, criteria_range2에서는 criteria2를 만족)을 모두 만족하는 셀의 개수를 구합니다.

	B	C	D	E	F	G	H
2	날짜	지점	품목	판매량		함수	결과값
3	12월 01일	강북점	알뜰형PC	15	❶	=COUNTA(E3:E6)	3
4		강동점	알뜰형PC		❷	=COUNTIF(C3:C6,C3)	2
5	12월 07일	강동점	알뜰형PC	3	❸	=COUNTIFS(C3:C6,C3,D3:D6,D3)	1
6		강북점	보급형PC	20			

❶ 판매량(E3:E6)에서 비어 있지 않은 셀의 개수를 구합니다.
❷ 지점(C3:C6)이 강북점(C3)인 셀의 개수를 구합니다.
❸ 지점(C3:C6)이 강북점(C3)이고 품목(D3:D6)이 알뜰형PC(D3)인 셀의 개수를 구합니다.

- **AVERAGEIF 함수**
  - 구문 : AVERAGEIF(range, criteria, [average_range])
  - 설명 : range에서 criteria를 만족하는 데이터를 검색한 후 average_range에서 이와 대응하는 데이터의 평균을 구합니다.
- **AVERAGEIFS 함수**
  - 구문 : AVERAGEIFS(average_range, criteria_range1, criteria1, [criteria_range2, criteria2], …)
  - 설명 : criteria(criteria_range1에서는 criteria1을 만족, criteria_range2에서는 criteria2를 만족)를 모두 만족하는 데이터를 검색한 후 average_range에서 이와 대응하는 데이터의 평균을 구합니다.

	B	C	D	E	F	G	H
2	날짜	부서	품목	수량		함수	결과값
3	12월 01일	영업1부	알뜰형PC	100	❶	=AVERAGEIF(C3:C7,"영업2부",E3:E7)	65
4	12월 04일	영업2부	알뜰형PC	60	❷	=AVERAGEIFS(E3:E7,C3:C7,C3,D3:D7,D3)	90
5	12월 07일	영업1부	알뜰형PC	80			
6	12월 15일	영업1부	보급형PC	90			
7	12월 21일	영업2부	보급형PC	70			

❶ 부서(C3:C7)가 영업2부인 데이터의 수량(E3:E7) 평균을 구합니다.
❷ 부서(C3:C7)가 영업1부(C3)이고 품목(D3:D7)이 알뜰형PC(D3)인 데이터의 수량(E3:E7) 평균을 구합니다.

- **CHOOSE 함수**
  - 구문 : CHOOSE(index_num, value1, [value2], …)
  - 설명 : value1, [value2], … 중 index_num 번째에 있는 값(index_num이 1이면 value1, index_num이 2이면 value2, …)을 구합니다.

	B	C	D	E
2	데이터		함수	결과값
3	2	❶	=CHOOSE(B3,"기획부","관리부","영업부")	관리부
4		❷	=CHOOSE(3,"본체","모니터","마우스","키보드")	마우스

❶ 기획부, 관리부, 영업부 중 두 번째(B3)에 있는 값을 구합니다.
❷ 본체, 모니터, 마우스, 키보드 중 세 번째(3)에 있는 값을 구합니다.

알고 넘어갑시다!

● **VLOOKUP 함수**
- 구문 : VLOOKUP(lookup_value, table_array, col_index_num, [range_lookup])
- 설명 : table_array의 첫 번째 열에서 lookup_value를 검색한 후 col_index_num에서 lookup_value와 같은 행에 있는 값을 구합니다. range_lookup이 FALSE이면 table_array의 첫 번째 열에서 lookup_value와 정확하게 일치하는 값을 검색하고, TRUE이거나 생략되면 lookup_value와 비슷하게 일치하는 값을 검색합니다.

	B	C	D	E	F	G
2	상품코드	상품명	생산량		함수	결과값
3	SC	스캐너	120	❶	=VLOOKUP("PR",B3:D5,2,FALSE)	프린터
4	PR	프린터	600	❷	=VLOOKUP("PR",B3:D5,2,FALSE)	600
5	CA	카메라	90			

❶ B3:D5셀 범위의 첫 번째 열(B3:D5셀 범위에서 첫 번째 열이므로 B3:B5셀 범위(상품코드))에서 PR을 검색한 후 두 번째 열(B3:D5셀 범위에서 두 번째 열이므로 C3:C5셀 범위(상품명))에서 PR과 같은 행에 있는 상품명을 구합니다.

❷ B3:D5셀 범위의 첫 번째 열(B3:D5셀 범위에서 첫 번째 열이므로 B3:B5셀 범위(상품코드))에서 PR을 검색한 후 세 번째 열(B3:D5셀 범위에서 세 번째 열이므로 D3:D5셀 범위(생산량))에서 PR과 같은 행에 있는 생산량을 구합니다.

● **HLOOKUP 함수**
- 구문 : HLOOKUP(lookup_value, table_array, row_index_num, [range_lookup])
- 설명 : table_array의 첫 번째 행에서 lookup_value를 검색한 후 row_index_num에서 lookup_value와 같은 열에 있는 값을 구합니다. range_lookup이 FALSE이면 table_array의 첫 번째 행에서 lookup_value와 정확하게 일치하는 값을 검색하고, TRUE이거나 생략되면 lookup_value와 비슷하게 일치하는 값을 검색합니다.

	B	C	D	E	F	G	H
2	상품코드	SC	PR	CA		함수	결과값
3	상품명	스캐너	프린터	카메라	❶	=HLOOKUP("CA",C2:E4,2,FALSE)	카메라
4	생산량	120	600	90	❷	=HLOOKUP("CA",C2:E4,3,FALSE)	90

❶ C2:E4셀 범위의 첫 번째 행(C2:E4셀 범위에서 첫 번째 행이므로 C2:E2셀 범위(상품코드))에서 CA를 검색한 후 두 번째 행(C2:E4셀 범위에서 두 번째 행이므로 C3:E3셀 범위(상품명))에서 CA와 같은 열에 있는 상품명을 구합니다.

❷ C2:E4셀 범위의 첫 번째 행(C2:E4셀 범위에서 첫 번째 행이므로 C2:E2셀 범위(상품코드))에서 CA를 검색한 후 세 번째 행(C2:E4셀 범위에서 세 번째 행이므로 C4:E4셀 범위(생산량))에서 CA와 같은 열에 있는 생산량을 구합니다.

● **OR 함수**
- 구문 : OR(logical1, [logical2], …)
- 설명 : logical이 하나라도 참이면 논리값 TRUE를 구하고, 모두 거짓이면 논리값 FALSE를 구합니다.

	B	C	D	E
2	데이터		함수	결과값
3	3	❶	=OR(B3>=3,B4>=5)	TRUE
4	5	❷	=OR(B3>=3,B4>=10)	TRUE
5		❸	=OR(B3>=10,B4>=5)	TRUE
6		❹	=OR(B3>=10,B4>=10)	FALSE

❶ logical1(B3>=3)과 logical2(B4>=5)가 모두 참이므로 논리값 TRUE를 구합니다.
❷ logical1(B3>=3)이 참이므로 논리값 TRUE를 구합니다.
❸ logical2(B4>=5)가 참이므로 논리값 TRUE를 구합니다.
❹ logical1(B3>=10)과 logical2(B4>=10)가 모두 거짓이므로 논리값 FALSE를 구합니다.

- **LEFT 함수**
- 구문 : LEFT(text, [num_chars])
- 설명 : text에서 왼쪽부터 num_chars만큼의 문자를 구합니다. num_chars를 생략하면 1로 간주합니다.
- **RIGHT 함수**
- 구문 : RIGHT(text, [num_chars])
- 설명 : text에서 오른쪽부터 num_chars만큼의 문자를 구합니다. num_chars를 생략하면 1로 간주합니다.
- **MID 함수**
- 구문 : MID(text, start_num, num_chars)
- 설명 : text에서 start_num 번째 문자부터 num_chars만큼의 문자를 구합니다.

❶ 엑셀 2016(B3)에서 왼쪽부터 두 문자(2)를 구합니다.
❷ 엑셀 2016(B3)에서 오른쪽부터 네 문자(4)를 구합니다.
❸ 엑셀 2016(B3)에서 네 번째 문자(4)부터 두 문자(2)를 구합니다. '엑셀'과 '2016' 사이에 1자리의 공백 문자열(" ")이 있습니다. '엑셀 2016'에서 네 번째 문자는 '2'입니다.

- **RANK 함수**
- 구문 : RANK(number, ref, [order])
- 설명 : ref에서 number의 순위를 구합니다. order가 0이거나 생략되면 가장 큰 number가 1위가 되고, 0 이외의 숫자이면 가장 작은 number가 1위가 됩니다. number가 같은 경우에는 가장 높은 순위를 구합니다. 엑셀 2007 이전 버전에서는 순위를 구할 때 RANK 함수로만 구할 수 있었지만 엑셀 2016에서는 RANK.EQ 함수와 RANK.AVG 함수로도 구할 수 있습니다. 호환성 함수는 RANK 함수와 같이 엑셀 2007 이전 버전과 호환되는 함수를 말하며 호환성 범주로 분류하여 제공합니다.
- **RANK.AVG 함수**
- 구문 : RANK.AVG(number, ref, [order])
- 설명 : ref에서 number의 순위를 구합니다. order가 0이거나 생략되면 가장 큰 number가 1위가 되고, 0 이외의 숫자이면 가장 작은 number가 1위가 됩니다. number가 같은 경우에는 순위의 평균을 구합니다.

	A	B	C	D	E	F
2		부서	생산량		함수	결과값
3		영업1부	450	❶	=RANK(C6,C3:C6,1)	4
4		영업2부	450	❷	=RANK.AVG(C3,C3:C6,0)	2.5
5		영업3부	350			
6		영업4부	500			

❶ 모든 부서의 판매량(C3:C6)에서 영업4부의 판매량(C6)이 몇 번째로 적은 판매량인지(1)를 구합니다.
❷ 모든 부서의 판매량(C3:C6)에서 영업1부의 판매량(C3)이 몇 번째로 많은 판매량인지(0)를 구합니다. 영업1부의 판매량은 영업4부의 판매량 다음으로 많고 영업2부의 판매량과 같으므로 2위와 3위의 평균인 2.5위입니다. 즉, 영업4부의 판매량은 1위, 영업1부와 영업2부의 판매량은 2.5위, 영업3부의 판매량은 4위입니다.

연습문제

C:\단계학습\엑셀\연습파일\Ch13-연습.xlsx

1 다음과 같이 통과여부를 구해 보세요.
- **통과여부** : 사회복지개론이 40 이상, 사회복지법제가 40 이상, 평균이 60 이상이면 '통과'를 표시하고, 그렇지 않으면 빈 문자열("")을 표시합니다(IF 함수와 AND 함수를 중첩해 사용).

사회복지학과 성적

성명	사회복지개론	사회복지법제	평균	통과여부	순위
임영웅	65	55	60	통과	
이세희	95	35	65		
박은빈	95	95	95	통과	
이지은	65	45	55		

2 다음과 같이 순위를 구해 보세요.
- **순위** : 평균에서 가장 높은 평균이 1위가 되도록 순위를 구합니다(RANK.EQ 함수 사용).

사회복지학과 성적

성명	사회복지개론	사회복지법제	평균	통과여부	순위
임영웅	65	55	60	통과	3
이세희	95	35	65		2
박은빈	95	95	95	통과	1
이지은	65	45	55		4

기본 Study
Chapter 14
조건부 서식 지정하기

Excel 2021

조건부 서식은 조건을 만족하는 경우에만 셀에 지정되는 서식인데요. 조건부 서식을 지정하면 조건을 만족하는 셀을 강조하여 표시하거나 시각화할 수 있기 때문에 원하는 사항을 쉽고 빠르게 확인할 수 있습니다. 그럼, 조건부 서식을 지정하는 방법에 대해 알아보겠습니다.

C:\단계학습\엑셀\예제파일\Ch14.xlsx

01 데이터 막대와 아이콘 집합 사용하기

1 데이터 막대를 사용하기 위해 **C5:C9셀 범위를 선택**한 후 [홈] 탭-[스타일] 그룹에서 [조건부 서식]을 클릭한 다음 [데이터 막대]-[단색 채우기]-[빨강 데이터 막대]를 클릭합니다.

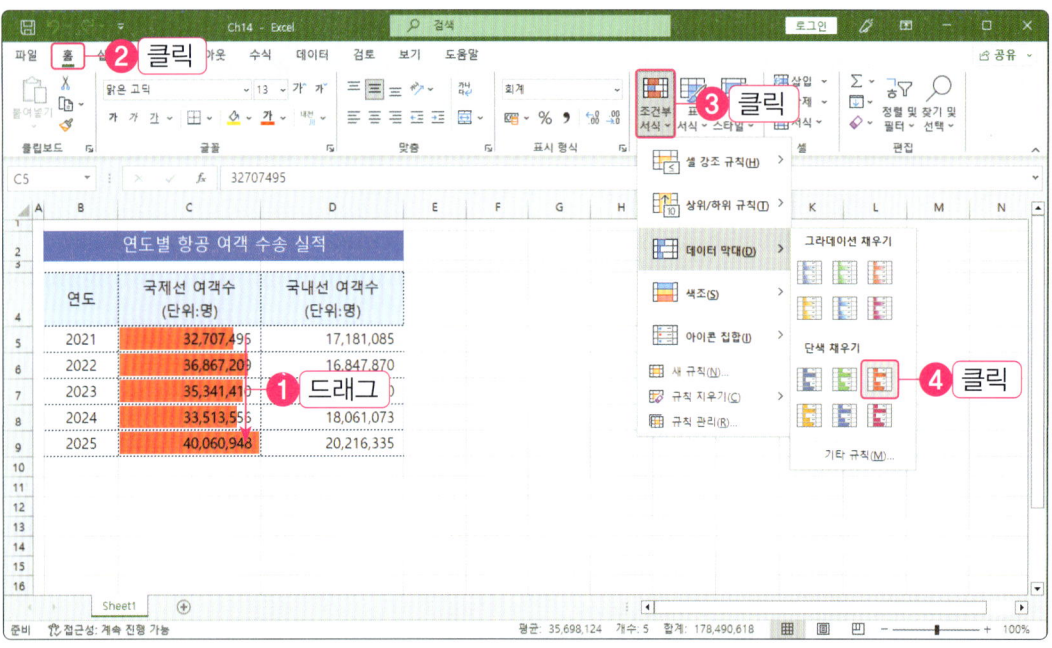

데이터 막대는 셀 값을 다른 셀 값과 비교하여 막대의 길이로 표시할 수 있는 조건부 서식입니다.

2 다음과 같이 국제선 여객수에 따라 빨간색 막대의 길이로 표시됩니다.

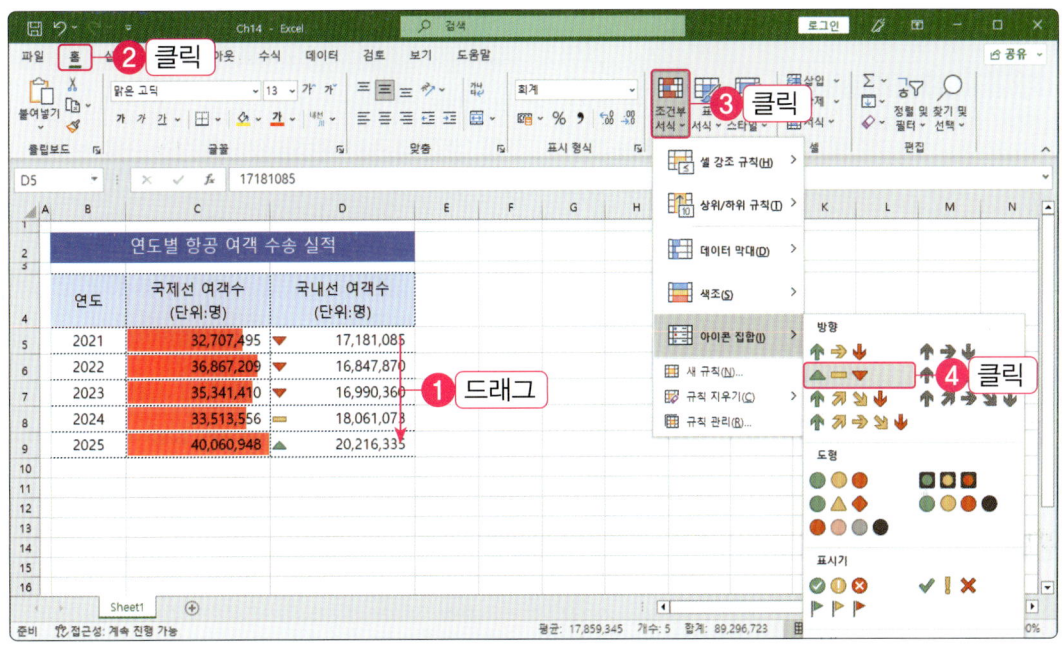

국제선 여객수가 가장 많은 데이터는 가장 긴 빨간색 막대로 표시되고, 가장 적은 데이터는 가장 짧은 빨간색 막대로 표시됩니다.

3 아이콘 집합을 사용하기 위해 **D5:D9셀 범위를 선택**한 후 [홈] 탭-[스타일] 그룹에서 [**조건부 서식**]을 **클릭**한 다음 [**아이콘 집합**]-▲ ▬ ▼[**삼각형 3개**]를 **클릭**합니다.

아이콘 집합은 셀 값을 3~5개의 범위를 나타내는 아이콘으로 표시할 수 있는 조건부 서식입니다.

4 다음과 같이 국내선 여객수에 따라 삼각형 3개 아이콘으로 표시됩니다.

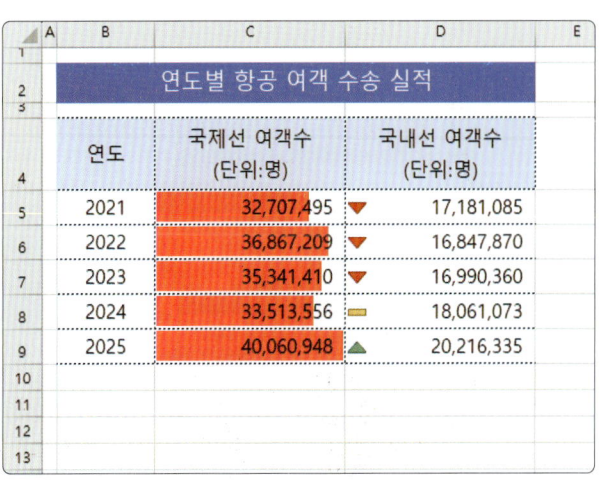

국내선 여객수가 상위 범위에 해당하면 ▲ 아이콘, 중간 범위에 해당하면 ▬ 아이콘, 하위 범위에 해당하면 ▼ 아이콘으로 표시됩니다.

Chapter 14 - 조건부 서식 지정하기   **99**

알고 넘어갑시다!

색조

색조는 셀 값을 다른 셀 값과 비교하여 2색 또는 3색의 그라데이션(점진적으로 한 색에서 다른 색으로 변해 가는 것)으로 표시할 수 있는 조건부 서식인데요. 다음은 D5:D9셀 범위를 선택한 후 [홈] 탭-[스타일] 그룹에서 [조건부 서식]을 클릭한 다음 [색조]-[흰색 – 빨강 색조]를 클릭한 경우입니다.

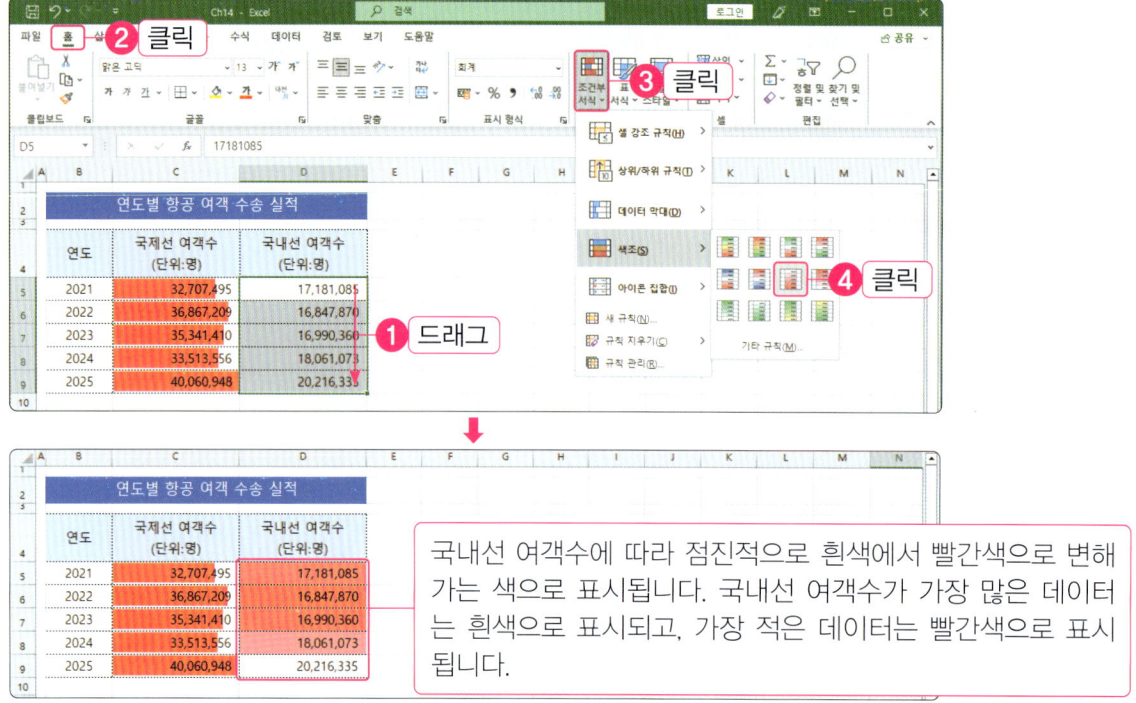

국내선 여객수에 따라 점진적으로 흰색에서 빨간색으로 변해 가는 색으로 표시됩니다. 국내선 여객수가 가장 많은 데이터는 흰색으로 표시되고, 가장 적은 데이터는 빨간색으로 표시됩니다.

셀 강조 규칙과 상위/하위 규칙

셀 강조 규칙은 조건을 만족하는 데이터에만 서식을 지정할 수 있는 조건부 서식이고, 상위/하위 규칙은 셀 값이 큰 순서나 작은 순서대로 원하는 만큼의 데이터에만 서식을 지정할 수 있는 조건부 서식인데요. 다음은 D5:D9셀 범위를 선택한 후 [홈] 탭-[스타일] 그룹에서 [조건부 서식]을 클릭한 다음 [셀 강조 규칙]-[보다 큼]을 클릭한 경우입니다.

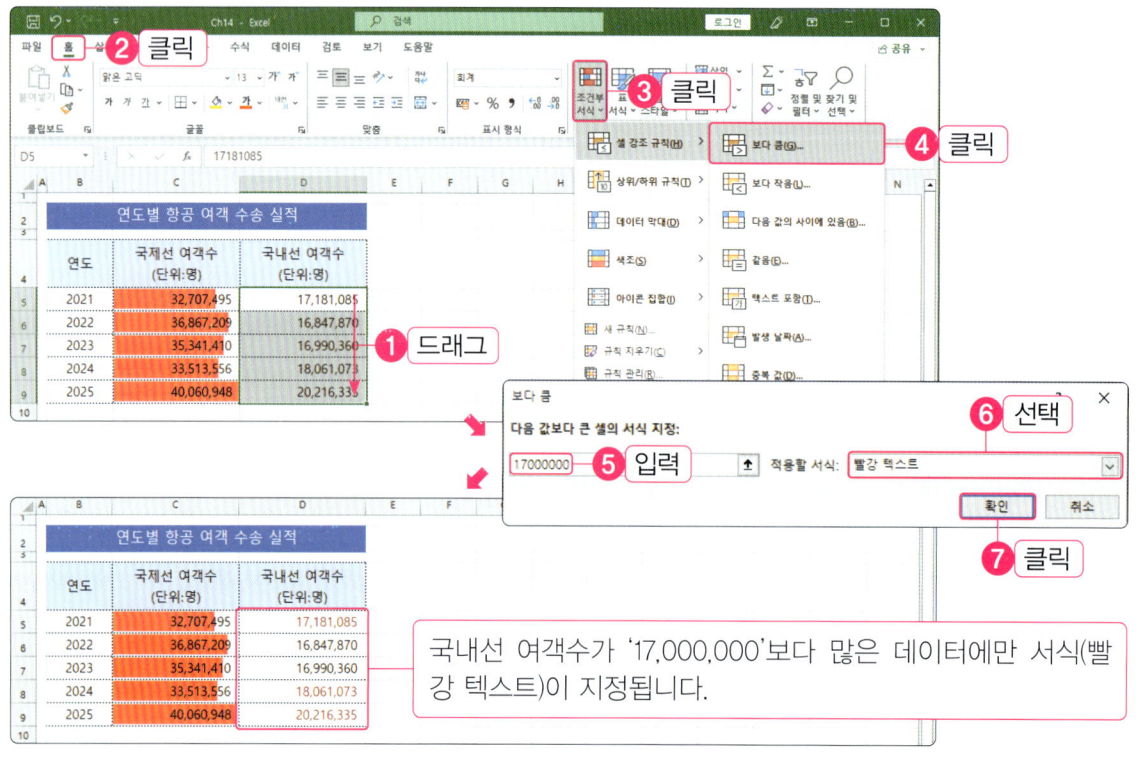

국내선 여객수가 '17,000,000'보다 많은 데이터에만 서식(빨강 텍스트)이 지정됩니다.

02 조건부 서식의 조건 편집하기

1 조건부 서식의 조건을 편집하기 위해 **D5:D9셀 범위를 선택**한 후 [홈] 탭-[스타일] 그룹에서 [**조건부 서식**]을 **클릭**한 다음 [**규칙 관리**]를 **클릭**합니다.

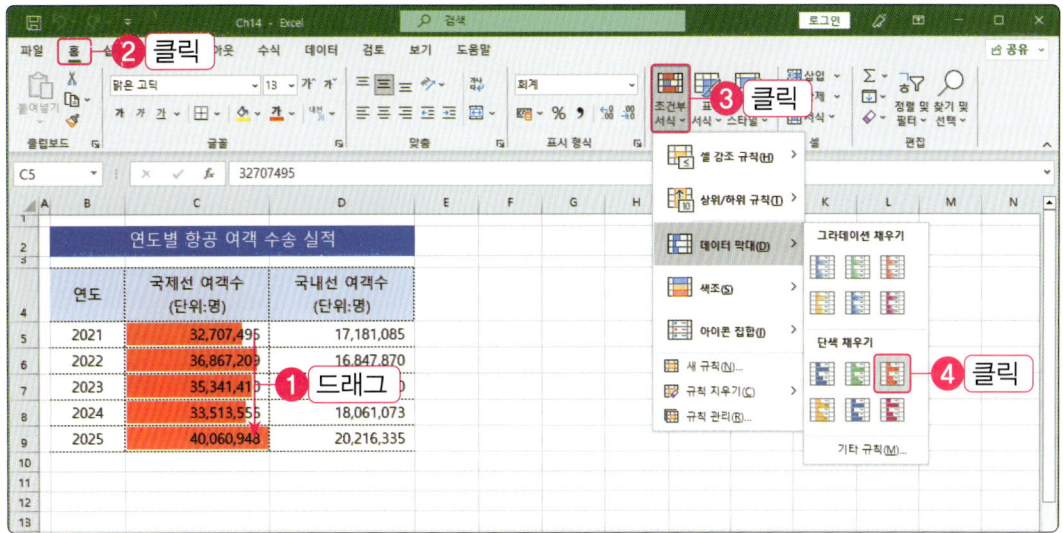

2 [조건부 서식 규칙 관리자] 대화상자가 나타나면 [**규칙 편집**] 단추를 **클릭**합니다.

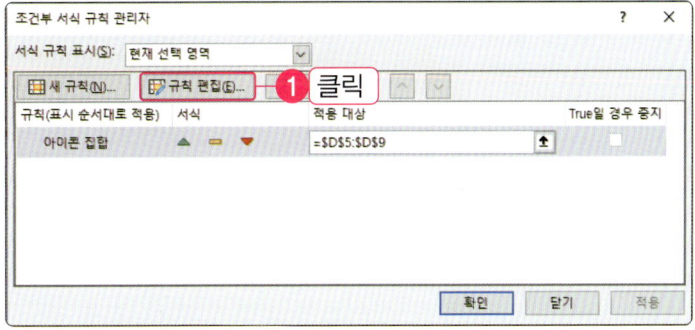

3 [서식 규칙 편집] 대화상자가 나타나면 **다음과 같이 종류를 선택**한 후 **값을 입력**한 다음 [**확인**] 단추를 **클릭**합니다.

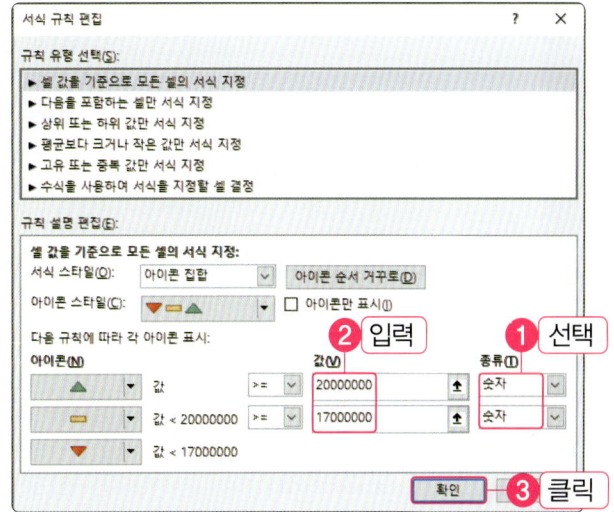

국내선 여객수가 '20,000,000' 이상(>=)이면 ▲ 아이콘, '17,000,000' 이상(>=)이고 '20,000,000' 미만(<)이면 ━ 아이콘, '17,000,000' 미만(<)이면 ▼ 아이콘으로 표시되게 조건부 서식의 조건을 편집한 것입니다.

4 [조건부 서식 규칙 관리자] 대화상자가 다시 나타나면 [확인] 단추를 클릭합니다.

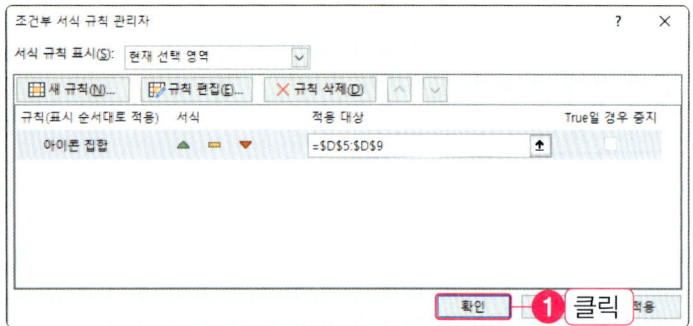

5 다음과 같이 편집된 조건부 서식의 조건에 따라 아이콘이 변경됩니다.

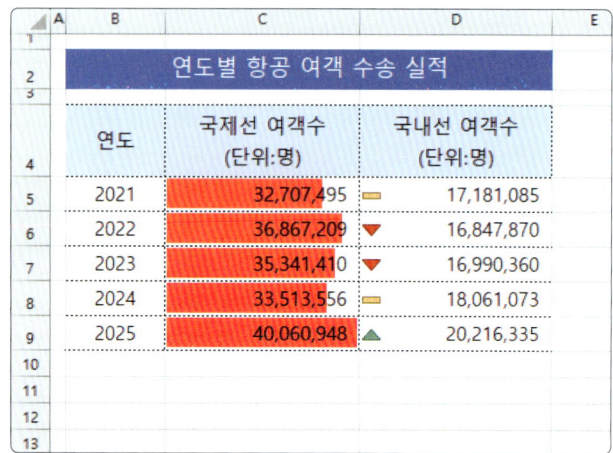

알고 넘어갑시다!

조건부 서식 지우기

조건부 서식이 지정된 셀 범위를 선택한 후 [홈] 탭–[스타일] 그룹에서 [조건부 서식]을 클릭한 다음 [규칙 지우기]–[선택한 셀의 규칙 지우기]를 클릭하면 선택한 셀 범위에 지정된 조건부 서식을 지울 수 있고, [규칙 지우기]–[시트 전체에서 규칙 지우기]를 클릭하면 현재 워크시트에 지정된 모든 조건부 서식을 지울 수 있습니다.

연습문제 Exercise

C:\단계학습\엑셀\연습파일\Ch14-연습.xlsx

1 다음과 같이 색조와 아이콘 집합을 사용하여 조건부 서식을 지정해 보세요.
- C5:C9셀 범위 : 색조[빨강 – 흰색 – 파랑 색조]
- D5:D9셀 범위 : 아이콘 집합(★ ☆ ☆[별 3개])

	연도별 항공 화물 수송 실적	
연도	국제선 화물량 (단위:톤)	국내선 화물량 (단위:톤)
2021	2853534 ★	355249
2022	3138109 ☆	316397
2023	2997367 ☆	254239
2024	2872466 ☆	268678
2025	3326884 ☆	261859

Hint

D5:D9셀 범위를 선택한 후 [홈] 탭-[스타일] 그룹에서 [조건부 서식]을 클릭한 다음 [아이콘 집합]-★ ☆ ☆[별 3개]를 클릭하면 D5:D9셀 범위에 아이콘 집합을 사용하여 조건부 서식을 지정할 수 있습니다.

2 다음과 같이 D5:D9셀 범위에 지정된 조건부 서식의 조건을 편집해 보세요.
- ★ : >=, 값(320000), 종류(숫자)
- ☆ : >=, 값(260000), 종류(숫자)

	연도별 항공 화물 수송 실적	
연도	국제선 화물량 (단위:톤)	국내선 화물량 (단위:톤)
2021	2853534 ★	355249
2022	3138109 ☆	316397
2023	2997367 ☆	254239
2024	2872466 ☆	268678
2025	3326884 ☆	261859

기본 Study

Chapter 15

이름 정의하고 데이터 유효성 검사 설정하기

이름 정의는 셀이나 셀 범위에 이름을 지정하여 셀이나 셀 범위를 참조할 때 지정한 이름으로 참조할 수 있도록 하는 기능이고, 데이터 유효성 검사는 입력할 수 있는 데이터를 지정하여 데이터를 잘못 입력하면 입력할 수 없도록 하는 기능입니다. 그럼, 이름을 정의하고 데이터 유효성 검사를 설정하는 방법에 대해 알아보겠습니다.

Excel 2021

자판기 수입 현황				
설치장소	설치날짜	월평균 수입	모델명	모델명
미래학원	2024-10-04	985,000	BM-02	BM-01
행복센터	2024-12-20	1,534,000	BM-01	BM-02
블루마트	2025-04-08	735,000	BM-01	
제일학원	2025-07-16	340,000	BM-02	

C:\단계학습\엑셀\예제파일\Ch15.xlsx

01 이름 정의하기

1 이름을 정의하기 위해 **G5:G6셀 범위를 선택**한 후 [수식] 탭-[정의된 이름] 그룹에서 **[이름 정의]를 클릭**합니다.

G5:G6셀 범위를 선택한 후 이름 상자에 '모델명'이라고 입력한 다음 Enter 를 눌러 이름을 정의할 수도 있습니다.

2 [새 이름] 대화상자가 나타나면 **이름(모델명)을 입력**한 후 [확인] 단추를 클릭합니다.

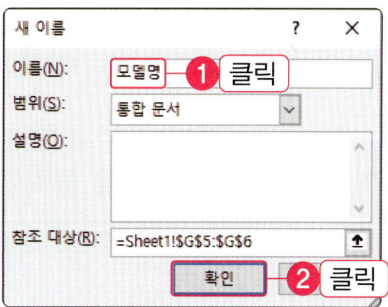

이름은 문자나 밑줄(_) 또는 역슬래시(\)로 시작해야 하고, 공백이나 'A1'과 같은 셀 주소는 사용할 수 없습니다.

3 다음과 같이 **G5:G6셀 범위를 선택**하면 이름이 정의되어 있는 것을 확인할 수 있습니다.

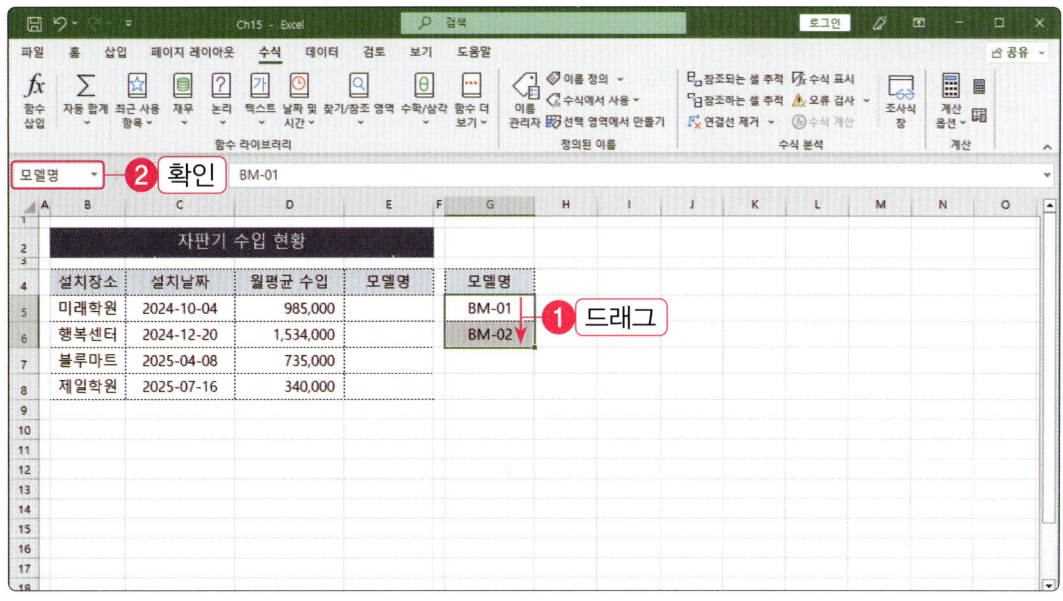

알고 넘어갑시다!

정의된 이름 삭제하기

[수식] 탭–[정의된 이름] 그룹에서 [이름 관리자]를 클릭하면 [이름 관리자] 대화상자가 나타나는데요. 다음과 같이 [이름 관리자] 대화상자에서 정의된 이름을 선택한 후 [삭제] 단추를 클릭하면 정의된 이름을 삭제할 수 있습니다.

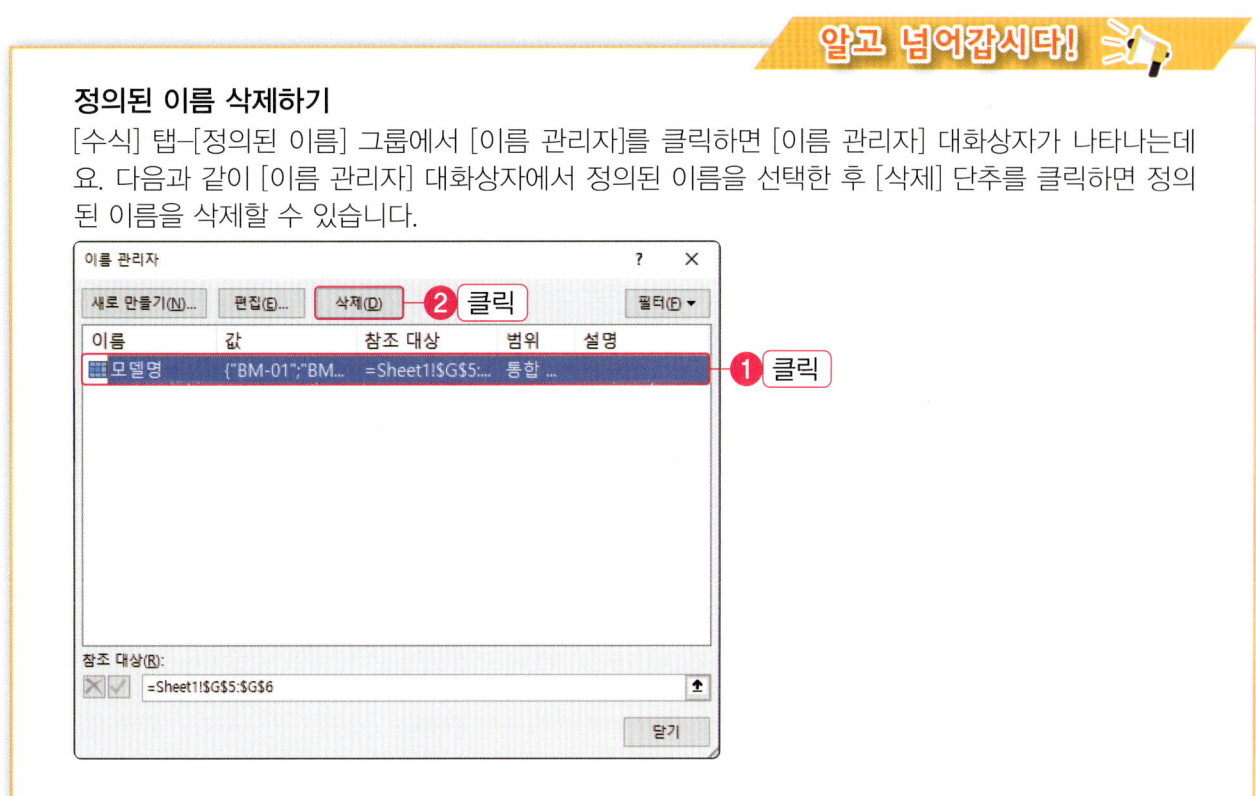

Chapter 15 – 이름 정의하고 데이터 유효성 검사 설정하기

02 데이터 유효성 검사 설정하기

1 데이터 유효성 검사를 설정하기 위해 E5:E8셀 범위를 선택한 후 [데이터] 탭–[데이터 도구] 그룹에서 [데이터 유효성 검사]를 클릭합니다.

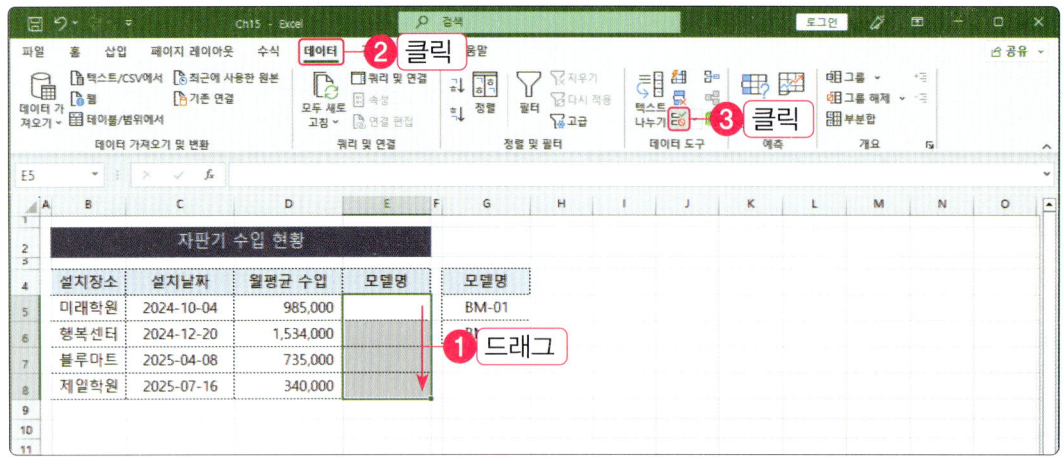

2 [데이터 유효성] 대화상자가 나타나면 [설정] 탭에서 제한 대상(목록)을 선택한 후 원본(=모델명)을 입력한 다음 [확인] 단추를 클릭합니다.

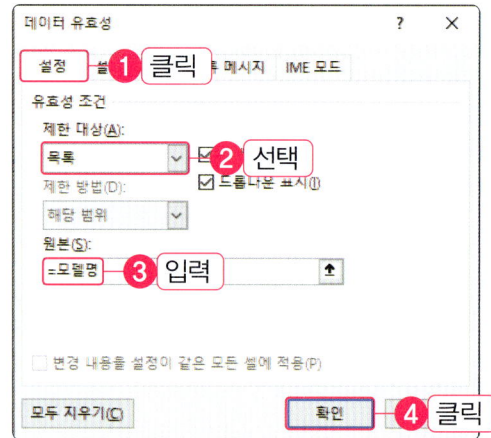

데이터 유효성 검사가 설정된 셀을 선택한 후 [모두 지우기] 단추를 클릭하면 설정된 데이터 유효성 검사를 제거할 수 있습니다.

알고 넘어갑시다!

원본 입력하기

원본은 입력할 수 있는 데이터로 다음과 같이 쉼표(,)로 구분하여 직접 입력하거나 셀 범위를 선택하여 입력할 수도 있습니다.

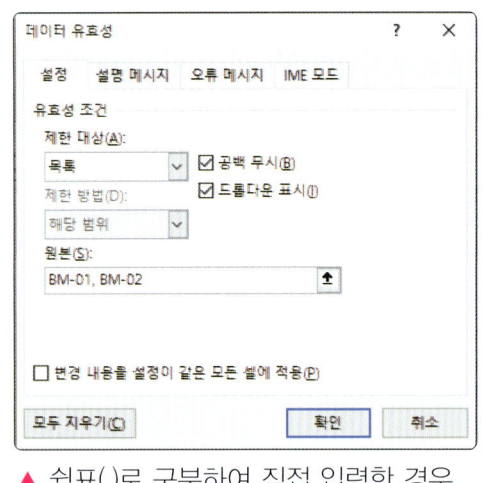
▲ 쉼표(,)로 구분하여 직접 입력한 경우

▲ 셀 범위를 선택하여 입력한 경우

3 데이터 유효성 검사가 설정되면 **E5셀을 선택**한 후 **데이터 유효성 검사의 ▼[목록] 단추를 클릭**한 다음 **'BM-02'를 클릭**합니다.

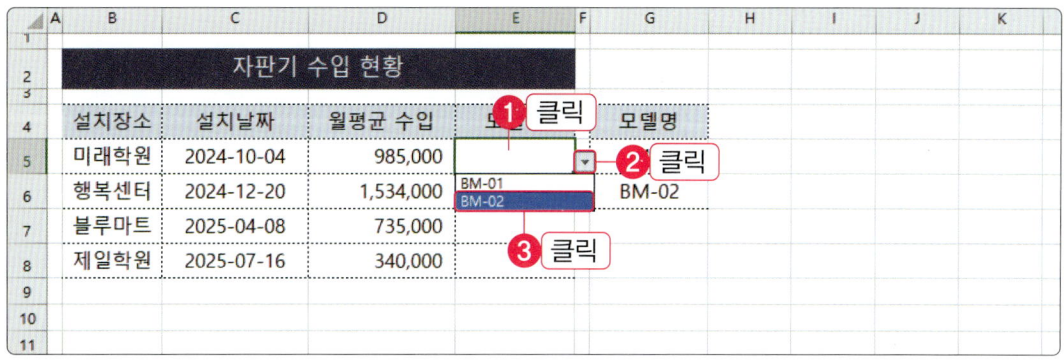

알고 넘어갑시다!

모델명이 나타나는 이유

E5셀을 선택하면 [데이터 유효성] 대화상자의 [설정] 탭에서 [드롭다운 표시]가 선택되어 있기 때문에 데이터 유효성 검사의 ▼[목록] 단추가 나타납니다. 그리고 데이터 유효성 검사의 ▼[목록] 단추를 클릭하면 제한 대상을 '목록'으로 지정하고, 원본에 '=모델명'을 입력하였기 때문에 '모델명'이라고 이름을 정의한 G5:G6셀 범위에 있는 데이터(BM-01, BM-02)가 나타납니다.

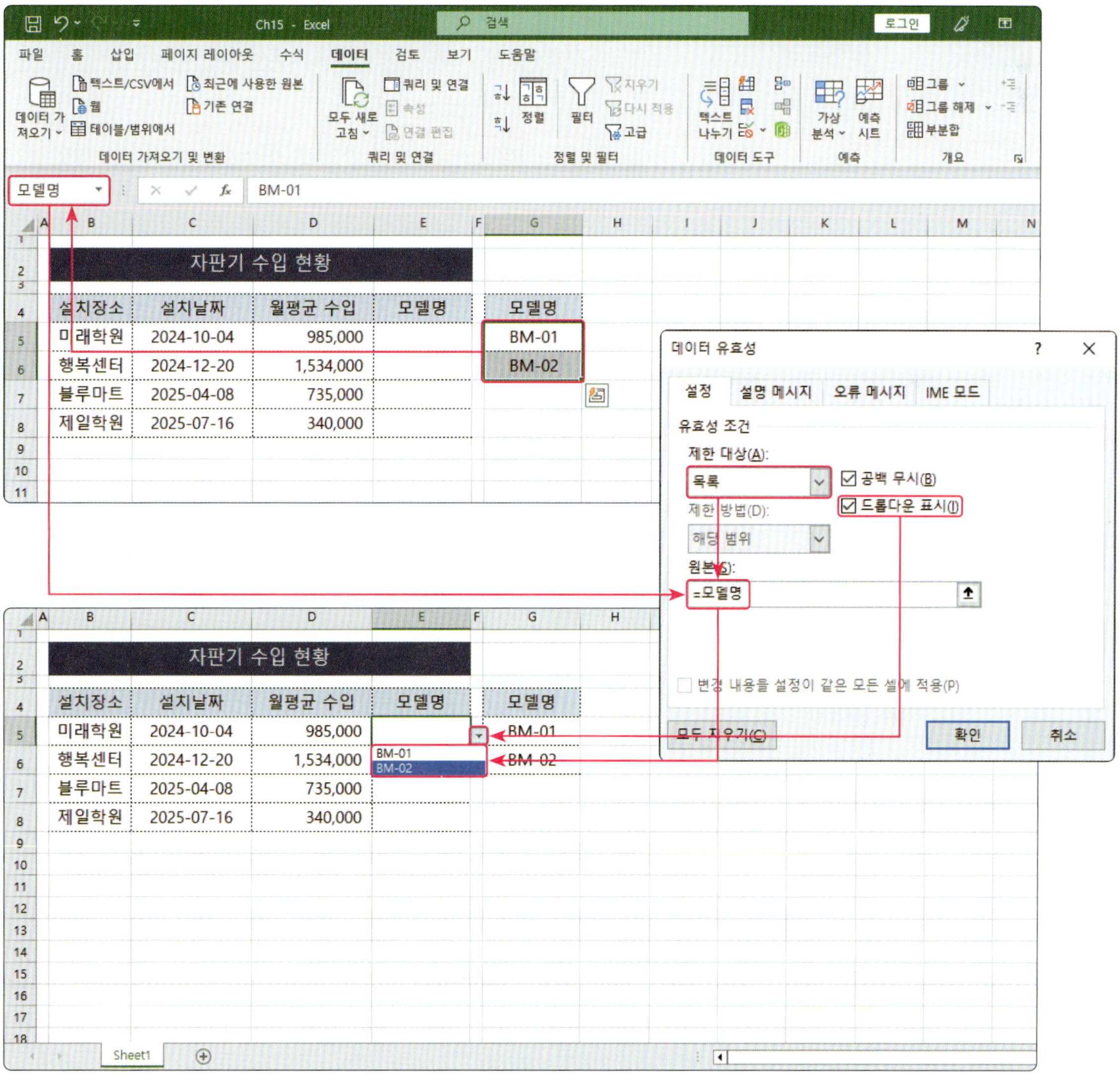

Chapter 15 - 이름 정의하고 데이터 유효성 검사 설정하기　**107**

4 같은 방법으로 **다음과 같이 모델명을 입력**합니다.

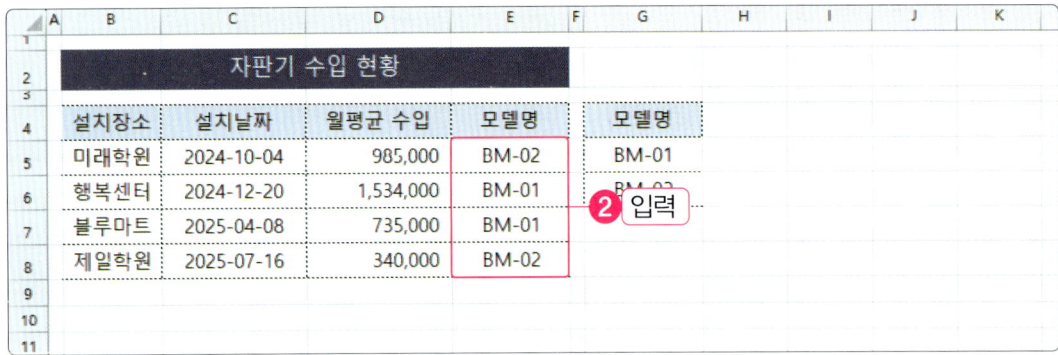

알고 넘어갑시다!

[데이터 유효성] 대화상자

[데이터 유효성] 대화상자는 [설정], [설명 메시지], [오류 메시지], [IME 모드] 탭으로 구성되어 있습니다.

- [설정] 탭 : 입력할 수 있는 데이터를 지정하는 곳으로 정수, 목록, 날짜, 시간, 사용자 지정 등을 제한 대상으로 지정할 수 있습니다. 제한 대상을 '사용자 지정'으로 지정하면 수식을 사용하여 입력할 수 있는 데이터를 지정할 수 있습니다.
- [설명 메시지] 탭 : 셀을 선택하면 나타낼 메시지를 입력하는 곳입니다.

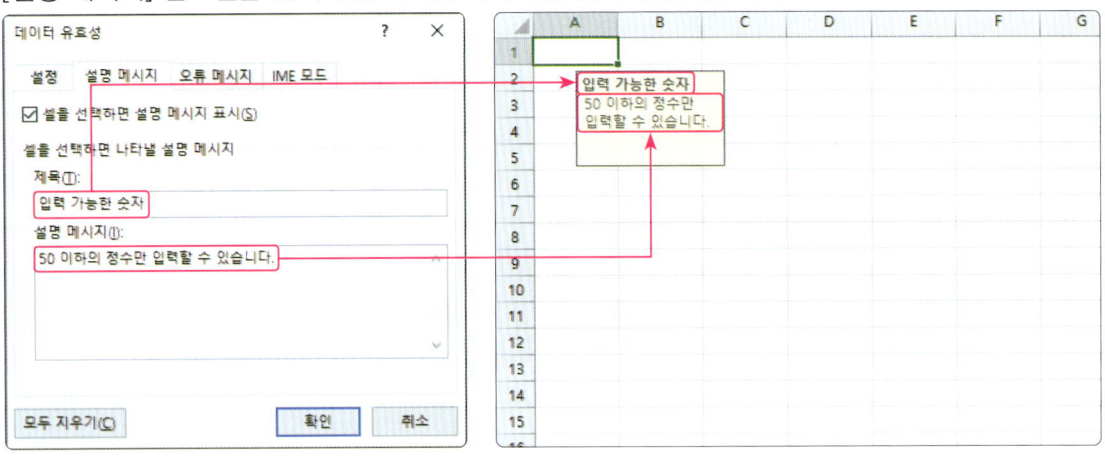

- [오류 메시지] 탭 : 데이터를 잘못 입력하면 나타낼 메시지를 입력하는 곳입니다.

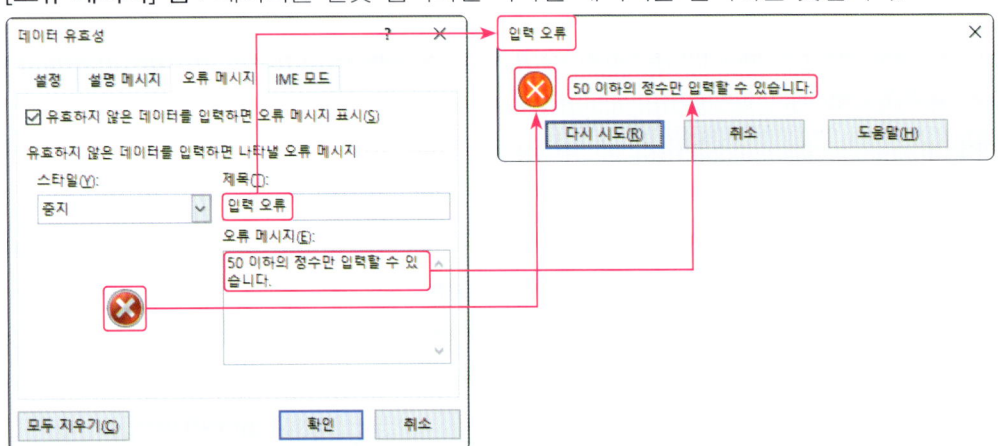

- [IME 모드] 탭 : 입력기 모드를 지정하는 곳으로 영문이나 한글 등을 입력기 모드로 지정할 수 있습니다. 입력기 모드를 '영문'으로 지정하면 한/영 을 누르지 않아도 자동으로 영문 입력 상태가 됩니다.

연습문제

C:\단계학습\엑셀\연습파일\Ch15-연습.xlsx

1 다음과 같이 이름을 정의해 보세요.
- **이름 정의** : 이름(선물), 참조 대상(G5:G6셀 범위)

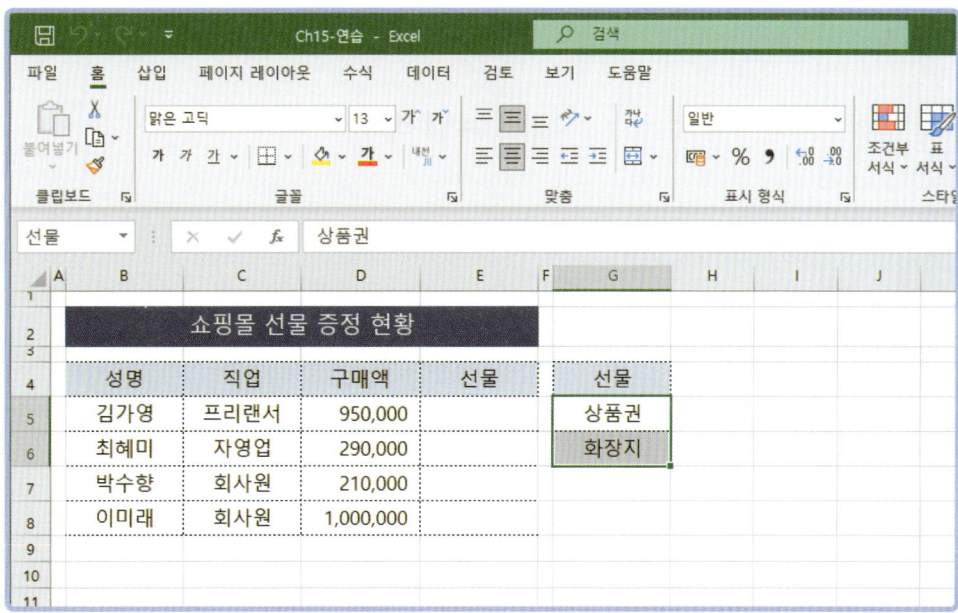

> **Hint**
> G5:G6셀 범위를 선택한 후 [수식] 탭-[정의된 이름] 그룹에서 [이름 정의]를 클릭합니다. 그런 다음 [새 이름] 대화상자에서 이름(선물)을 입력한 후 [확인] 단추를 클릭하면 이름을 정의할 수 있습니다.

2 다음과 같이 데이터 유효성 검사를 설정한 후 선물을 입력해 보세요.
- **데이터 유효성 검사 설정** : E5:E8셀 범위(제한 대상(목록), 원본(=선물))

	성명	직업	구매액	선물	선물
		쇼핑몰 선물 증정 현황			
5	김가영	프리랜서	950,000	상품권	상품권
6	최혜미	자영업	290,000	화장지	화장지
7	박수향	회사원	210,000	화장지	
8	이미래	회사원	1,000,000	상품권	

Chapter 15 - 이름 정의하고 데이터 유효성 검사 설정하기

기본 Study

Chapter 16 차트 작성하기

차트는 매입량이나 매출량 등의 수치 데이터를 분석하여 그 관계를 일정한 양식의 그림으로 나타낸 것인데요. 차트를 작성하면 수치 데이터를 막대나 원 등으로 표시하여 한 눈에 파악할 수 있습니다. 그럼, 차트를 작성하는 방법에 대해 알아보겠습니다.

Excel 2021

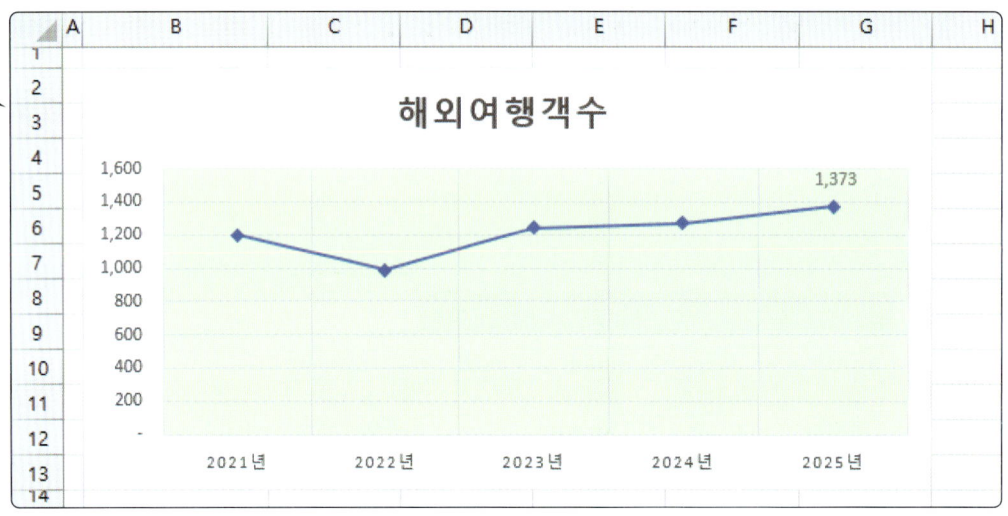

C:\단계학습\엑셀\예제파일\Ch16.xlsx

01 차트 삽입하고 편집하기

1 차트를 삽입하기 위해 **B17:G18셀 범위를 선택**한 후 [삽입] 탭-[차트] 그룹에서 [꺾은선형 또는 영역형 차트 삽입]을 **클릭**한 다음 [꺾은선형]을 **클릭**합니다.

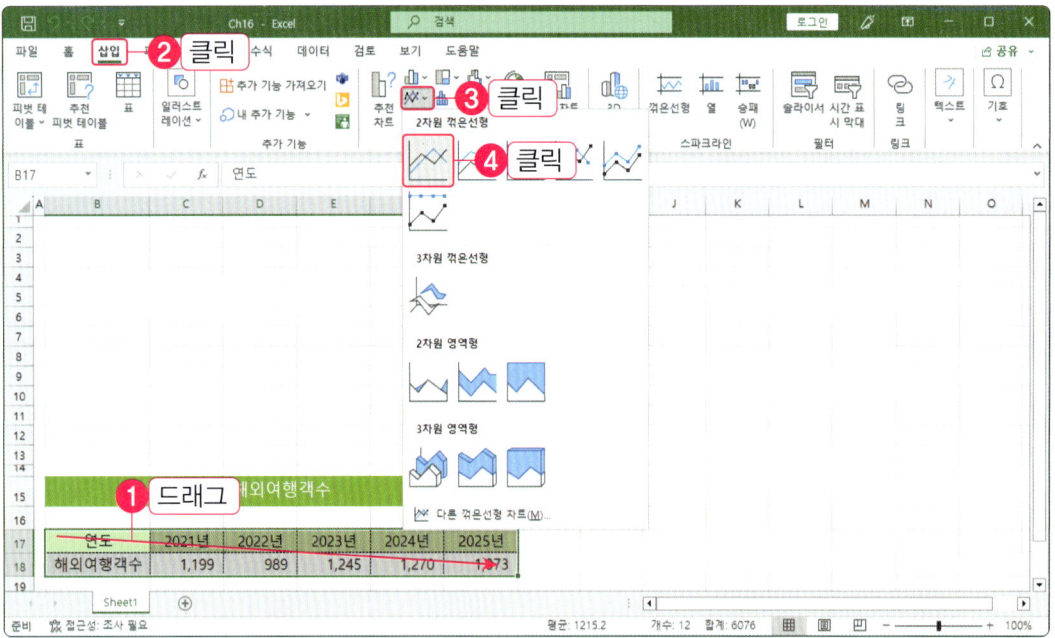

2 차트가 삽입되면 **다음과 같이 차트를 이동**한 후 차트의 크기를 조정하기 위해 **차트의 크기 조정 핸들(O)을 드래그**합니다.

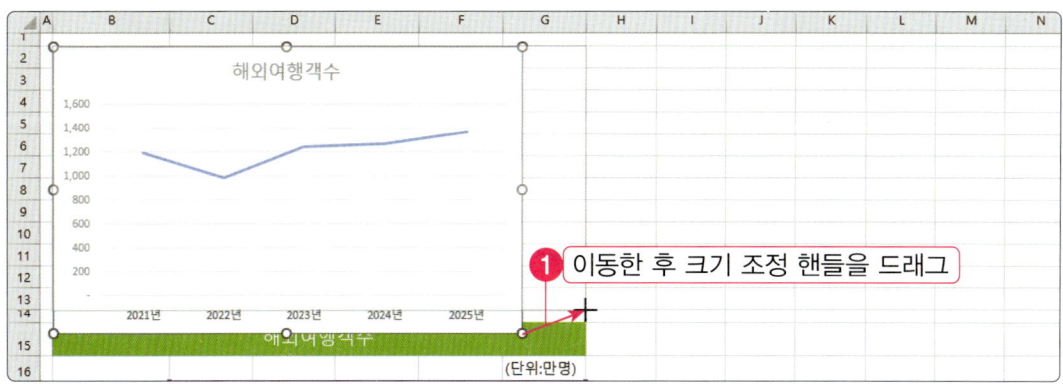

차트 데이터(차트로 작성될 데이터)를 선택한 후 Alt+F1을 누르거나 F11을 눌러 차트를 삽입할 수도 있는데요. 차트 데이터를 선택한 후 Alt+F1을 누르면 현재 워크시트 정가운데에 기본 차트인 묶은 세로 막대형 차트가 삽입되고, F11을 누르면 현재 워크시트 앞에 새 차트시트가 삽입된 다음 새 차트시트에 기본 차트인 묶은 세로 막대형 차트가 삽입됩니다.

알고 넘어갑시다!

차트의 구성

① **차트 영역** : 모든 차트 요소(차트 영역, 그림 영역, 차트 제목 등)를 포함한 차트 전체입니다.
② **그림 영역** : 2차원 차트에서는 데이터 계열을 포함한 축으로 둘러싸인 영역이고, 3차원 차트에서는 세로 축, 세로 축 제목, 가로 축, 가로 축 제목을 포함합니다.
③ **차트 제목** : 차트의 제목입니다.
④ **범례** : 데이터 계열을 구분하는 색과 이름을 표시하는 상자입니다.
⑤ **세로 축** : 데이터 계열의 값을 표시하는 축입니다. '기본 세로 축'이라고도 합니다.
⑥ **보조 세로 축** : 데이터 계열의 값을 표시하는 축입니다.
⑦ **세로 축 제목** : 세로 축의 제목입니다. '기본 세로 축 제목'이라고도 합니다.
⑧ **보조 세로 축 제목** : 보조 세로 축의 제목입니다.
⑨ **가로 축** : 데이터 계열의 이름을 표시하는 축입니다.
⑩ **가로 축 제목** : 가로 축의 제목입니다.
⑪ **데이터 계열** : 관련 있는 데이터 요소의 집합입니다. 데이터 계열은 '계열', 데이터 요소는 '요소'라고도 합니다.
⑫ **데이터 레이블** : 데이터 요소의 계열 이름, 항목 이름, 값을 표시합니다.
⑬ **데이터 표** : 차트 데이터를 표시합니다.

3 차트 스타일을 지정하기 위해 **차트를 선택**한 후 [차트 디자인] 정황 탭-[차트 스타일] 그룹에서 **[자세히] 단추를 클릭**합니다.

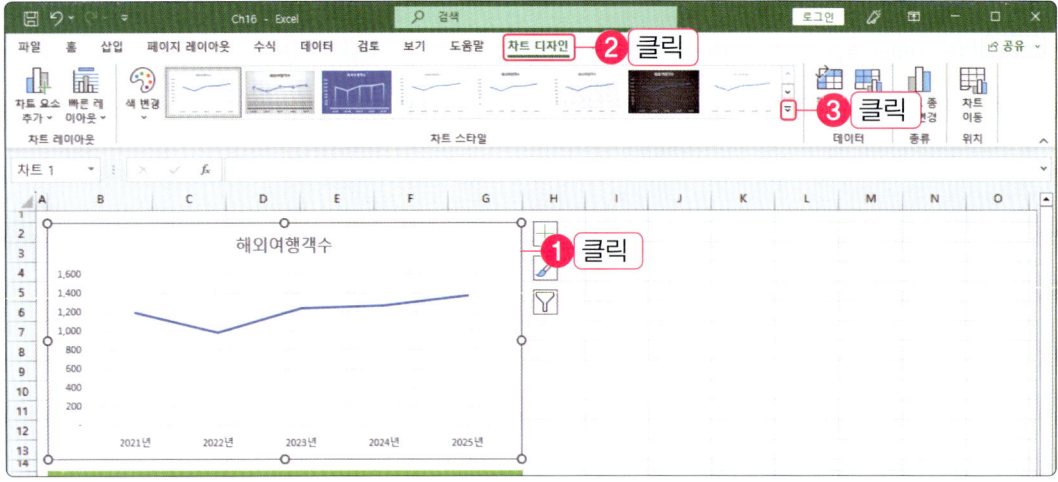

차트 영역을 클릭하면 차트를 선택할 수 있습니다.

4 차트 스타일 목록이 나타나면 **[스타일 13]을 클릭**합니다.

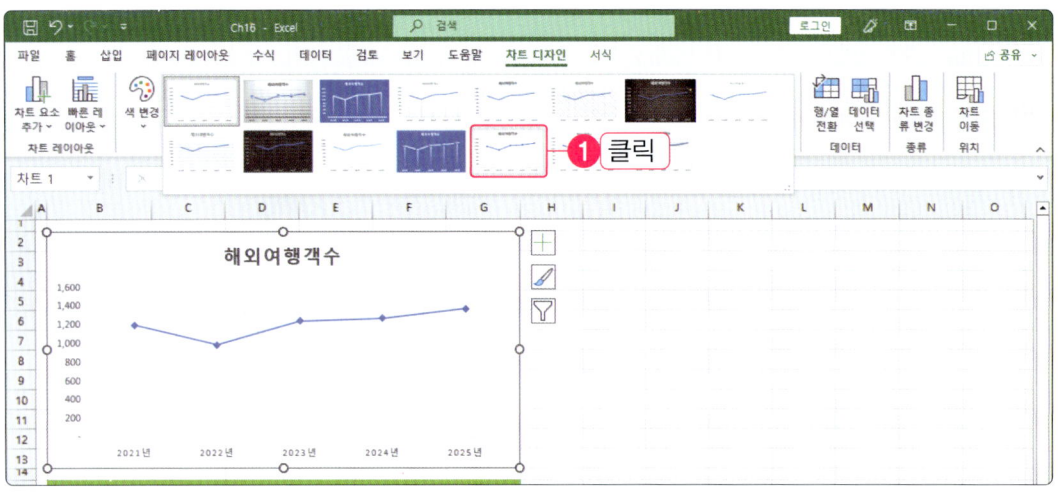

5 차트 색을 변경하기 위해 [차트 디자인] 정황 탭-[차트 스타일] 그룹에서 **[색 변경]을 클릭**한 후 **[단색 색상표 5]를 클릭**합니다.

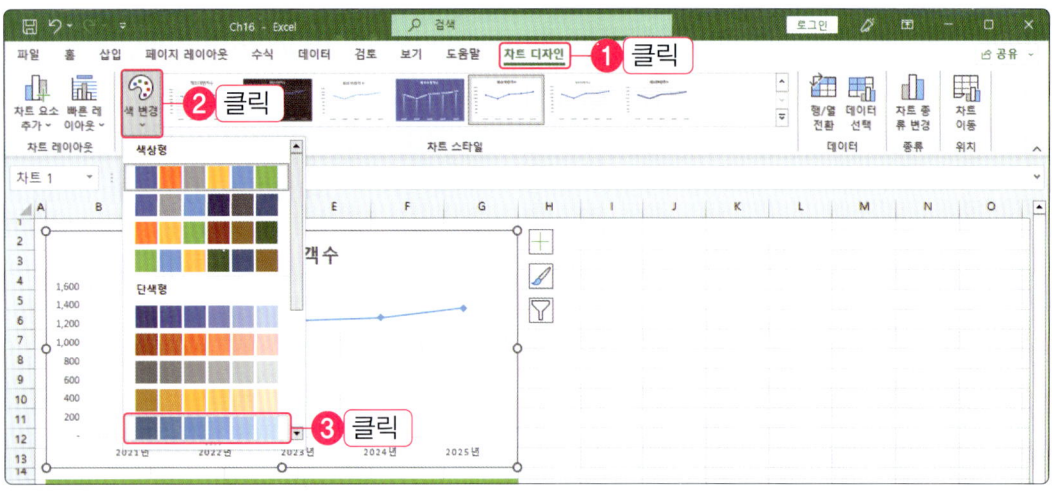

6 기본 주 가로 눈금선을 표시하기 위해 [차트 디자인] 정황 탭-[차트 레이아웃] 그룹에서 [차트 요소 추가]를 클릭한 후 [눈금선]-[기본 주 가로]를 클릭합니다.

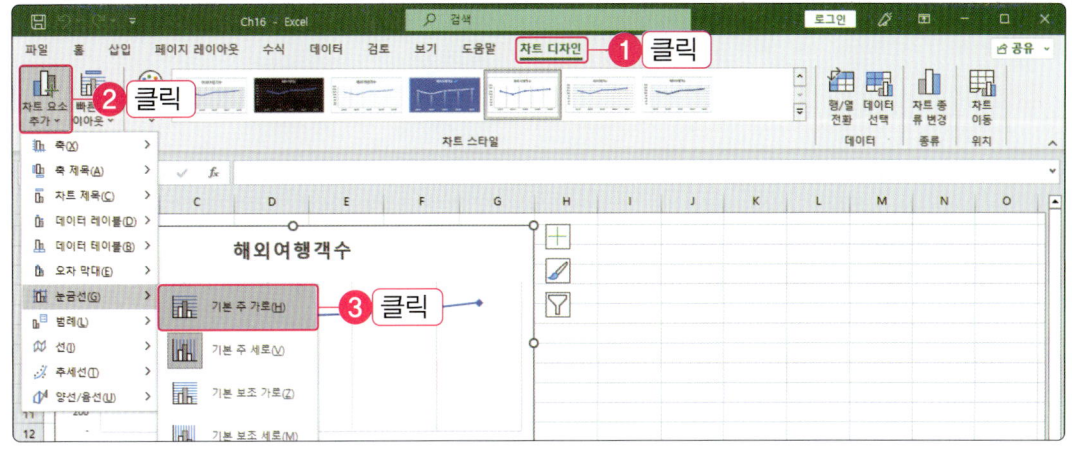

7 '2025년' 데이터 요소만 데이터 레이블을 표시하기 위해 '2025년' 데이터 요소만 선택한 후 [차트 디자인] 정황 탭-[차트 레이아웃] 그룹에서 [차트 요소 추가]를 클릭한 다음 [데이터 레이블]-[위쪽]을 클릭합니다.

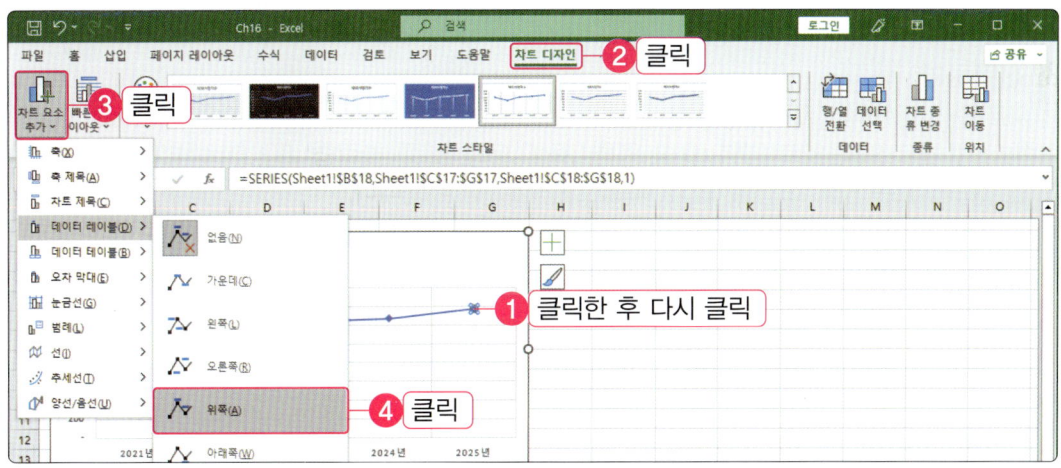

'2025년' 데이터 요소를 클릭한 후 다시 클릭하면 '2025년' 데이터 요소만 선택할 수 있습니다.

알고 넘어갑시다!

차트 종류
- [세로 막대형] : 시간 경과에 따른 데이터 변화를 표시하거나 항목을 비교하는 경우에 주로 사용합니다. 항목은 가로 축에 표시되고, 값은 세로 축에 표시되어 시간 경과에 따른 데이터 변화를 강조할 수 있습니다.
- [꺾은선형] : 월이나 연도와 같이 일정한 기간 동안의 데이터 추세를 표시하는 경우에 주로 사용합니다.
- [원형] : 전체 항목에 대한 각 항목의 비율을 표시하는 경우에 주로 사용합니다. 하나의 데이터 계열만 표시할 수 있습니다.
- [가로 막대형] : 세로 막대형 차트와 마찬가지로 시간 경과에 따른 데이터 변화를 표시하거나 항목을 비교하는 경우에 주로 사용합니다. 세로 막대형 차트와 다른 점은 항목은 세로 축에 표시되고, 값은 가로 축에 표시되어 비교하는 항목을 강조할 수 있다는 것입니다.
- [영역형] : 시간 경과에 따른 데이터 변화를 강조하는 경우에 주로 사용합니다. 전체 항목과 특정 항목의 영역을 비교하여 전체 항목과 특정 항목의 관계를 파악하는 경우에 유용합니다.
- [분산형] : 여러 데이터 계열 사이의 관계를 표시하는 경우에 주로 사용합니다.

8 그림 영역 서식을 지정하기 위해 **그림 영역을 선택**한 후 [서식] 정황 탭-[현재 선택 영역] 그룹에서 **[선택 영역 서식]을 클릭**합니다.

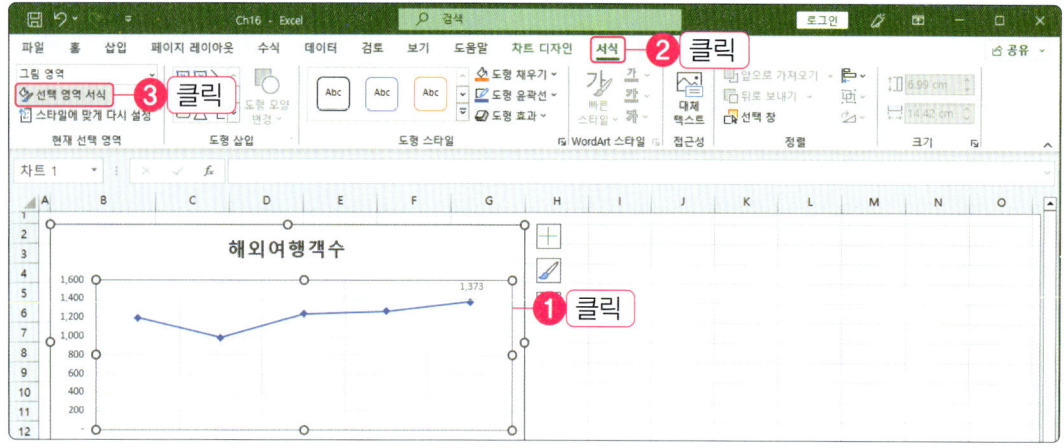

차트 영역 서식이나 그림 영역 서식 등을 지정한 후 차트 스타일을 지정하면 지정한 차트 스타일과 관련 있는 차트 영역 서식이나 그림 영역 서식 등으로 다시 지정되므로 먼저 차트 스타일을 지정한 후 차트 영역 서식이나 그림 영역 서식 등을 지정합니다.

알고 넘어갑시다!

차트 요소 선택하기
- **방법1** : 차트를 선택한 후 [서식] 정황 탭-[현재 선택 영역] 그룹에서 [차트 요소]의 ▾[목록] 단추를 클릭한 다음 차트 요소(차트 영역, 그림 영역, 차트 제목 등)를 클릭합니다. 이 방법을 사용하면 한 번에 선택하기 힘든 차트 요소를 쉽고 빠르게 선택할 수 있습니다.
- **방법2** : 차트 요소로 마우스 포인터를 가져가서 마우스 포인터가 모양이나 모양으로 변경되었을 때 클릭합니다.

9 [그림 영역 서식] 작업 창이 나타나면 [그림 영역 옵션]-[채우기 및 선]-[채우기]에서 **[단색 채우기]를 선택**한 후 **색(녹색, 강조 6, 80% 더 밝게)을 선택**한 다음 ×[닫기]를 클릭합니다.

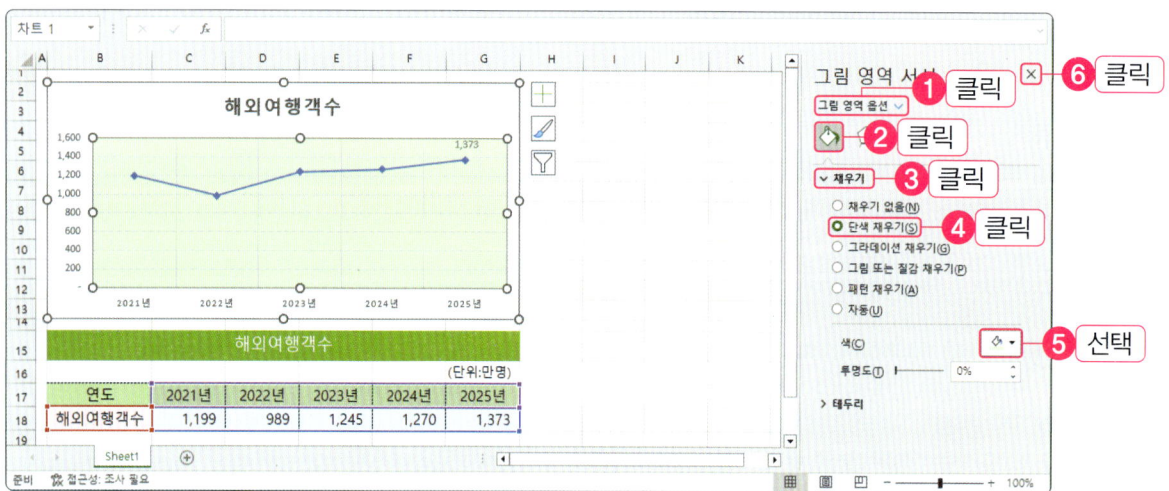

10 그림 영역 서식이 지정됩니다.

02 새 시트로 차트 이동하기

1 새 시트로 차트를 이동하기 위해 **차트를 선택**한 후 [차트 디자인] 정황 탭-[위치] 그룹에서 **[차트 이동]**을 클릭합니다.

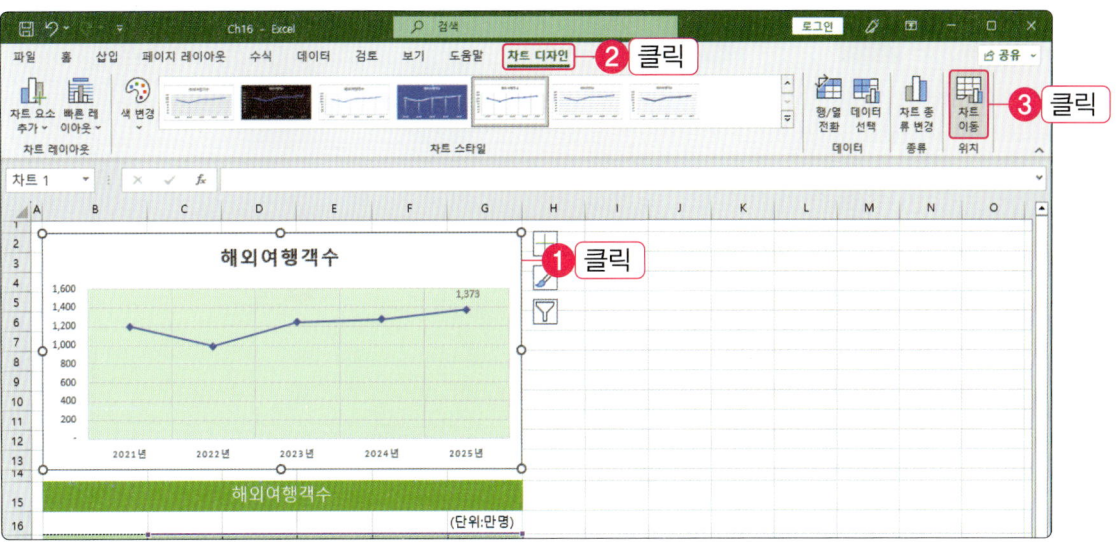

2 [차트 이동] 대화상자가 나타나면 **[새 시트]** 를 **선택**한 후 새 시트 이름(해외여행객수)을 **입력**한 다음 **[확인]** 단추를 **클릭**합니다.

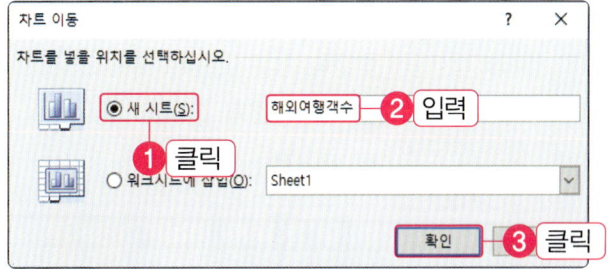

- [새 시트]를 선택하면 워크시트가 아닌 차트시트가 삽입됩니다.
- [워크시트에 삽입]을 선택한 후 [워크시트에 삽입]의 ᐁ[목록] 단추를 클릭한 다음 워크시트를 선택하면 차트를 선택한 워크시트로 이동할 수 있습니다.

3 다음과 같이 차트가 새 시트로 이동됩니다.

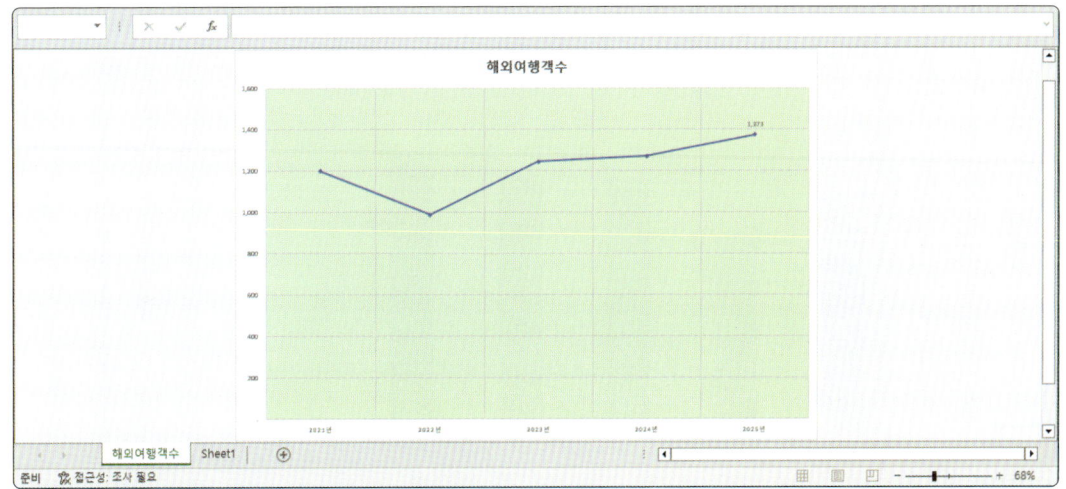

차트 종류 변경하기

다음과 같이 차트를 선택한 후 [차트 디자인] 정황 탭-[종류] 그룹에서 [차트 종류 변경]을 클릭하면 차트 종류를 변경할 수 있습니다.

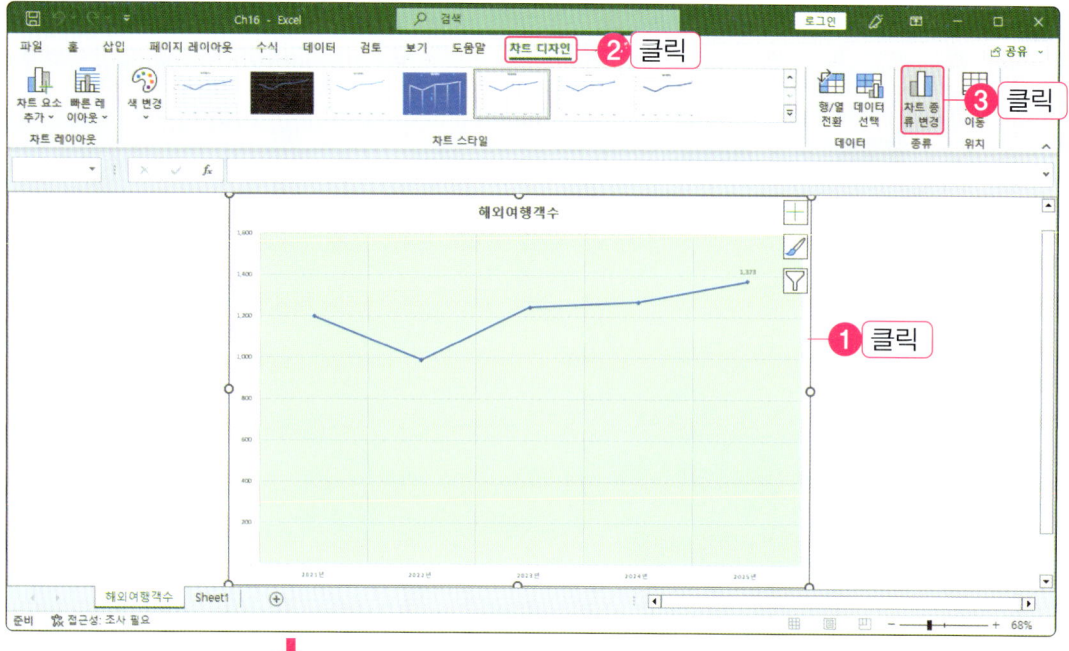

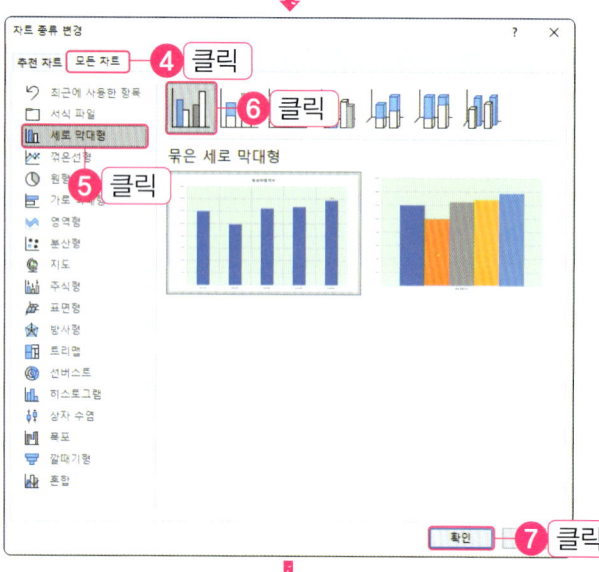

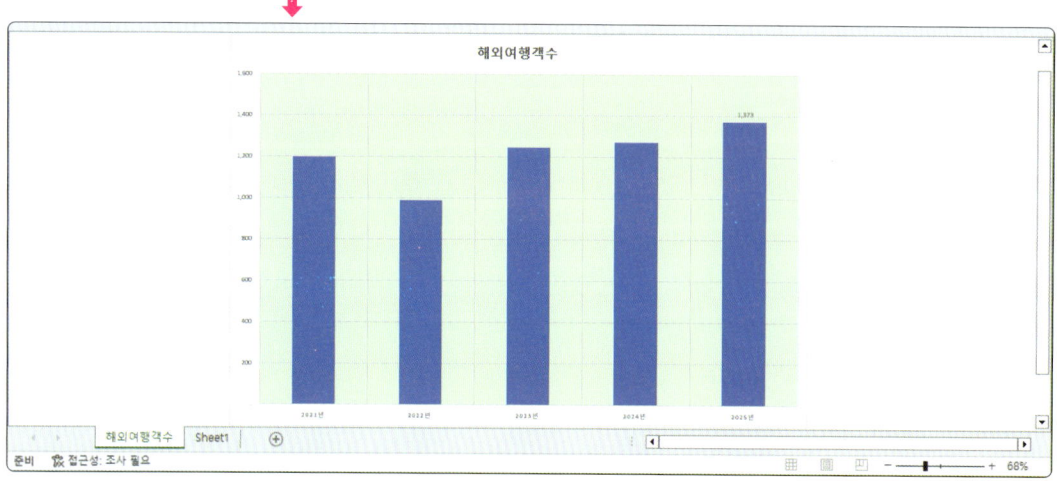

연습문제

1. 다음과 같이 차트를 삽입한 후 차트를 편집해 보세요.
   - 차트 삽입 : 차트 데이터(B17:G18셀 범위), 차트 종류(📊[세로 또는 가로 막대형 차트 삽입]-📊[묶은 세로 막대형])
   - 차트 스타일 지정 : [스타일 13]
   - 차트 색 변경 : [단색 색상표 4]
   - 데이터 레이블 표시 : '외래관광객수' 데이터 계열(레이블 위치(바깥쪽 끝에))
   - 그림 영역 서식 지정 : 채우기(단색 채우기(색(청회색, 텍스트 2)))

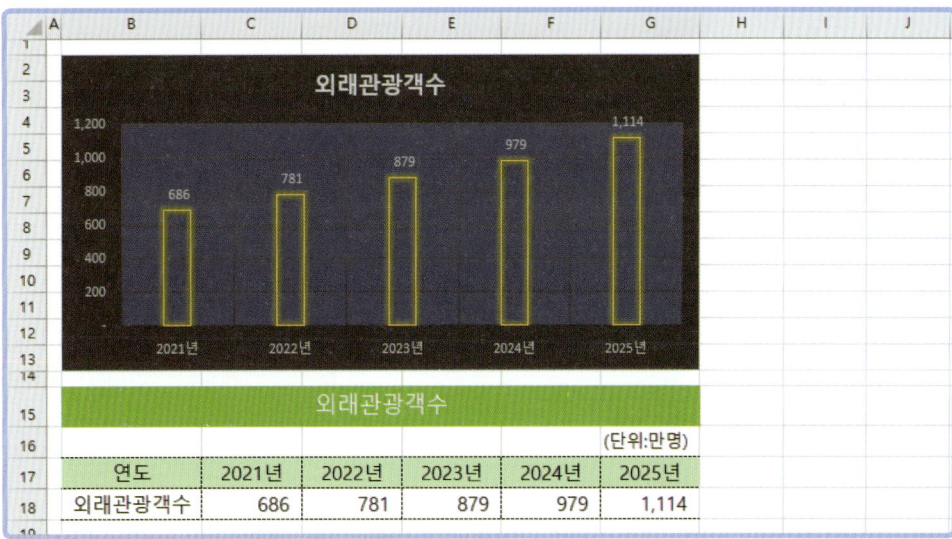

Hint '외래관광객수' 데이터 계열을 선택한 후 [차트 디자인] 정황 탭-[차트 레이아웃] 그룹에서 [차트 요소 추가]를 클릭한 다음 [데이터 레이블]-[바깥쪽 끝에]를 클릭하면 데이터 레이블을 표시할 수 있습니다.

2. 다음과 같이 새 시트로 차트를 이동해 보세요.
   - 새 시트로 차트 이동 : 새 시트 이름(외래관광객수)

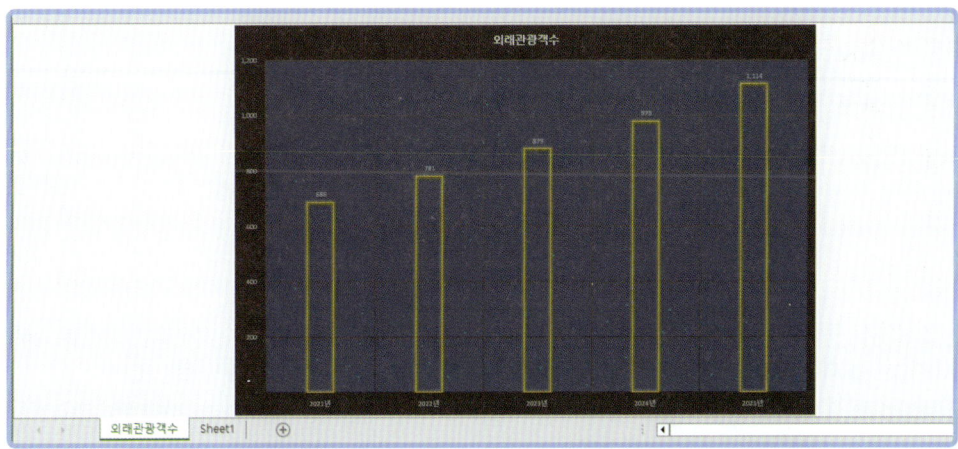

Chapter 16 - 차트 작성하기 **117**

기본 Study

Chapter 17 데이터 정렬하기

정렬은 데이터를 일정한 순서에 의해 차례대로 재배열하는 작업을 말하는데요. 데이터를 정렬하면 데이터가 차례대로 배열되어 있기 때문에 그만큼 원하는 데이터를 쉽고 빠르게 찾을 수 있습니다. 그럼, 데이터를 정렬하는 방법에 대해 알아보겠습니다.

	구분	지역	기간	비용
		MT 예산		
	구분	지역	기간	비용
	국내	양평	2박3일	279,000
	국내	이천	2박3일	275,000
	국내	강릉	2박3일	329,000
	해외	다낭	3박4일	429,000
	해외	다낭	4박5일	529,000

C:\단계학습\엑셀\예제파일\Ch17.xlsx

01 데이터 정렬하기

1. 지역을 기준으로 데이터를 정렬하기 위해 **C4셀을 선택**한 후 [데이터] 탭-[정렬 및 필터] 그룹에서 **[텍스트 오름차순 정렬]을 클릭**합니다.

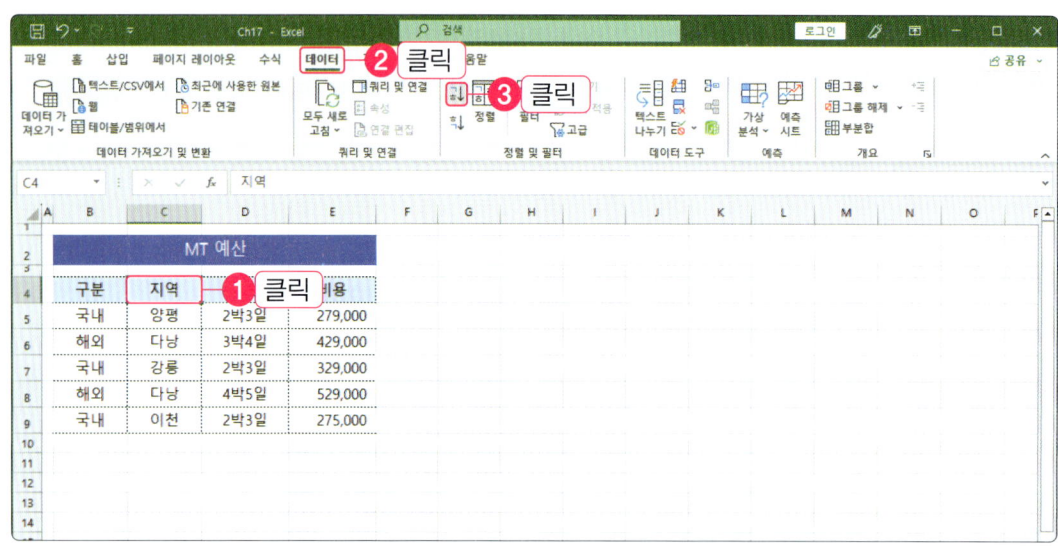

- [오름차순 정렬]/[내림차순 정렬]은 데이터가 텍스트이면 [텍스트 오름차순 정렬]/[텍스트 내림차순 정렬]로 표시되고, 숫자이면 [숫자 오름차순 정렬]/[숫자 내림차순 정렬]로 표시됩니다.
- C4셀을 선택한 후 [데이터] 탭-[정렬 및 필터] 그룹에서 [텍스트 내림차순 정렬]을 클릭하면 지역을 기준으로 내림차순 정렬을 할 수 있습니다.

2 다음과 같이 지역을 기준으로 오름차순 정렬됩니다.

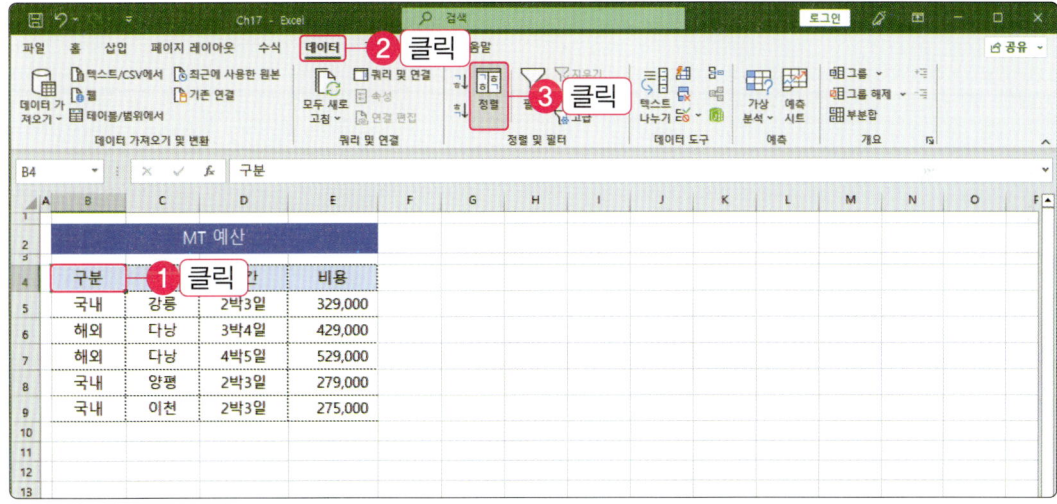

> 지역(C5:C9셀 범위)을 보면 강릉, 다낭, 양평, 이천 순으로 정렬(오름차순 정렬)된 것을 확인할 수 있습니다.

알고 넘어갑시다!

정렬 순서

정렬에는 작은 값에서 큰 값 순으로 재배열하는 오름차순 정렬과 큰 값에서 작은 값 순으로 재배열하는 내림차순 정렬이 있습니다.

- **오름차순 정렬** : 숫자(작은 숫자 → 큰 숫자) ➡ 문자(A → Z → ㄱ → ㅎ) ➡ 논리값(FALSE → TRUE) ➡ 오류값 ➡ 빈 셀(데이터가 없는 셀)
- **내림차순 정렬** : 오류값 ➡ 논리값(TRUE → FALSE) ➡ 문자(ㅎ → ㄱ → Z → A) ➡ 숫자(큰 숫자 → 작은 숫자) ➡ 빈 셀(데이터가 없는 셀)

3 기간과 비용을 기준으로 데이터를 정렬하기 위해 **B4셀을 선택**한 후 [데이터] 탭-[정렬 및 필터] 그룹에서 **[정렬]을 클릭**합니다.

4 [정렬] 대화상자가 나타나면 정렬 기준에서 **정렬 기준(기간, 셀 값)과 정렬(오름차순)을 선택**한 후 **[기준 추가] 단추를 클릭**합니다.

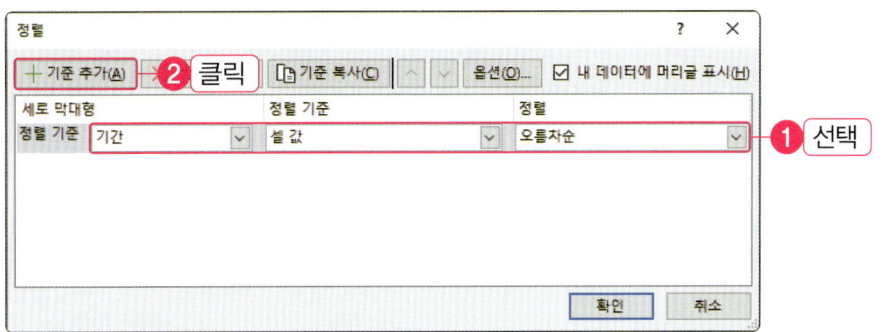

5 다음 기준이 추가되면 다음 기준에서 **정렬 기준(비용, 셀 값)과 정렬(내림차순)을 선택**한 후 **[확인] 단추를 클릭**합니다.

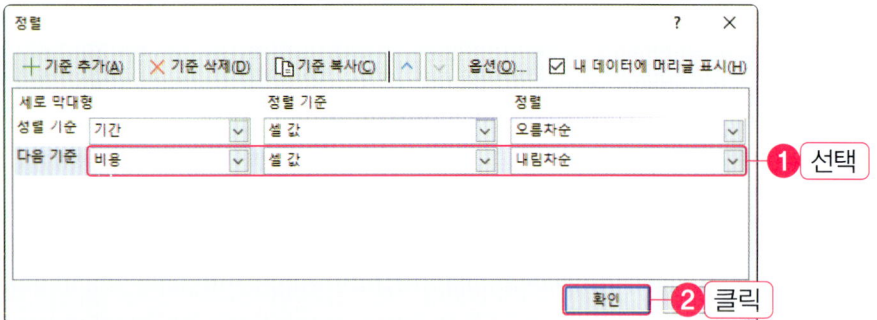

정렬 기준(첫 번째 정렬 기준)을 선택한 후 [아래로 이동] 단추를 클릭하거나 다음 기준(두 번째 정렬 기준)을 선택한 후 [위로 이동] 단추를 클릭하면 정렬 기준의 우선 순위를 바꿀 수 있습니다.

6 다음과 같이 기간을 기준으로 오름차순 정렬, 기간이 같으면 비용을 기준으로 내림차순 정렬됩니다.

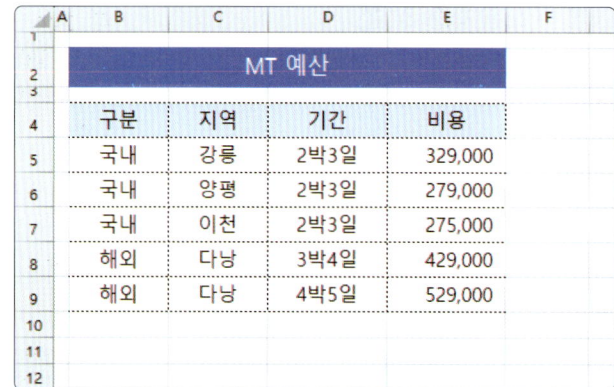

기간(D5:D9셀 범위)을 보면 2박3일, 3박4일, 4박5일 순으로 정렬(오름차순 정렬)된 것을 확인할 수 있고, 기간이 '2박3일'인 경우의 비용(E5:E7셀 범위)을 보면 329000, 279000, 275000 순으로 정렬(내림차순 정렬)된 것을 확인할 수 있습니다.

02 사용자 지정 목록 순으로 데이터 정렬하기

1 지역을 기준으로 데이터를 정렬하기 위해 **B4셀을 선택**한 후 [데이터] 탭-[정렬 및 필터] 그룹에서 **[정렬]을 클릭**합니다.

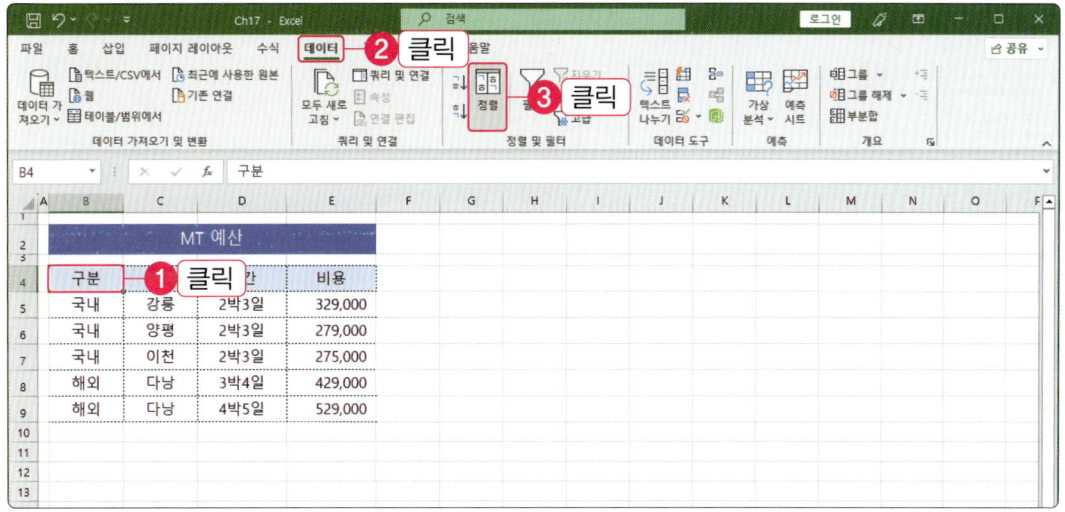

지역을 기준으로 오름차순 정렬을 하면 강릉, 다낭, 양평, 이천 순으로 정렬되고, 내림차순 정렬을 하면 이천, 양평, 다낭, 강릉 순으로 정렬되는데요. 여기서는 정렬 순서를 직접 지정하여 양평, 이천, 강릉, 다낭 순으로 정렬할 것입니다.

2 [정렬] 대화상자가 나타나면 **다음 기준을 선택**한 후 **[기준 삭제] 단추를 클릭**합니다.

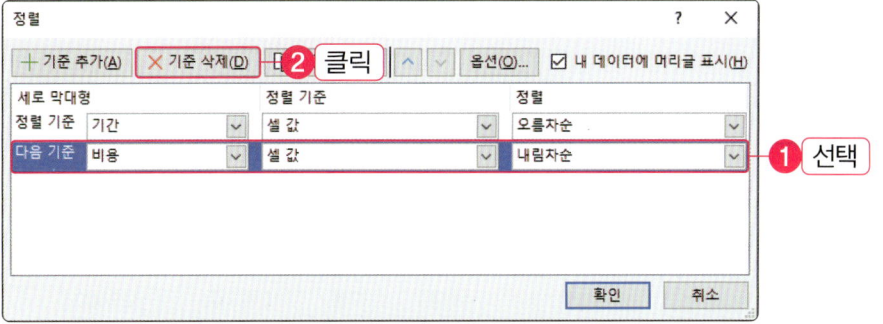

두 가지의 정렬 기준(여기서는 정렬 기준(첫 번째 정렬 기준)과 다음 기준(두 번째 정렬 기준)) 중에서 한 가지의 정렬 기준만 필요하여 다음 기준(두 번째 정렬 기준)을 삭제한 것입니다.

3 다음 기준이 삭제되면 정렬 기준에서 **정렬 기준(지역, 셀 값)을 선택**한 후 **정렬의 [목록] 단추를 클릭**한 다음 **[사용자 지정 목록]을 클릭**합니다.

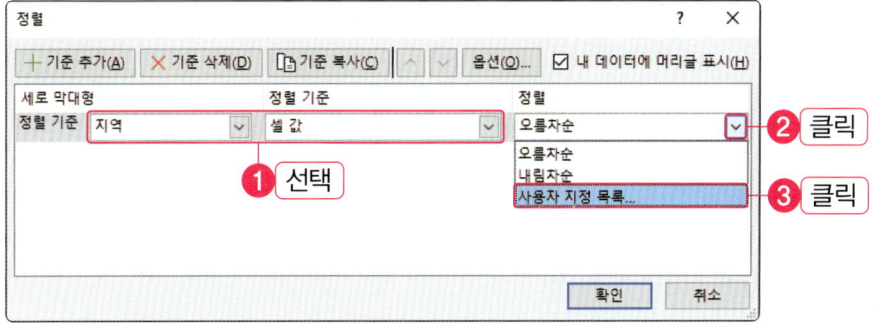

4 [사용자 지정 목록] 대화상자가 나타나면 **목록 항목(양평, 이천, 강릉, 다낭)을 입력**한 후 [**추가**] **단추를 클릭**합니다. 그런 다음 목록 항목이 사용자 지정 목록에 등록되면 [**확인**] 단추를 클릭합니다.

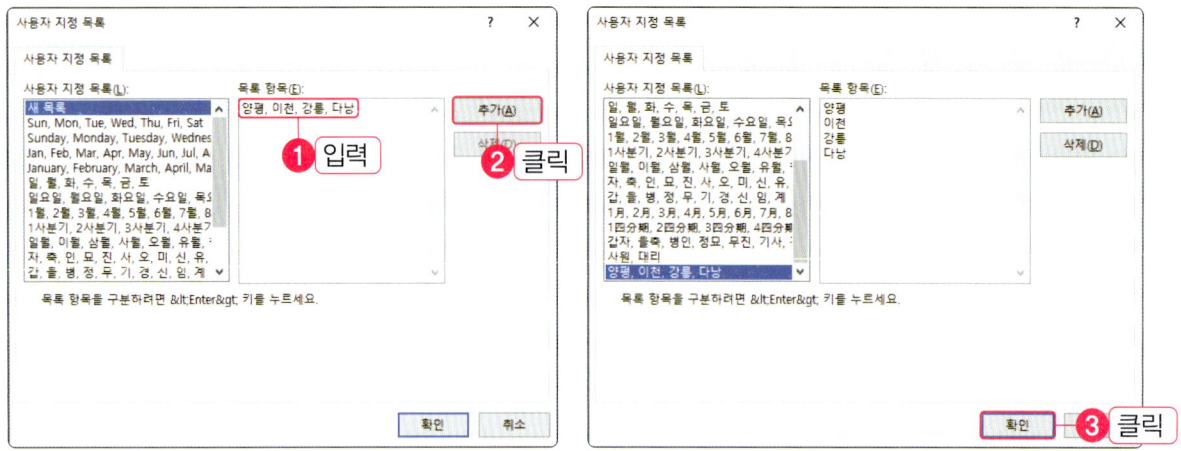

5 [정렬] 대화상자가 다시 나타나면 [**확인**] **단추를 클릭**합니다.

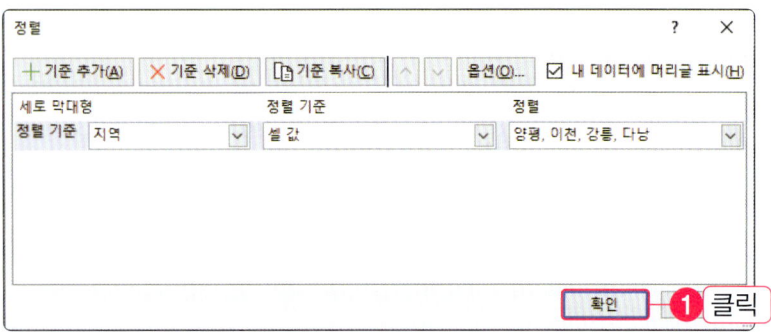

6 다음과 같이 지역을 기준으로 양평, 이천, 강릉, 다낭 순으로 정렬됩니다.

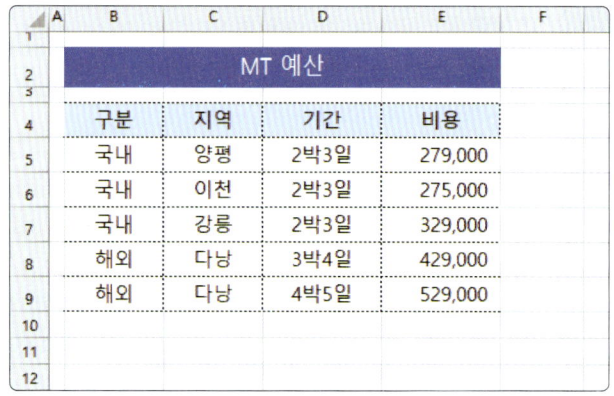

EXCEL 2021 연습문제 Exercise

C:\단계학습\엑셀\연습파일\Ch17-연습.xlsx

1 다음과 같이 판매액을 기준으로 내림차순 정렬, 판매액이 같으면 미수금을 기준으로 내림차순 정렬을 해 보세요.

거래처명	품목명	판매액	미수금
		미수금 현황	
진우상공	Blue200	890,000	80,000
한일공업	Blue200	890,000	50,000
디앤통상	Red300	350,000	120,000
미연통상	Yellow100	350,000	100,000
연승양행	Red300	239,000	150,000

> **Hint**
> B4셀을 선택한 후 [데이터] 탭-[정렬 및 필터] 그룹에서 [정렬]을 클릭한 다음 [정렬] 대화상자의 정렬 기준에서 정렬 기준(판매액, 셀 값)과 정렬(내림차순)을 선택합니다. 그런 다음 [기준 추가] 단추를 클릭한 후 다음 기준에서 정렬 기준(미수금, 셀 값)과 정렬(내림차순)을 선택한 다음 [확인] 단추를 클릭하면 판매액을 기준으로 내림차순 정렬, 판매액이 같으면 미수금을 기준으로 내림차순 정렬을 할 수 있습니다.

2 다음과 같이 품목명을 기준으로 Yellow100, Blue200, Red300 순으로 정렬을 해 보세요.

거래처명	품목명	판매액	미수금
		미수금 현황	
미연통상	Yellow100	350,000	100,000
진우상공	Blue200	890,000	80,000
한일공업	Blue200	890,000	50,000
디앤통상	Red300	350,000	120,000
연승양행	Red300	239,000	150,000

기본 Study

Chapter 18 자동 필터 사용하기

많은 데이터 중에서 원하는 데이터만 표시하는 작업을 '필터링'이라고 하고, 필터링을 하기 위해 지정한 조건을 '필터'라고 합니다. 엑셀에서는 자동 필터나 고급 필터를 사용하면 필터링을 할 수 있는데요. 자동 필터는 필터 목록을 사용하여 필터링을 합니다. 그럼, 자동 필터를 사용하는 방법에 대해 알아보겠습니다.

Excel 2021

미리보기

하반기 연구사업 진행 현황				
관리코드	사업명	관리팀	진행인원수	기본예산
TE1-10	네트워크관리	개발1팀	10	155,000,000
SA2-03	회원관리	영업관리팀	5	22,500,000
TE3-05	공장환경개선	개발2팀	9	105,000,000
TE1-12	생산공정표준화	개발2팀	9	185,000,000

C:\단계학습\엑셀\예제파일\Ch18.xlsx

01 자동 필터 사용하기

1 자동 필터를 사용하기 위해 **B4셀을 선택**한 후 [데이터] 탭-[정렬 및 필터] 그룹에서 **[필터]를 선택**합니다.

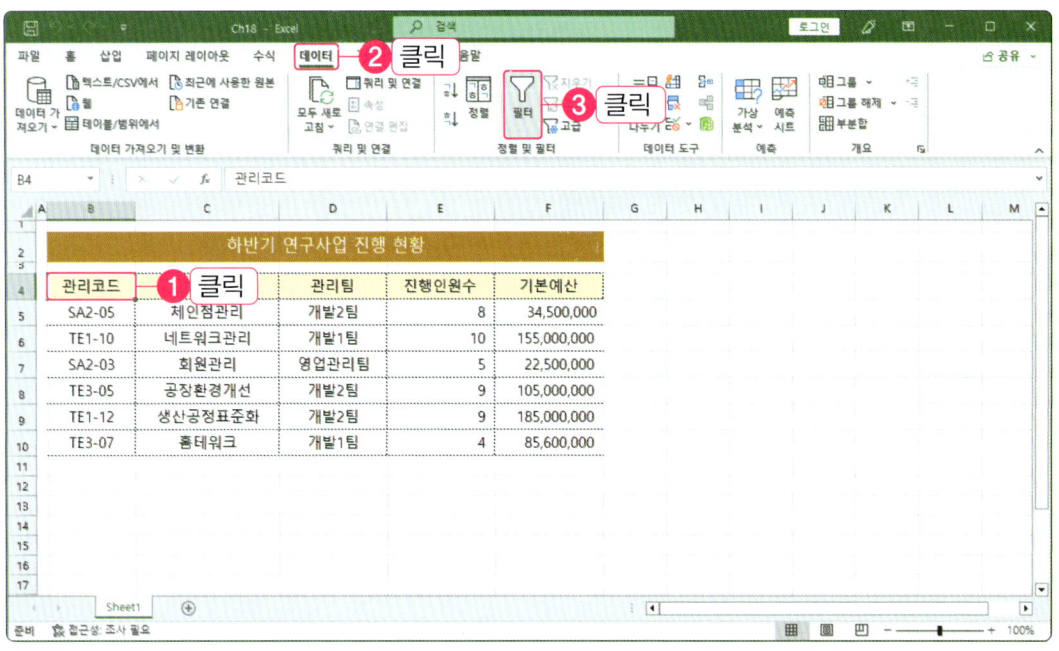

[필터]는 클릭하면 선택되고, 다시 클릭하면 선택 해제됩니다.

2 [관리팀] 필드의 [필터 목록] 단추를 클릭한 후 [모두 선택]을 선택 해제한 다음 [개발2팀]을 선택하고 [확인] 단추를 클릭합니다.

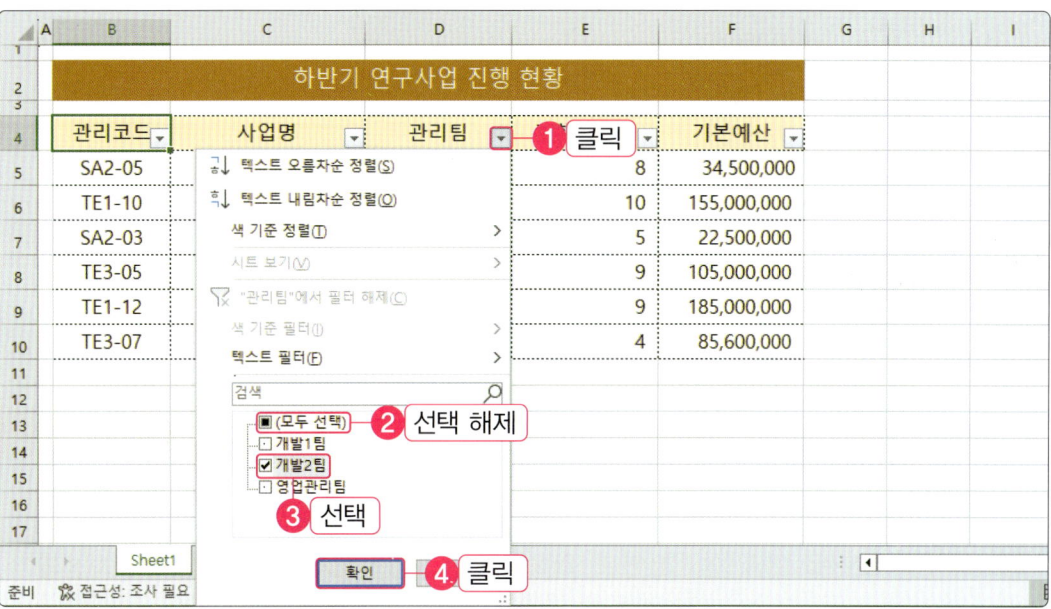

- 데이터에서 열을 '필드'라고 하고, 필드의 이름(여기서는 관리코드, 사업명, 관리팀, 진행인원수, 기본예산)을 '필드명'이라고 합니다.
- 자동 필터를 사용하면 필드명에 [필터 목록] 단추가 나타납니다.

3 관리팀이 개발2팀인 데이터만 표시되면 필드에 지정되어 있는 조건을 모두 지우기 위해 [데이터] 탭-[정렬 및 필터] 그룹에서 **[지우기]를 클릭**합니다.

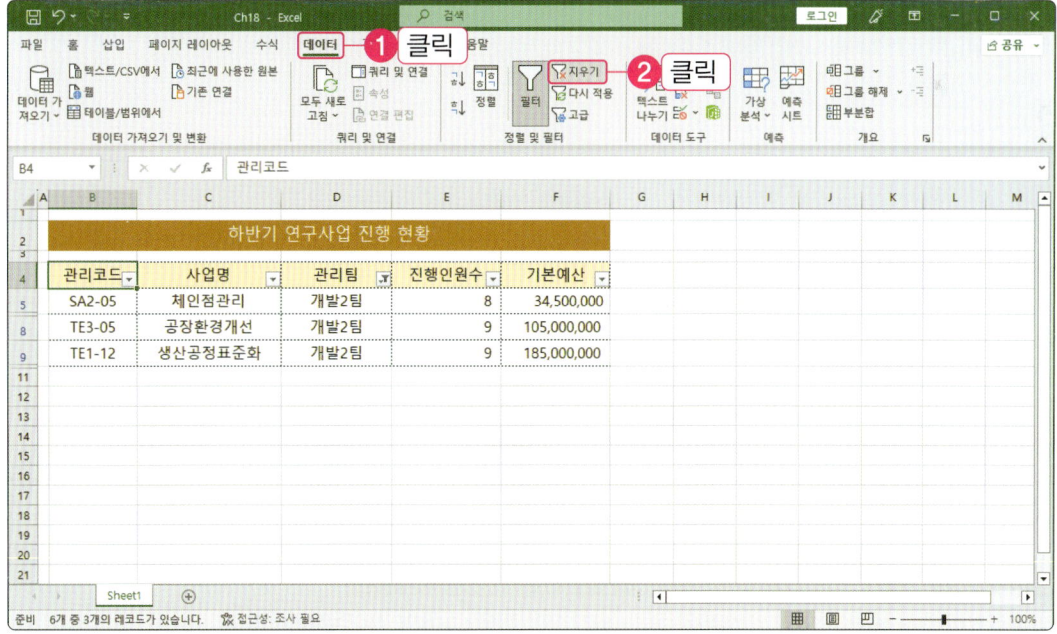

- 필터링을 하면 해당 필드의 [필터 목록] 단추가 모양으로 변경되고, 행 번호도 파란색으로 변경됩니다.
- 여러 필드에 조건이 지정되어 있는 경우에는 여러 필드에 지정되어 있는 조건을 모두 만족하는 데이터만 표시됩니다.

4 다음과 같이 모든 데이터가 표시됩니다.

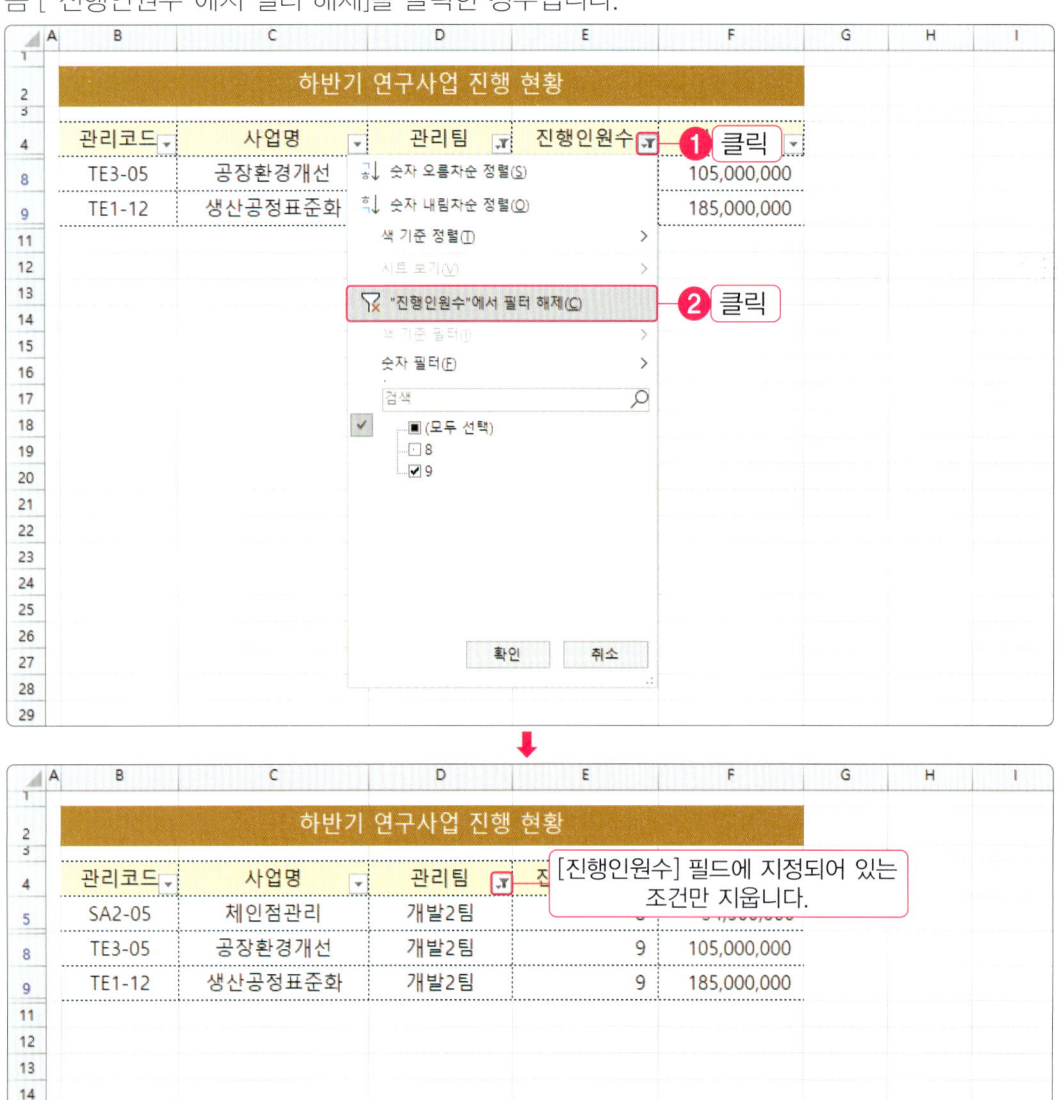

알고 넘어갑시다!

지우기와 필터 해제

여러 필드에 조건이 지정되어 있는 경우, [데이터] 탭-[정렬 및 필터] 그룹에 있는 [지우기]는 여러 필드에 지정되어 있는 조건을 모두 지우고, 필터 목록에 있는 [필터 해제]는 해당 필드에 지정되어 있는 조건만 지우는데요. 다음은 [관리팀] 필드와 [진행인원수] 필드에 조건(관리팀이 개발2팀이고 진행인원수가 9인 데이터만 표시)을 지정한 후 [진행인원수] 필드의 [필터 목록] 단추를 클릭한 다음 ["진행인원수"에서 필터 해제]를 클릭한 경우입니다.

02 사용자 지정 자동 필터 사용하기

1 사용자 지정 자동 필터를 사용하기 위해 [기본예산] 필드의 ▼[필터 목록] 단추를 클릭한 후 [숫자 필터]-[사용자 지정 필터]를 클릭합니다.

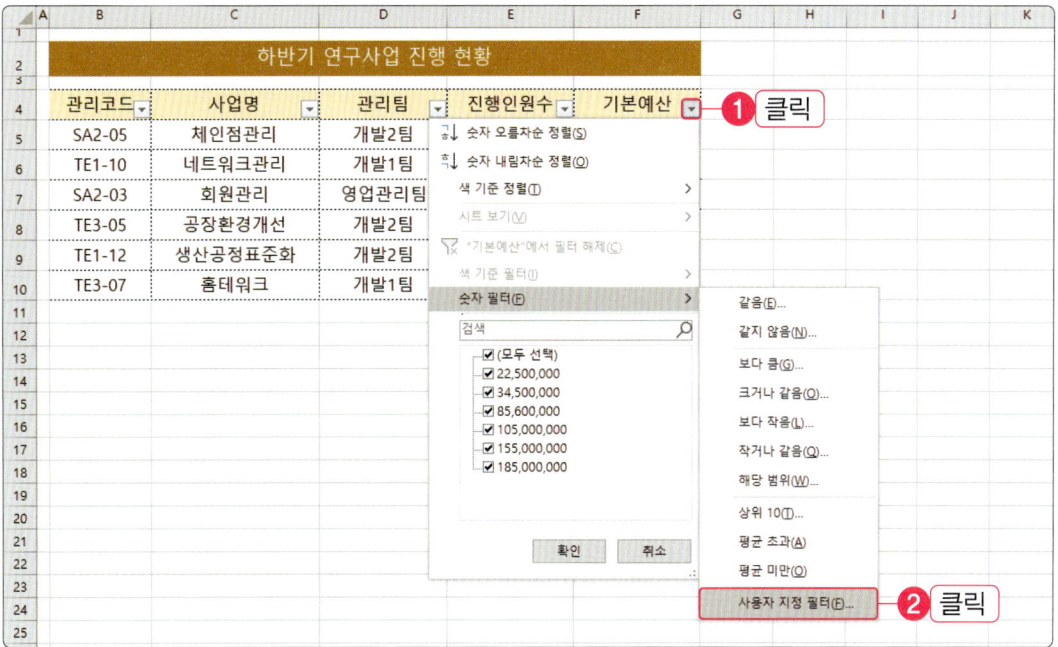

사용자 지정 자동 필터는 직접 조건을 지정하여 필터링을 할 수 있는 자동 필터입니다.

알고 넘어갑시다!

필터 목록

필드에 있는 데이터에 따라 필터 목록이 다르게 나타나는데요. 필드에 있는 데이터가 문자 데이터이면 텍스트 필터 목록(시작 문자, 끝 문자, 포함, 포함하지 않음 등)이 나타나고, 숫자 데이터이면 숫자 필터 목록(보다 큼, 크거나 같음, 보다 작음, 작거나 같음, 해당 범위, 상위 10, 평균 초과, 평균 미만 등)이 나타나며 날짜 데이터이면 날짜 필터 목록(내일, 오늘, 어제, 다음 주, 이번 주, 지난 주 등)이 나타납니다.

2 [사용자 지정 자동 필터] 대화상자가 나타나면 **다음과 같이 조건을 지정**한 후 [확인] 단추를 클릭합니다.

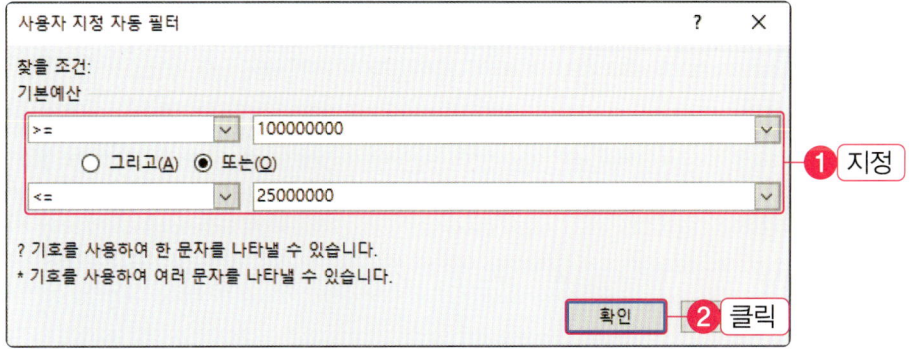

'그리고'는 AND 조건으로 두 조건을 모두 만족해야 하는 경우에 선택하고, '또는'은 OR 조건으로 두 조건 중에서 하나라도 만족하면 되는 경우에 선택합니다.

3 기본예산이 100,000,000 이상이거나 25,000,000 이하인 데이터만 표시되면 자동 필터를 해제하기 위해 [데이터] 탭-[정렬 및 필터] 그룹에서 **[필터]를 선택 해제**합니다.

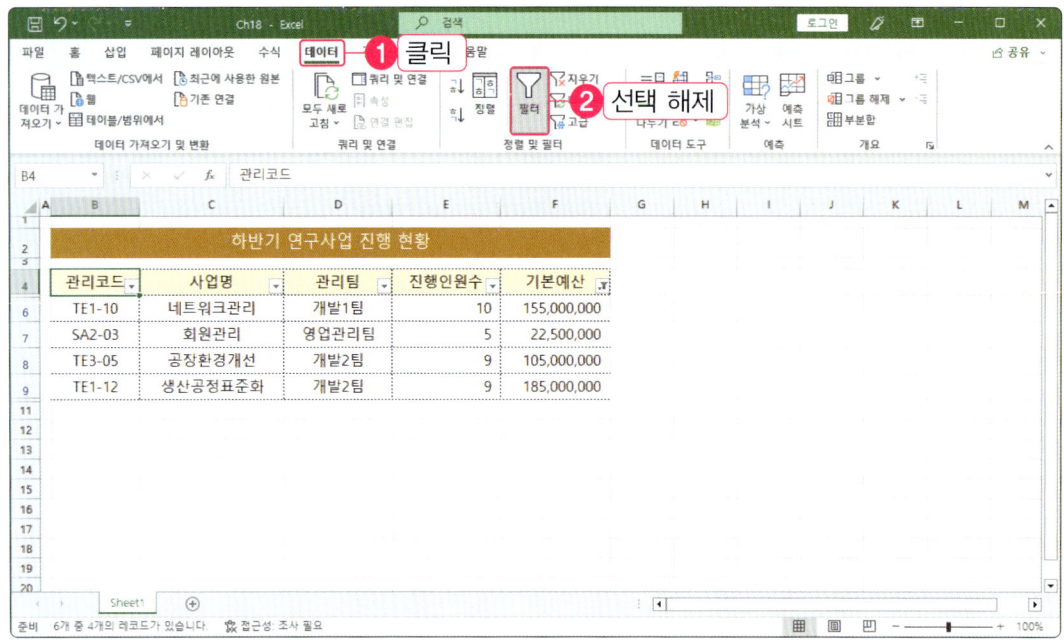

관리코드가 TE1-10, TE3-05, TE1-12인 데이터는 기본예산이 100,000,000 이상이기 때문에 표시된 것이고, 관리코드가 SA2-03인 데이터는 기본예산이 25,000,000 이하이기 때문에 표시된 것입니다.

4 다음과 같이 자동 필터가 해제됩니다.

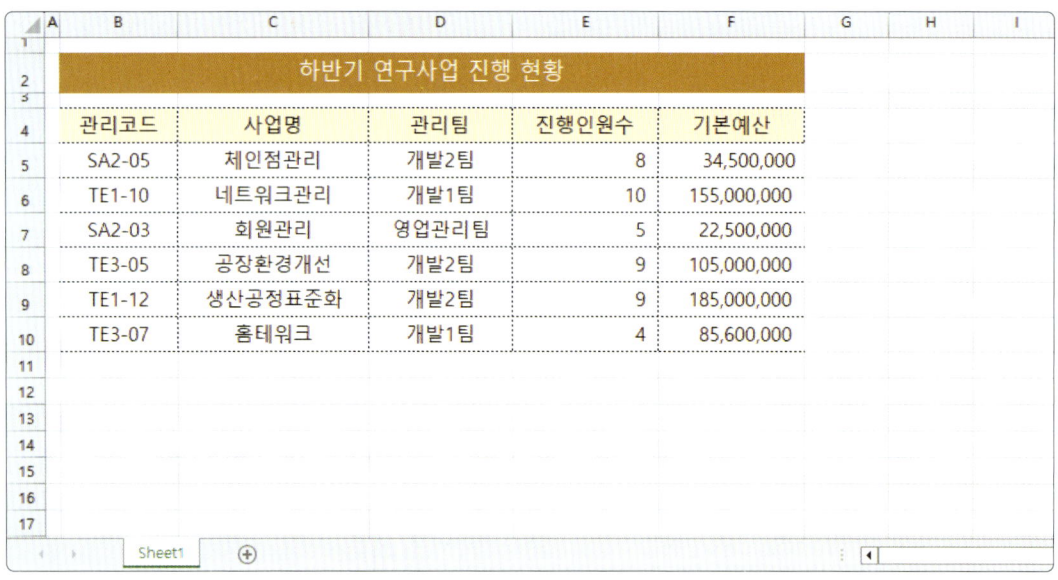

자동 필터가 해제되면 ▼[필터 목록] 단추가 제거되고 모든 데이터가 표시됩니다.

📁 C:\단계학습\엑셀\연습파일\Ch18-연습.xlsx

1 다음과 같이 자동 필터를 사용하여 장비구분이 굴삭기이고 임대업체가 미래건설인 데이터만 표시해 보세요.

장비코드	장비구분	임대업체	임대기간(일)	총임대료
G-195	굴삭기	미래건설	4	3,570,000
G-127	굴삭기	미래건설	9	3,195,000

건설장비 임대 현황

Hint
[장비구분] 필드의 ▼[필터 목록] 단추를 클릭한 후 [모두 선택]을 선택 해제한 다음 [굴삭기]를 선택하고 [확인] 단추를 클릭합니다. 그런 다음 [임대업체] 필드의 ▼[필터 목록] 단추를 클릭한 후 [모두 선택]을 선택 해제한 다음 [미래건설]을 선택하고 [확인] 단추를 클릭하면 장비구분이 굴삭기이고 임대업체가 미래건설인 데이터만 표시할 수 있습니다.

2 필드에 지정되어 있는 조건을 모두 지워 보세요.

3 다음과 같이 사용자 지정 자동 필터를 사용하여 총임대료가 5,000,000 이상이거나 2,000,000 이하인 데이터만 표시해 보세요.

장비코드	장비구분	임대업체	임대기간(일)	총임대료
G-173	굴삭기	성우건설	5	1,775,000
C-002	크레인	극동건설	8	5,950,000

건설장비 임대 현황

4 자동 필터를 해제해 보세요.

Chapter 18 – 자동 필터 사용하기

기본 Study

Chapter 19 고급 필터 사용하기

Excel 2021

고급 필터는 입력된 조건을 사용하여 필터링을 합니다. 그러므로 고급 필터를 사용하려면 먼저 조건을 해당하는 필드명과 함께 입력해야 하는데요. 자동 필터는 원하는 데이터를 현재 위치에만 표시할 수 있지만 고급 필터는 다른 위치에도 표시할 수 있습니다. 그럼, 고급 필터를 사용하는 방법에 대해 알아보겠습니다.

미리보기

	한강웨딩홀 예약 현황				예식시간	뷔페선금
예식홀	예식시간	예약자	뷔페선금		>=12:00	>=400000
루아르	11:00	박상익	500,000			
루아르	12:30	유은영	400,000			
아이리스	11:30	김선이	700,000			
아이리스	13:00	구현모	300,000			
그레이스	12:00	최용길	500,000			
예식홀	예식시간	예약자	뷔페선금			
루아르	12:30	유은영	400,000			
그레이스	12:00	최용길	500,000			

C:\단계학습\엑셀\예제파일\Ch19.xlsx

01 현재 위치에 원하는 데이터만 표시하기

1 필드명을 복사하기 위해 **B4셀과 E4셀을 선택**한 후 [홈] 탭-[클립보드] 그룹에서 [복사]를 클릭합니다.

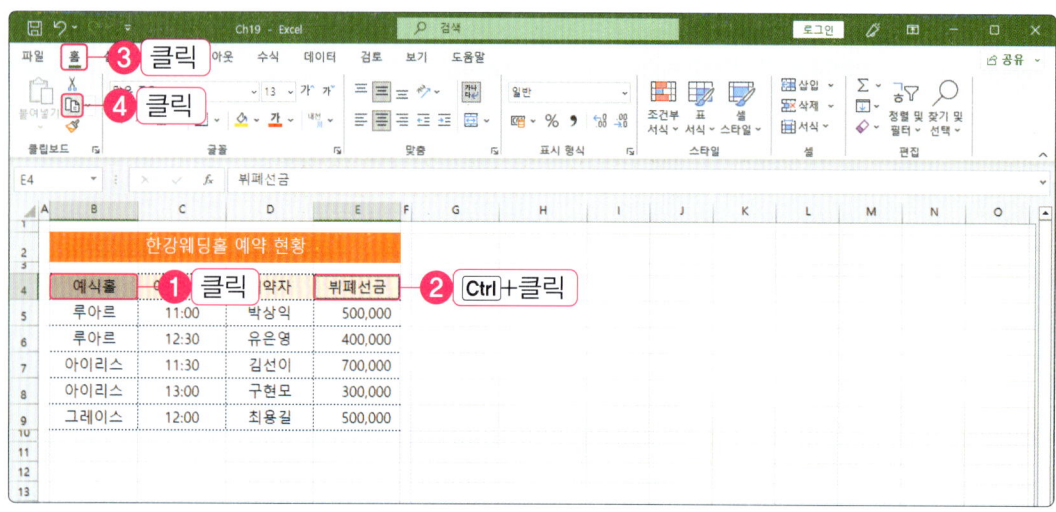

- B4셀과 E4셀을 선택한 후 Ctrl + C 를 눌러 필드명을 복사할 수도 있습니다.
- 데이터에 있는 필드명과 조건에 있는 필드명이 서로 달라 필터링이 제대로 안 되는 경우가 있습니다. 예를 들어 '예식홀'을 '에식홀'과 같이 잘못 입력하거나 '예식홀 '과 같이 공백을 입력한 경우인데요. 조건을 입력할 때 필드명을 직접 입력하지 않고 데이터에 있는 필드명을 복사하여 붙여 넣으면 이런 실수를 미연에 방지할 수 있습니다.

2 필드명을 붙여 넣기 위해 **G4셀을 선택**한 후 [홈] 탭-[클립보드] 그룹에서 **[붙여넣기]를 클릭**합니다.

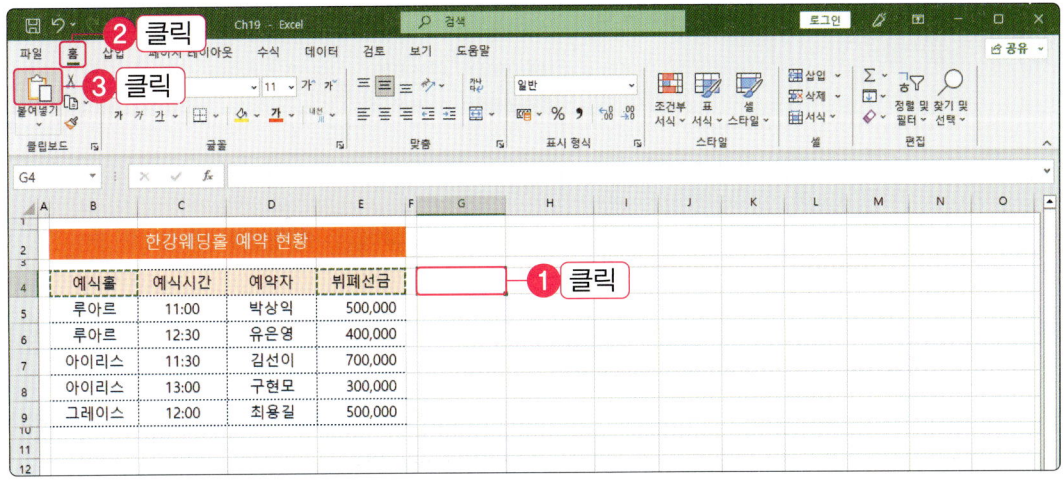

> G4셀을 선택한 후 Ctrl+V를 눌러 필드명을 붙여 넣을 수도 있습니다.

3 필드명이 붙여 넣어지면 **다음과 같이 G5:H6셀 범위에 조건을 입력**합니다. 그런 다음 고급 필터를 사용하기 위해 **B4셀을 선택**한 후 [데이터] 탭-[정렬 및 필터] 그룹에서 **[고급]을 클릭**합니다.

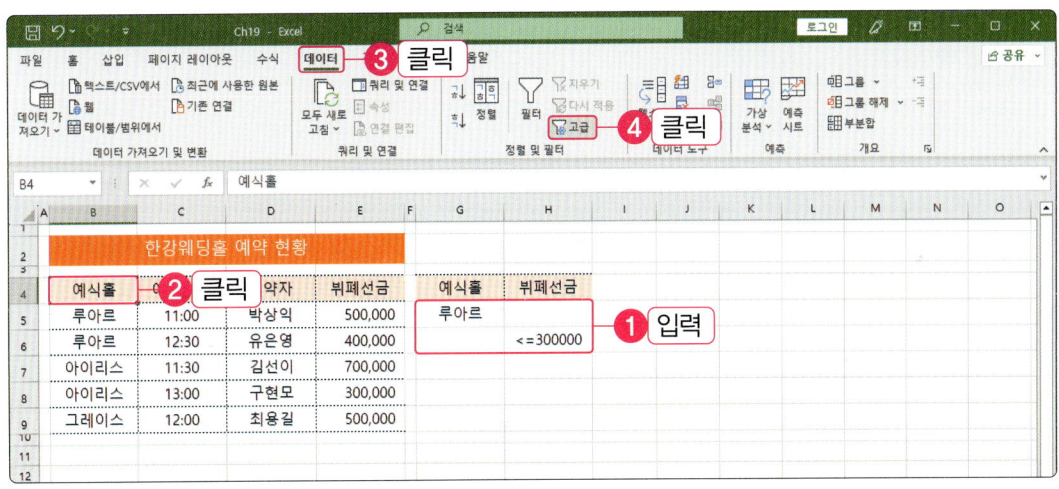

알고 넘어갑시다!

조건 입력하기

다음과 같이 같은 행에 조건을 입력하면 AND 조건으로 입력한 조건을 모두 만족하는 데이터만 표시하고, 다른 행에 조건을 입력하면 OR 조건으로 입력한 조건 중에서 하나라도 만족하는 데이터만 표시합니다.

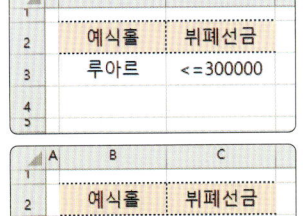

◀ 예식홀이 루아르이고 뷔페선금이 300,000 이하인 데이터(AND 조건)

◀ 예식홀이 루아르이거나 뷔페선금이 300,000 이하인 데이터(OR 조건)

4 [고급 필터] 대화상자가 나타나면 [현재 위치에 필터]를 선택한 후 목록 범위($B$4:$E$9)와 조건 범위($G$4:$H$6)를 입력한 다음 [확인] 단추를 클릭합니다.

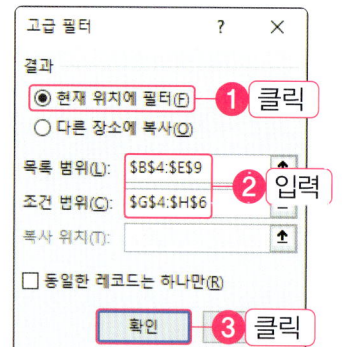

목록 범위는 데이터가 있는 셀 범위이고, 조건 범위는 조건이 있는 셀 범위입니다.

5 현재 위치에 예식홀이 루아르이거나 뷔페선금이 300,000 이하인 데이터만 표시되면 고급 필터에 지정되어 있는 조건을 모두 지우기 위해 [데이터] 탭-[정렬 및 필터] 그룹에서 [지우기]를 클릭합니다.

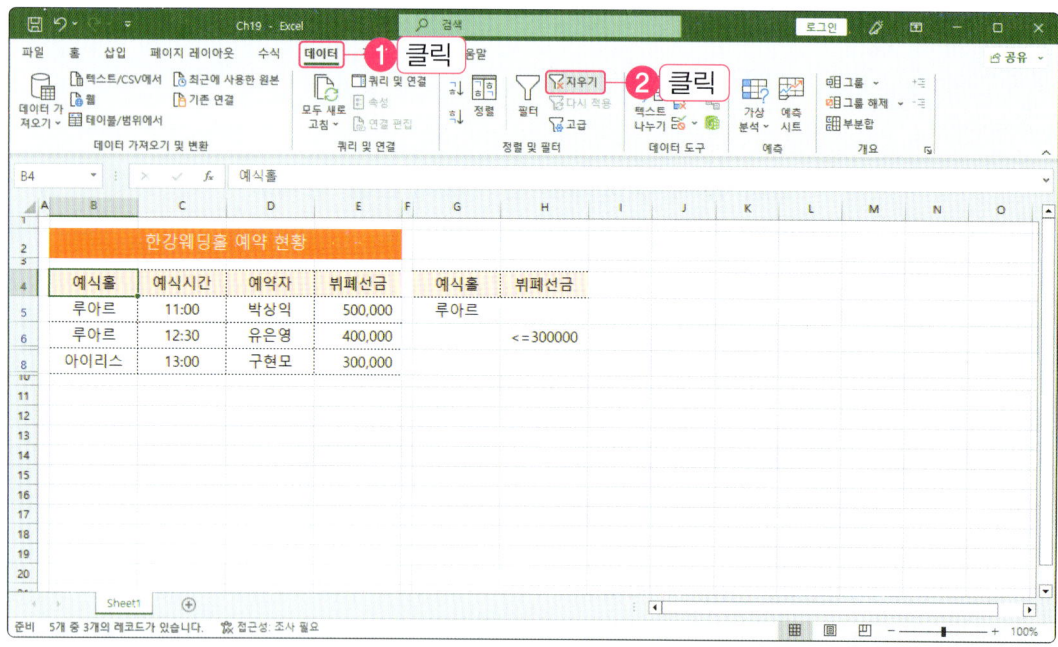

예약자가 박상익인 데이터와 유은영인 데이터는 예식홀이 루아르이기 때문에 표시된 것이고, 예약자가 구현모인 데이터는 뷔페선금이 300,000 이하이기 때문에 표시된 것입니다.

6 다음과 같이 모든 데이터가 표시됩니다.

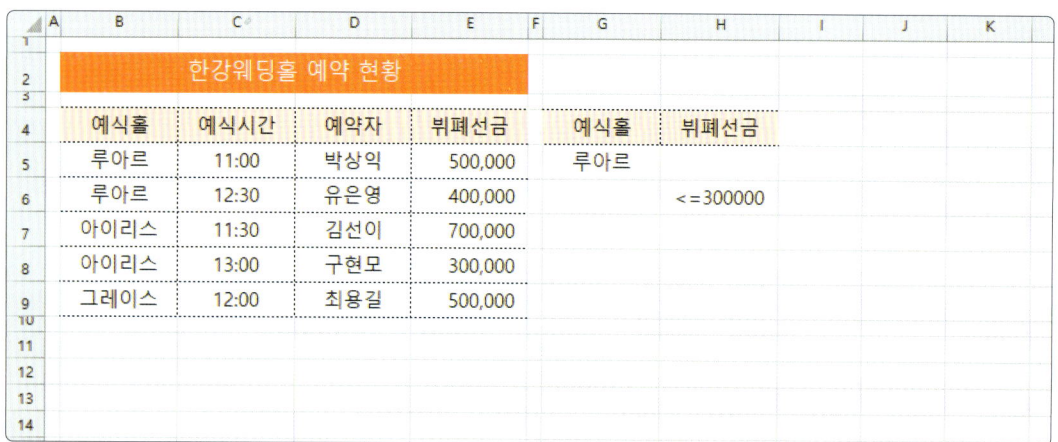

02 다른 위치에 원하는 데이터만 표시하기

1 다음과 같이 G4:H6셀 범위에 있는 기존 조건을 지운 후 G4:H5셀 범위에 새 조건을 입력합니다. 그런 다음 고급 필터를 사용하기 위해 **B4셀을 선택**한 후 [데이터] 탭-[정렬 및 필터] 그룹에서 **[고급]을 클릭**합니다.

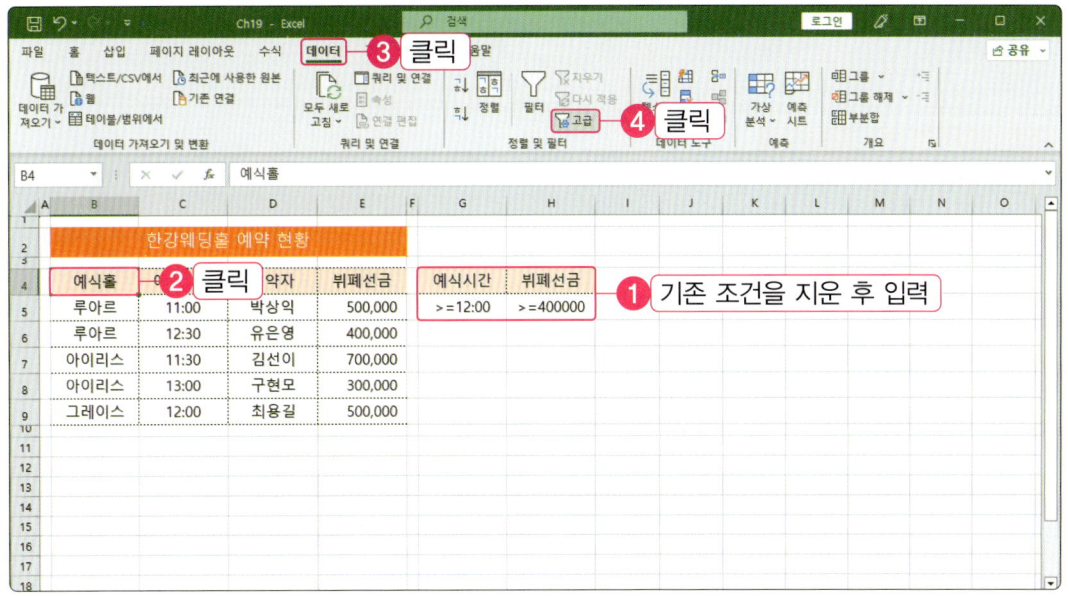

2 [고급 필터] 대화상자가 나타나면 **[다른 장소에 복사]를 선택**한 후 **목록 범위($B$4:$E$9), 조건 범위($G$4:$H$5), 복사 위치($B$11)를 입력**한 다음 [확인] 단추를 클릭합니다.

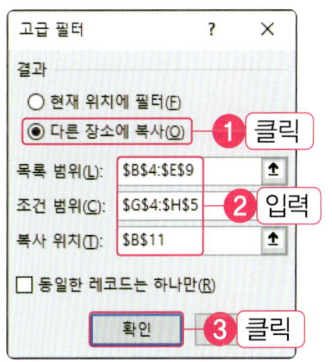

> 복사 위치는 원하는 데이터를 복사할 위치로 [다른 장소에 복사]를 선택한 경우에만 활성화됩니다.

3 다음과 같이 다른 위치에 예식시간이 12:00 이후이고 뷔페선금이 400,000 이상인 데이터만 표시됩니다.

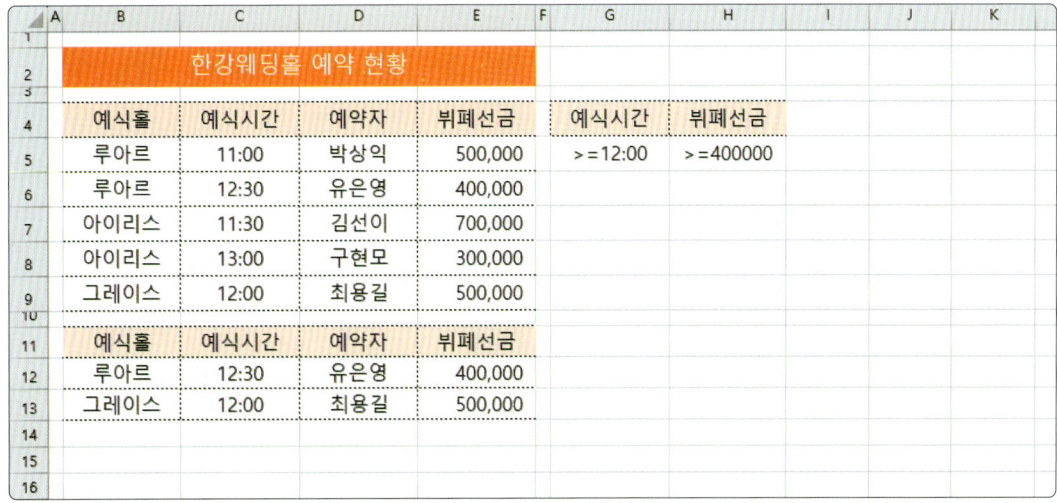

다른 위치에 원하는 데이터의 원하는 필드만 표시하기

다음과 같이 원하는 필드의 필드명을 입력한 후 [고급 필터] 대화상자에서 [복사 위치]에 필드명이 입력되어 있는 셀 범위를 입력하면 다른 위치에 원하는 데이터의 원하는 필드만 표시할 수 있습니다.

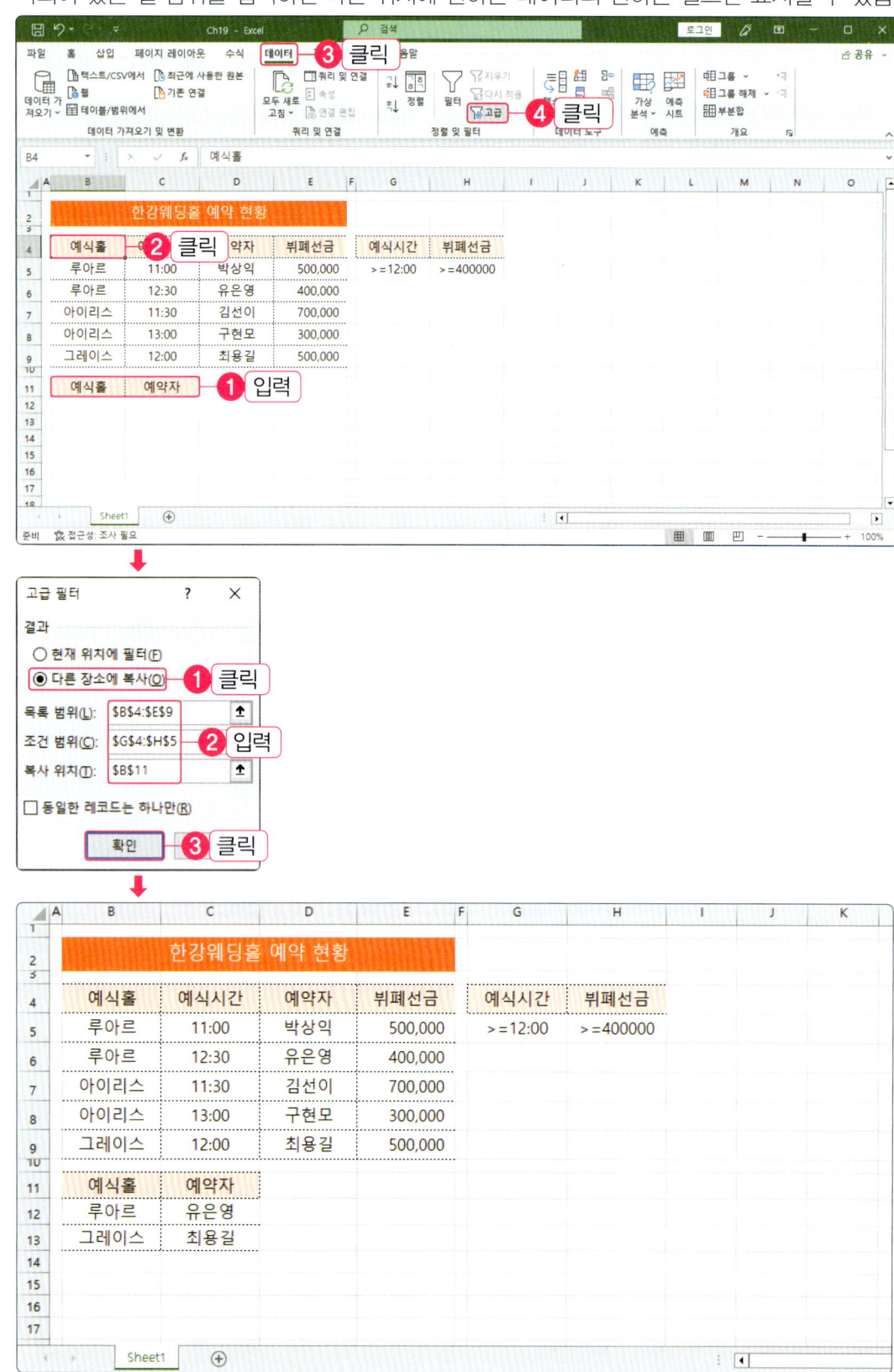

연습문제 Exercise

C:\단계학습\엑셀\연습파일\Ch19-연습.xlsx

1 다음과 같이 고급 필터를 사용하여 현재 위치에 지역이 경기이거나 인증품목이 양말인 데이터만 표시해 보세요.

	A	B	C	D	E	F	G	H	I	J
1										
2		K마크 인증사업 보유 현황								
3										
4		지역	회사명	대표자명	인증품목		지역	인증품목		
5		경기	디앤통상	강민정	모자		경기			
6		서울	진우상공	방지형	양말			양말		
8		경기	한일공업	조준석	양말					

2 고급 필터에 지정되어 있는 조건을 모두 지워 보세요.

3 다음과 같이 고급 필터를 사용하여 다른 위치에 지역이 서울이고 인증품목이 모자인 데이터의 [회사명] 필드와 [대표자명] 필드만 표시해 보세요.

	A	B	C	D	E	F	G	H	I	J
1										
2		K마크 인증사업 보유 현황								
3										
4		지역	회사명	대표자명	인증품목		지역	인증품목		
5		경기	디앤통상	강민정	모자		서울	모자		
6		서울	진우상공	방지형	양말					
7		서울	미연통상	김수옥	모자					
8		경기	한일공업	조준석	양말					
9		서울	연승양행	김유진	모자					
11		회사명	대표자명							
12		미연통상	김수옥							
13		연승양행	김유진							

Hint
G4:H5셀 범위에 새 조건을 입력한 후 B11:C11셀 범위에 필드명을 입력한 다음 B4셀을 선택하고 [데이터] 탭-[정렬 및 필터] 그룹에서 [고급]을 클릭합니다. 그런 다음 [고급 필터] 대화상자에서 [다른 장소에 복사]를 선택한 후 목록 범위($B$4:$E$9), 조건 범위($G$4:$H$5), 복사 위치($B$11:$C$11)를 입력한 다음 [확인] 단추를 클릭하면 다른 위치에 지역이 서울이고 인증품목이 모자인 데이터의 [회사명] 필드와 [대표자명] 필드만 표시할 수 있습니다.

기본 Study

Chapter 20

부분합 사용하기

부분합은 데이터를 특정 항목별로 그룹화한 후 그룹별로 요약하는 기능인데요. 부분합을 사용하면 그룹별로 합계, 평균, 최대값, 최소값 등을 쉽고 빠르게 구할 수 있습니다. 그럼, 부분합을 사용하는 방법에 대해 알아보겠습니다.

Excel 2021

성명	직업	신고액	사업장소재지
박상익	변호사	40,230,000	성북구
구현모	변호사	62,053,000	강성구
	변호사 요약	102,283,000	
	변호사 평균	51,141,500	
유은영	의사	71,128,000	송파구
김선이	의사	86,010,000	종로구
최용길	의사	69,001,000	마포구
	의사 요약	226,139,000	
	의사 평균	75,379,667	
	총합계	328,422,000	
	전체 평균	65,684,400	

전문직 종사자 소득 신고

C:\단계학습\엑셀\예제파일\Ch20.xlsx

01 부분합 사용하기

1 직업을 기준으로 데이터를 정렬하기 위해 **C4셀을 선택**한 후 [데이터] 탭-[정렬 및 필터] 그룹에서 **[텍스트 오름차순 정렬]을 클릭**합니다.

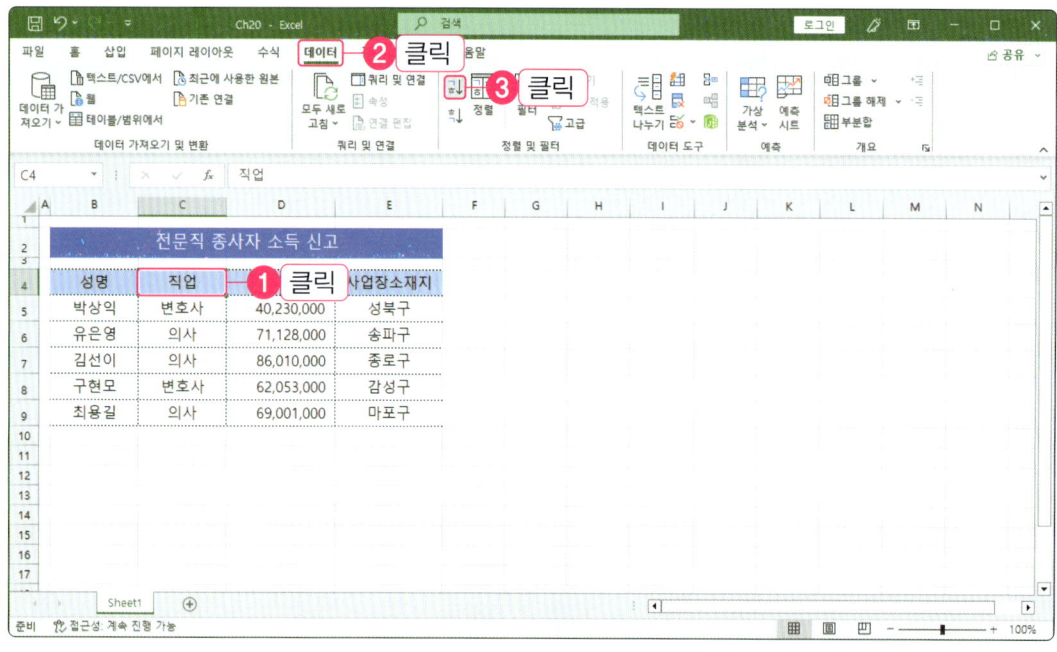

부분합을 제대로 사용하려면 먼저 데이터를 그룹화할 항목을 기준으로 정렬해야 합니다.

2 다음과 같이 직업을 기준으로 오름차순 정렬됩니다.

3 직업별로 신고액의 평균을 구하기 위해 **B4셀을 선택**한 후 [데이터] 탭-[개요] 그룹에서 [**부분합**]을 클릭합니다.

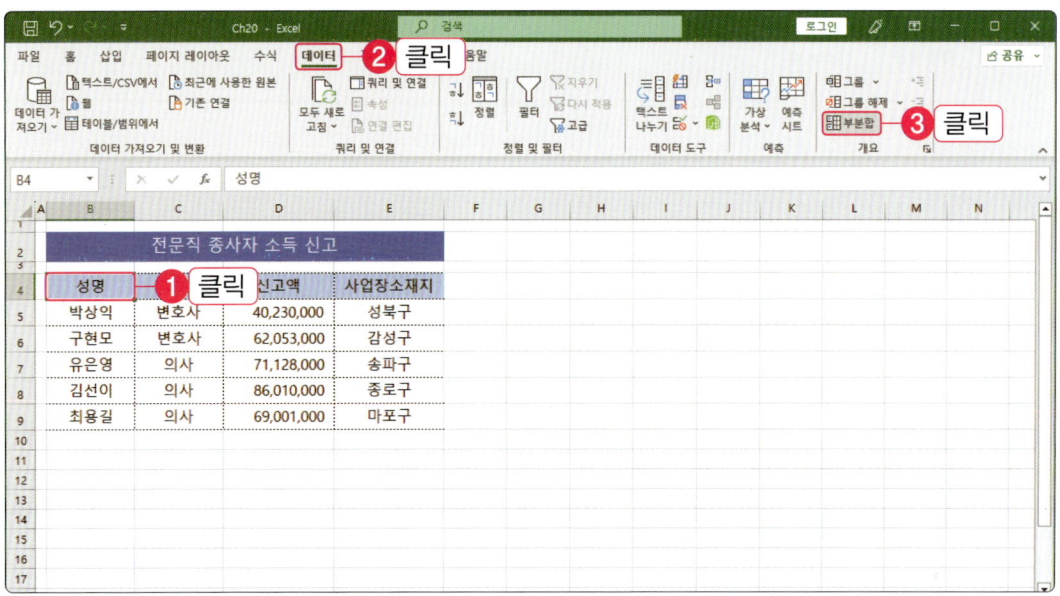

4 [부분합] 대화상자가 나타나면 **그룹화할 항목(직업), 사용할 함수(평균), 부분합 계산 항목(신고액)을 선택**한 후 [확인] 단추를 클릭합니다.

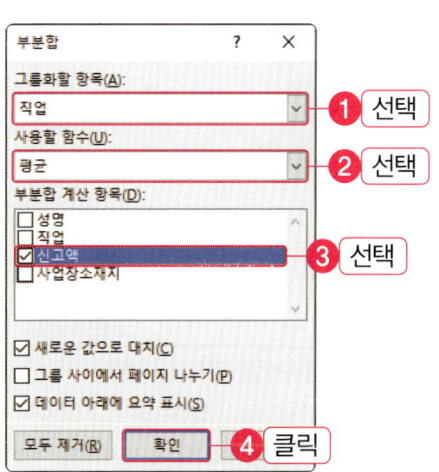

> **알고 넘어갑시다!**
>
> **[부분합] 대화상자의 항목**
> - **그룹화할 항목** : 데이터를 그룹화할 때 기준이 되는 항목입니다.
> - **사용할 함수** : 그룹별로 계산할 때 사용할 함수입니다.
> - **부분합 계산 항목** : 그룹별로 계산할 항목입니다.

5 직업별로 신고액의 평균이 구해지면 직업별로 신고액의 합계를 구하기 위해 **B4셀을 선택**한 후 [데이터] 탭-[개요] 그룹에서 **[부분합]**을 클릭합니다.

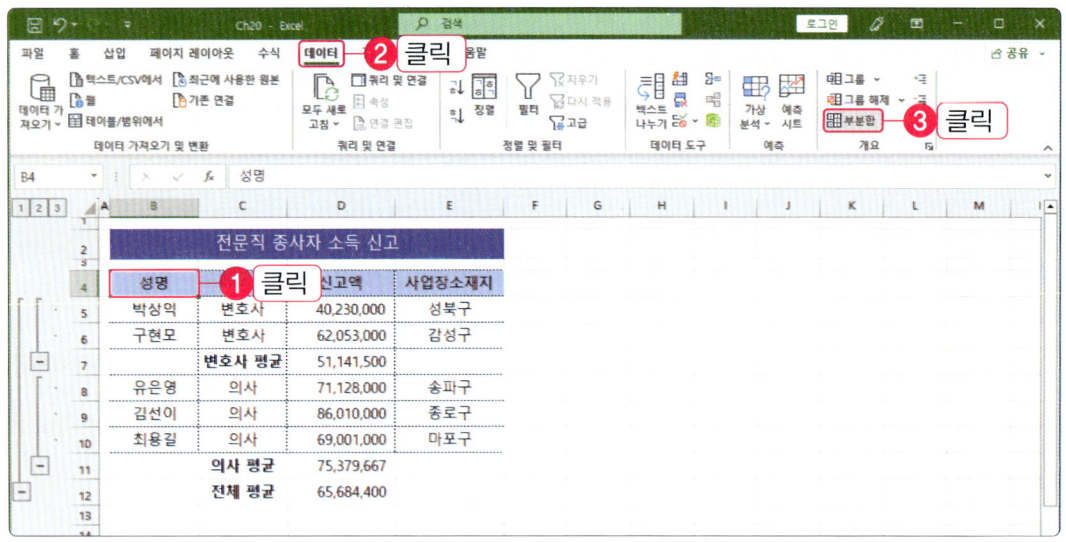

부분합을 사용하면 워크시트 왼쪽에 하위 그룹을 숨기거나 나타나게 할 수 있는 1, 2, 3 등의 윤곽 기호가 나타납니다.

알고 넘어갑시다!

데이터를 그룹화할 항목을 기준으로 정렬하지 않고 부분합을 사용한 경우

데이터를 그룹화할 항목인 직업을 기준으로 정렬하지 않고 부분합을 사용한 경우에는 다음과 같이 직업이 다를 때마다 다른 그룹으로 인식하여 신고액의 평균이 구해집니다.

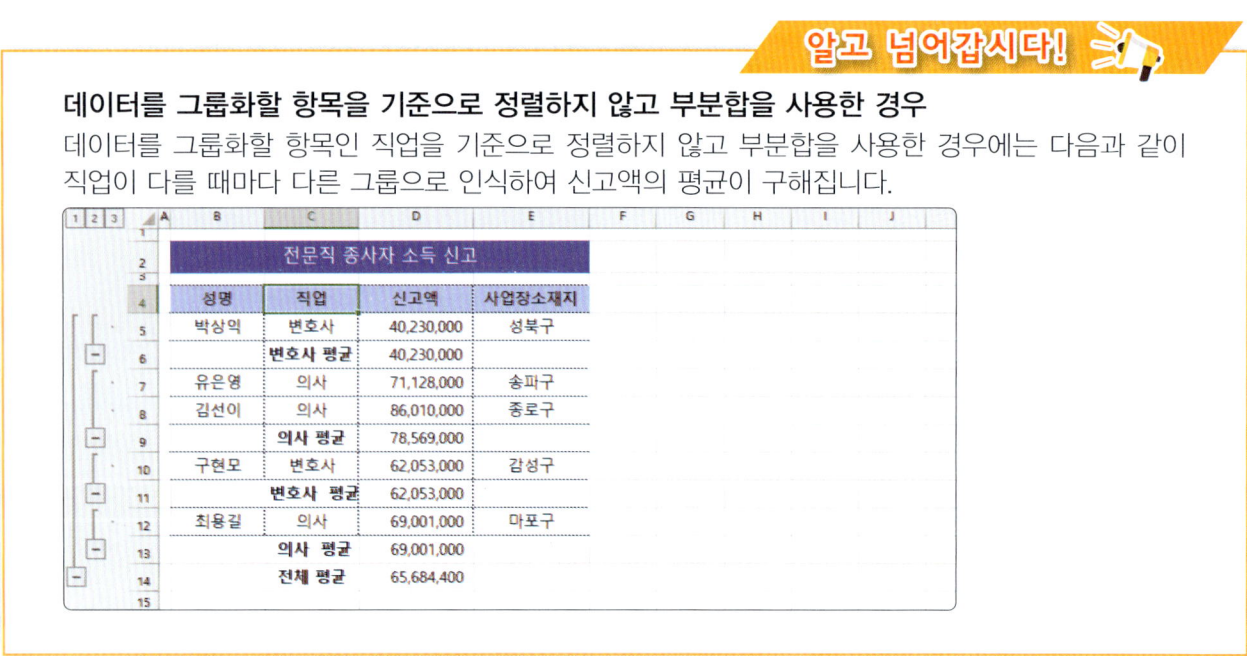

6 [부분합] 대화상자가 나타나면 **그룹화할 항목(직업), 사용할 함수(합계), 부분합 계산 항목(신고액)을 선택**한 후 [새로운 값으로 대치]를 선택 해제한 다음 [확인] 단추를 클릭합니다.

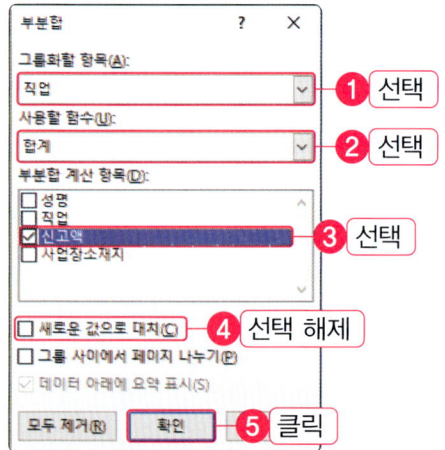

[모두 제거] 단추를 클릭하면 부분합을 제거할 수 있습니다.

7 다음과 같이 직업별로 신고액의 합계가 구해집니다.

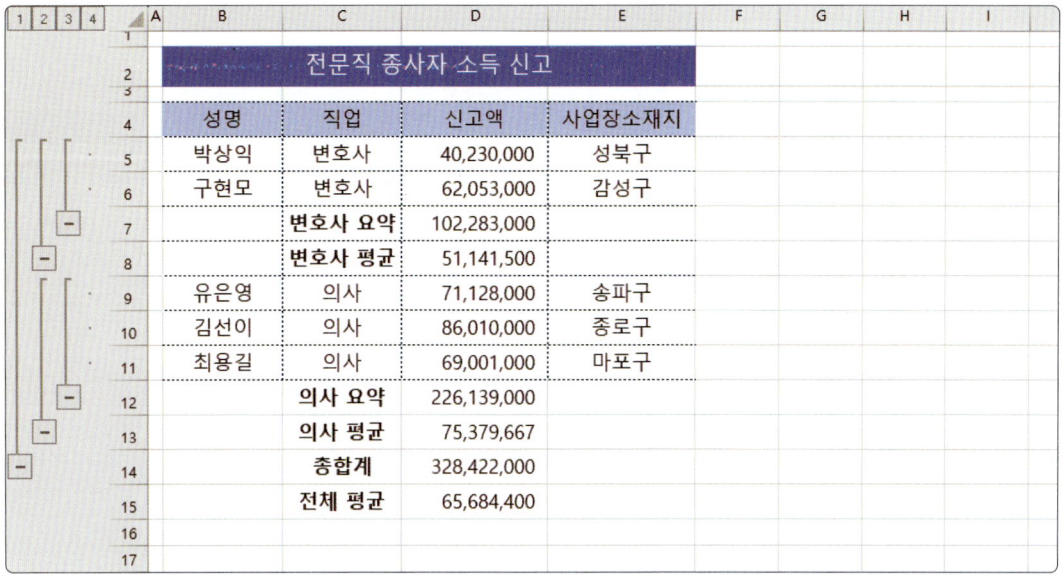

- 부분합에서 요약은 합계를 말합니다.
- 기존에 구한 부분합을 그대로 둔 상태에서 새로 구한 부분합이 기존에 구한 부분합 위에 나타납니다.

알고 넘어갑시다!

[부분합] 대화상자에서 [새로운 값으로 대치]를 선택한 경우

[부분합] 대화상자에서 [새로운 값으로 대치]를 선택한 경우에는 다음과 같이 기존에 구한 부분합을 제거한 후 새로 구한 부분합이 나타납니다.

02 윤곽 기호 사용하기

1 윤곽 기호에서 ③을 클릭합니다.

2 다음과 같이 변호사 요약, 변호사 평균, 의사 요약, 의사 평균, 총합계, 전체 평균만 표시됩니다.

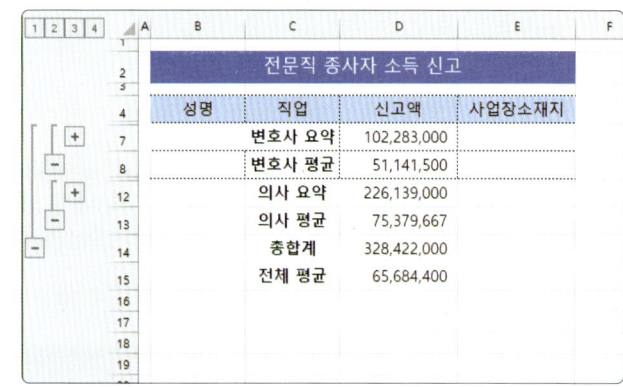

윤곽 기호에서 ①을 클릭하면 총합계와 전체 평균만 표시되고, ②를 클릭하면 변호사 평균, 의사 평균, 총합계, 전체 평균만 표시됩니다.

알고 넘어갑시다!

윤곽 기호 제거하기

다음과 같이 [데이터] 탭–[개요] 그룹에서 [그룹 해제]의 ˅[목록] 단추를 클릭한 후 [개요 지우기]를 클릭하면 윤곽 기호를 제거할 수 있습니다.

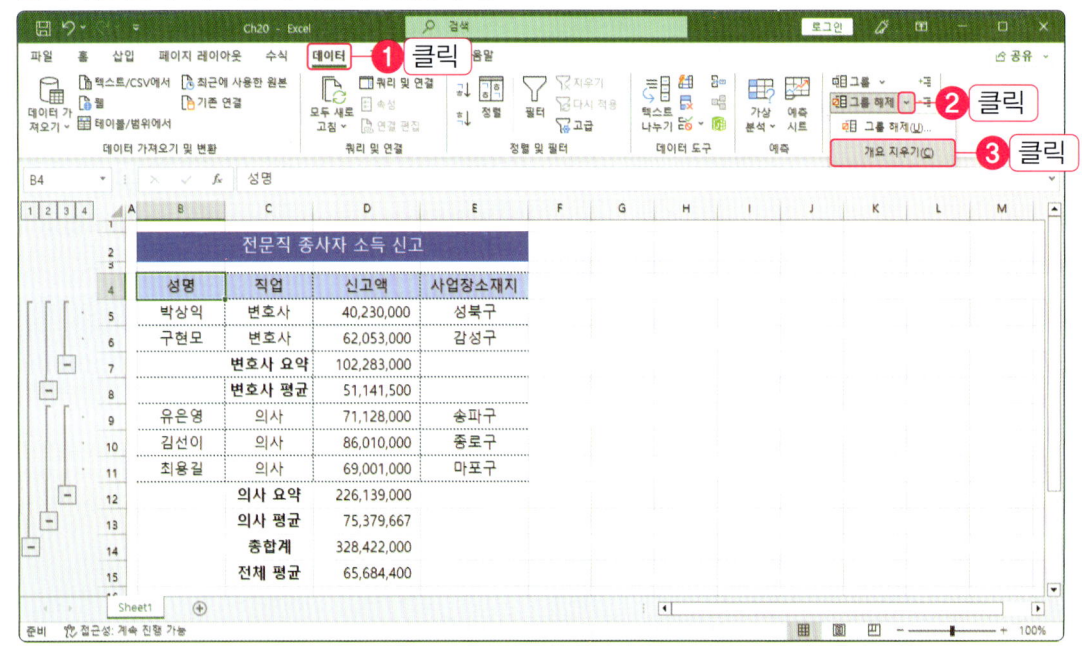

연습문제 Exercise

C:\단계학습\엑셀\연습파일\Ch20-연습.xlsx

1 다음과 같이 부분합을 사용하여 근무지별로 근무수당의 합계와 평균을 구해 보세요.

성명	성별	근무지	근무수당
		주말 근무수당 명세서	
강민정	여자	매장	65,000
조준석	남자	매장	85,000
김유진	여자	매장	78,000
		매장 평균	76,000
		매장 요약	228,000
방지형	남자	주방	94,000
김수옥	여자	주방	79,000
		주방 평균	86,500
		주방 요약	173,000
		전체 평균	80,200
		총합계	401,000

2 다음과 같이 윤곽 기호를 제거해 보세요.

성명	성별	근무지	근무수당
		주말 근무수당 명세서	
강민정	여자	매장	65,000
조준석	남자	매장	85,000
김유진	여자	매장	78,000
		매장 평균	76,000
		매장 요약	228,000
방지형	남자	주방	94,000
김수옥	여자	주방	79,000
		주방 평균	86,500
		주방 요약	173,000
		전체 평균	80,200
		총합계	401,000

> **Hint**
> [데이터] 탭-[개요] 그룹에서 [그룹 해제]의 [목록] 단추를 클릭한 후 [개요 지우기]를 클릭하면 윤곽 기호를 제거할 수 있습니다.

Chapter 20 - 부분합 사용하기

스파크라인 작성하기

스파크라인은 셀에 삽입하는 작은 차트를 말하는데요. 스파크라인을 작성하면 매입량이나 매출량 등의 수치 데이터를 셀에 시각적으로 표시하여 한 눈에 파악할 수 있습니다. 그럼, 스파크라인을 작성하는 방법에 대해 알아보겠습니다.

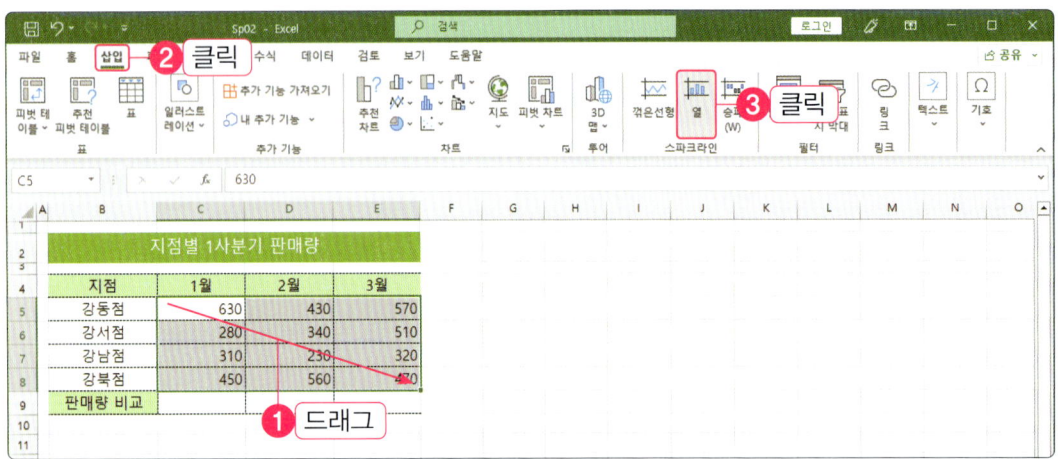

C:\단계학습\엑셀\예제파일\Sp02.xlsx

1 열 스파크라인을 삽입하기 위해 **C5:E8셀 범위를 선택**한 후 [삽입] 탭-[스파크라인] 그룹에서 **[열]을 클릭**합니다.

꺾은선형 스파크라인은 데이터의 추세를 표시하는 경우에 주로 사용하고, 열 스파크라인은 데이터의 크기를 비교하는 경우에 주로 사용하며 승패 스파크라인은 손익을 표시하는 경우에 주로 사용합니다.

2 [스파크라인 만들기] 대화상자가 나타나면 **위치 범위($C$9:$E$9)를 입력**한 후 [확인] 단추를 클릭합니다.

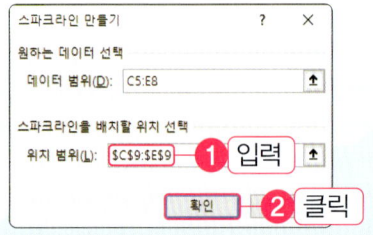

3 열 스파크라인이 삽입되면 스파크라인 스타일을 지정하기 위해 [스파크라인] 정황 탭-[스타일] 그룹에서 ▼[자세히] 단추를 클릭합니다.

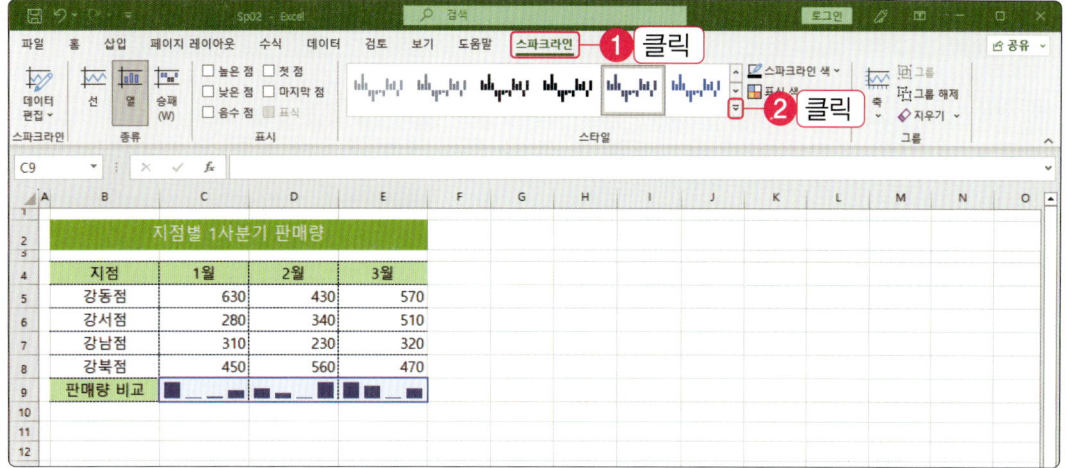

4 스파크라인 스타일 목록이 나타나면 [진한 노랑, 스파크라인 스타일 강조 4, 25% 더 어둡게]를 클릭합니다.

5 높은 점을 표시하기 위해 [스파크라인] 정황 탭-[표시] 그룹에서 [높은 점]을 선택합니다.

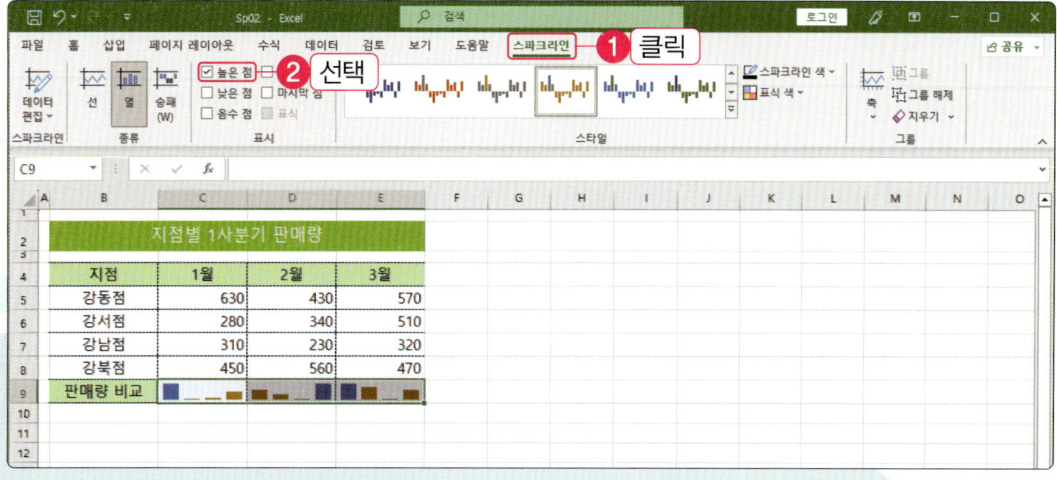

6 높은 점 표식 색을 변경하기 위해 [스파크라인] 정황 탭-[스타일] 그룹에서 **[표식 색]**을 클릭한 후 **[높은 점]-[빨강]**을 클릭합니다.

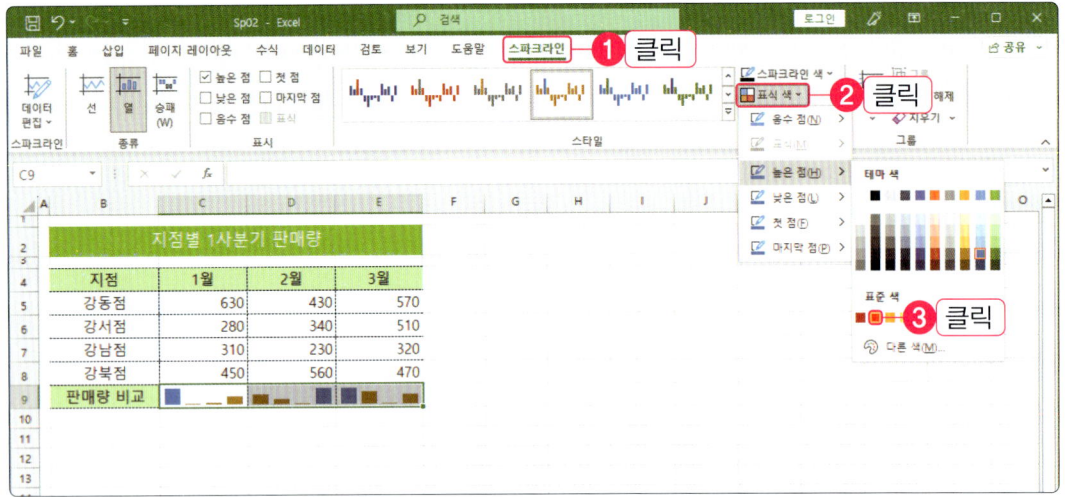

스파크라인이 삽입된 셀을 선택한 후 [스파크라인] 정황 탭-[종류] 그룹에서 스파크라인을 선택하면 스파크라인 종류를 변경할 수 있고, [그룹] 그룹에서 [지우기]를 클릭하면 스파크라인을 지울 수 있습니다.

7 다음과 같이 높은 점 표식 색이 변경됩니다.

POWERPOINT 2021

기본 Study

01	파워포인트 시작하기	2
02	기호와 한자 입력하기	8
03	슬라이드 편집하기	14
04	단락 편집하기	20
05	글머리 기호 넣고 번호 매기기	26
06	글꼴과 맞춤 서식 지정하고 서식 복사하기	32
07	테마 지정하기	38
08	프레젠테이션 인쇄하기	44
09	배경 서식 지정하고 WordArt 활용하기	50
10	도형과 그림 활용하기	56
S	Special page 앨범 만들기	64
11	SmartArt 활용하기	68
12	표 작성하기	74
13	차트 작성하기	82
14	동영상 활용하기	92
15	슬라이드 마스터와 유인물 마스터 설정하기	98
16	화면 전환 효과 지정하고 슬라이드 쇼 시작하기	106
17	애니메이션 지정하기	112
18	하이퍼링크와 실행 단추 삽입하기	118
19	슬라이드 숨기고 슬라이드 쇼 재구성하기	126
20	슬라이드 쇼 진행하고 예행 연습하기	132
S	Special page 차트 애니메이션 지정하기	140

기본 Study

Chapter 01 파워포인트 시작하기

자신의 의견을 청중에게 전달하는 것을 '프레젠테이션'이라고 하는데요. 파워포인트는 프레젠테이션을 작성할 수 있는 프로그램 중 가장 대표적인 프로그램입니다. 그럼, 파워포인트를 실행하고 프레젠테이션을 작성하는 방법과 프레젠테이션을 저장하고 파워포인트를 종료하는 방법에 대해 알아보겠습니다.

미리보기

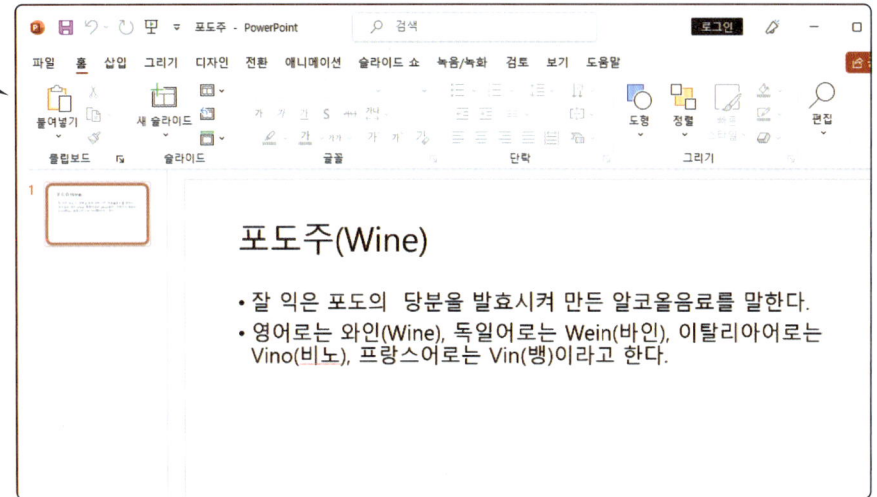

01 파워포인트 실행하고 프레젠테이션 작성하기

1 파워포인트를 실행하기 위해 작업 표시줄에서 [시작] 단추를 클릭한 후 앱 뷰에서 [PowerPoint]를 클릭합니다.

2 파워포인트가 실행되면 [홈]을 클릭한 후 [새 프레젠테이션]을 클릭합니다.

파워포인트의 화면 구성

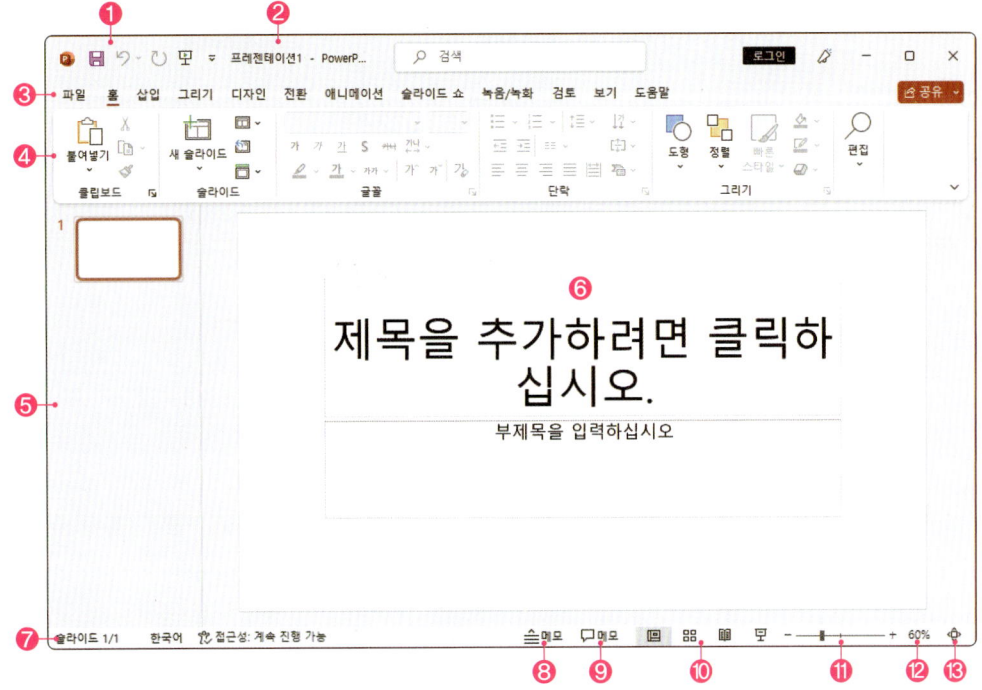

① **빠른 실행 도구 모음** : 자주 사용하는 기능을 빠르게 실행할 수 있는 도구 모음(파워포인트에서 제공하는 기능을 아이콘으로 만들어 놓은 것)입니다.
② **제목 표시줄** : 프레젠테이션의 파일 이름(새 프레젠테이션은 '프레젠테이션1', '프레젠테이션2', …로 표시)과 프로그램의 이름(PowerPoint)이 표시되는 곳입니다.
③ **파일 탭** : 백스테이지(Backstage)로 전환하여 열기, 저장, 인쇄 등을 할 수 있는 탭입니다. 백스테이지에서 ⊙을 클릭하면 메인스테이지(Mainstage)로 전환할 수 있습니다.
④ **리본 메뉴** : 메뉴와 도구 모음이 하나로 통합된 메뉴입니다. 리본 메뉴는 [홈], [삽입], [디자인] 등의 탭으로 구성되어 있고, 탭은 서로 관련 있는 기능별로 구분하여 놓은 그룹으로 구성되어 있습니다. 그룹에 ⊡[추가 옵션]이 있는 경우, ⊡[추가 옵션]을 클릭하면 해당 대화상자나 작업 창이 나타납니다.

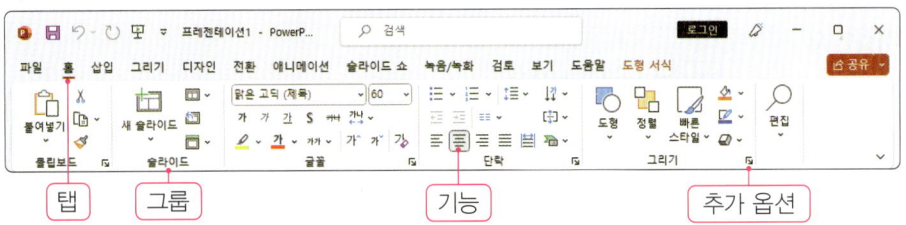

⑤ **슬라이드 보기 창** : 슬라이드를 축소한 그림이 표시되는 곳입니다.
⑥ **슬라이드 창** : 슬라이드를 작성하는 곳입니다.
⑦ **상태 표시줄** : 표시기 보기, 맞춤법 검사, 언어 등의 작업 정보가 표시되는 곳입니다.
⑧ **슬메모** : 슬라이드 노트 창(슬라이드를 설명할 때 참고할 내용을 입력하는 곳)이 나타납니다.
⑨ **ㄷ메모** : [메모] 작업 창이 나타납니다.
⑩ **보기 바로 가기** : 프레젠테이션 보기를 전환할 수 있는 곳입니다. ▭[기본], ▦[여러 슬라이드], ▤[읽기용 보기], ▭[슬라이드 쇼]로 구성되어 있습니다.
⑪ **확대/축소 슬라이더** : +[확대]나 -[축소]를 클릭하거나 ▮[확대/축소]를 드래그하여 슬라이드 화면의 확대/축소 배율을 지정할 수 있는 곳입니다.
⑫ **확대/축소** : 슬라이드 화면의 확대/축소 배율이 퍼센트(%)로 표시되는 곳입니다.
⑬ **크기에 맞게** : 슬라이드 화면의 확대/축소 배율을 슬라이드 창의 크기에 맞춥니다.

3 새 프레젠테이션이 만들어지면 레이아웃을 변경하기 위해 [홈] 탭-[슬라이드] 그룹에서 [레이아웃]을 클릭한 후 [제목 및 내용]을 클릭합니다.

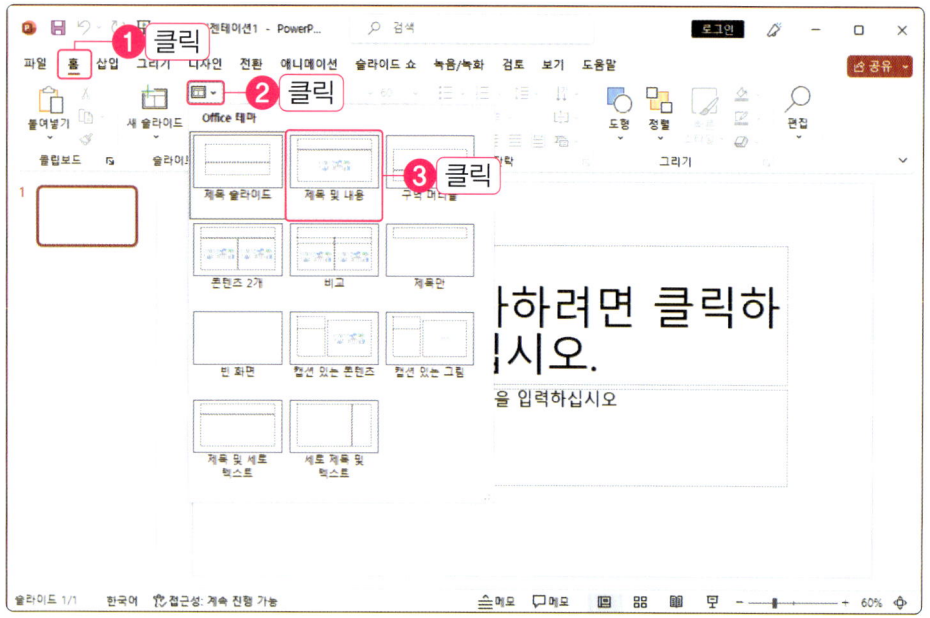

- 슬라이드(프레젠테이션에서 하나의 화면)에서 텍스트 상자나 표 등의 개체가 배치되는 모양을 '레이아웃'이라고 하는데요. 레이아웃은 제목 슬라이드, 제목 및 내용, 구역 머리글 등 11종류로 분류되어 있습니다.
- 기본적으로 1번 슬라이드의 레이아웃은 제목 슬라이드입니다.

4 레이아웃이 변경되면 **제목 텍스트 상자를 클릭**한 후 **다음과 같이 제목을 입력**합니다. 그런 다음 **내용 텍스트 상자를 클릭**한 후 **다음과 같이 내용을 입력**한 다음 Enter 를 누릅니다.

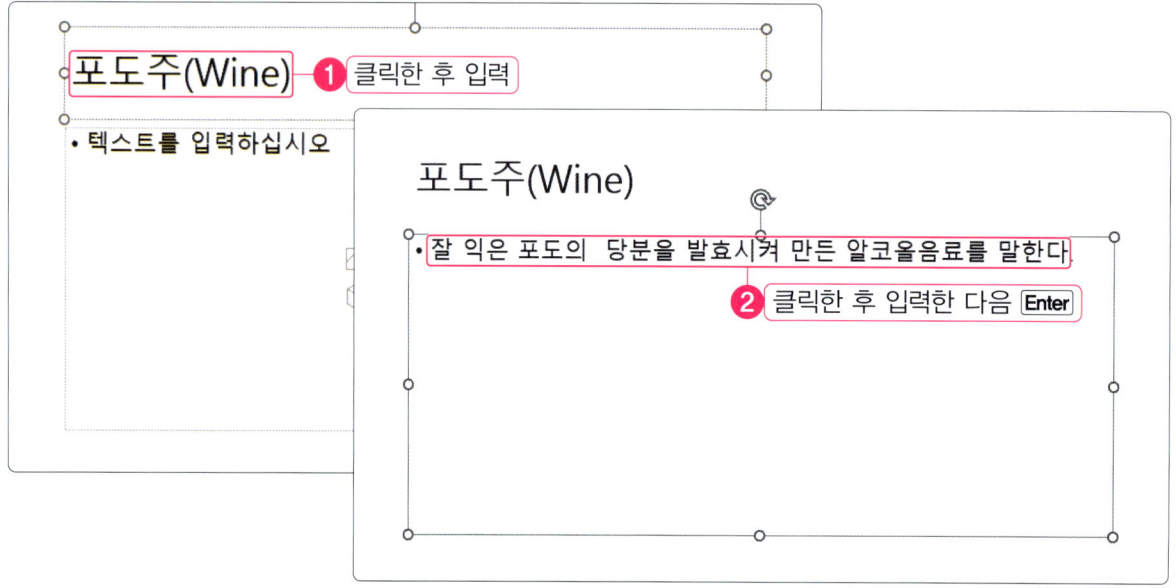

- 파워포인트에서는 슬라이드에 있는 텍스트 상자나 표 등의 개체에 텍스트를 입력하여 프레젠테이션을 작성합니다.
- 내용을 입력한 후 Enter 를 누르면 글머리 기호(여기서는 •)가 자동으로 넣어집니다.

5 같은 방법으로 **다음과 같이 나머지 내용을 입력**합니다.

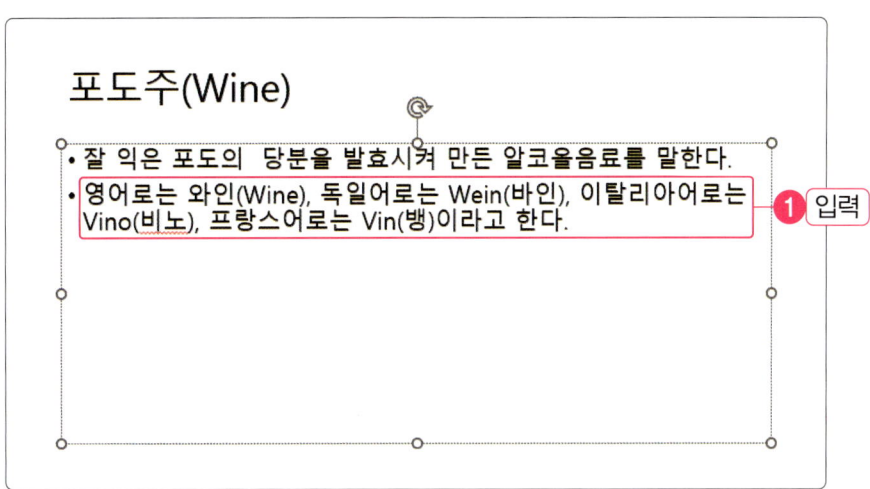

알고 넘어갑시다!

새 프레젠테이션 만들기

다음과 같이 [파일] 탭–[새로 만들기]를 클릭한 후 [새 프레젠테이션]을 클릭하면 기존 프레젠테이션을 그대로 둔 상태에서 새 프레젠테이션을 만들 수 있고, Ctrl+N을 누르면 기존 프레젠테이션을 그대로 둔 상태에서 새 프레젠테이션을 바로 만들 수 있습니다.

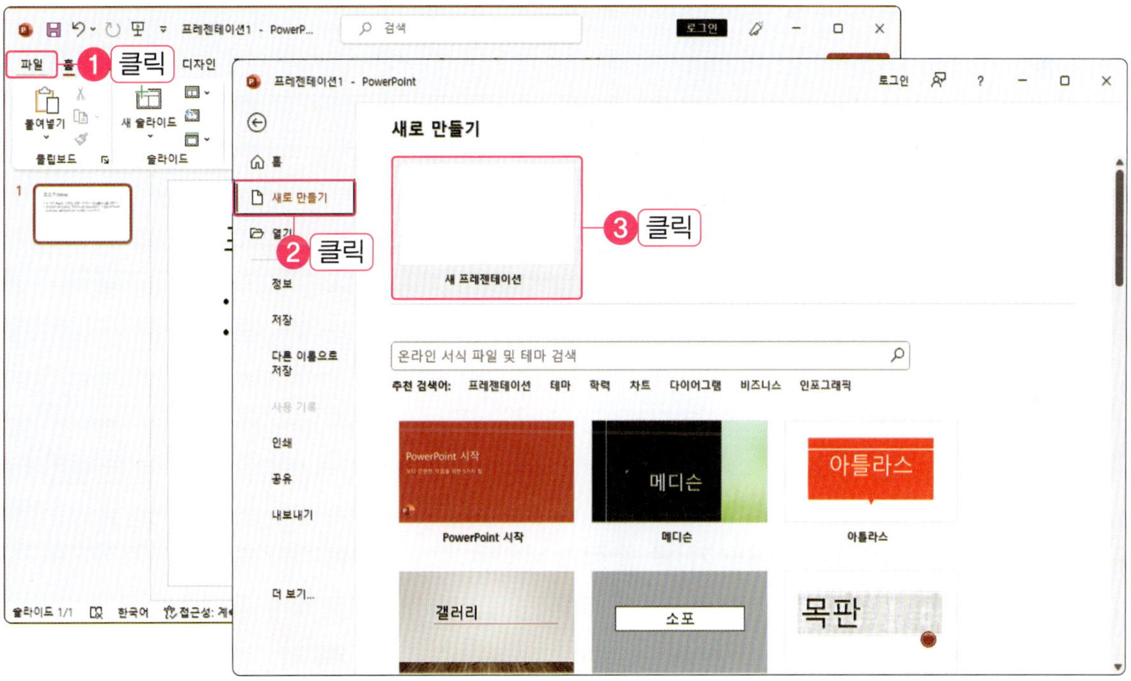

02 프레젠테이션 저장하고 파워포인트 종료하기

1 프레젠테이션을 저장하기 위해 [파일] 탭을 클릭한 후 [다른 이름으로 저장]-[찾아보기]를 클릭합니다.

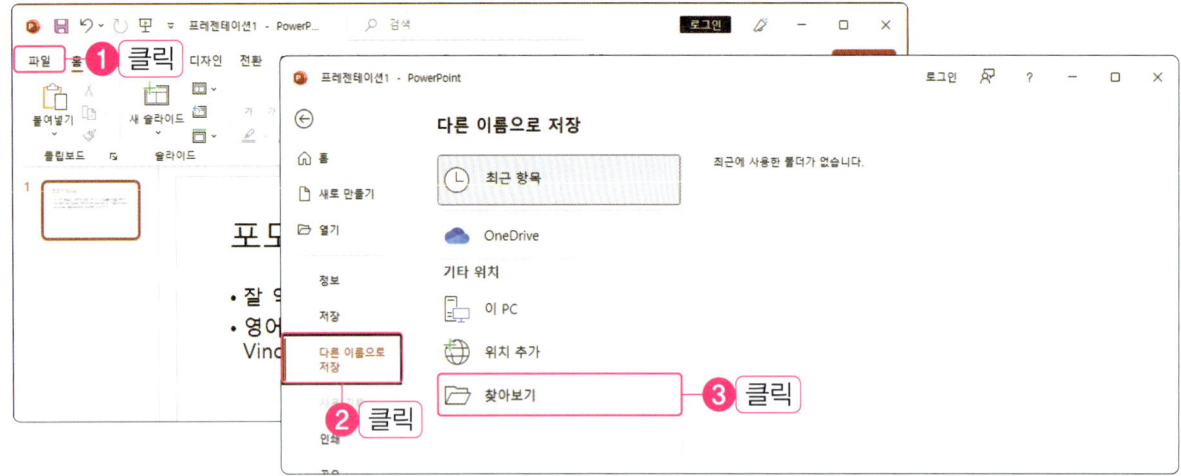

새 프레젠테이션을 만든 후 프레젠테이션을 작성한 경우에는 [파일] 탭-[다른 이름으로 저장]을 클릭하거나 Ctrl+S를 누르면 프레젠테이션을 저장할 수 있습니다.

2 [다른 이름으로 저장] 대화상자가 나타나면 **위치(문서)를 선택**한 후 **파일 이름(포도주)을 입력**한 다음 [저장] 단추를 클릭합니다.

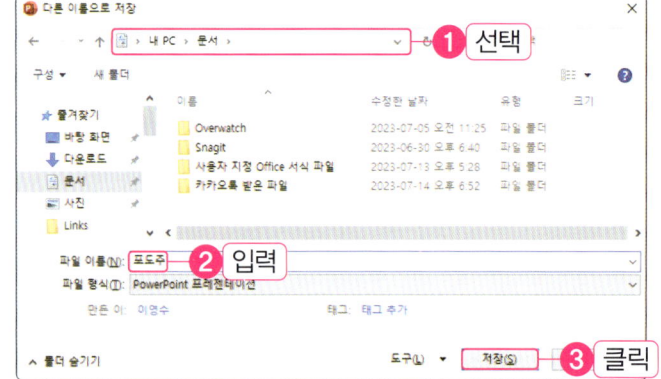

프레젠테이션을 저장하면 확장자가 'pptx'인 프레젠테이션으로 저장됩니다.

3 파워포인트를 종료하기 위해 ✕[닫기]를 클릭합니다.

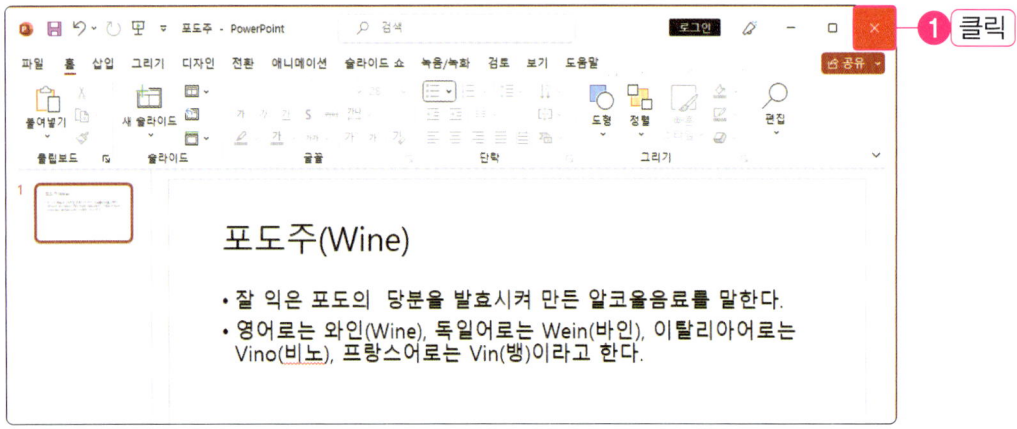

4 파워포인트가 종료됩니다.

POWERPOINT 2021 연습문제 E·x·e·r·c·i·s·e

1 다음과 같이 파워포인트를 실행한 후 새 프레젠테이션을 만든 다음 레이아웃을 변경하고 프레젠테이션을 작성해 보세요.
- 레이아웃 변경 : 제목 슬라이드 → 구역 머리글

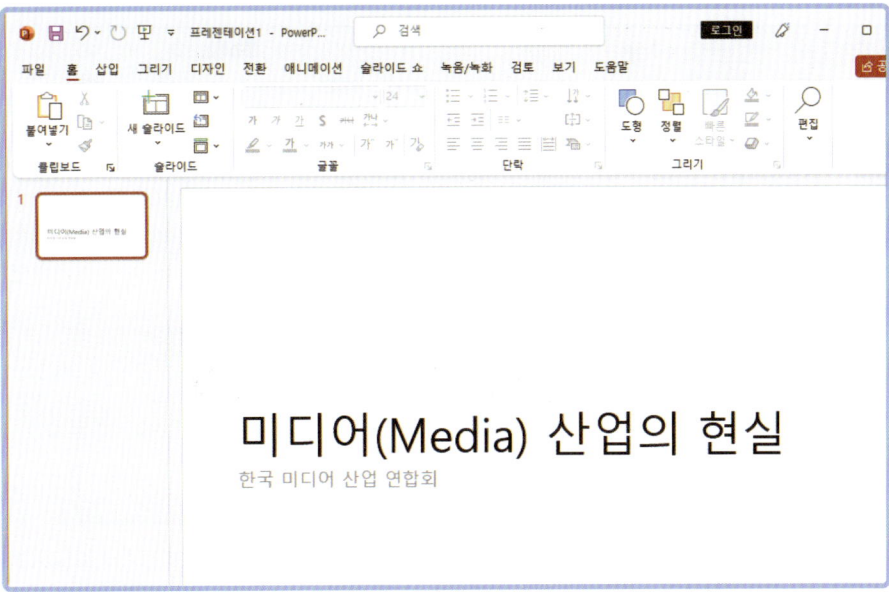

2 다음과 같이 데이터를 수정한 후 프레젠테이션을 저장해 보세요.
- 프레젠테이션 저장 : 위치(문서), 파일 이름(미디어 산업의 발전)

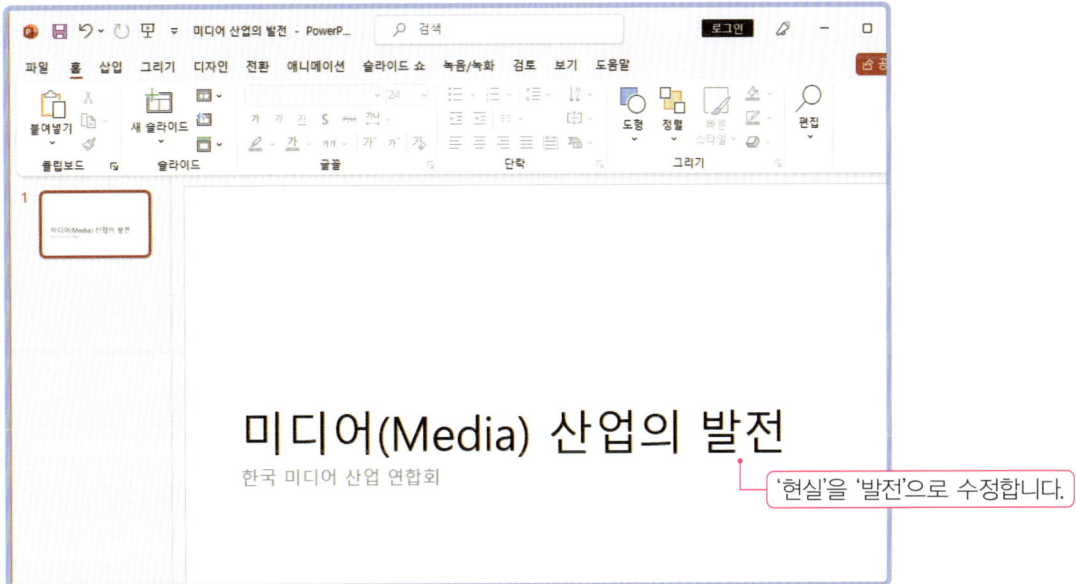

'현실'을 '발전'으로 수정합니다.

Hint 새 프레젠테이션을 만든 후 프레젠테이션을 작성한 경우에는 [파일] 탭-[다른 이름으로 저장]을 클릭하면 프레젠테이션을 저장할 수 있습니다.

기본 Study

Chapter 02 기호와 한자 입력하기

파워포인트에서 키보드로 입력할 수 없는 기호(●, ■, ▲ 등)는 기호 기능을 사용하여 입력하고, 한자는 한글을 입력한 후 한글/한자 변환 기능을 사용하여 입력합니다. 그럼, 프레젠테이션을 열고 기호를 입력하는 방법과 한자를 입력하고 다른 이름으로 프레젠테이션을 저장하는 방법에 대해 알아보겠습니다.

Powerpoint 2021

미리 보기

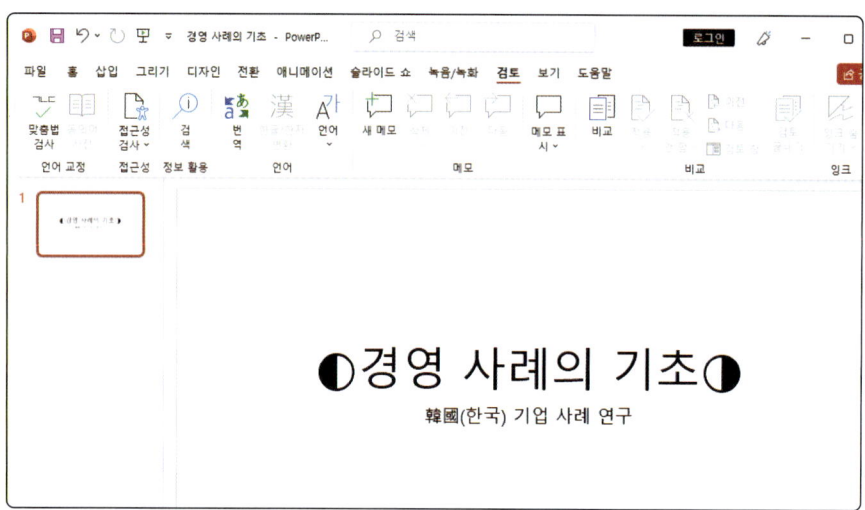

C:\단계학습\파워포인트\예제파일\Ch02.pptx

01 프레젠테이션 열고 기호 입력하기

1 **파워포인트를 실행**한 후 프레젠테이션을 열기 위해 **[열기]를 클릭**한 다음 **[찾아보기]를 클릭**합니다.

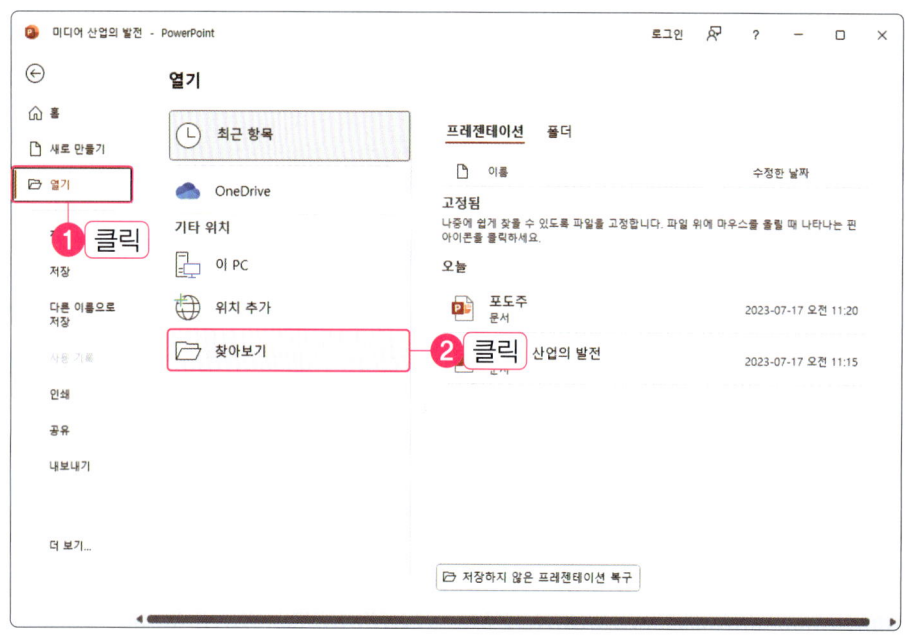

여기서는 파워포인트를 실행한 후 프레젠테이션을 바로 여는 경우인데요. 다른 프레젠테이션이 열려 있는 경우에는 [파일] 탭-[열기]를 클릭하거나 Ctrl+O를 누르면 프레젠테이션을 열 수 있습니다.

2 [열기] 대화상자가 나타나면 **위치(C:\단계학습\파워포인트\예제파일)를 선택**한 후 **파일(Ch02)을 선택**한 다음 **[열기] 단추를 클릭**합니다.

> 'C:\단계학습\파워포인트\예제파일' 폴더가 없는 경우에는 **자료를 다운로드**(Information 2Page 참고)합니다.

3 기호를 입력하기 위해 **'경영' 앞에 커서를 둔 후** [삽입] 탭-[기호] 그룹에서 **[기호]를 클릭**합니다.

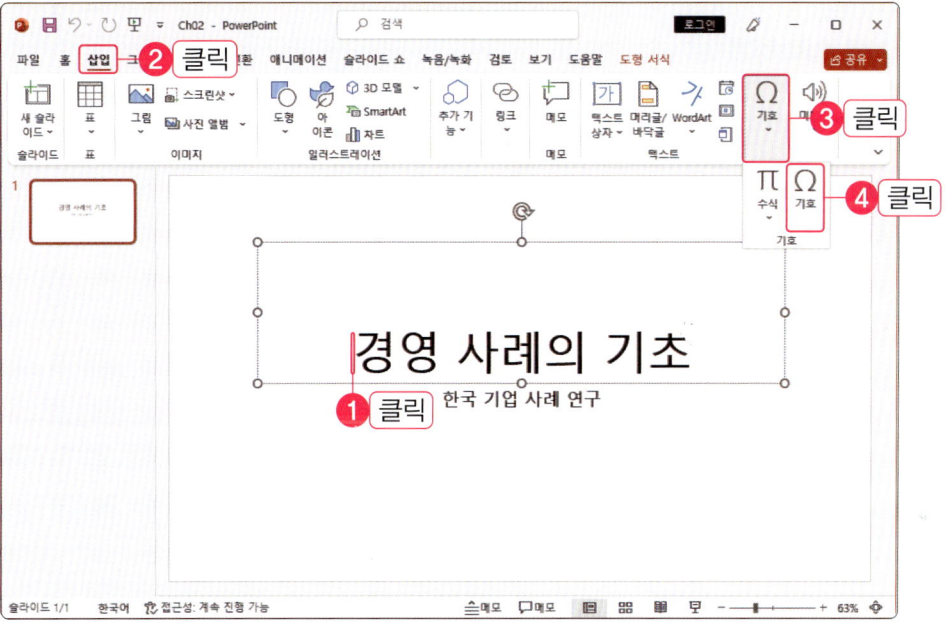

4 [기호] 대화상자가 나타나면 **글꼴(맑은 고딕)과 하위 집합(도형 기호)을 선택**한 후 **기호(◐)를 선택**한 다음 **[삽입] 단추를 클릭**합니다. 그런 다음 '◐' 기호가 삽입되면 **[닫기] 단추를 클릭**합니다.

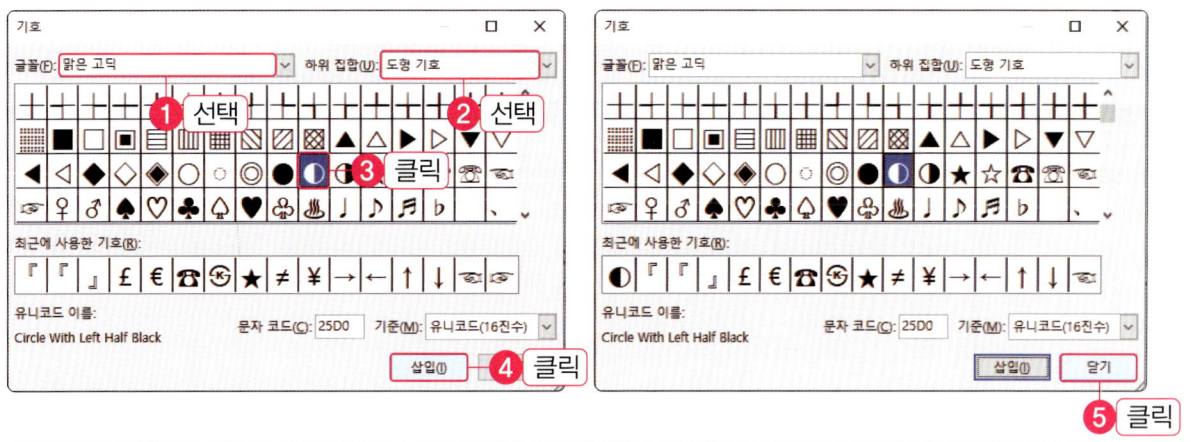

> [삽입] 단추를 클릭하면 [취소] 단추가 [닫기] 단추로 변경됩니다.

Chapter 02 - 기호와 한자 입력하기

5 같은 방법으로 **다음과 같이 '◐' 기호를 입력**합니다.

알고 넘어갑시다!

한글 자음을 사용하여 기호 입력하기
다음과 같이 한글 자음(ㄱ~ㅎ)을 입력한 후 한자를 눌러 기호를 입력할 수도 있습니다.

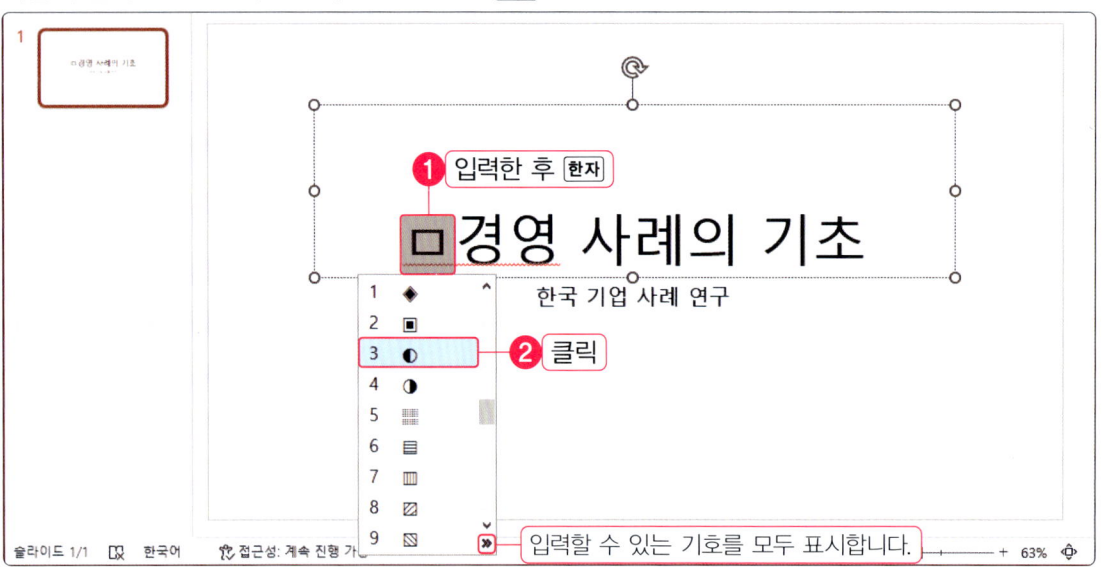

한글 자음별 입력할 수 있는 기호
- ㄴ : 괄호(《, 》, 【, 】 등)
- ㄹ : 단위(₩, ㎟, ㎞², dB 등)
- ㅂ : 상자 그리기(─, │, ┬, ┼ 등)
- ㅇ : 원/괄호 영문, 원/괄호 숫자(ⓐ, (a), ①, (1) 등)
- ㅊ : 분수, 첨자(⅓, ⅔, ¹, ₄ 등)
- ㄷ : 수학 기호(÷, ≠, ∴, ≒ 등)
- ㅁ : 도형(●, □, ▲, ♥ 등)
- ㅅ : 원/괄호 한글(㉠, ㉮, ⒢, ⒢ 등)
- ㅈ : 숫자, 로마 숫자(0, 9, ⅰ, Ⅹ 등)
- ㅎ : 로마 문자(Δ, Θ, Ω, β 등)

02 한자 입력하고 다른 이름으로 프레젠테이션 저장하기

1 한자를 입력하기 위해 '**한국**'을 **드래그하여 선택**한 후 [검토] 탭-[언어] 그룹에서 [**한글/한자 변환**]을 **클릭**합니다.

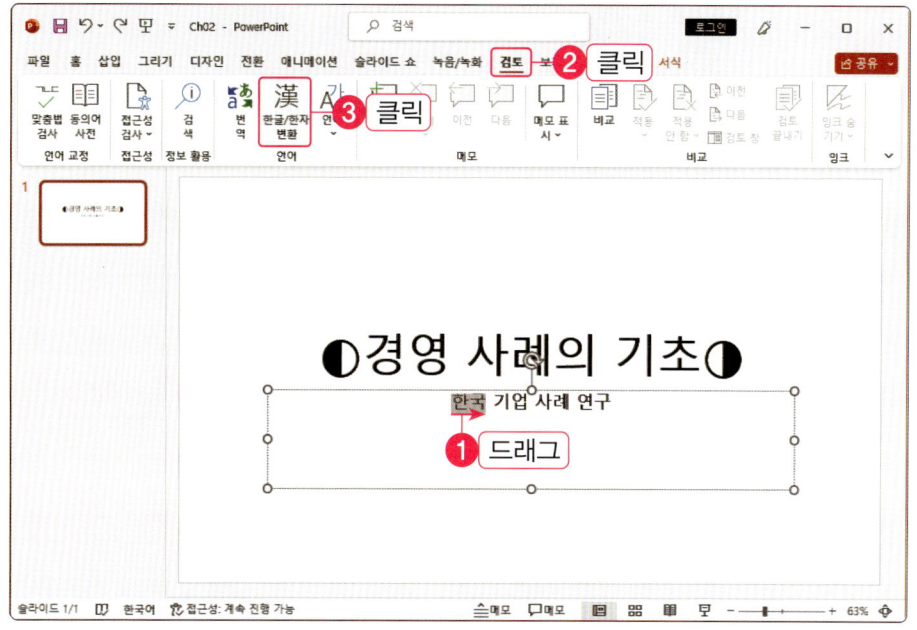

'한국'을 드래그하여 선택한 후 한자를 눌러 한자를 입력할 수도 있습니다.

2 [한글/한자 변환] 대화상자가 나타나면 **한자(韓國)와 입력 형태(漢字(한글))를 선택**한 후 [**변환**] 단추를 **클릭**합니다.

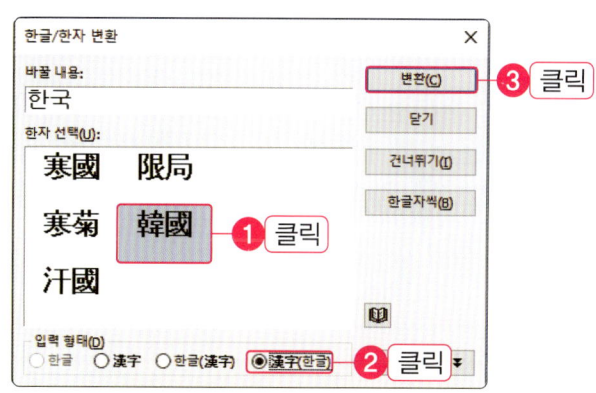

[한자 사전] 단추를 클릭하면 한자의 음, 뜻, 획수 등을 확인할 수 있습니다.

알고 넘어갑시다!

입력 형태
- 한글 : 韓國 → 한국
- 한글(漢字) : 한국 → 한국(韓國)
- 漢字 : 한국 → 韓國
- 漢字(한글) : 한국 → 韓國(한국)

---

3 한글 '한국'이 한자 '韓國(한국)'으로 변환됩니다.

Chapter 02 - 기호와 한자 입력하기 **11**

4 다른 이름으로 프레젠테이션을 저장하기 위해 [파일] 탭-[다른 이름으로 저장]을 클릭한 후 [찾아보기]를 클릭합니다.

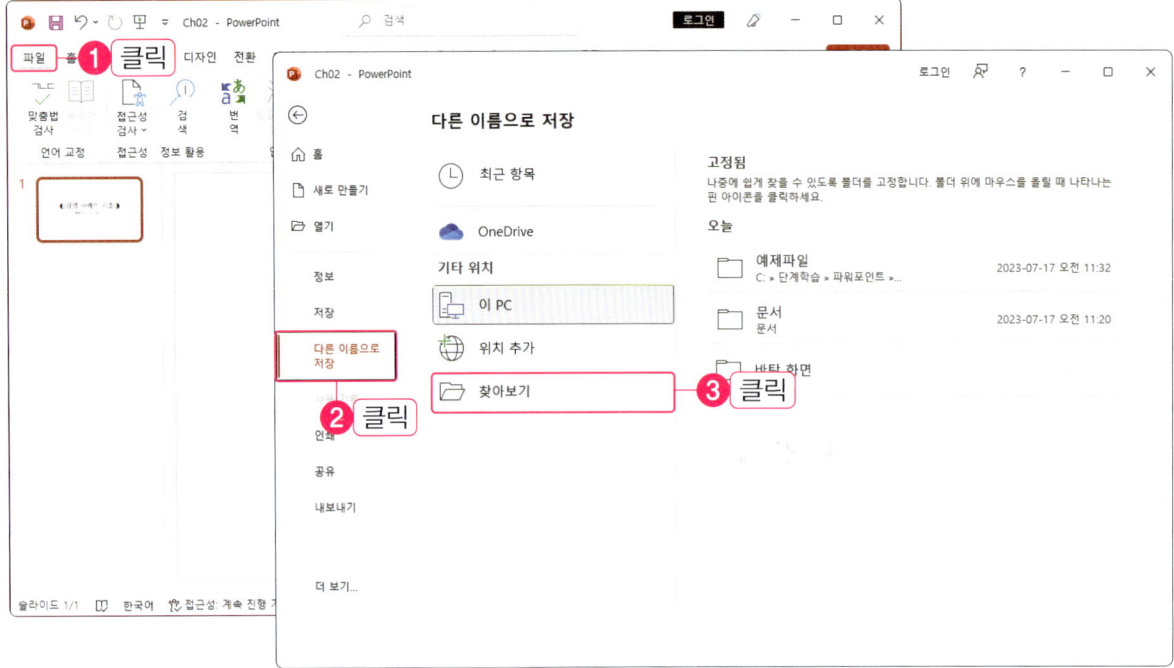

- F12를 눌러 다른 이름으로 프레젠테이션을 저장할 수도 있습니다.
- 프레젠테이션을 연 후 데이터를 수정한 다음 [파일] 탭-[저장]을 클릭하면 기존 파일 이름으로 프레젠테이션이 저장됩니다. 기존 프레젠테이션이 데이터를 수정한 프레젠테이션으로 변경되는 것인데요, 기존 프레젠테이션을 그대로 두고 데이터를 수정한 프레젠테이션을 하나 더 만들려면 [파일] 탭-[다른 이름으로 저장]을 클릭하여 다른 파일 이름으로 프레젠테이션을 저장해야 합니다.

5 [다른 이름으로 저장] 대화상자가 나타나면 **위치(문서)를 선택**한 후 **파일 이름(경영 사례의 기초)을 입력**한 다음 **[저장] 단추를 클릭**합니다.

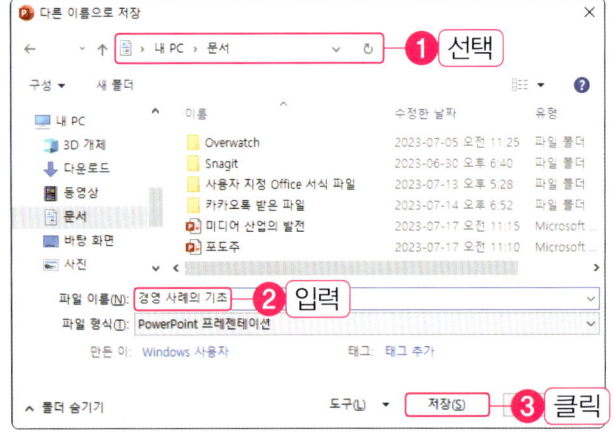

6 다른 이름으로 프레젠테이션이 저장됩니다.

알고 넘어갑시다!

프레젠테이션 닫기

파워포인트에서 ❌[닫기]를 클릭하면 모든 프레젠테이션을 닫고 파워포인트를 종료하지만 [파일] 탭-[닫기]를 클릭하거나 Ctrl + F4 를 누르면 해당 프레젠테이션만 닫습니다.

POWERPOINT 2021 연습문제 E·x·e·r·c·i·s·e

C:\단계학습\파워포인트\연습파일\Ch02-연습.pptx

1 다음과 같이 프레젠테이션을 연 후 기호를 입력해 보세요.
  • 프레젠테이션 열기 : 위치(C:\단계학습\파워포인트\연습파일), 파일(Ch02-연습)

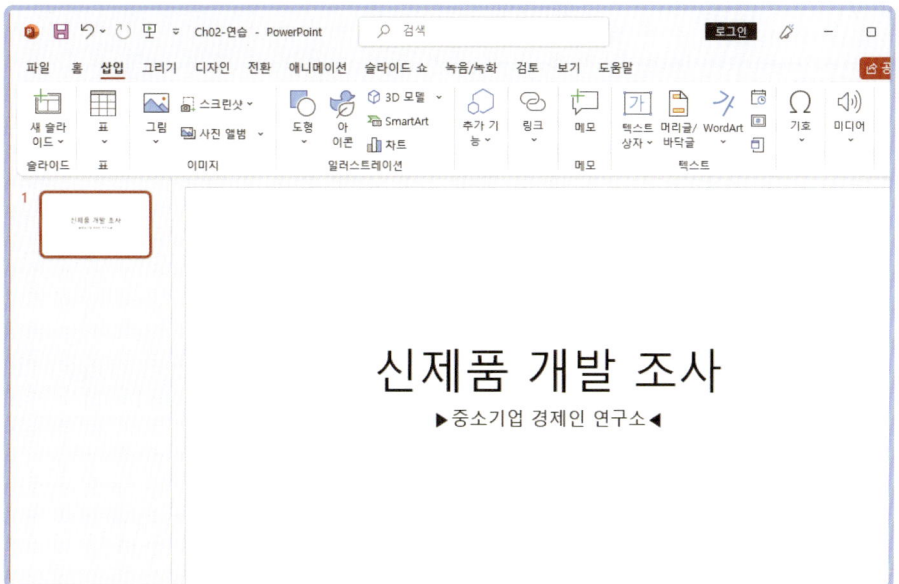

Hint 다른 프레젠테이션이 열려 있는 경우에는 [파일] 탭-[열기]를 클릭하면 프레젠테이션을 열 수 있습니다.

2 다음과 같이 한자를 입력한 후 다른 이름으로 프레젠테이션을 저장해 보세요.
  • 다른 이름으로 프레젠테이션 저장 : 위치(문서), 파일 이름(신제품 개발 조사)

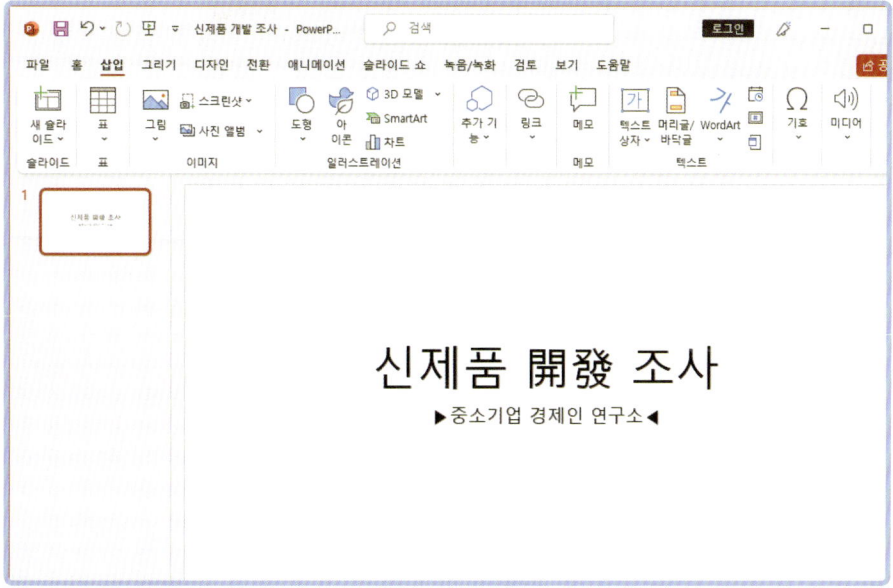

Chapter 02 - 기호와 한자 입력하기 **13**

기본 Study
Chapter 03
슬라이드 편집하기

파워포인트에서는 슬라이드를 삽입하거나 삭제할 수 있고 복제하거나 이동할 수 있는데요. 프레젠테이션을 작성하다 보면 슬라이드를 복제하여 내용만 수정하는 것이 더 능률적이거나 슬라이드를 이동하여 내용을 전개하는 것이 더 효과적인 경우가 있습니다. 그럼, 슬라이드를 편집하는 방법에 대해 알아보겠습니다.

📎 C:\단계학습\파워포인트\예제파일\Ch03.pptx

01 슬라이드 삽입하고 삭제하기

1 슬라이드를 삽입하기 위해 슬라이드 보기 창에서 **1번 슬라이드를 선택**한 후 [홈] 탭-[슬라이드] 그룹에서 [새 슬라이드]의 ˇ[목록] 단추를 클릭한 다음 [구역 머리글]을 클릭합니다.

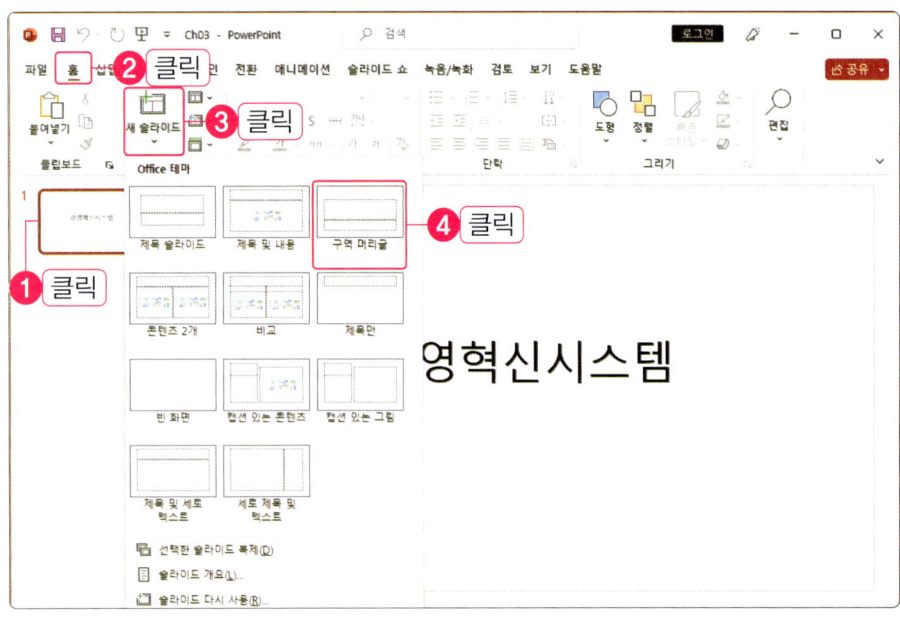

- 슬라이드의 바로 가기 메뉴에서 [새 슬라이드]를 클릭하여 슬라이드를 삽입할 수도 있습니다.
- 새 슬라이드는 선택한 슬라이드 아래에 삽입됩니다.

2 새 슬라이드가 삽입되면 **다음과 같이 2번 슬라이드를 작성**합니다.

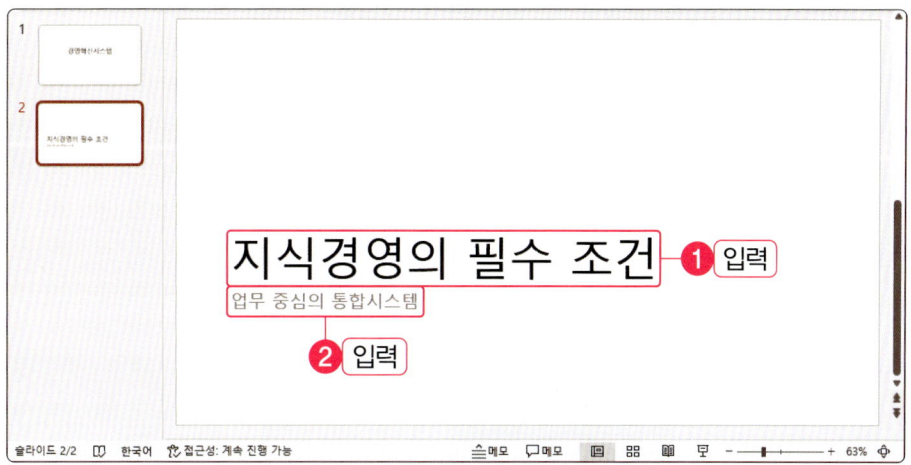

알고 넘어갑시다!

슬라이드 선택하기

- **하나의 슬라이드 선택** : 슬라이드 보기 창에서 슬라이드를 클릭합니다.
- **연속적인 슬라이드 선택** : 슬라이드 보기 창에서 첫 번째 슬라이드를 선택한 후 Shift 를 누른 상태에서 마지막 슬라이드를 선택합니다.
- **비연속적인 슬라이드 선택** : 슬라이드 보기 창에서 슬라이드를 선택한 후 Ctrl 을 누른 상태에서 다른 슬라이드를 선택합니다.
- **모든 슬라이드 선택** : 슬라이드 보기 창에서 슬라이드를 선택한 후 [홈] 탭–[편집] 그룹에서 [선택]을 클릭한 다음 [모두 선택]을 클릭하거나 Ctrl + A 를 누릅니다.

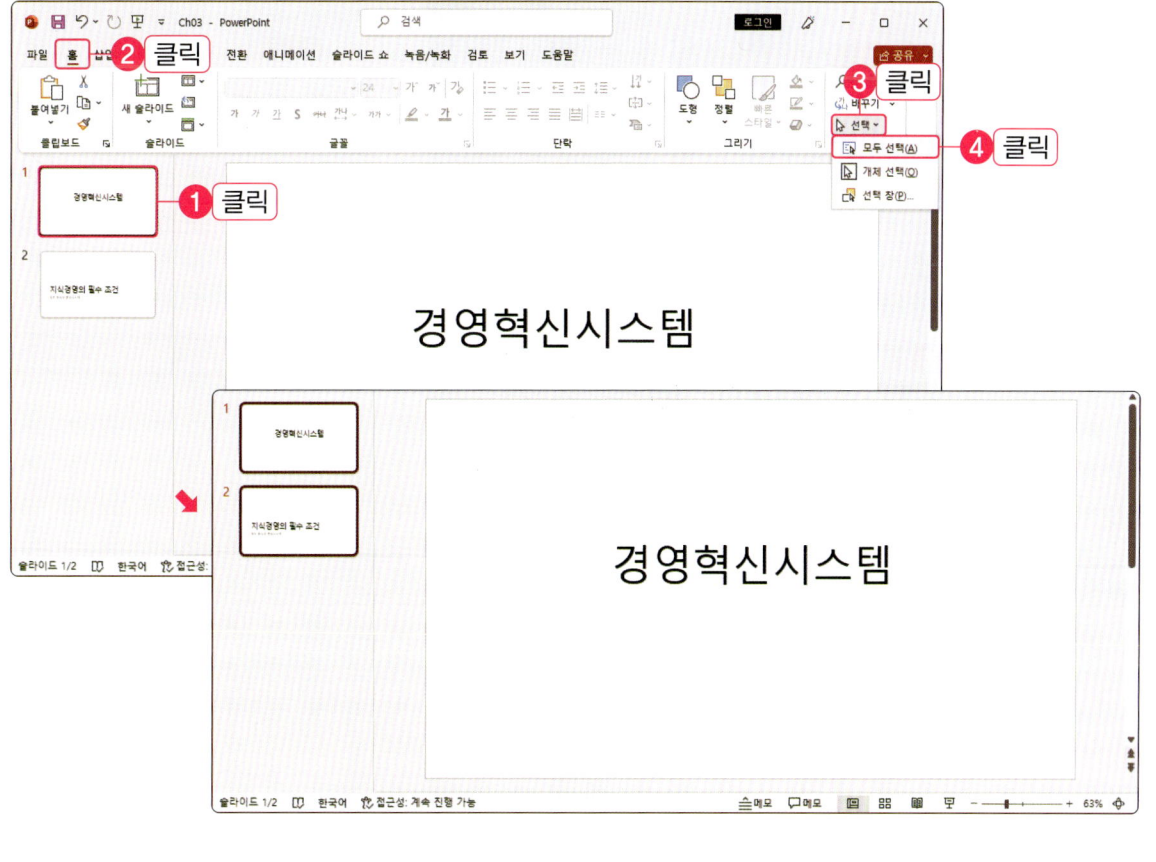

3 슬라이드를 삭제하기 위해 슬라이드 보기 창에서 **1번 슬라이드를 선택**한 후 Delete 를 누릅니다.

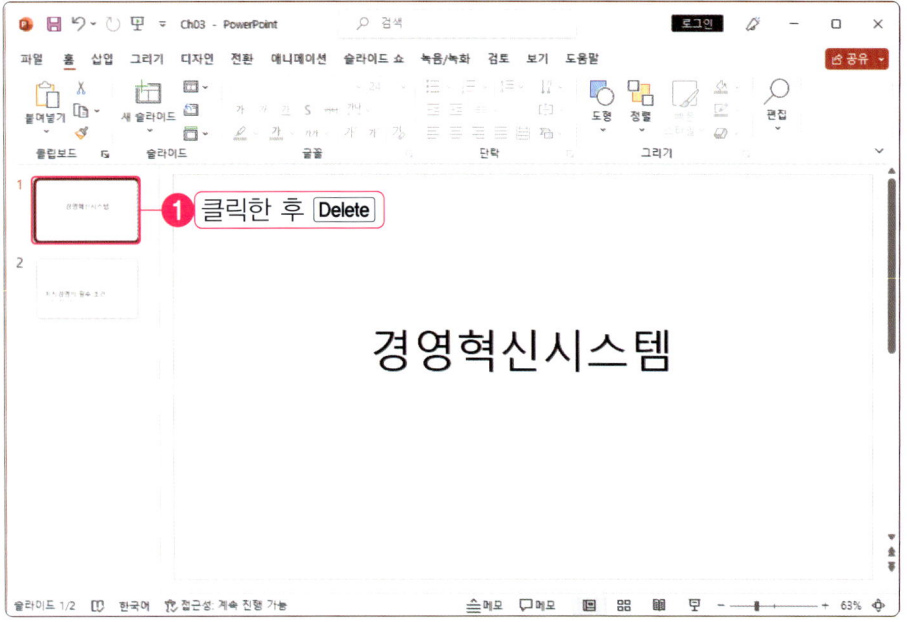

슬라이드의 바로 가기 메뉴에서 [슬라이드 삭제]를 클릭하여 슬라이드를 삭제할 수도 있습니다.

4 다음과 같이 슬라이드가 삭제됩니다.

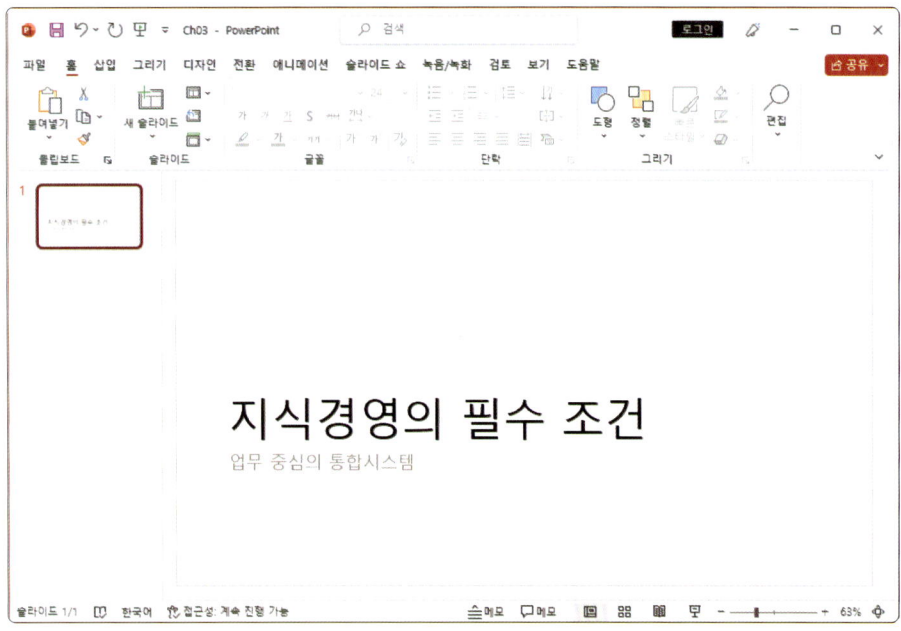

02 슬라이드 복제하고 이동하기

1 슬라이드를 복제하기 위해 슬라이드 보기 창에서 **1번 슬라이드를 선택**한 후 **Ctrl+D를 누릅**니다.

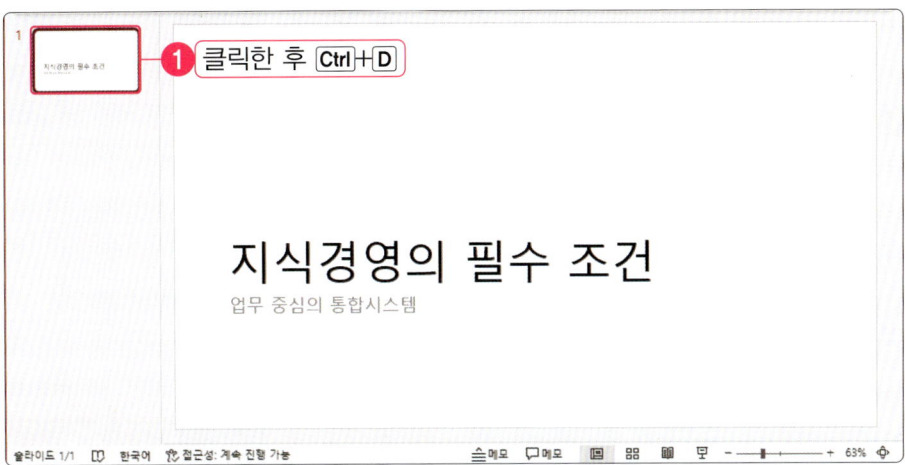

슬라이드의 바로 가기 메뉴에서 [슬라이드 복제]를 클릭하여 슬라이드를 복제할 수도 있습니다.

2 슬라이드가 복제되면 **다음과 같이 슬라이드를 수정**합니다.

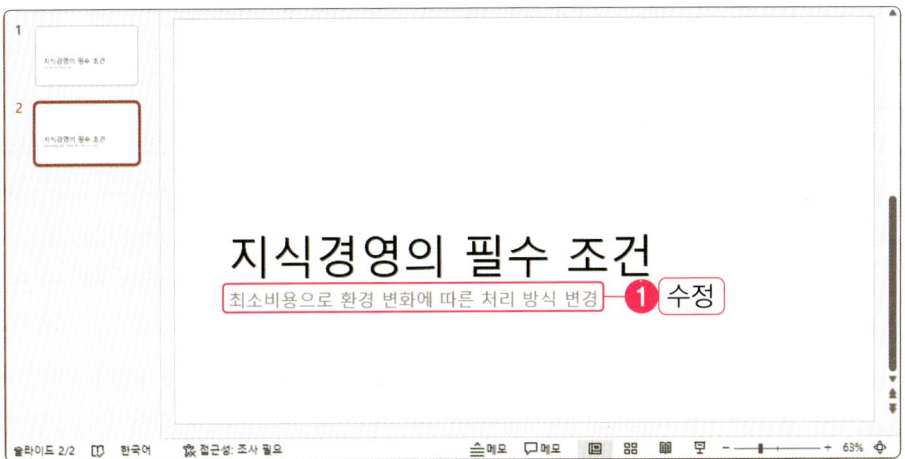

3 슬라이드를 이동하기 위해 슬라이드 보기 창에서 **1번 슬라이드를 2번 슬라이드 아래로 드래그**합니다.

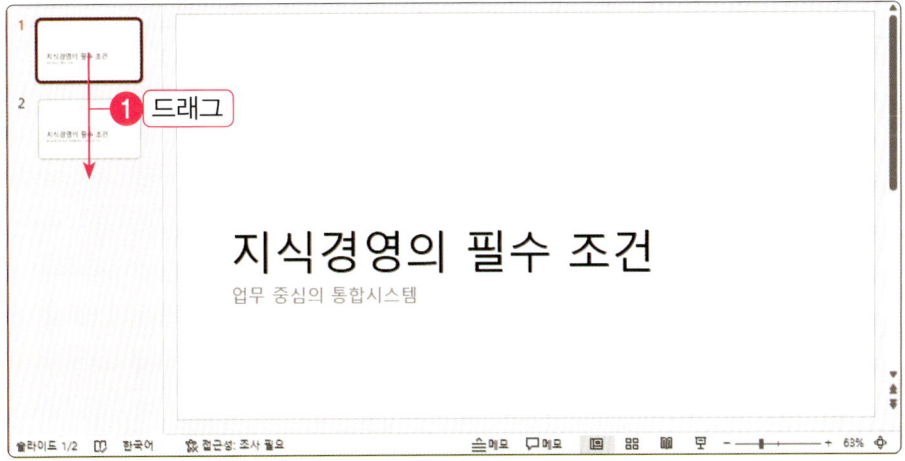

Chapter 03 - 슬라이드 편집하기 **17**

4 다음과 같이 슬라이드가 이동됩니다.

알고 넘어갑시다!

여러 슬라이드 보기에서 슬라이드 복제하고 이동하기

[보기] 탭–[프레젠테이션 보기] 그룹에서 [여러 슬라이드]를 클릭하면 프레젠테이션 보기를 여러 슬라이드 보기로 전환하여 슬라이드를 복제하거나 이동할 수 있는데요. 다음과 같이 여러 슬라이드 보기에서는 Ctrl 을 누른 상태에서 슬라이드를 드래그하면 슬라이드가 복제되고, 슬라이드를 드래그하면 슬라이드가 이동됩니다.

▲ 슬라이드를 복제하는 경우

▲ 슬라이드를 이동하는 경우

POWERPOINT 2021 **연습문제** E·x·e·r·c·i·s·e

C:\단계학습\파워포인트\연습파일\Ch03-연습.pptx

1 다음과 같이 슬라이드를 삽입한 후 슬라이드를 작성해 보세요.
- **슬라이드 삽입** : 1번 슬라이드 아래에 슬라이드(콘텐츠 2개) 삽입

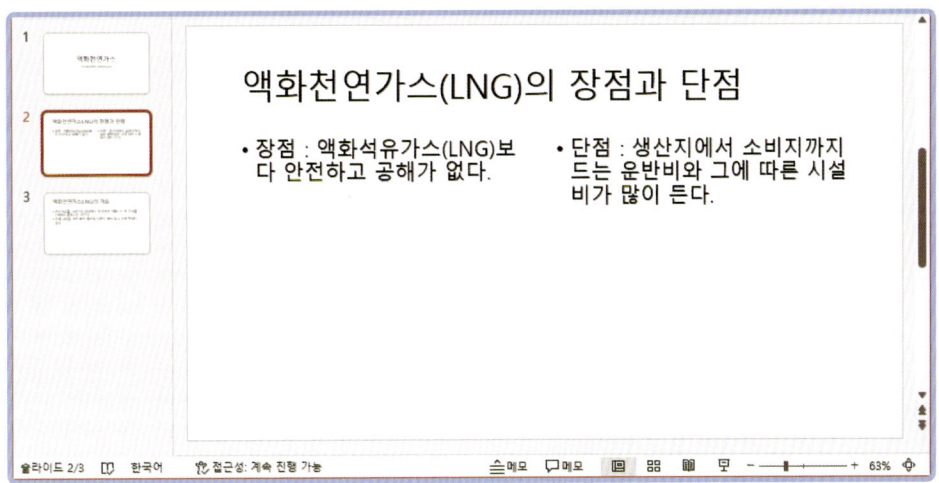

2 다음과 같이 프레젠테이션 보기를 여러 슬라이드 보기로 전환한 후 슬라이드를 이동해 보세요.
- **슬라이드 이동** : 2번 슬라이드를 3번 슬라이드 뒤로 이동

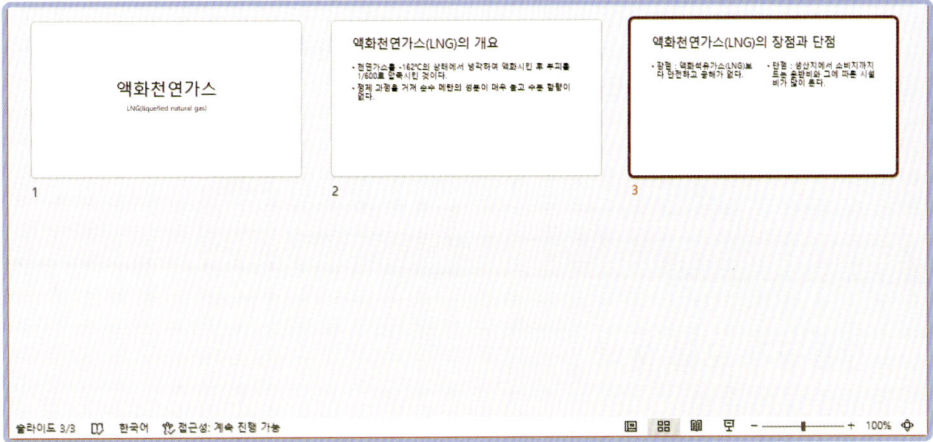

Hint
[보기] 탭-[프레젠테이션 보기] 그룹에서 [여러 슬라이드]를 클릭하면 프레젠테이션 보기를 여러 슬라이드 보기로 전환할 수 있습니다.

Chapter 03 - 슬라이드 편집하기

기본 Study

Chapter 04 단락 편집하기

단락은 Enter를 누른 곳에서부터 다음 Enter를 누른 곳까지의 내용을 말하는데요. 파워포인트에서는 단락의 목록 수준을 조정하고 단락을 이동하여 내용을 재구성할 수 있습니다. 그럼, 단락을 편집하는 방법에 대해 알아보겠습니다.

신용평가 모델 분석

- 과거 시점 모델
    - 과거 시점의 시장정보를 이용
    - 기업의 부도 가능성을 측정하는 모델
    - 내부 신용평가 모델에 적합
- 미래 시점 모델
    - 현재 시점의 시장정보를 이용
    - 기업의 가치를 측정하는 모델
    - 외부 신용평가 모델에 적합

C:\단계학습\파워포인트\예제파일\Ch04.pptx

01 단락의 목록 수준 조정하고 단락 간격 지정하기

1 단락의 목록 수준을 한 수준 늘리기 위해 **내용의 2~4번 단락과 6~8단락을 선택**한 후 [홈] 탭-[단락] 그룹에서 **[목록 수준 늘림]을 클릭**합니다.

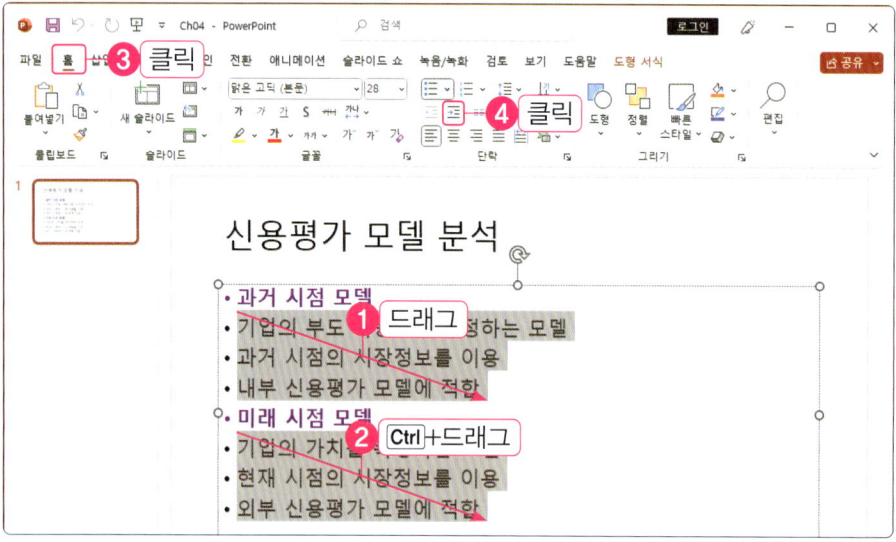

- 단락의 목록 수준을 늘린다는 것은 단락의 들여쓰기 수준을 높인다는 것이고, 단락의 목록 수준을 줄인다는 것은 단락의 들여쓰기 수준을 낮춘다는 것입니다.
- 단락을 선택한 후 Tab을 눌러 단락의 목록 수준을 늘릴 수도 있습니다.
- [목록 수준 늘림]을 한 번 클릭하면 단락의 목록 수준이 한 수준 늘려지고, [목록 수준 늘림]을 두 번 클릭하면 단락의 목록 수준이 두 수준 늘려집니다.

2 다음과 같이 단락의 목록 수준이 한 수준 늘려집니다.

신용평가 모델 분석

- **과거 시점 모델**
  - 기업의 부도 가능성을 측정하는 모델
  - 과거 시점의 시장정보를 이용
  - 내부 신용평가 모델에 적합
- **미래 시점 모델**
  - 기업의 가치를 측정하는 모델
  - 현재 시점의 시장정보를 이용
  - 외부 신용평가 모델에 적합

단락을 선택한 후 [홈] 탭-[단락] 그룹에서 ▤[목록 수준 줄임]을 클릭하거나 Shift + Tab 을 누르면 단락의 목록 수준을 줄일 수 있습니다.

알고 넘어갑시다!

단락 선택하기

- **하나의 단락 선택** : 단락을 드래그하거나 단락 앞으로 마우스 포인터를 가져가서 마우스 포인터가 ✥ 모양으로 변경되었을 때 클릭합니다.
- **연속적인 단락 선택** : 첫 번째 단락부터 마지막 단락까지 드래그하거나 첫 번째 단락을 선택한 후 Shift 를 누른 상태에서 마지막 단락을 선택합니다.
- **비연속적인 단락 선택** : 단락을 선택한 후 Ctrl 을 누른 상태에서 다른 단락을 선택합니다.
- **모든 단락 선택** : 단락에 커서를 둔 후 [홈] 탭-[편집] 그룹에서 [선택]을 클릭한 다음 [모두 선택]을 클릭하거나 Ctrl + A 를 누릅니다.

[단락] 그룹

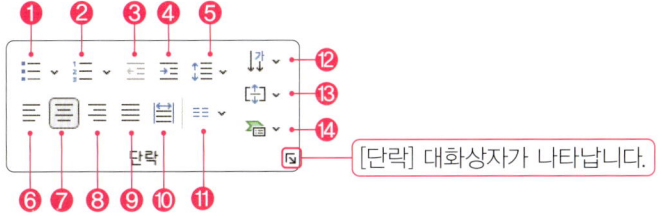

[단락] 대화상자가 나타납니다.

❶ **글머리 기호** : 글머리 기호를 넣습니다.
❷ **번호 매기기** : 번호를 매깁니다.
❸ **목록 수준 줄임** : 단락의 들여쓰기 수준을 낮춥니다.
❹ **목록 수준 늘림** : 단락의 들여쓰기 수준을 높입니다.
❺ **줄 간격** : 줄 사이의 간격을 지정합니다.
❻ **왼쪽 맞춤** : 개체의 왼쪽에 맞추어 텍스트를 표시합니다.
❼ **가운데 맞춤** : 가로 방향으로 개체의 가운데에 맞추어 텍스트를 표시합니다.
❽ **오른쪽 맞춤** : 개체의 오른쪽에 맞추어 텍스트를 표시합니다.
❾ **양쪽 맞춤** : 개체보다 텍스트가 긴 경우, 단어 사이의 간격을 늘려 개체의 왼쪽과 오른쪽에 맞추어 텍스트를 표시합니다.
❿ **균등 분할** : 텍스트 사이의 간격을 늘려 개체의 왼쪽과 오른쪽에 맞추어 텍스트를 표시합니다.
⓫ **단 추가 또는 제거** : 텍스트를 열로 나눕니다.
⓬ **텍스트 방향** : 텍스트를 회전하거나 세로쓰기를 합니다.
⓭ **텍스트 맞춤** : 세로 방향으로 개체의 위쪽, 중간, 아래쪽 중에서 한 군데에 맞추어 텍스트를 표시합니다.
⓮ **SmartArt 그래픽으로 변환** : 텍스트를 SmartArt 그래픽으로 변환합니다.

3 단락 간격을 지정하기 위해 **내용의 1번 단락과 5번 단락을 선택**한 후 [홈] 탭-[단락] 그룹에서 **[추가 옵션]을 클릭**합니다.

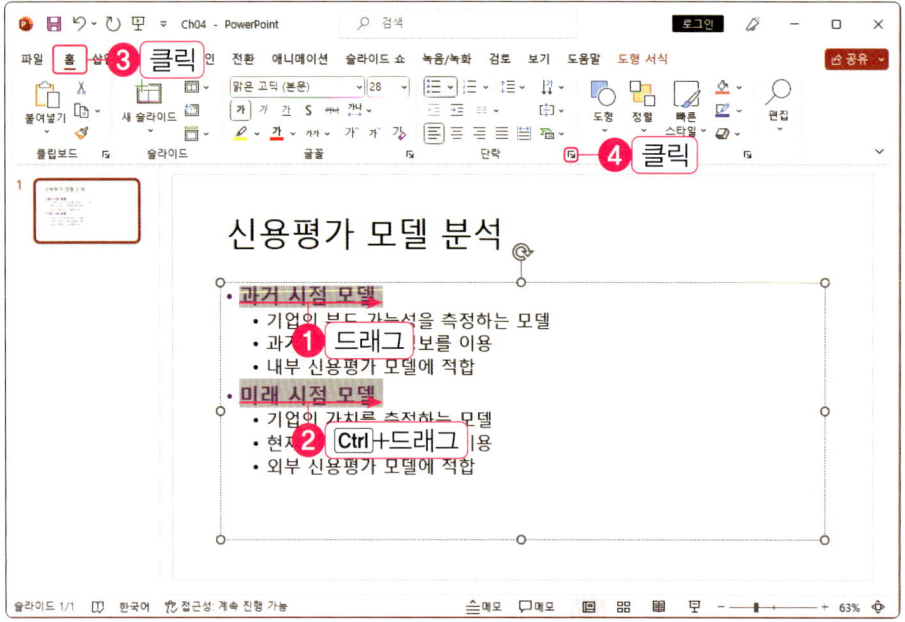

4 [단락] 대화상자가 나타나면 [들여쓰기 및 간격] 탭에서 **단락 앞(20)과 단락 뒤(5)를 입력**한 후 [확인] 단추를 클릭합니다.

단락 앞은 Enter 를 누른 곳의 위쪽, 단락 뒤는 Enter 를 누른 곳의 아래쪽을 말합니다.

5 다음과 같이 단락 간격이 지정됩니다.

신용평가 모델 분석

- **과거 시점 모델**
  - 기업의 부도 가능성을 측정하는 모델
  - 과거 시점의 시장정보를 이용
  - 내부 신용평가 모델에 적합
- **미래 시점 모델**
  - 기업의 가치를 측정하는 모델
  - 현재 시점의 시장정보를 이용
  - 외부 신용평가 모델에 적합

02 개요 보기 창에서 단락 이동하기

1 프레젠테이션 보기를 개요 보기로 전환하기 위해 [보기] 탭-[프레젠테이션 보기] 그룹에서 **[개요 보기]를 클릭**합니다.

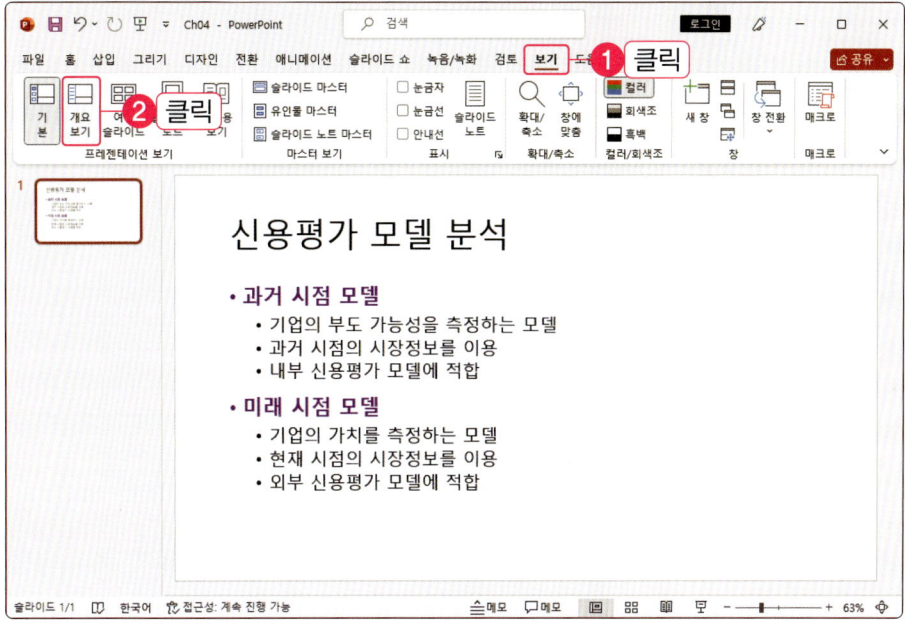

2 프레젠테이션 보기가 개요 보기로 전환되면 단락을 아래로 이동하기 위해 개요 보기 창에서 **내용의 2번 단락과 6번 단락을 선택**한 후 **바로 가기 메뉴에서 [아래로 이동]을 클릭**합니다.

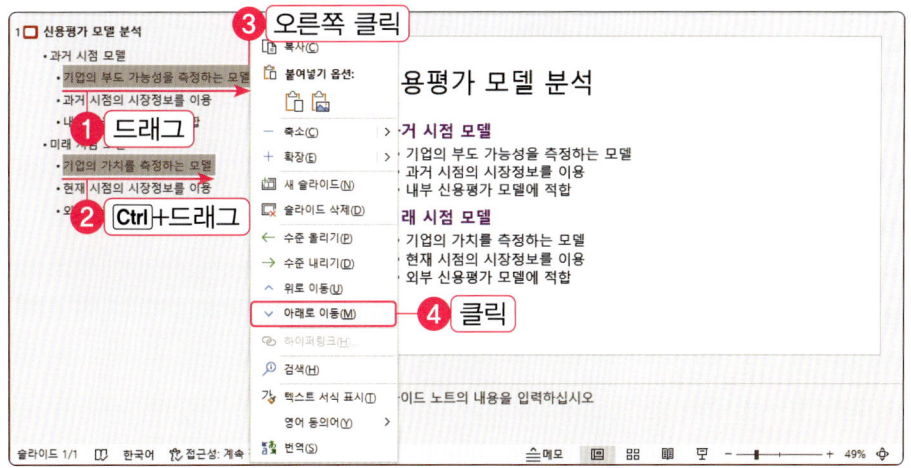

알고 넘어갑시다!

개요 보기 창에서 단락의 목록 수준 조정하기

개요 보기 창에서 단락을 선택한 후 바로 가기 메뉴에서 [수준 내리기]를 클릭하면 단락의 목록 수준을 늘릴 수 있고, [수준 올리기]를 클릭하면 단락의 목록 수준을 줄일 수 있습니다.

3 단락이 아래로 이동되면 프레젠테이션 보기를 기본 보기로 전환하기 위해 [보기] 탭–[프레젠테이션 보기] 그룹에서 **[기본]**을 클릭합니다.

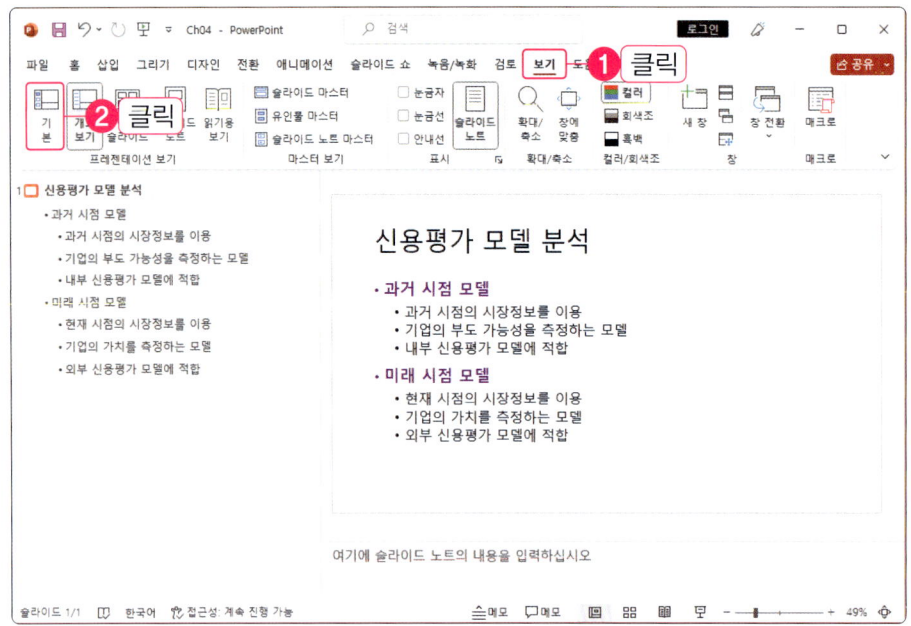

개요 보기 창에서 단락을 선택한 후 바로 가기 메뉴에서 [위로 이동]을 클릭하면 단락을 위로 이동할 수 있습니다.

4 다음과 같이 프레젠테이션 보기가 기본 보기로 전환됩니다.

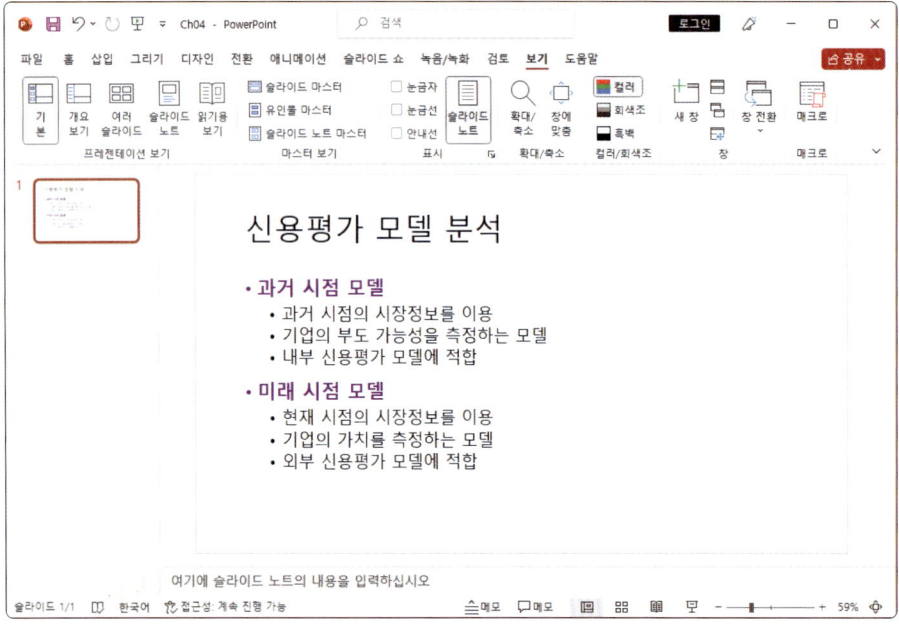

1 다음과 같이 단락의 목록 수준을 조정한 후 단락 간격을 지정해 보세요.
- 단락의 목록 수준 조정 : 내용의 2~4번 단락/6~8번 단락(한 수준 늘리기)
- 단락 간격 지정 : 내용의 4번 단락(단락 앞(5), 단락 뒤(30))

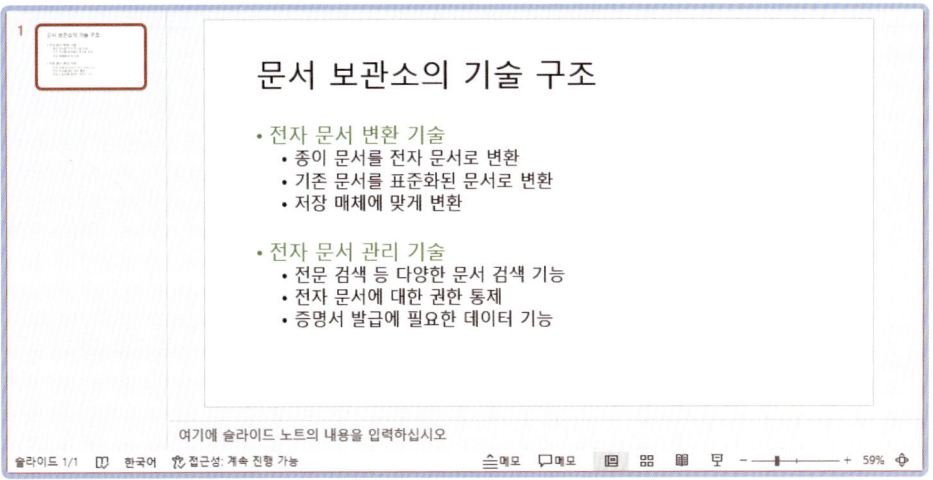

2 다음과 같이 프레젠테이션 보기를 개요 보기로 전환한 후 단락을 이동해 보세요.
- 단락 이동 : 내용의 6번 단락을 7번 단락 아래로 이동

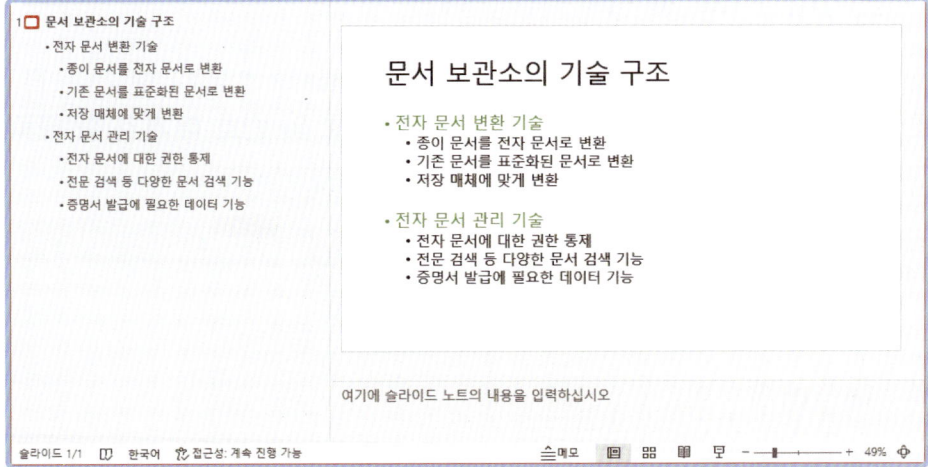

Hint
[보기] 탭-[프레젠테이션 보기] 그룹에서 [개요 보기]를 클릭하면 프레젠테이션 보기를 개요 보기로 전환할 수 있습니다.

기본 Study
Chapter 05
글머리 기호 넣고 번호 매기기

글머리 기호는 단락 앞에 붙이는 기호를 말하는데요. 서로 관련 있는 내용별로 글머리 기호를 넣거나 번호를 매기면 내용을 일목요연하게 보여줄 수 있습니다. 그럼, 글머리 기호를 넣고 번호를 매기는 방법에 대해 알아보겠습니다.

미리보기

> 애니메이션의 종류
>
> ☑ 용도에 따른 분류
>   ① 극장용 애니메이션
>   ② 광고 제작용 애니메이션
>   ③ 교육용 애니메이션
>   ④ 예술용 애니메이션
> ☑ 작화 기법에 따른 분류
>   ① 풀(Full) 애니메이션
>   ② 리미티드(Limited) 애니메이션

C:\단계학습\파워포인트\예제파일\Ch05.pptx

01 글머리 기호 넣기

1 글머리 기호를 넣기 위해 **내용의 1번 단락과 6번 단락을 선택**한 후 [홈] 탭-[단락] 그룹에서 [글머리 기호]의 ✓[목록] 단추를 클릭한 다음 [글머리 기호 및 번호 매기기]를 클릭합니다.

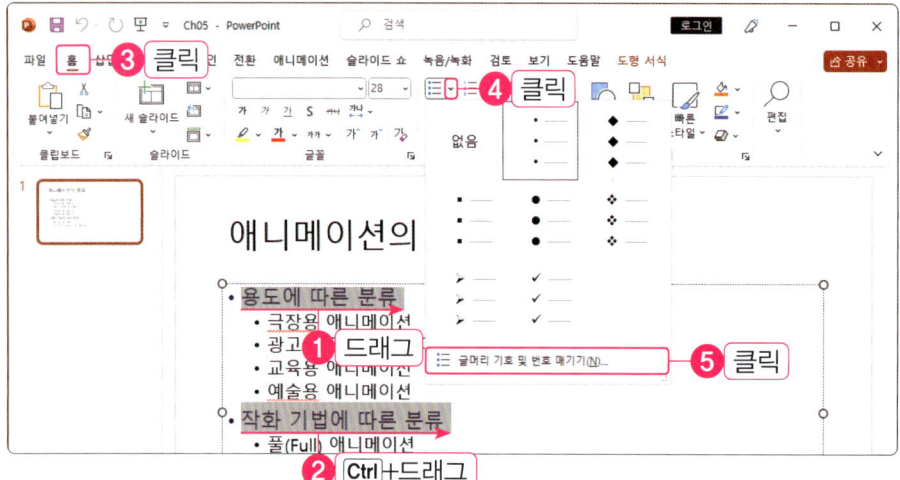

- 단락을 선택한 후 [홈] 탭-[단락] 그룹에서 [글머리 기호]를 선택하면 기본 글머리 기호(• [속이 찬 둥근 글머리 기호])가 넣어지고, [글머리 기호]를 선택 해제하면 글머리 기호가 제거됩니다.
- 단락을 선택한 후 [홈] 탭-[단락] 그룹에서 [글머리 기호]의 ✓[목록] 단추를 클릭한 다음 [없음]을 클릭하거나 [글머리 기호 및 번호 매기기] 대화상자의 [글머리 기호] 탭에서 [없음]을 클릭하여 글머리 기호를 제거할 수도 있습니다.

2 [글머리 기호 및 번호 매기기] 대화상자의 [글머리 기호] 탭이 나타나면 **[사용자 지정] 단추를 클릭**합니다.

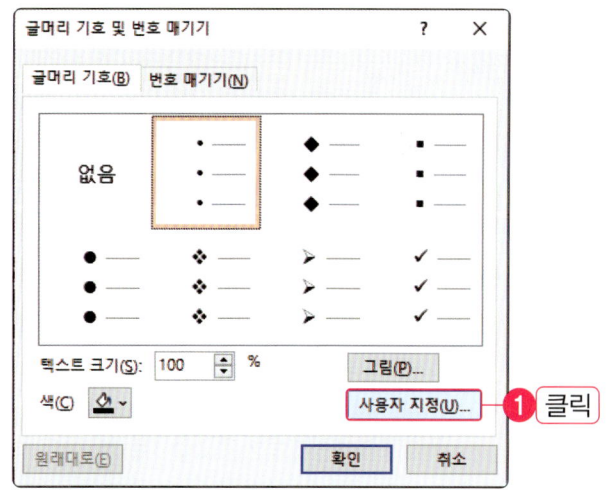

3 [기호] 대화상자가 나타나면 **글꼴(Wingding 2)을 선택**한 후 **기호(☑)를 선택**한 다음 **[확인] 단추를 클릭**합니다.

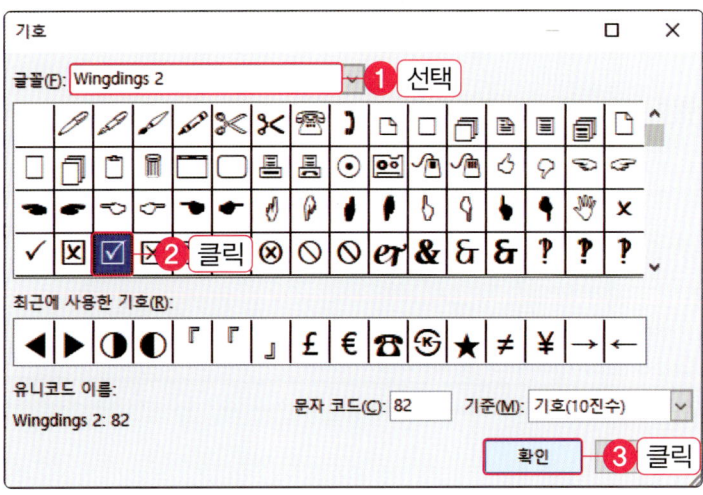

4 [글머리 기호 및 번호 매기기] 대화상자의 [글머리 기호] 탭이 다시 나타나면 **색(주황, 강조 2)을 선택**한 후 **[확인] 단추를 클릭**합니다.

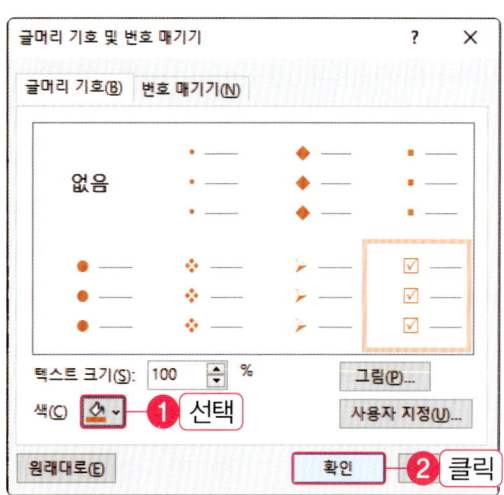

Chapter 05 – 글머리 기호 넣고 번호 매기기 **27**

5 다음과 같이 글머리 기호가 넣어집니다.

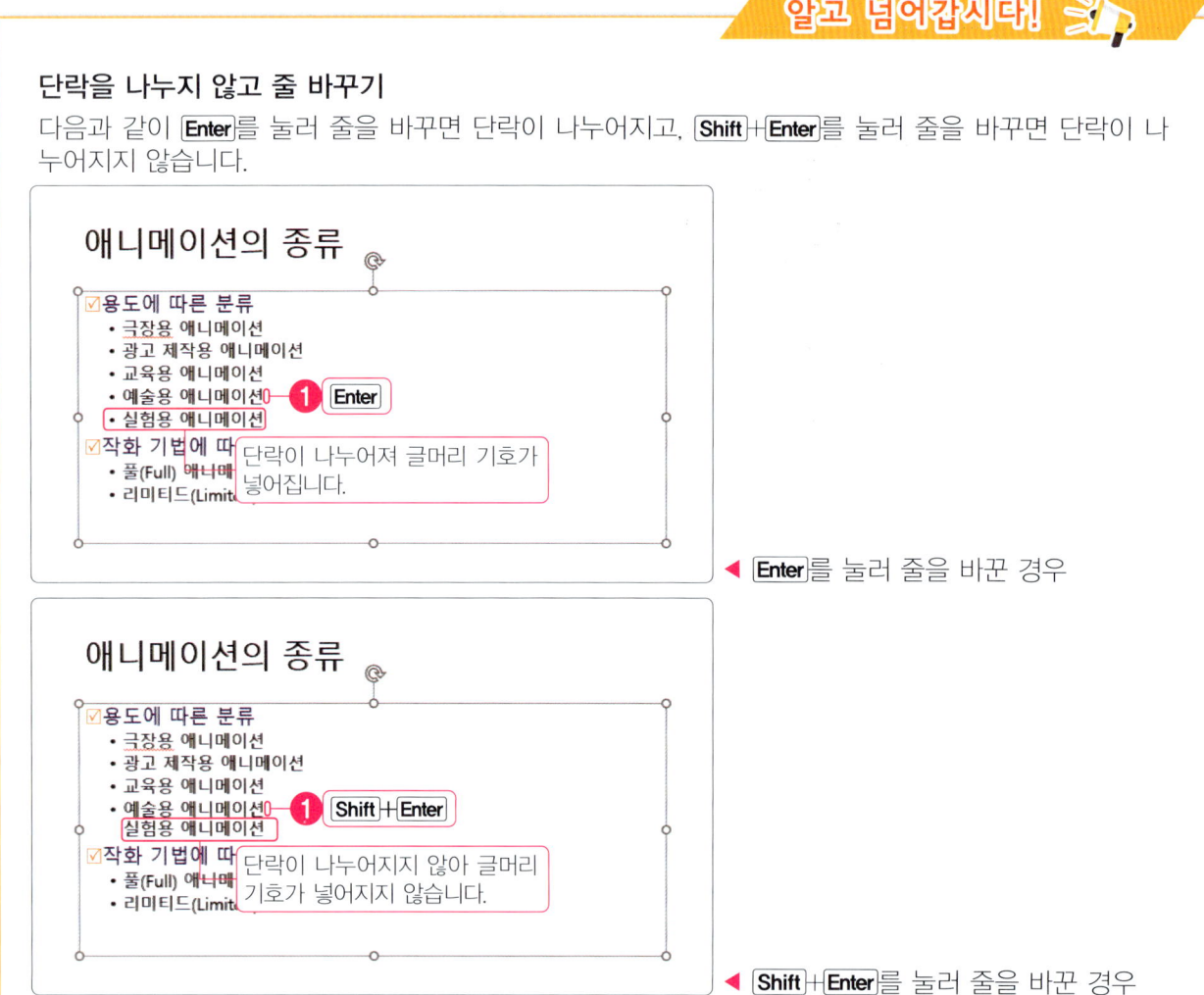

02 번호 매기기

1 번호를 매기기 위해 **내용의 2~5번 단락과 7~8번 단락을 선택**한 후 [홈] 탭-[단락] 그룹에서 [번호 매기기]의 ˇ[목록] 단추를 클릭한 다음 [① ② ③]을 클릭합니다.

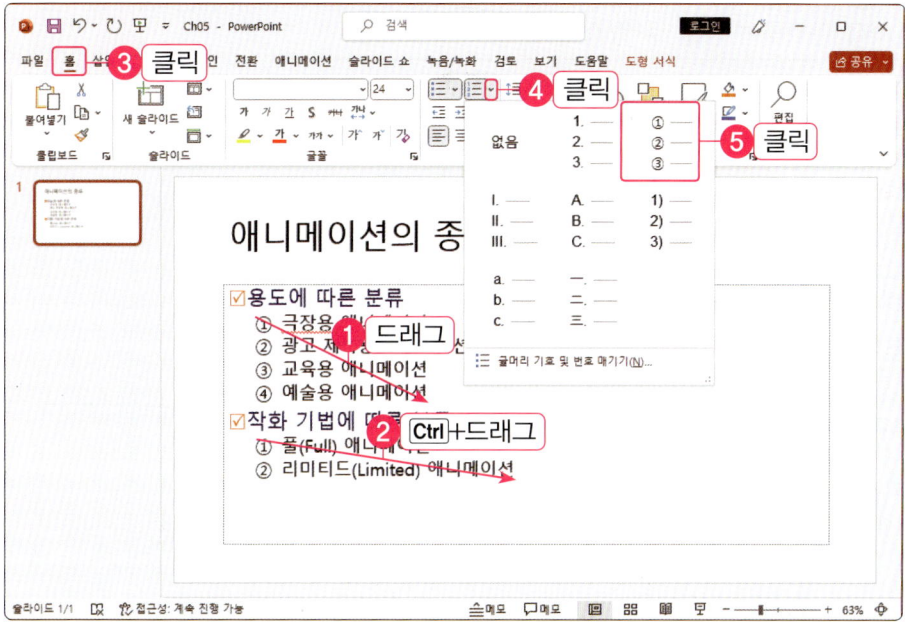

- 단락을 선택한 후 [홈] 탭-[단락] 그룹에서 [번호 매기기]를 선택하면 기본 번호(1. 2. 3.)가 매겨지고, [번호 매기기]를 선택 해제하면 번호가 제거됩니다.
- 단락을 선택한 후 [홈] 탭-[단락] 그룹에서 [번호 매기기]의 ˇ[목록] 단추를 클릭한 다음 [없음]을 클릭하거나 [글머리 기호 및 번호 매기기] 대화상자의 [번호 매기기] 탭에서 [없음]을 클릭하여 번호를 제거할 수도 있습니다.

2 다음과 같이 번호가 매겨집니다.

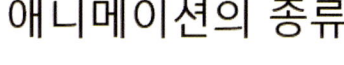

시작 번호 변경하기

다음과 같이 단락을 선택한 후 [홈] 탭-[단락] 그룹에서 [번호 매기기]의 ˅[목록] 단추를 클릭한 다음 [글머리 기호 및 번호 매기기]를 클릭하면 [글머리 기호 및 번호 매기기] 대화상자의 [번호 매기기] 탭이 나타나는데요. [글머리 기호 및 번호 매기기] 대화상자의 [번호 매기기] 탭에서 시작 번호를 입력한 후 [확인] 단추를 클릭하면 시작 번호를 변경할 수 있습니다.

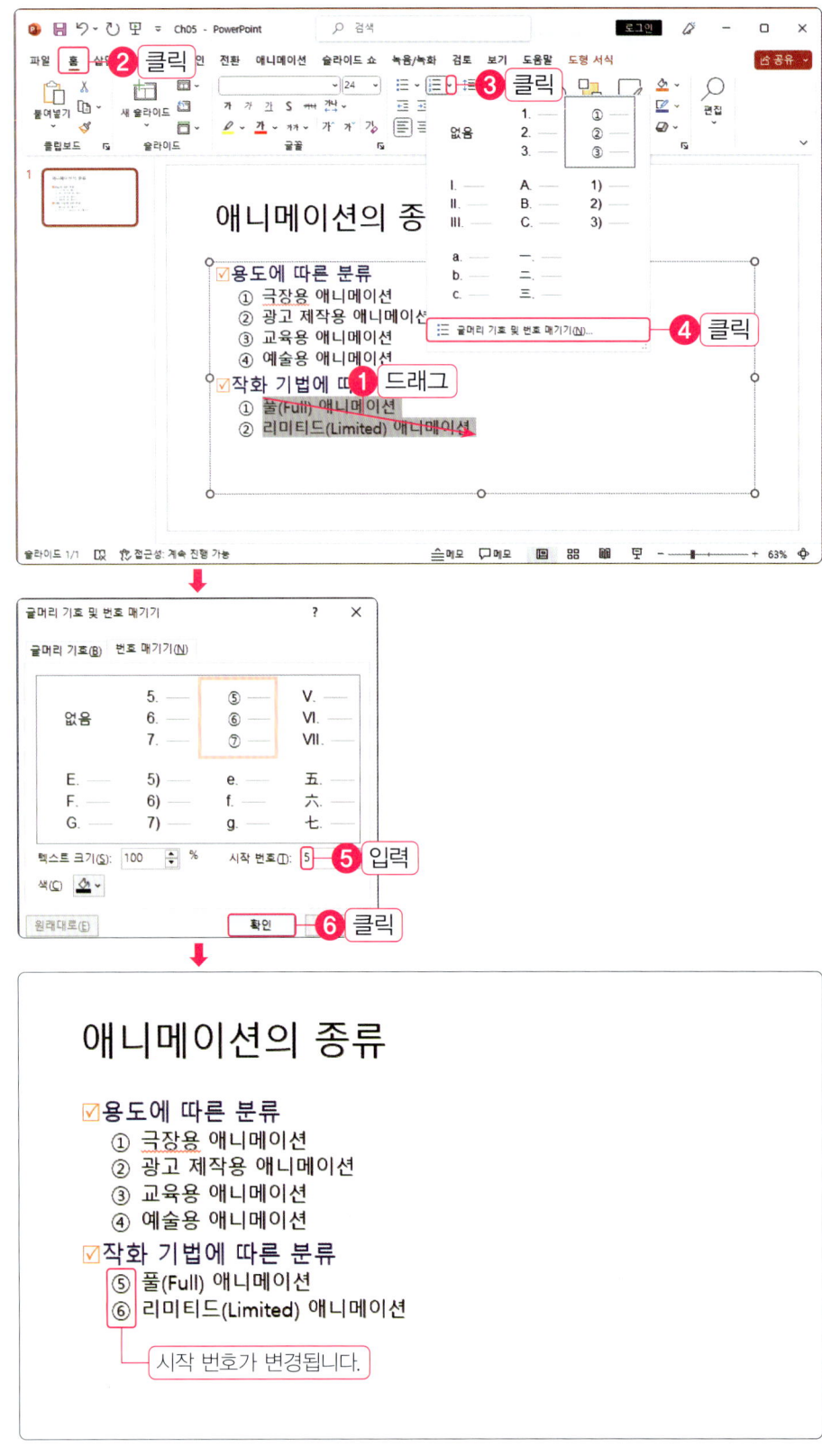

POWERPOINT 2021 연습문제 E·x·e·r·c·i·s·e

C:\단계학습\파워포인트\연습파일\Ch05-연습.pptx

1 다음과 같이 글머리 기호를 넣어 보세요.
- 글머리 기호 넣기 : 내용의 1번 단락/5번 단락(❖[별표 글머리 기호])

신제품 마케팅

❖ 신제품 마케팅의 이해
- 신제품 개발의 촉진 요인과 성공/실패 요인
- 신제품 개발에서의 마케팅 역할
- 신제품 마케팅의 절차

❖ 신제품 마케팅의 주요 기법
- 다차원 척도법
- 컨조인트 분석

Hint 내용의 1번 단락과 5번 단락을 선택한 후 [홈] 탭-[단락] 그룹에서 [글머리 기호]의 ∨[목록] 단추를 클릭한 다음 ❖[별표 글머리 기호]를 클릭하면 글머리 기호를 넣을 수 있습니다.

2 다음과 같이 번호를 매겨 보세요.
- 번호 매기기 : 내용의 2~4번 단락/6~7번 단락(a. b. c.)

신제품 마케팅

❖ 신제품 마케팅의 이해
  a. 신제품 개발의 촉진 요인과 성공/실패 요인
  b. 신제품 개발에서의 마케팅 역할
  c. 신제품 마케팅의 절차

❖ 신제품 마케팅의 주요 기법
  a. 다차원 척도법
  b. 컨조인트 분석

Hint 내용의 2~4번 단락과 6~7번 단락을 선택한 후 [홈] 탭-[단락] 그룹에서 [번호 매기기]의 ∨[목록] 단추를 클릭한 다음 [a. b. c.]를 클릭하면 번호를 매길 수 있습니다.

기본 Study

Chapter 06

Powerpoint 2021

글꼴과 맞춤 서식 지정하고 서식 복사하기

글꼴 서식은 텍스트를 원하는 모양으로 변경할 수 있는 기능이고, 맞춤 서식은 텍스트를 개체의 원하는 위치에 맞추어 표시할 수 있는 기능인데요. 글꼴과 맞춤 서식을 지정하면 깔끔하고 세련된 프레젠테이션을 작성할 수 있습니다. 그럼, 글꼴과 맞춤 서식을 지정하고 서식 복사를 하는 방법에 대해 알아보겠습니다.

미리 보기

C:\단계학습\파워포인트\예제파일\Ch06.pptx

01 글꼴과 맞춤 서식 지정하기

1 글꼴과 맞춤 서식을 지정하기 위해 **제목을 드래그하여 선택**한 후 [홈] 탭-[글꼴] 그룹에서 **글꼴(휴먼엑스포)과 글꼴 색(녹색, 강조 6, 25% 더 어둡게)을 선택**한 다음 [단락] 그룹에서 ☰[가운데 맞춤]을 클릭합니다.

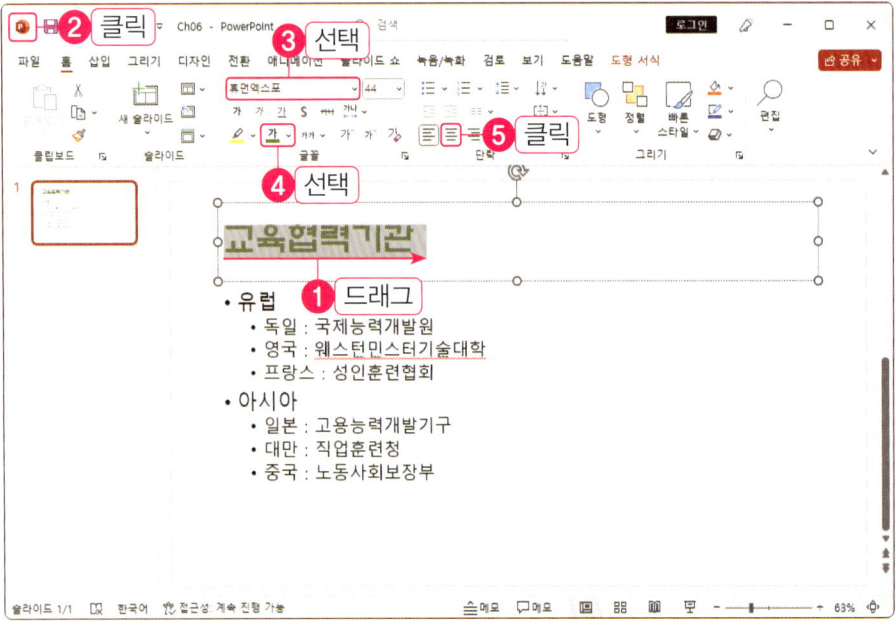

2 내용의 1번 단락을 선택한 후 [홈] 탭-[글꼴] 그룹에서 **글꼴 크기(32)를 선택**한 다음 **글꼴 색(파랑)을 선택**하고 **[굵게]를 클릭**합니다.

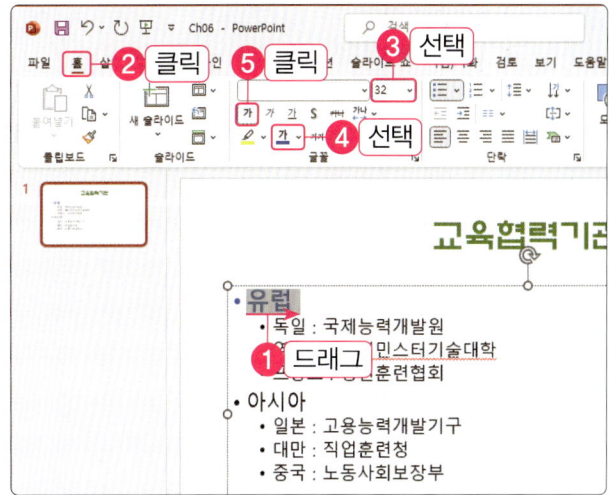

3 내용의 2~4번 단락을 선택한 후 [홈] 탭-[글꼴] 그룹에서 **[추가 옵션]을 클릭**합니다.

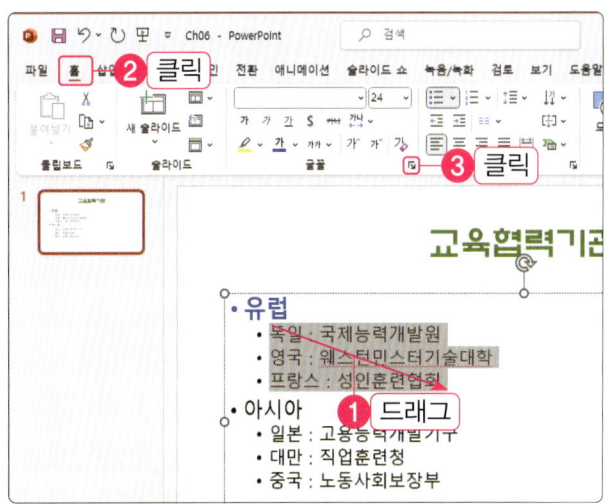

알고 넘어갑시다!

[글꼴] 그룹

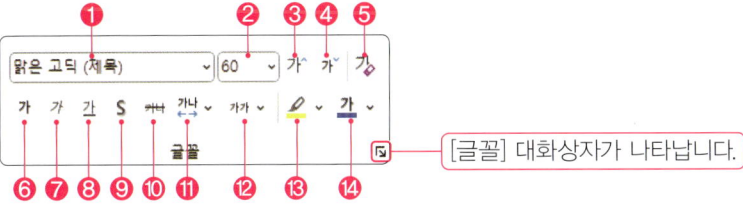

❶ **글꼴** : 텍스트의 모양을 지정합니다.
❷ **글꼴 크기** : 텍스트의 크기를 지정합니다.
❸ **글꼴 크기 크게** : 텍스트의 크기를 크게 합니다.
❹ **글꼴 크기 작게** : 텍스트의 크기를 작게 합니다.
❺ **모든 서식 지우기** : 텍스트에 지정된 모든 서식을 지웁니다.
❻ **굵게** : 텍스트를 진하게 표시합니다.
❼ **기울임꼴** : 텍스트를 오른쪽으로 기울여서 표시합니다.
❽ **밑줄** : 텍스트 아래에 밑줄을 표시합니다.
❾ **텍스트 그림자** : 텍스트 뒤에 그림자를 표시합니다.
❿ **취소선** : 텍스트 중간에 취소선을 표시합니다.
⓫ **문자 간격** : 문자 사이의 간격을 지정합니다.
⓬ **대/소문자 바꾸기** : 대/소문자를 바꿉니다.
⓭ **텍스트 강조색** : 눈에 띄는 밝은색으로 텍스트를 강조합니다.
⓮ **글꼴 색** : 텍스트의 색을 지정합니다.

4 [글꼴] 대화상자가 나타나면 [글꼴] 탭에서 **한글 글꼴(휴먼엑스포)과 글꼴 스타일(기울임꼴)을 선택**한 후 **크기(30)를 입력**한 다음 **글꼴 색(파랑, 강조 5)을 선택**하고 **[확인] 단추를 클릭**합니다.

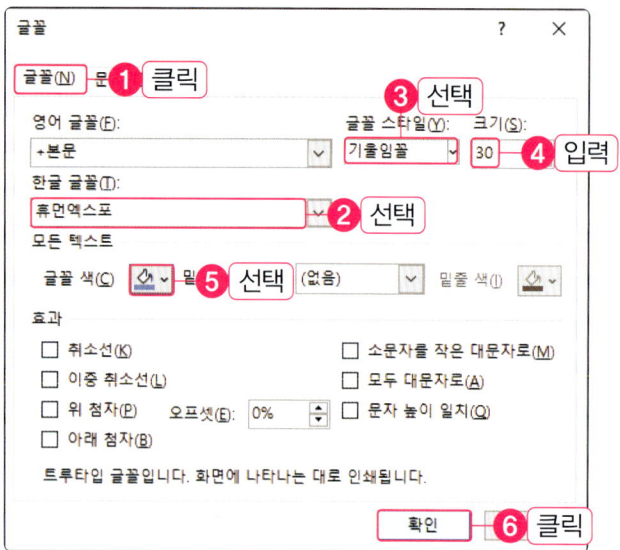

5 다음과 같이 글꼴과 맞춤 서식이 지정됩니다.

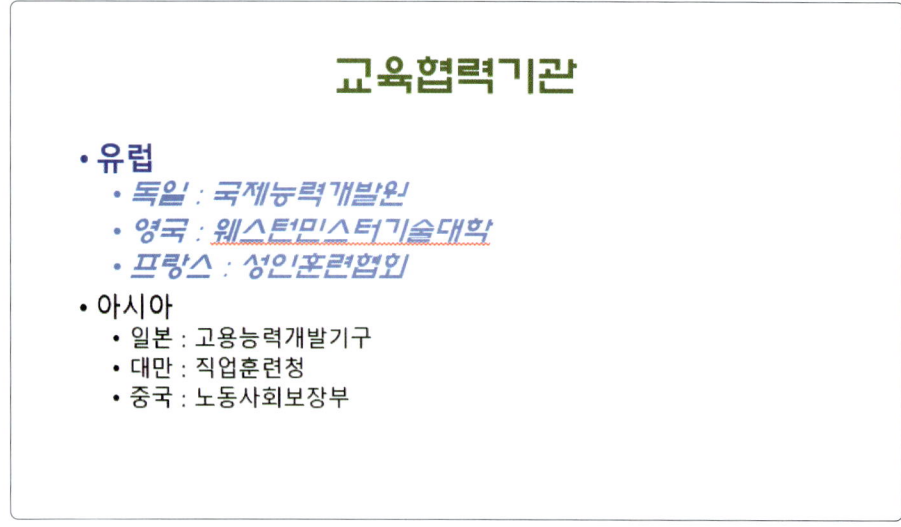

02 서식 복사하기

1 서식 복사를 하기 위해 **내용의 1번 단락을 선택**한 후 [홈] 탭-[클립보드] 그룹에서 [서식 복사]를 클릭합니다.

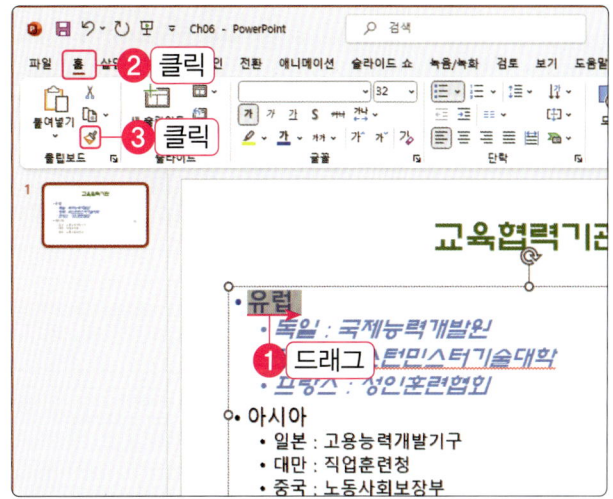

> 단락을 선택한 후 [홈] 탭-[클립보드] 그룹에서 [서식 복사]를 클릭하면 서식 복사를 한 번만 할 수 있고, [서식 복사]를 더블클릭하면 Esc를 눌러 서식 복사를 해제할 때까지 할 수 있습니다.

2 마우스 포인터가 모양으로 변경되면 **내용의 5번 단락을 선택**합니다.

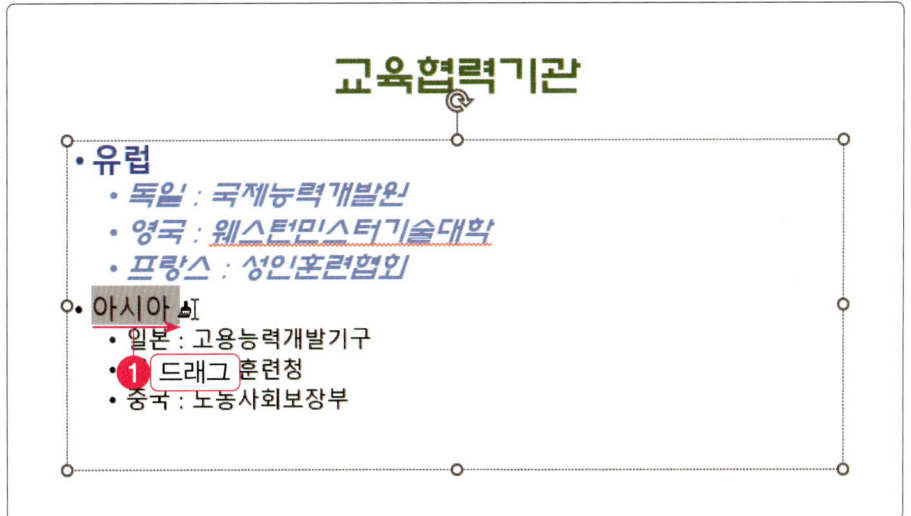

3 **내용의 2번 단락을 선택**한 후 [홈] 탭-[클립보드] 그룹에서 [서식 복사]를 클릭합니다.

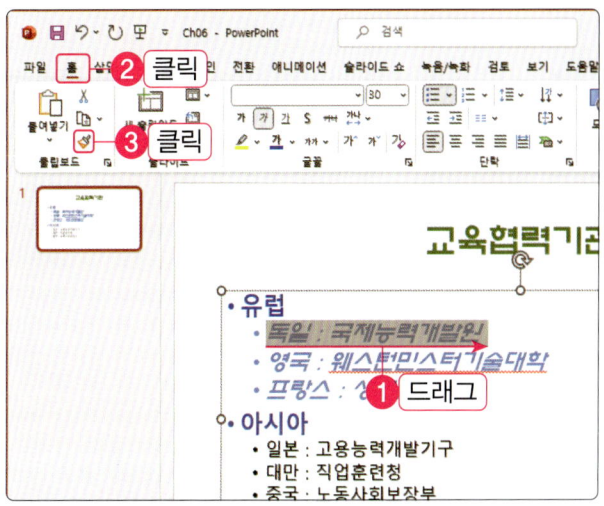

4 마우스 포인터가 ▲I 모양으로 변경되면 **내용의 6~8번 단락을 선택**합니다.

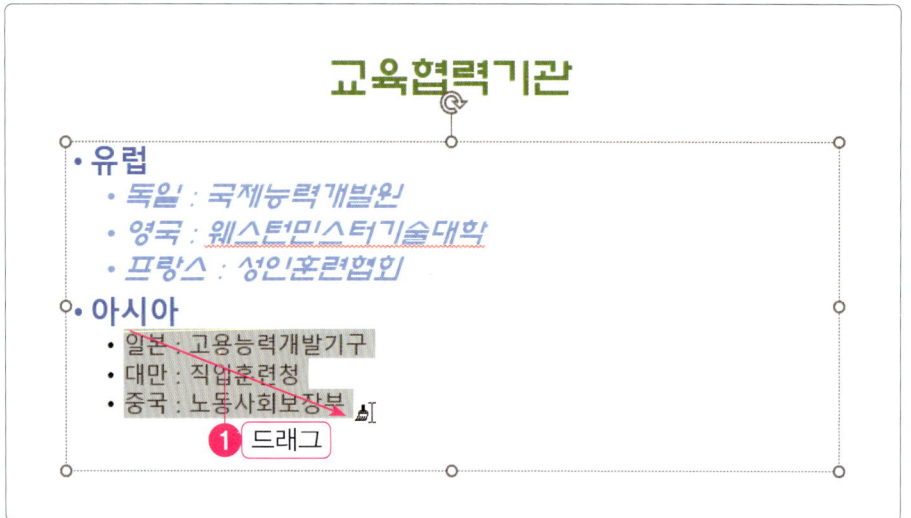

5 다음과 같이 서식 복사가 됩니다.

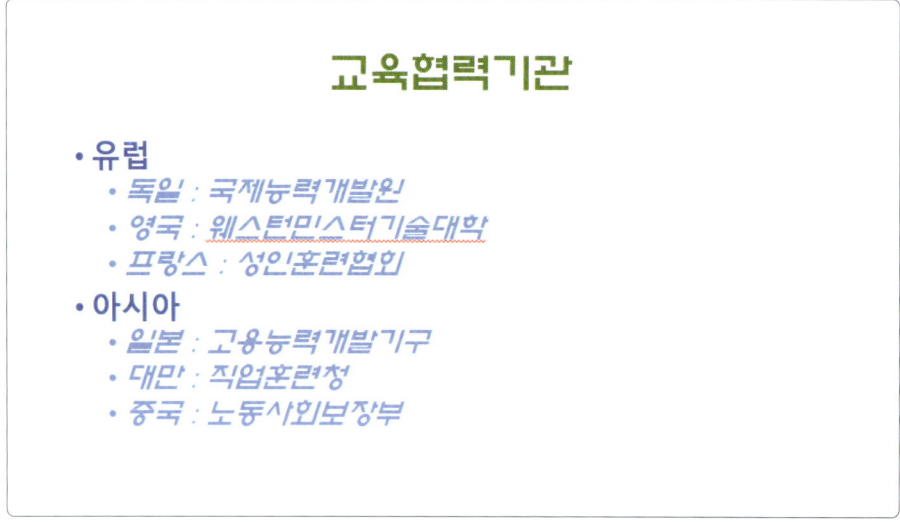

C:\단계학습\파워포인트\연습파일\Ch06-연습.pptx

1 다음과 같이 글꼴과 맞춤 서식을 지정해 보세요.
- **제목** : 글꼴(휴먼모음T), 글꼴 크기(54), 글꼴 색(파랑, 강조 5, 25% 더 어둡게), 가[굵게], 가[기울임꼴], ≡[가운데 맞춤]
- **내용의 1번 단락** : 글꼴 색(황금색, 강조 4, 25% 더 어둡게)

세계유산의 분류

- 문화유산 : 역사, 예술, 학문적으로 뛰어난 가치를 지닌 건축물이나 유적지 등
- 자연유산 : 과학상 또는 미관상 뛰어난 가치를 지닌 곳이나 멸종 위기에 처한 동식물의 서식지 등
- 복합유산 : 문화유산과 자연유산의 특징을 함께 갖고 있는 유산

2 다음과 같이 서식 복사를 해 보세요.
- **서식 복사** : 내용의 1번 단락에 지정된 서식을 복사하여 내용의 3번 단락에 지정

세계유산의 분류

- 문화유산 : 역사, 예술, 학문적으로 뛰어난 가치를 지닌 건축물이나 유적지 등
- 자연유산 : 과학상 또는 미관상 뛰어난 가치를 지닌 곳이나 멸종 위기에 처한 동식물의 서식지 등
- 복합유산 : 문화유산과 자연유산의 특징을 함께 갖고 있는 유산

Hint
내용의 1번 단락을 선택한 후 [홈] 탭-[클립보드] 그룹에서 [서식 복사]를 클릭한 다음 내용의 3번 단락을 선택하면 내용의 1번 단락에 지정된 서식을 복사하여 내용의 3번 단락에 지정할 수 있습니다.

기본 Study

Chapter 07

테마 지정하기

파워포인트에서는 프레젠테이션의 전반적인 디자인을 변경할 수 있는 테마를 제공하는데요. 테마를 지정하면 글꼴 서식뿐만 아니라 표나 차트 등의 스타일도 일관성 있게 변경되기 때문에 깔끔하고 세련된 프레젠테이션을 작성할 수 있습니다. 그럼, 테마를 지정하는 방법에 대해 알아보겠습니다.

C:\단계학습\파워포인트\예제파일\Ch07.pptx

01 테마 지정하기

1 테마를 지정하기 위해 [디자인] 탭-[테마] 그룹에서 ▼**[자세히] 단추를 클릭**합니다.

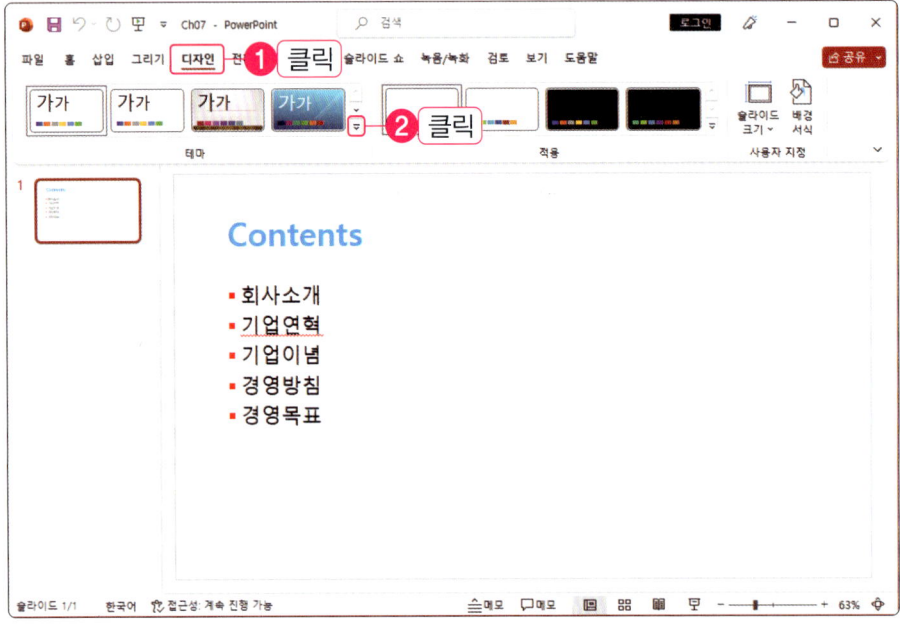

테마는 테마 색, 테마 글꼴, 테마 효과로 구성된 서식 모음입니다.

2 테마 목록이 나타나면 [패싯]을 클릭합니다.

3 다음과 같이 테마가 지정됩니다.

02 테마 색과 테마 글꼴 변경하기

1 테마 색을 변경하기 위해 [디자인] 탭-[적용] 그룹에서 [자세히] 단추를 클릭합니다.

2 적용 목록이 나타나면 [색]-[따뜻한 파란색]을 클릭합니다.

[디자인] 탭-[적용] 그룹에서 [자세히] 단추를 클릭한 후 [색]-[색 사용자 지정]을 클릭하면 새 테마 색을 만들 수 있습니다.

3 테마 글꼴을 변경하기 위해 [디자인] 탭-[적용] 그룹에서 [자세히] 단추를 클릭합니다.

4 적용 목록이 나타나면 [글꼴]-[Office]를 클릭합니다.

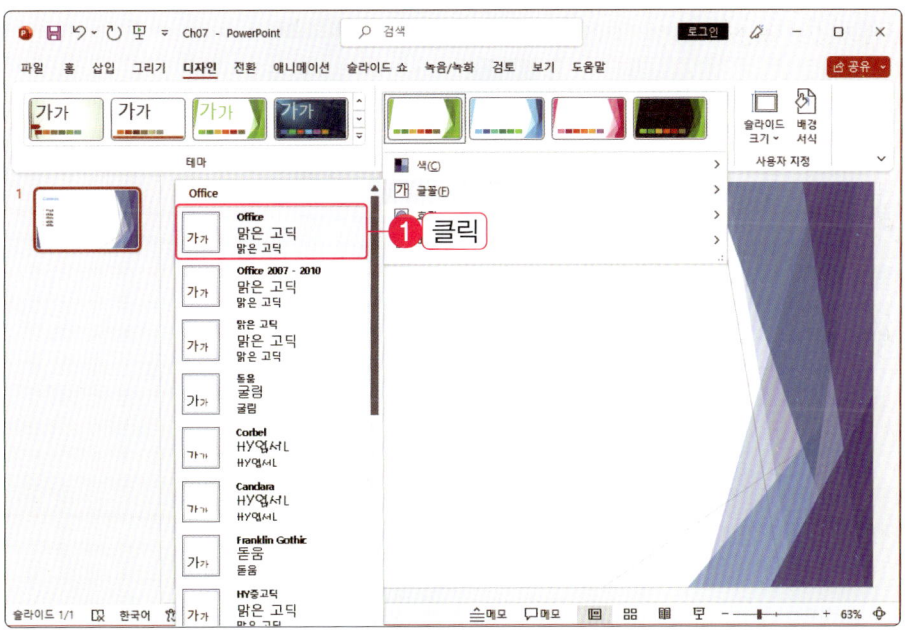

[디자인] 탭-[적용] 그룹에서 [자세히] 단추를 클릭한 후 [글꼴]-[글꼴 사용자 지정]을 클릭하면 새 테마 글꼴을 만들 수 있습니다.

5 테마 글꼴이 변경됩니다.

테마 효과 변경하기

다음과 같이 [디자인] 탭-[적용] 그룹에서 [자세히] 단추를 클릭한 후 [효과]에서 테마 효과를 선택하면 테마 효과를 변경할 수 있습니다.

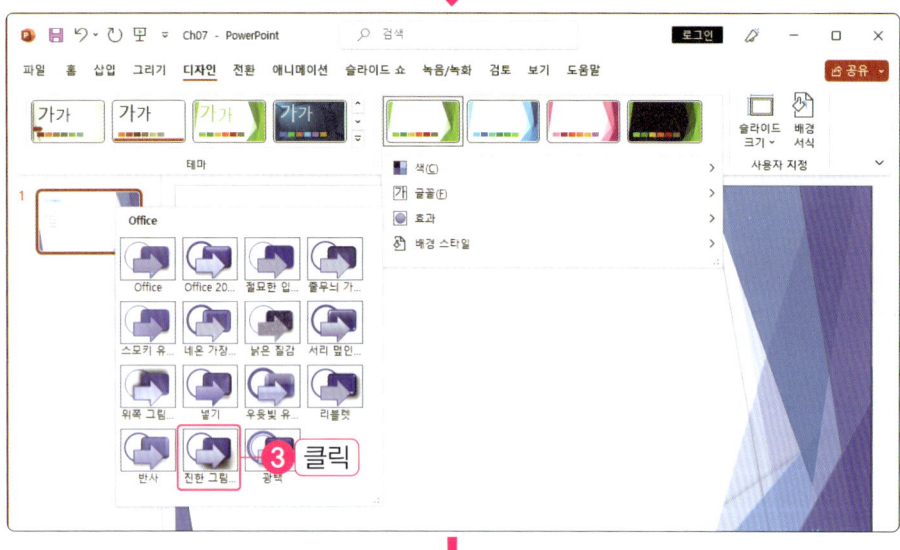

C:\단계학습\파워포인트\연습파일\Ch07-연습.pptx

1 다음과 같이 테마를 지정해 보세요.
- 테마 지정 : 베를린

2 다음과 같이 테마 색과 테마 글꼴을 변경해 보세요.
- 테마 색 변경 : 종이
- 테마 글꼴 변경 : Office

> **Hint**
> [디자인] 탭-[적용] 그룹에서 [자세히] 단추를 클릭한 후 [색]에서 [종이]를 선택하면 테마 색을 변경할 수 있고, [글꼴]에서 [Office]를 선택하면 테마 글꼴을 변경할 수 있습니다.

기본 Study
Chapter 08

프레젠테이션 인쇄하기

프레젠테이션은 기본적으로 슬라이드의 크기가 화면에 맞춰져 있기 때문에 프레젠테이션을 인쇄하기 전에 슬라이드의 크기를 지정하는 것이 좋습니다. 그럼, 프레젠테이션을 인쇄하는 방법에 대해 알아보겠습니다.

C:\단계학습\파워포인트\예제파일\Ch08.pptx

01 슬라이드의 크기와 머리글/바닥글 지정하기

1 슬라이드의 크기를 지정하기 위해 [디자인] 탭-[사용자 지정] 그룹에서 **[슬라이드 크기]**를 **클릭**한 후 **[사용자 지정 슬라이드 크기]를 클릭**합니다.

2 [슬라이드 크기] 대화상자가 나타나면 **슬라이드 크기(A4 용지(210×297mm))를 선택**한 후 [확인] 단추를 클릭합니다.

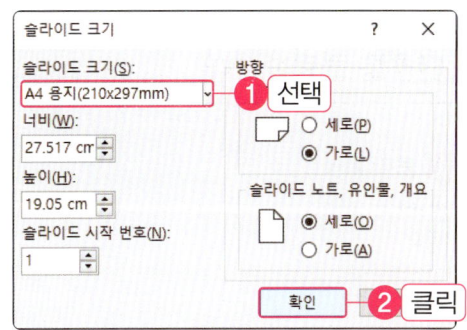

3 '콘텐츠를 최대 크기로 조정하거나 새 슬라이드에 맞게 크기를 줄이시겠습니까?'라고 묻는 대화상자가 나타나면 [**맞춤 확인**] 단추를 클릭합니다.

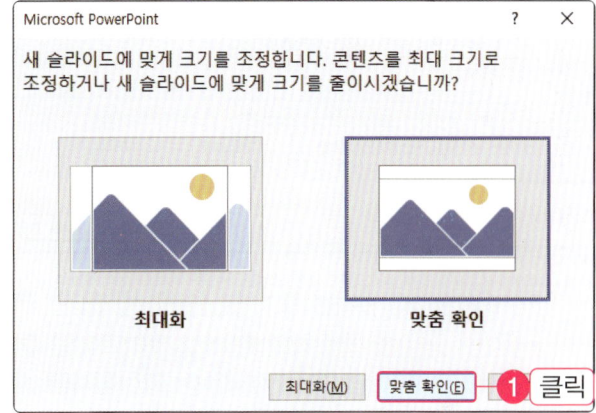

4 머리글/바닥글을 지정하기 위해 [삽입] 탭-[텍스트] 그룹에서 [**머리글/바닥글**]을 클릭합니다.

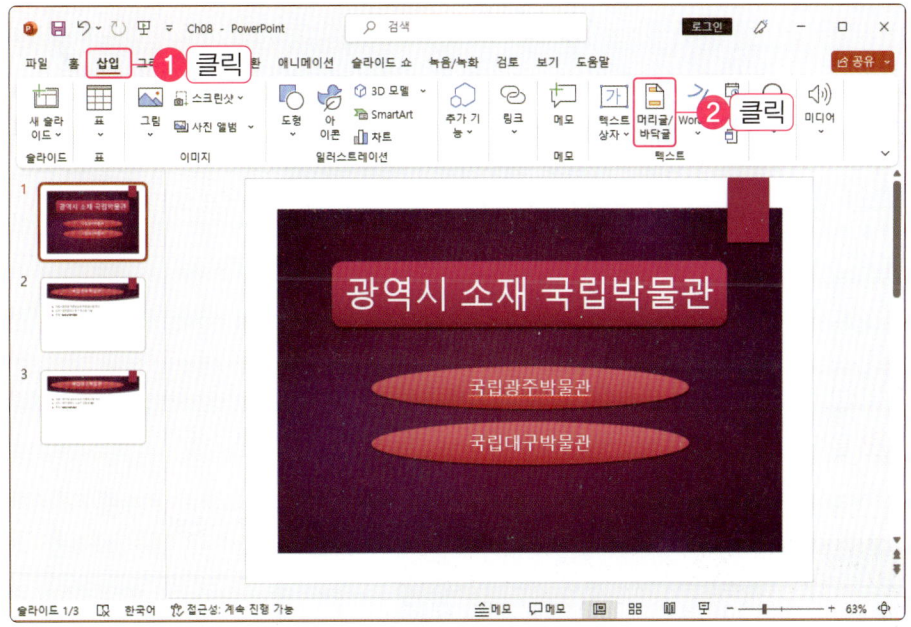

> 머리글은 페이지 상단, 바닥글은 페이지 하단에 들어가는 날짜, 시간, 슬라이드 번호 등의 문구를 말합니다.

5 [머리글/바닥글] 대화상자가 나타나면 [슬라이드] 탭에서 **[슬라이드 번호]를 선택**한 후 **[모두 적용] 단추를 클릭**합니다.

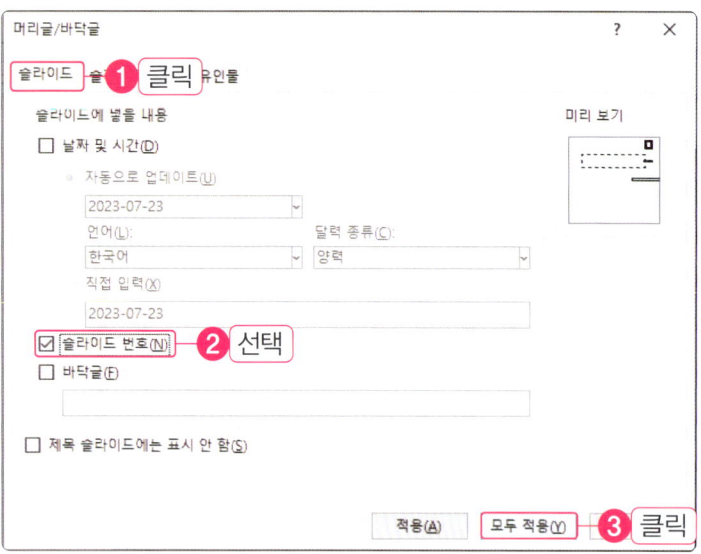

- [제목 슬라이드에는 표시 안 함]을 선택하면 제목 슬라이드에는 머리글/바닥글을 표시하지 않습니다.
- [적용] 단추를 클릭하면 현재 슬라이드에만 머리글/바닥글이 지정되고, [모두 적용] 단추를 클릭하면 모든 슬라이드에 머리글/바닥글이 지정됩니다.

6 모든 슬라이드에 머리글/바닥글이 지정됩니다.

알고 넘어갑시다!

슬라이드 시작 번호 변경하기

[디자인] 탭-[사용자 지정] 그룹에서 [슬라이드 크기]를 클릭한 후 [사용자 지정 슬라이드 크기]를 클릭하면 [슬라이드 크기] 대화상자가 나타나는데요. 다음과 같이 [슬라이드 크기] 대화상자에서 슬라이드 시작 번호를 입력한 후 [확인] 단추를 클릭하면 슬라이드 시작 번호를 변경할 수 있습니다.

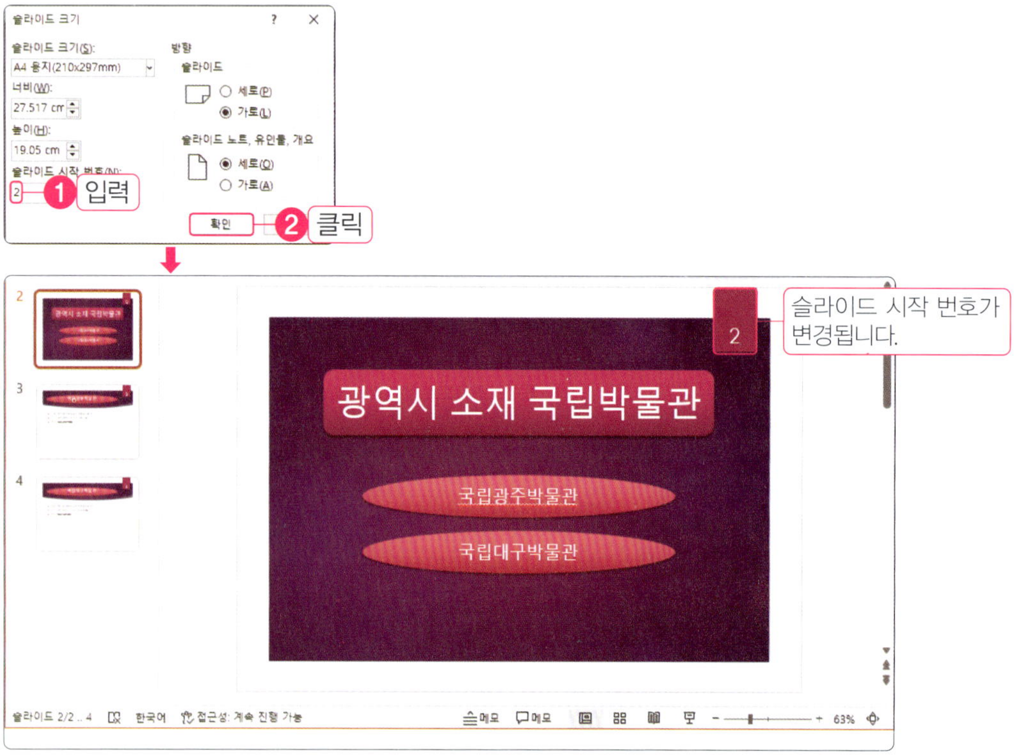

02 프레젠테이션 인쇄하기

1 프레젠테이션을 인쇄하기 위해 **[파일] 탭-[인쇄]를 클릭**합니다.

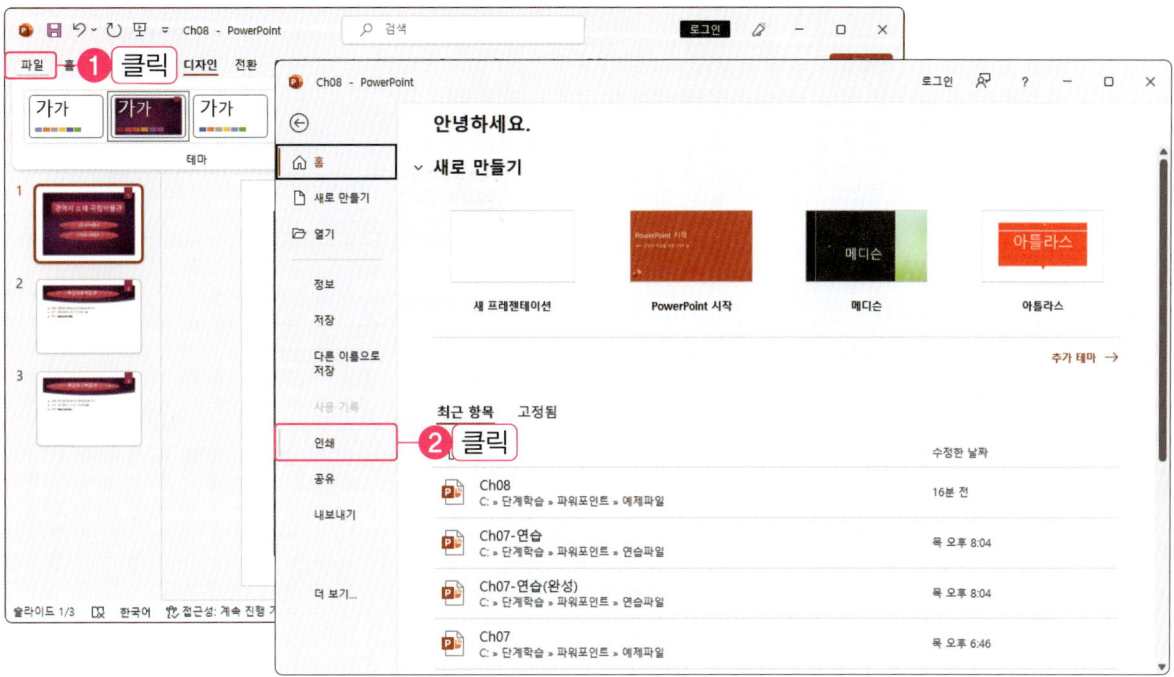

2 인쇄 백스테이지로 전환되면 **인쇄 범위(모든 슬라이드 인쇄), 인쇄 대상(3슬라이드), 용지 방향(세로 방향), 인쇄 색상(회색조)을 선택**한 후 **[인쇄] 단추를 클릭**합니다.

- Ctrl + P 를 눌러 프레젠테이션을 인쇄할 수도 있습니다.
- 용지 방향은 인쇄 대상에서 슬라이드 노트, 개요, 유인물(1슬라이드, 2슬라이드, 3슬라이드 등)을 선택한 경우에만 나타납니다.
- 유인물은 프레젠테이션을 진행하는 동안 청중이 참조할 수 있도록 배포하는 인쇄물을 말합니다.

3 프레젠테이션이 인쇄됩니다.

프레젠테이션 인쇄하기

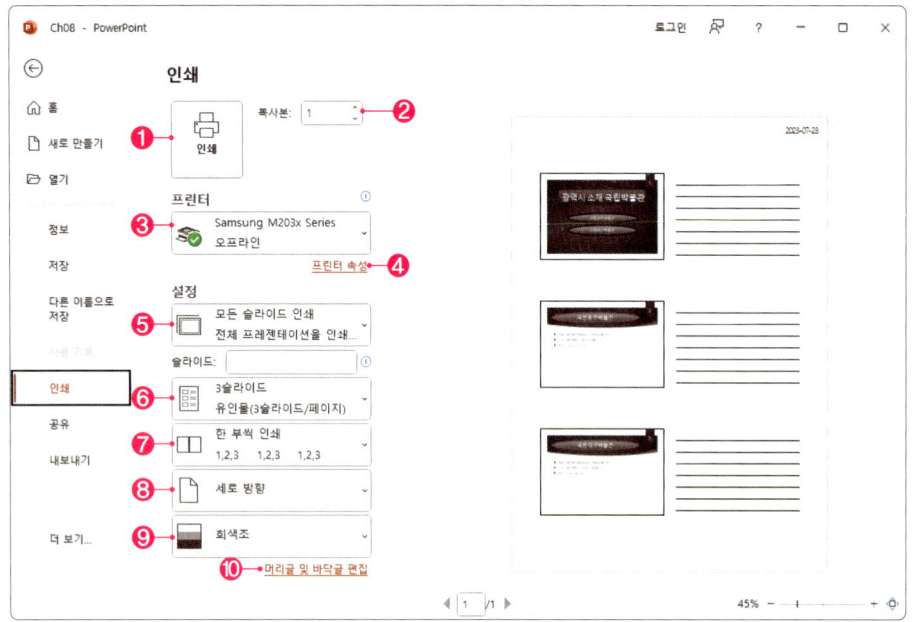

- ❶ 인쇄 : 프레젠테이션을 인쇄합니다.
- ❷ 복사본 : 인쇄 매수를 지정합니다.
- ❸ 프린터 : 프린터를 선택합니다.
- ❹ 프린터 속성 : 프린터 속성을 지정할 수 있는 [프린터 속성] 대화상자가 나타납니다. [프린터 속성] 대화상자는 선택한 프린터에 따라 다르게 나타납니다.
- ❺ 인쇄 범위 : 인쇄 범위로 모든 슬라이드 인쇄, 선택 영역 인쇄, 현재 슬라이드 인쇄, 범위 지정 중에서 하나를 선택합니다. '모든 슬라이드 인쇄'를 선택하면 모든 슬라이드를 인쇄하고, '선택 영역 인쇄'를 선택하면 선택한 슬라이드만 인쇄합니다. 그리고 '현재 슬라이드 인쇄'를 선택하면 현재 슬라이드만 인쇄하고, '범위 지정'을 선택하면 [슬라이드]에 입력한 슬라이드만 인쇄합니다.
- ❻ 인쇄 대상 : 인쇄 대상으로 전체 페이지 슬라이드, 슬라이드 노트, 개요, 유인물 중에서 하나를 선택합니다.
- ❼ 한 부씩 인쇄/한 부씩 인쇄 안 함 : 여러 페이지로 이루어진 프레젠테이션을 여러 부 인쇄하는 경우, 한 부씩 인쇄할지 여부를 선택합니다. 예를 들어 2페이지로 이루어진 프레젠테이션을 2부 인쇄하는 경우, '한 부씩 인쇄'를 선택하면 1, 2, 1, 2페이지 순으로 인쇄하고, '한 부씩 인쇄 안 함'을 선택하면 1, 1, 2, 2페이지 순으로 인쇄합니다.
- ❽ 용지 방향 : 용지 방향으로 세로 방향과 가로 방향 중에서 하나를 선택합니다.
- ❾ 인쇄 색상 : 인쇄 색상으로 컬러, 회색조, 흑백 중에서 하나를 선택합니다.
- ❿ 머리글 및 바닥글 편집 : 머리글/바닥글을 편집할 수 있는 [머리글/바닥글] 대화상자가 나타납니다.

POWERPOINT 2021 연습문제 Exercise

C:\단계학습\파워포인트\연습파일\Ch08-연습.pptx

1 다음과 같이 슬라이드의 크기와 머리글/바닥글을 지정해 보세요.
- 슬라이드의 크기 지정 : A4 용지(210× 297mm), 최대화
- 머리글/바닥글 지정 : [슬라이드 번호] 선택, 모두 적용

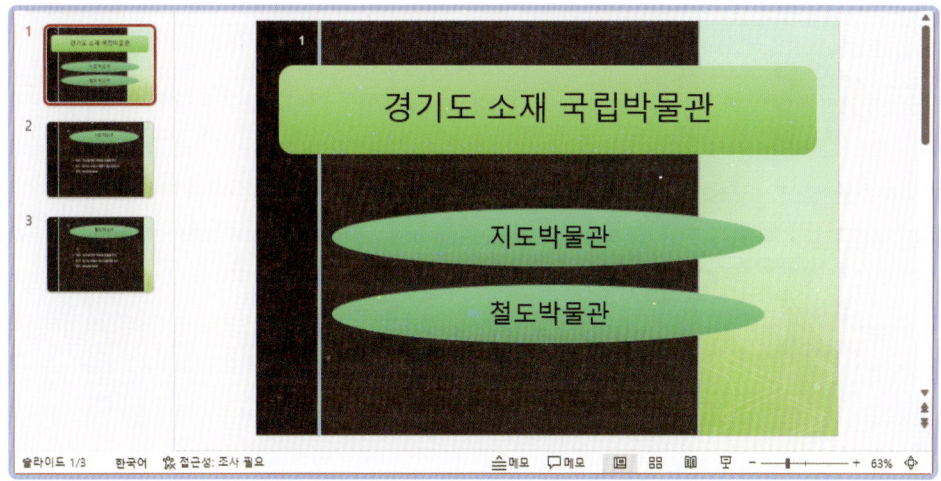

Hint [삽입] 탭–[텍스트] 그룹에서 [머리말/바닥글]을 클릭합니다. 그런 다음 [머리글/바닥글] 대화 상자의 [슬라이드] 탭에서 [슬라이드 번호]를 선택한 후 [모두 적용] 단추를 클릭하면 머리글/바닥글을 지정할 수 있습니다.

2 다음과 같이 프레젠테이션을 인쇄해 보세요.
- 프레젠테이션 인쇄 : 인쇄 범위(모든 슬라이드 인쇄), 인쇄 대상(전체 페이지 슬라이드), 인쇄 색상(회색조)

기본 Study

Chapter 09

배경 서식 지정하고 WordArt 활용하기

Powerpoint 2021

배경 서식은 슬라이드를 단색, 그라데이션, 그림 또는 질감 등으로 채우는 기능이고, WordArt는 텍스트 채우기나 텍스트 윤곽선 등이 미리 정의되어 있는 텍스트 스타일입니다. 그림, 배경 서식을 지정하고 WordArt를 활용하는 방법에 대해 알아보겠습니다.

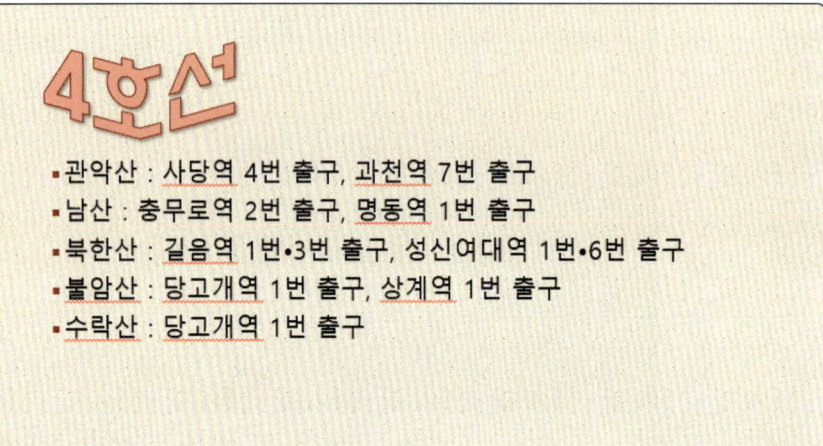

C:\단계학습\파워포인트\예제파일\Ch09.pptx

01 배경 서식 지정하기

1 배경 서식을 지정하기 위해 [디자인] 탭-[사용자 지정] 그룹에서 **[배경 서식]**을 클릭합니다.

슬라이드의 바로 가기 메뉴에서 [배경 서식]을 클릭하여 배경 서식을 지정할 수도 있습니다.

2 [배경 서식] 작업 창이 나타나면 [채우기]-[채우기]에서 **[그림 또는 질감 채우기]를 선택**한 후 **질감([재생지])을 선택**한 다음 **[모두 적용] 단추를 클릭**하고 [닫기]를 클릭합니다.

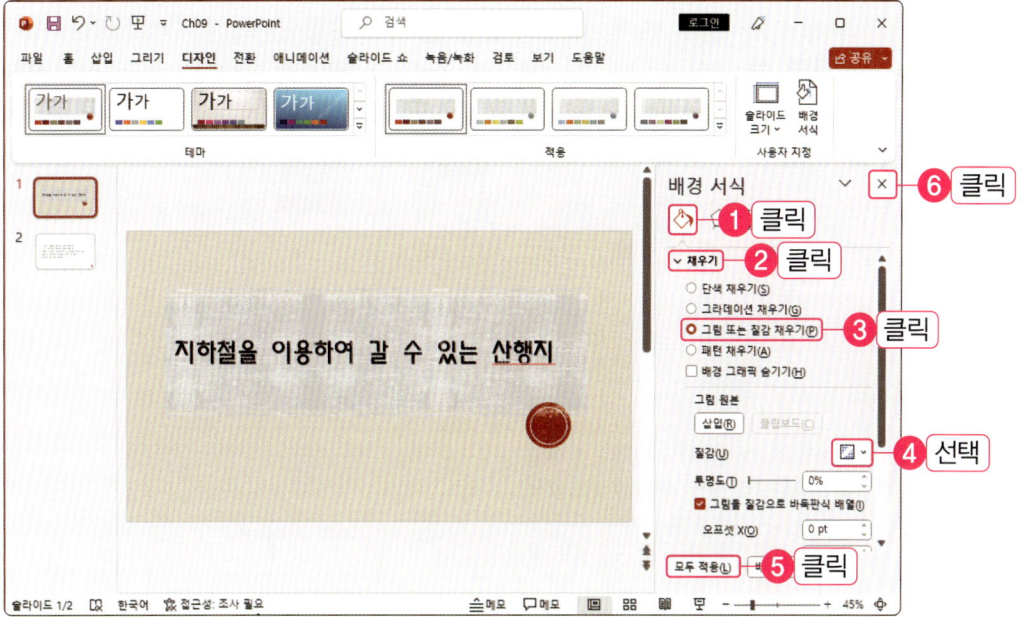

3 다음과 같이 배경 서식이 지정됩니다.

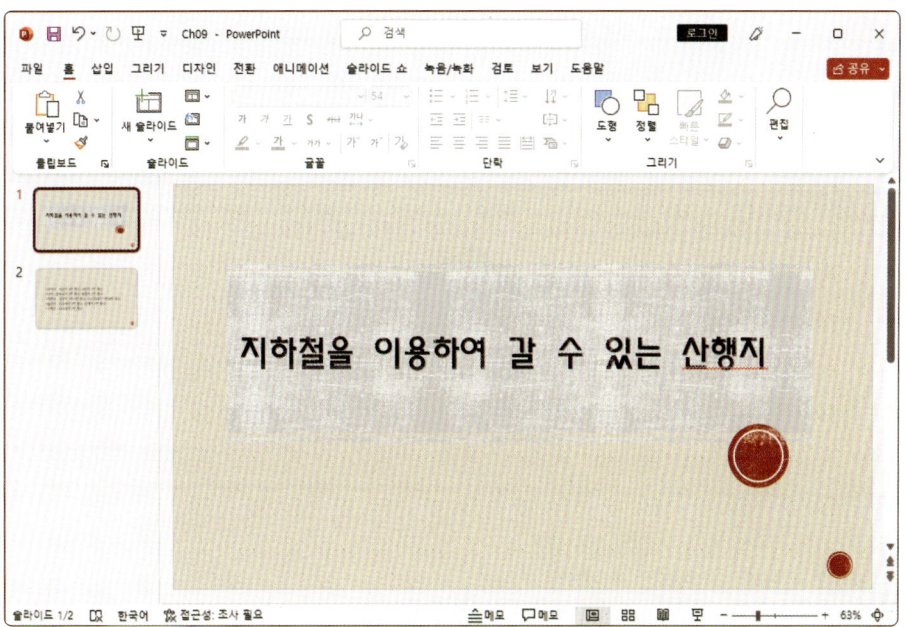

02 WordArt 활용하기

1 WordArt를 삽입하기 위해 슬라이드 보기 창에서 **2번 슬라이드를 선택**한 후 [삽입] 탭- [텍스트] 그룹에서 [WordArt]를 클릭한 다음 A[채우기: 진한 빨강, 강조색 2, 윤곽선: 진한 빨강, 강조색2]를 클릭합니다.

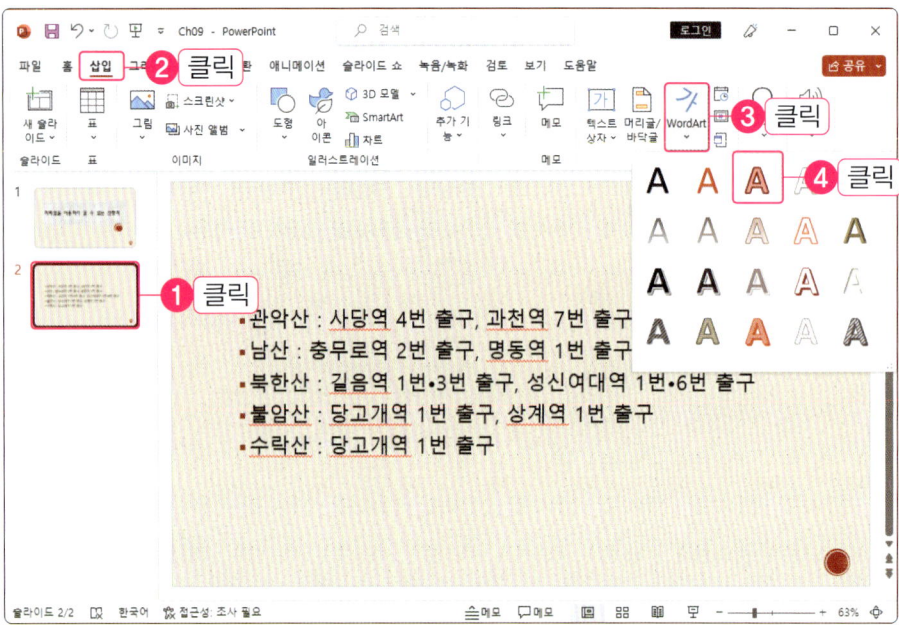

2 WordArt가 삽입되면 **WordArt 텍스트(4호선)를 입력**합니다. 그런 다음 WordArt 텍스트에 글꼴 서식을 지정하기 위해 **WordArt 텍스트를 드래그하여 선택**한 후 [홈] 탭-[글꼴] 그룹에서 **글꼴(휴먼엑스포)을 선택**합니다.

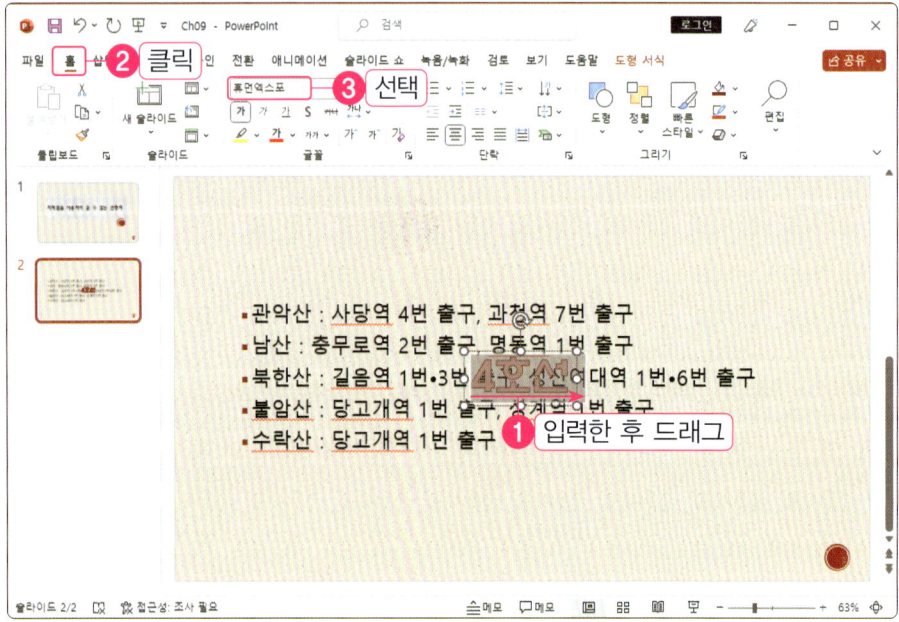

- WordArt가 삽입된 후 바로 WordArt 텍스트를 입력하면 기존 WordArt 텍스트가 지워진 다음 새 WordArt 텍스트가 입력됩니다.
- WordArt 텍스트로 마우스 포인터를 가져가서 마우스 포인터가 I 모양으로 변경되었을 때 클릭하면 WordArt 텍스트를 수정할 수 있습니다.

3 그림자 텍스트 효과를 지정하기 위해 **WordArt를 선택**한 후 [도형 서식] 탭-[WordArt 스타일] 그룹에서 **[텍스트 효과]를 클릭**한 다음 [그림자]-[오프셋: 오른쪽 아래]를 **클릭**합니다.

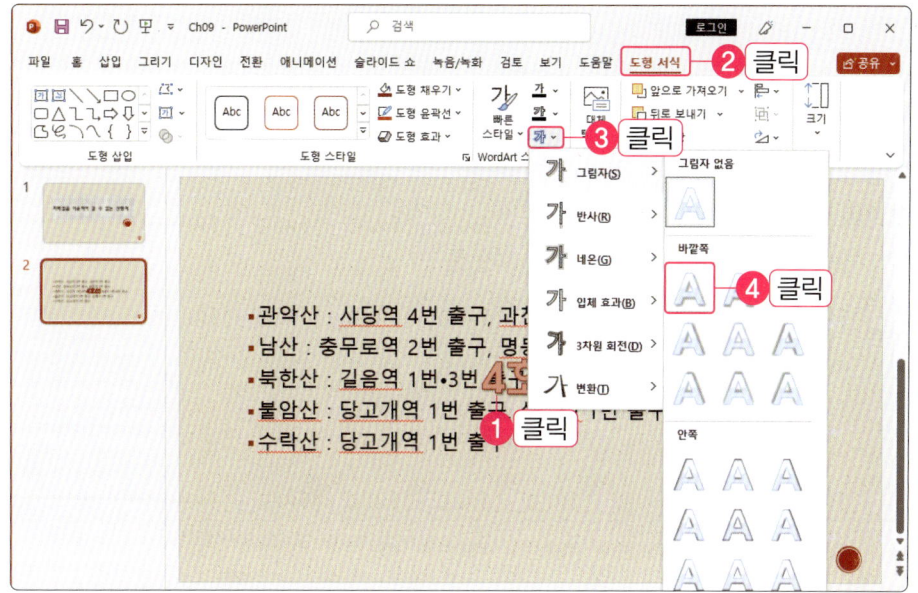

알고 넘어갑시다!

개체 선택하기

WordArt, SmartArt, 차트 등을 '개체'라고 합니다.
- 하나의 개체 선택 : 개체로 마우스 포인터를 가져가서 마우스 포인터가 모양으로 변경되었을 때 클릭합니다.
- 여러 개체 선택 : 개체를 선택한 후 Shift 를 누른 상태에서 다른 개체를 선택합니다.

개체 선택 해제하기
- 방법1 : 슬라이드의 빈 부분을 클릭합니다.
- 방법2 : Esc 를 누릅니다.

4 변환 텍스트 효과를 지정하기 위해 [도형 서식] 탭-[WordArt 스타일] 그룹에서 **[텍스트 효과]를 클릭**한 후 [변환]-[갈매기형 수장: 아래로]를 **클릭**합니다.

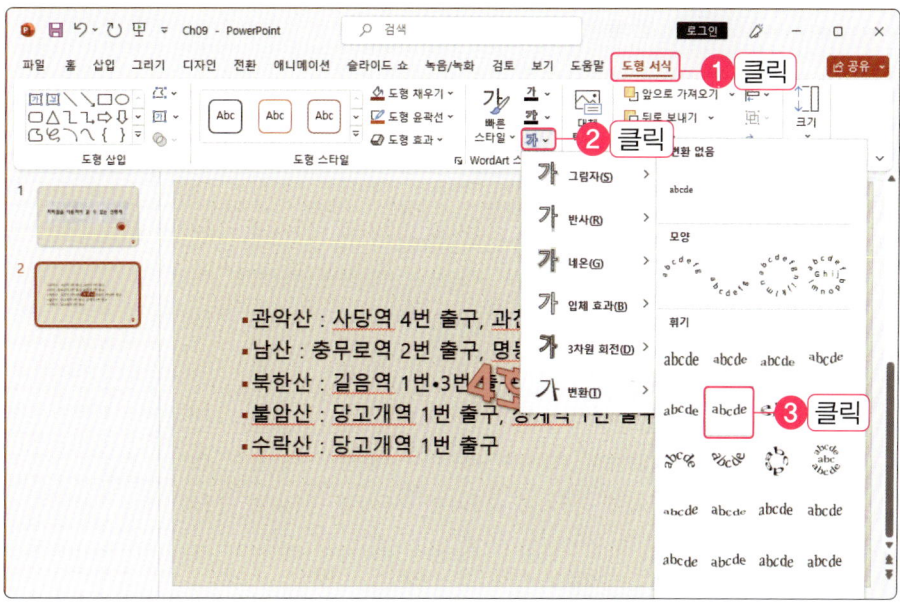

Chapter 09 - 배경 서식 지정하고 WordArt 활용하기 53

5 변환 텍스트 효과가 지정되면 **다음과 같이 WordArt를 이동**한 후 WordArt의 크기를 조정하기 위해 WordArt의 크기 조정 핸들(○)을 드래그합니다.

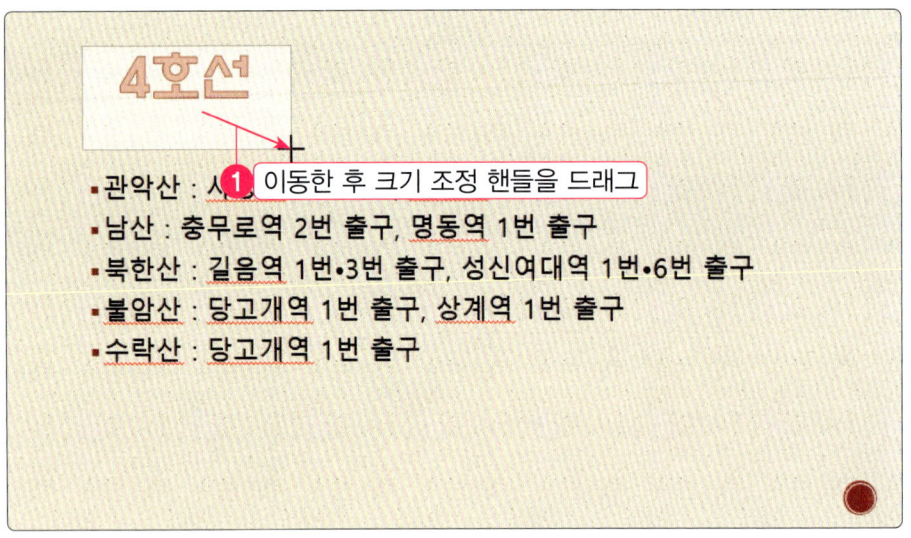

6 WordArt의 크기가 조정됩니다.

알고 넘어갑시다!

개체 이동하기
- 개체 이동 : 개체를 선택한 후 드래그합니다.
- 수평이나 수직 방향으로 개체 이동 : 개체를 선택한 후 Shift 를 누른 상태에서 드래그합니다.

개체 복사하기
- 방법1 : 개체를 선택한 후 Ctrl 을 누른 상태에서 드래그합니다.
- 방법2 : 개체를 선택한 후 Ctrl + D 를 누릅니다.

개체의 크기 조정하기
개체를 선택한 후 개체의 크기 조정 핸들을 드래그합니다.

 ◀ 개체의 크기 조정 핸들

개체 지우기
개체를 선택한 후 Delete 를 누릅니다.

POWERPOINT 2021 연습문제 E·x·e·r·c·i·s·e

C:\단계학습\파워포인트\연습파일\Ch09-연습.pptx

1 다음과 같이 배경 서식을 지정해 보세요.
  • 배경 서식 지정 : 그림 또는 질감 채우기(질감([꽃다발])), 모두 적용

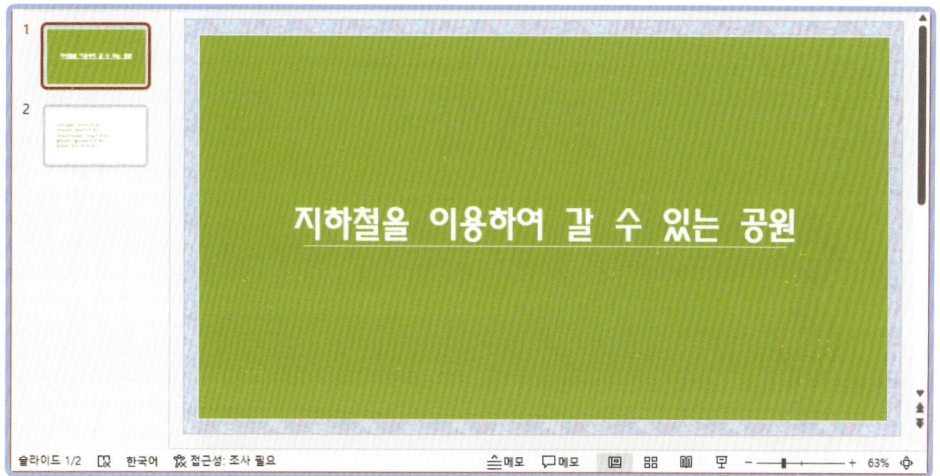

> **Hint**
> [디자인] 탭-[사용자 지정] 그룹에서 [배경 서식]을 클릭합니다. 그런 다음 [배경 서식] 작업 창의 [채우기]-[채우기]에서 [그림 또는 질감 채우기]를 선택한 후 질감([꽃다발])을 선택한 다음 [모두 적용] 단추를 클릭하고 ×[닫기]를 클릭하면 배경 서식을 지정할 수 있습니다.

2 다음과 같이 WordArt를 활용하여 프레젠테이션을 작성해 보세요.
  • WordArt 삽입 : A[무늬 채우기: 녹색, 강조색 1, 50%, 진한 그림자: 녹색, 강조색 1]), 2번 슬라이드에 삽입
  • WordArt 텍스트에 글꼴 서식 지정 : 글꼴(휴먼편지체)
  • 그림자 텍스트 효과 지정 : A[오프셋: 왼쪽 위]
  • 변환 텍스트 효과 지정 : abcde[중지]

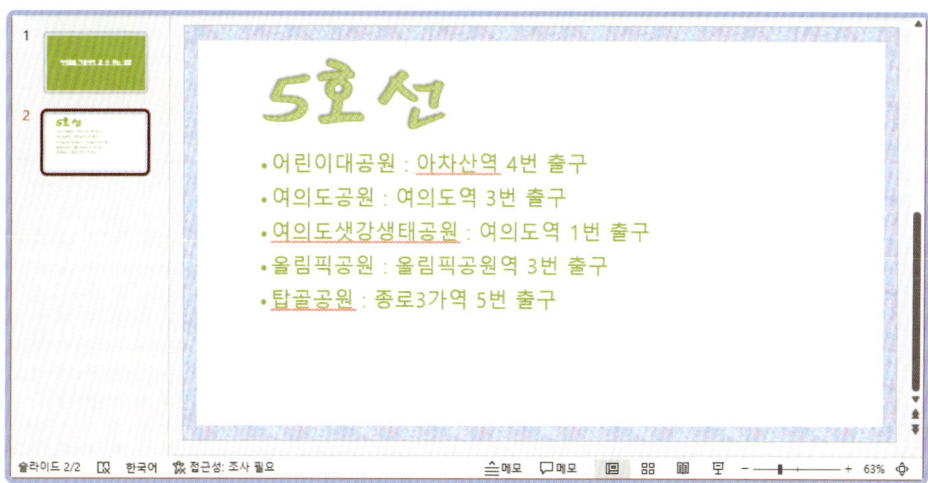

Chapter 09 – 배경 서식 지정하고 WordArt 활용하기

기본 Study

Chapter 10 도형과 그림 활용하기

Powerpoint 2021

파워포인트에서는 선, 사각형, 블록 화살표, 수식 도형 등의 다양한 도형을 제공하는데요. 도형과 그림을 활용하면 프레젠테이션을 돋보이게 작성할 수 있습니다. 그럼, 도형과 그림을 활용하는 방법에 대해 알아보겠습니다.

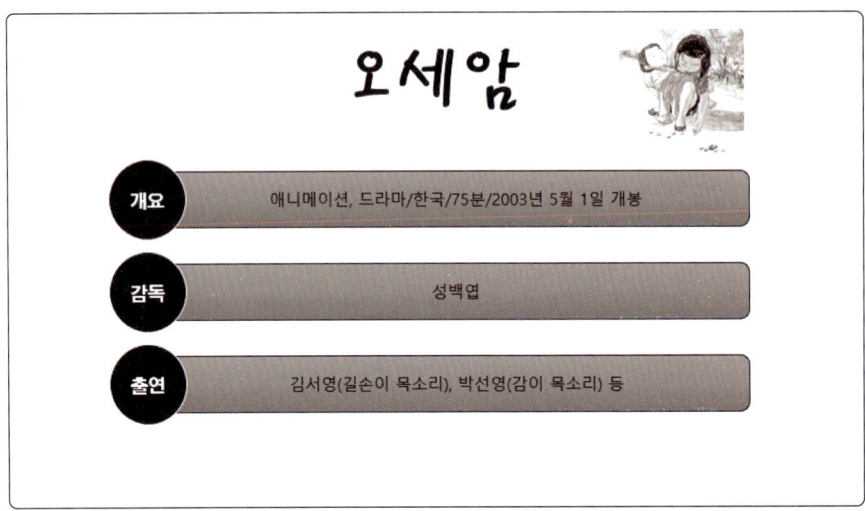

C:\단계학습\파워포인트\예제파일\Ch10.pptx

01 도형 활용하기

1 도형을 삽입하기 위해 [삽입] 탭-[일러스트레이션] 그룹에서 **[도형]**을 클릭한 후 ▢**[사각형: 둥근 모서리]**를 클릭합니다.

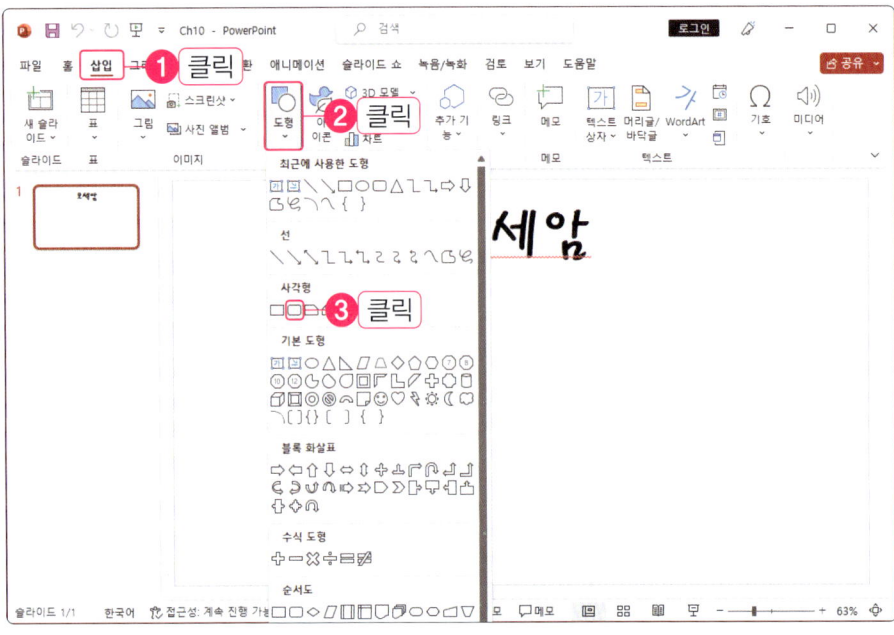

2 마우스 포인터가 + 모양으로 변경되면 **다음과 같이 드래그**하여 도형을 그립니다.

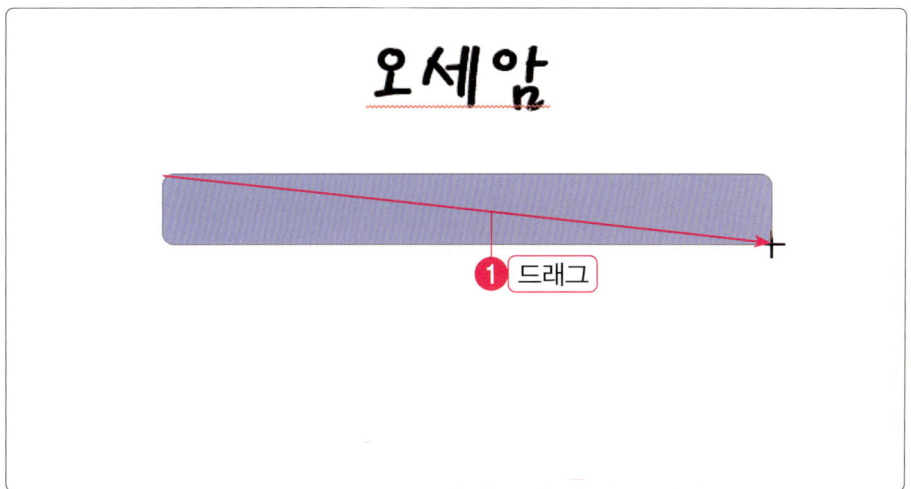

> Shift 를 누른 상태에서 직사각형이나 타원을 그리면 정사각형이나 정원(완전히 동그란 원)이 그려지고, Ctrl 을 누른 상태에서 도형을 그리면 도형을 그리기 시작한 위치가 도형의 중심이 됩니다.

3 도형 스타일을 지정하기 위해 **도형을 선택**한 후 [도형 서식] 탭-[도형 스타일] 그룹에서 **[자세히] 단추를 클릭**합니다.

4 도형 스타일 목록이 나타나면 [미세 효과 – 검정, 어둡게 1]을 클릭합니다.

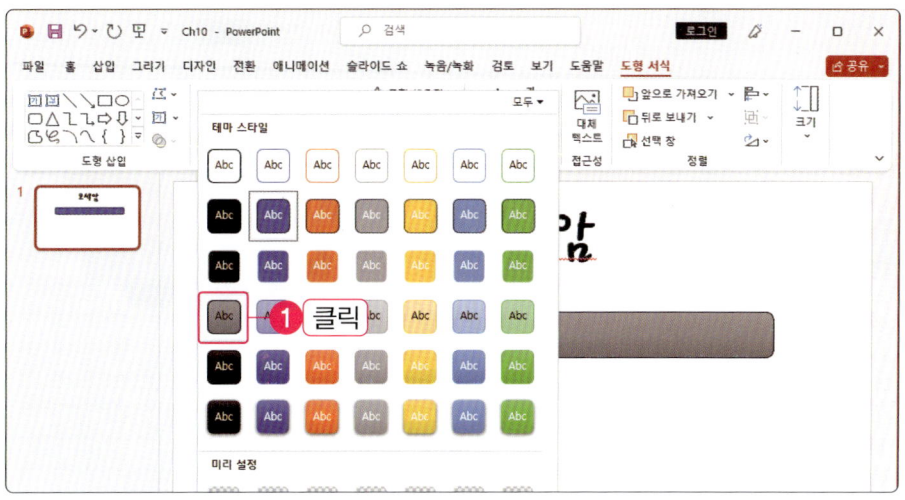

Chapter 10 - 도형과 그림 활용하기 **57**

5 같은 방법으로 **다음과 같이 도형을 1개 더 삽입**한 후 **도형을 편집**합니다.
- 도형 삽입 : ◯[타원]
- 도형 스타일 지정 : [abc][밝은 색 1 윤곽선, 색 채우기 – 검정, 어둡게 1]

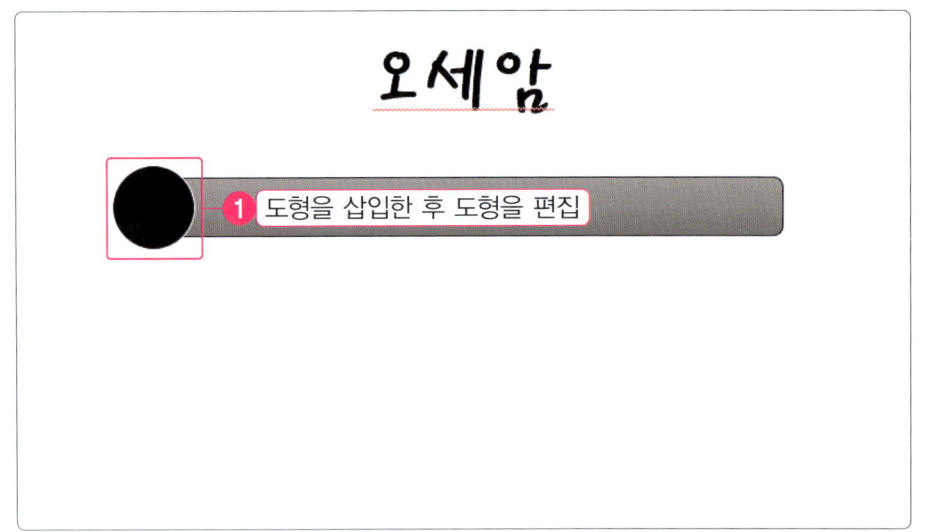

알고 넘어갑시다!

개체의 겹치는 순서 다시 매기기

개체를 서로 겹치면 나중에 삽입한 개체가 먼저 삽입한 개체 위에 겹쳐집니다. 개체를 선택한 후 [그리기 도구]/[그림 도구] 정황 탭–[서식] 탭–[정렬] 그룹에서 [앞으로 가져오기]의 ˅[목록] 단추를 클릭한 다음 [앞으로 가져오기]/[맨 앞으로 가져오기]를 클릭하거나 [뒤로 보내기]의 ˅[목록] 단추를 클릭한 다음 [뒤로 보내기]/[맨 뒤로 보내기]를 클릭하면 개체의 겹치는 순서를 다시 매길 수 있는데요. WordArt나 도형을 선택하면 [그리기 도구] 정황 탭이 나타나고, 그림을 선택하면 [그림 도구] 정황 탭이 나타납니다.

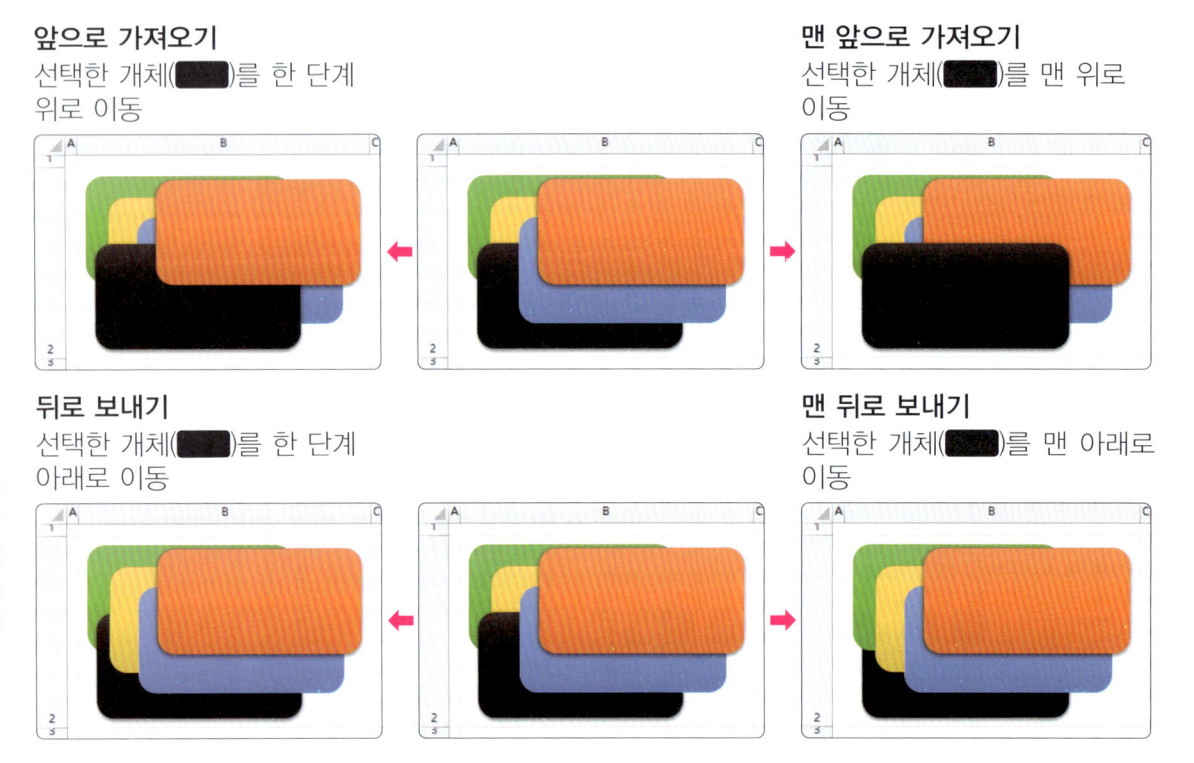

6 ◯ 도형에 도형 텍스트(개요)를 입력한 후 도형 텍스트에 글꼴 서식을 지정하기 위해 도형 텍스트를 드래그하여 선택한 다음 [홈] 탭-[글꼴] 그룹에서 글꼴(HY견고딕)과 글꼴 크기(20)를 선택합니다.

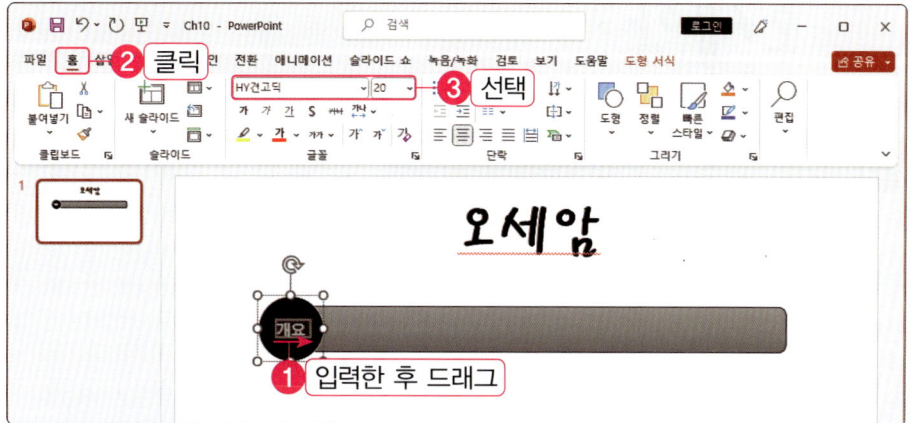

도형을 선택한 후 도형 텍스트를 입력하거나 도형의 바로 가기 메뉴에서 [텍스트 편집]을 클릭하면 도형 텍스트를 입력할 수 있고, 도형 텍스트로 마우스 포인터를 가져가서 마우스 포인터가 I 모양으로 변경되었을 때 클릭하면 도형 텍스트를 수정할 수 있습니다.

7 같은 방법으로 다음과 같이 ▢ 도형에 도형 텍스트를 입력합니다.

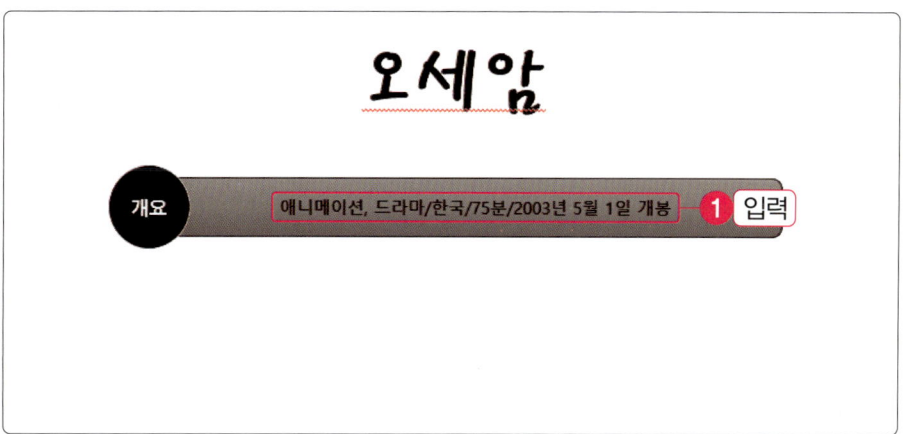

8 도형을 그룹화하기 위해 ◯ 도형과 ▢ 도형을 선택한 후 [도형 서식] 탭-[정렬] 그룹에서 [개체 그룹화]를 클릭한 다음 [그룹]을 클릭합니다.

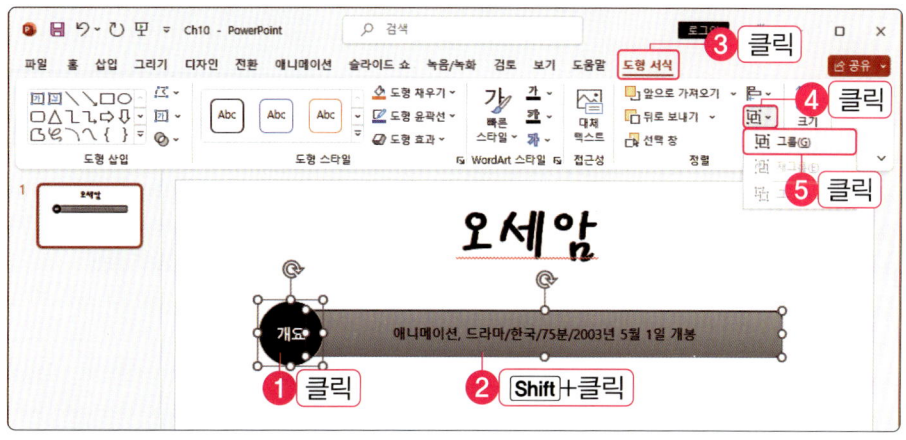

그룹은 선택한 개체를 합쳐서 하나의 개체로 만드는 것을 말합니다.

9 그룹화된 도형을 복사하기 위해 **다음과 같이 Ctrl과 Shift를 누른 상태에서 그룹화된 도형을 드래그**합니다.

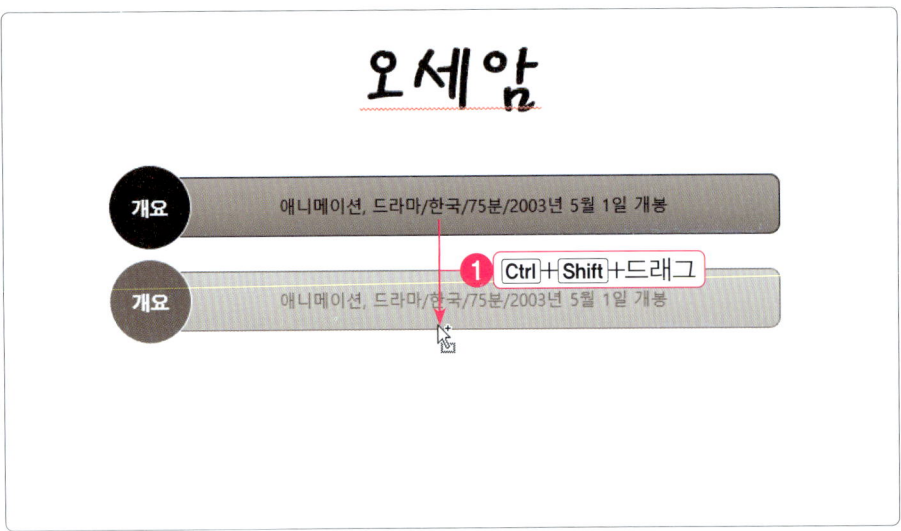

도형을 선택한 후 Ctrl을 누른 상태에서 드래그하면 도형이 복사되고, Shift를 누른 상태에서 드래그하면 수평이나 수직 방향으로 이동됩니다.

10 같은 방법으로 **다음과 같이 그룹화된 도형을 1개 더 복사**한 후 **도형 텍스트를 수정**합니다.

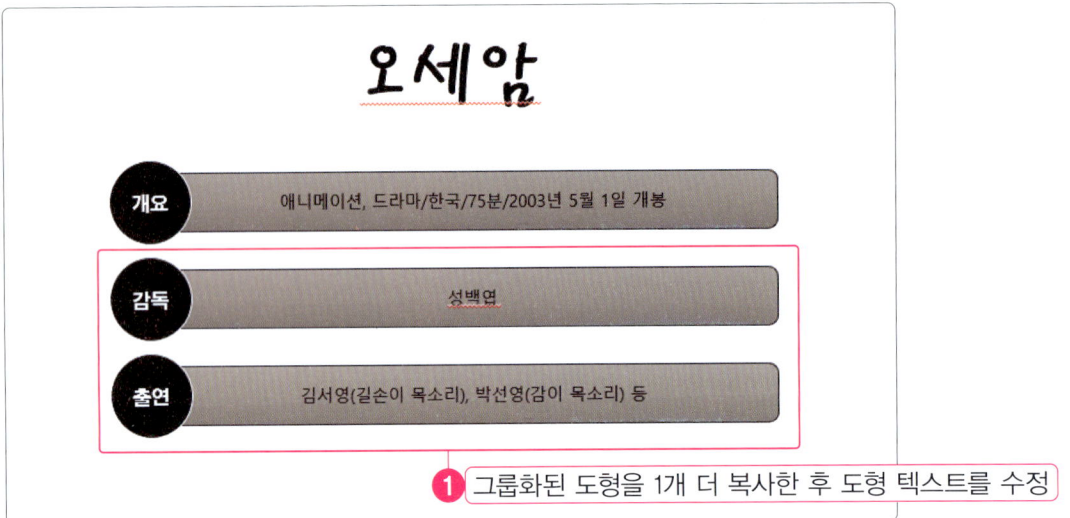

02 그림 활용하기

1 그림을 삽입하기 위해 [삽입] 탭-[이미지] 그룹에서 **[그림]-[이 디바이스...]를 클릭**합니다.

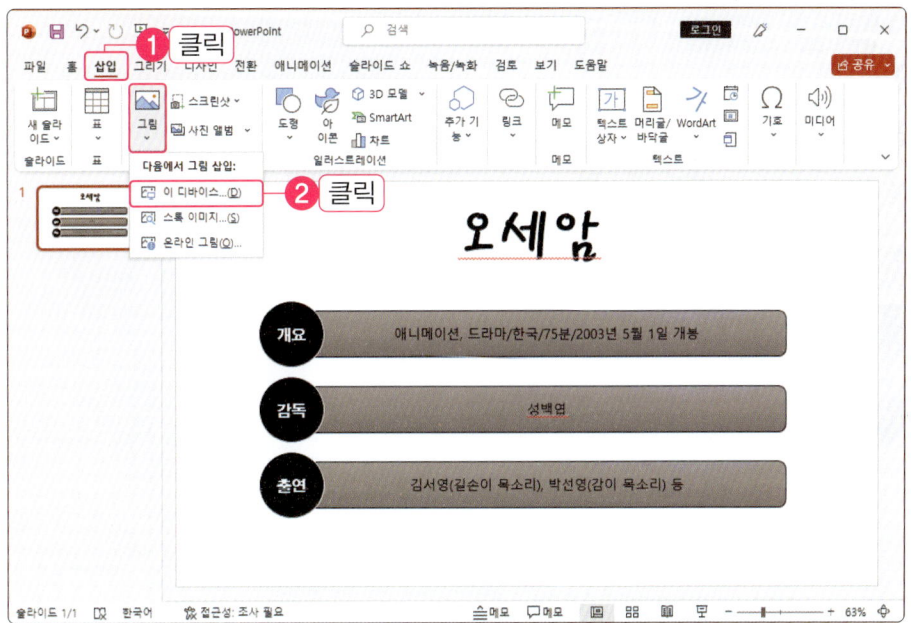

2 [그림 삽입] 대화상자가 나타나면 **위치(C:\단계학습\파워포인트\예제파일)를 선택**한 후 **파일(오세암)을 선택**한 다음 [삽입] 단추를 **클릭**합니다.

3 그림이 삽입되면 **다음과 같이 그림을 이동**합니다.

4 꾸밈 효과를 지정하기 위해 **그림을 선택**한 후 [그림 서식] 탭-[조정] 그룹에서 **[꾸밈 효과]를 클릭**한 다음 **[연필 회색조]를 클릭**합니다.

5 다음과 같이 꾸밈 효과가 지정됩니다.

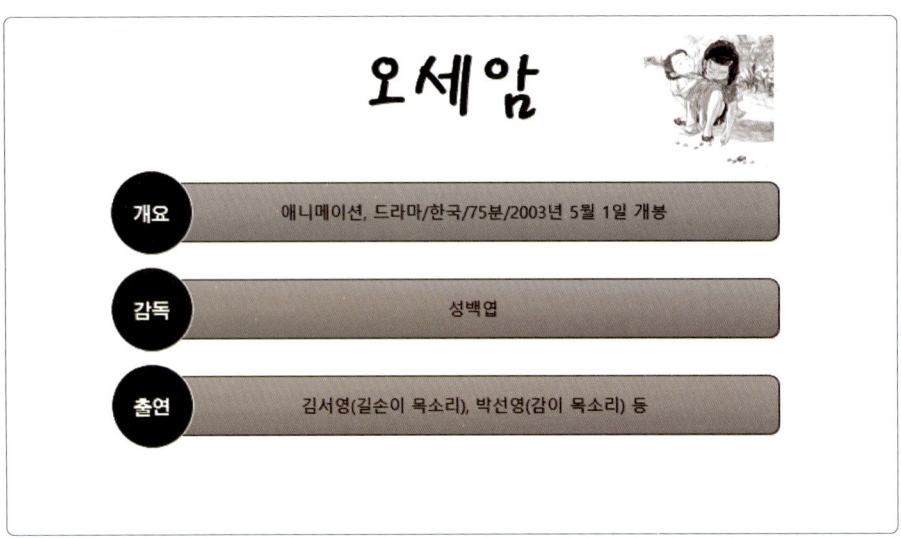

[파일] 탭-[옵션] 메뉴를 클릭 후 [PowerPoint 옵션] 화면에서 [언어 교정] 탭을 클릭한 다음 [맞춤법 및 문법 오류 숨기기]를 체크하면 맞춤법에 따른 텍스트 단어의 빨간색 밑줄을 숨길 수 있습니다.

POWERPOINT 2021 연습문제 Exercise

C:\단계학습\파워포인트\연습파일\Ch10-연습.pptx

1 다음과 같이 도형을 활용하여 프레젠테이션을 작성해 보세요.
- 도형 삽입 : [사각형: 잘린 대각선 방향 모서리]
- 도형 스타일 지정 : [강한 효과 – 녹색, 강조 6]
- 도형 텍스트에 글꼴 서식 지정 : 글꼴(휴먼모음T), 글꼴 크기(36)

2 다음과 같이 그림을 활용하여 프레젠테이션을 작성해 보세요.
- 그림 삽입 : 위치(C:\단계학습\파워포인트\연습파일), 파일(마당을 나온 암탉)
- 꾸밈 효과 지정 : [파스텔 부드럽게]

Hint 그림을 선택한 후 [그림 도구] 정황 탭-[서식] 탭-[조정] 그룹에서 [꾸밈 효과]를 클릭한 다음 [파스텔 부드럽게]를 클릭하면 꾸밈 효과를 지정할 수 있습니다.

앨범 만들기

사진 앨범은 앨범과 같은 프레젠테이션을 작성할 수 있는 기능인데요. 사진 앨범을 활용하면 일일이 디자인하지 않아도 그림 레이아웃, 프레임 모양, 테마 등을 지정하여 멋진 앨범을 만들 수 있습니다. 그럼, 앨범을 만드는 방법에 대해 알아보겠습니다.

1 파워포인트를 실행하기 위해 작업 표시줄에서 ⊞[**시작**] **단추를 클릭**한 후 앱 뷰에서 [Power Point]를 클릭합니다.

2 파워포인트가 실행되면 앨범을 만들기 위해 [삽입] 탭-[이미지] 그룹에서 [**사진 앨범**]을 클릭합니다.

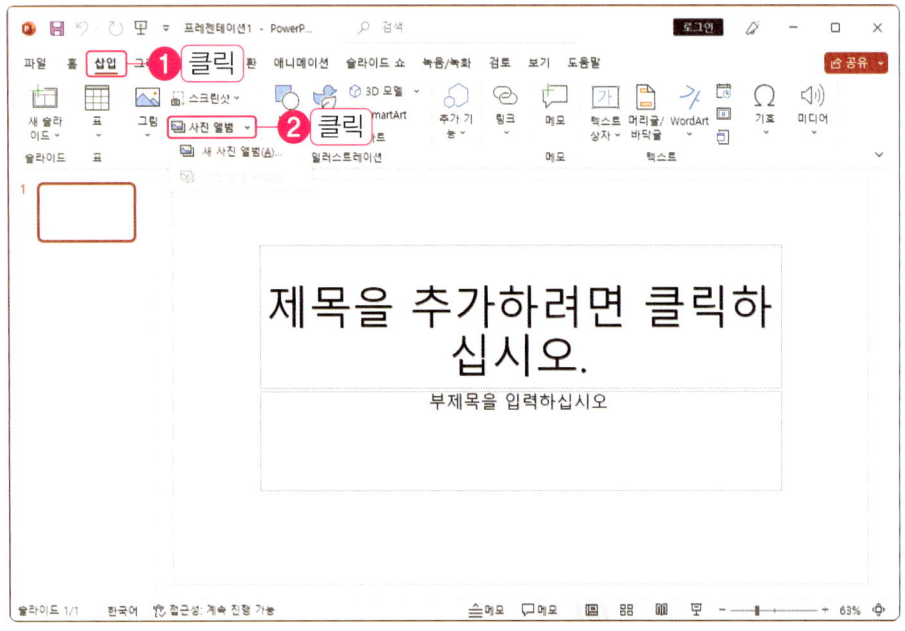

3 [사진 앨범] 대화상자가 나타나면 그림을 삽입하기 위해 [파일/디스크] 단추를 클릭합니다.

4 [새 그림 삽입] 대화상자가 나타나면 **위치(C:\단계학습\파워포인트\예제파일)를 선택**한 후 **파일(별이 빛나는 밤/오베르의 교회/자화상/해바라기)을 선택**한 다음 [삽입] 단추를 클릭합니다.

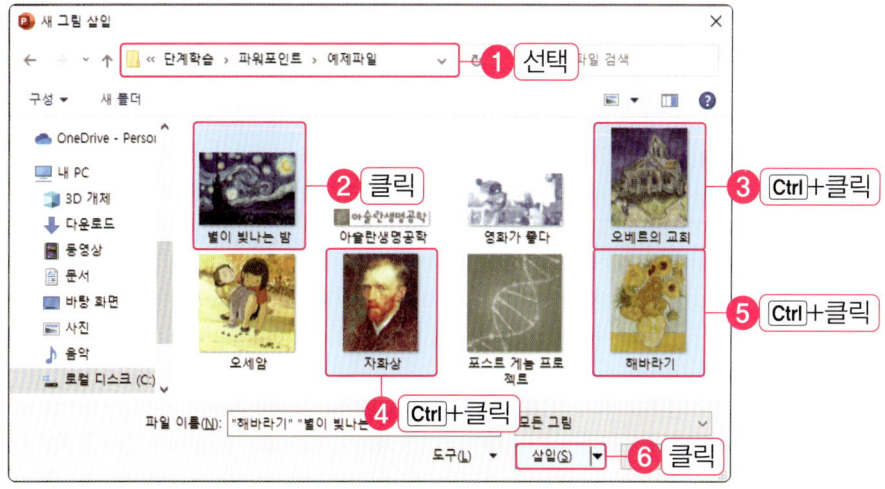

5 [사진 앨범] 대화상자가 다시 나타나면 **그림 레이아웃(제목을 가진 그림 4개)과 프레임 모양(사각형 가운데 그림자)을 선택**한 후 테마를 지정하기 위해 [찾아보기] 단추를 클릭합니다.

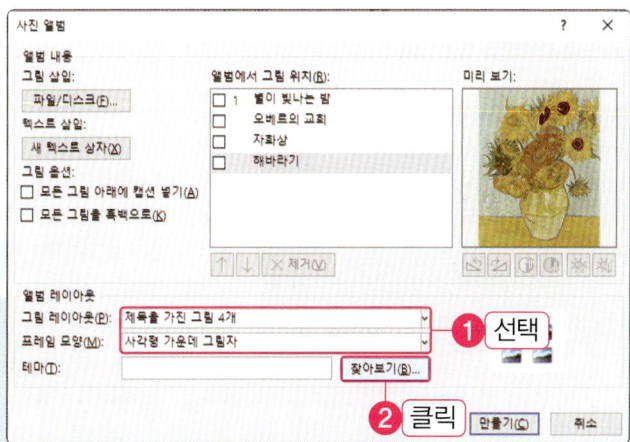

Special page – 앨범 만들기 **65**

6 [테마 선택] 대화상자가 나타나면 **테마(Ion)를 선택**한 후 **[선택] 단추를 클릭**합니다.

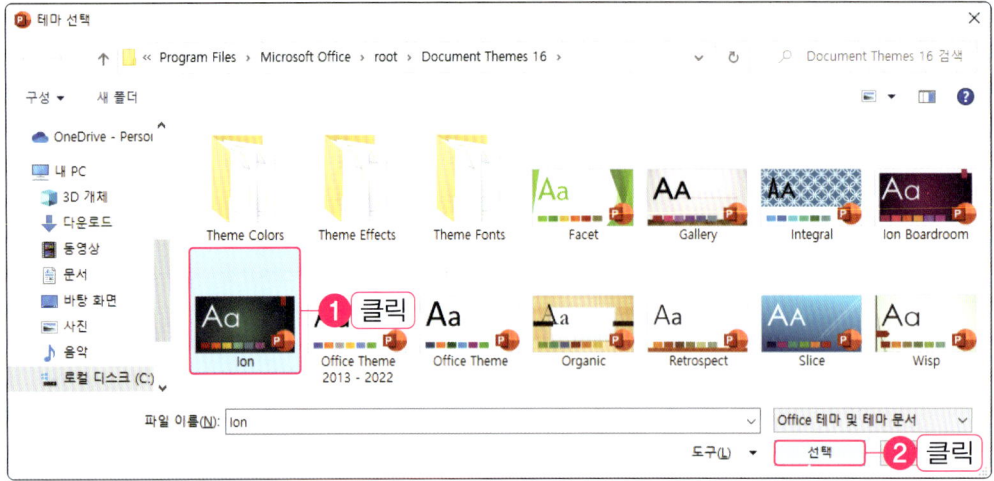

7 [사진 앨범] 대화상자가 다시 나타나면 **[모든 그림 아래에 캡션 넣기]를 선택**한 후 **[만들기] 단추를 클릭**합니다.

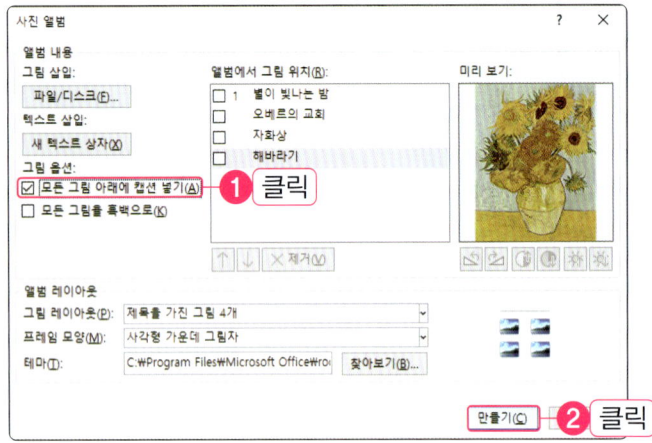

8 앨범이 만들어지면 테마 색을 변경하기 위해 [디자인] 탭-[적용] 그룹에서 **[자세히] 단추를 클릭**합니다.

앨범은 새 프레젠테이션에 만들어집니다.

9 적용 목록이 나타나면 **[색]-[녹색]을 클릭**합니다.

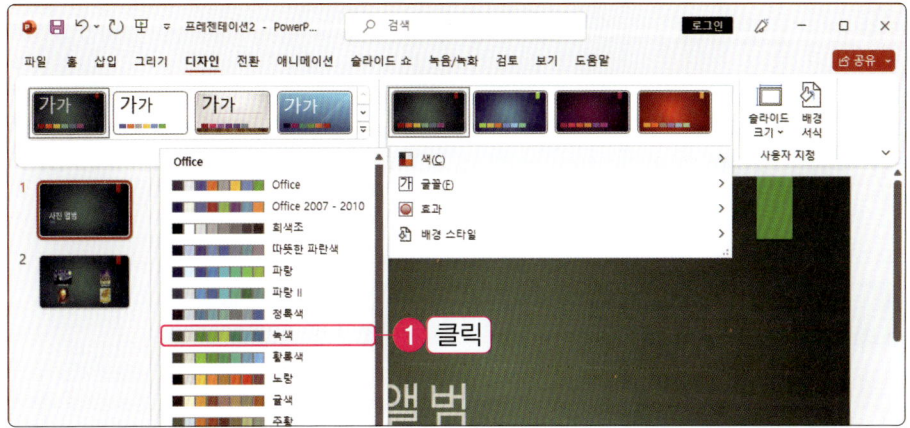

10 슬라이드 보기 창에서 **1번 슬라이드를 선택**한 후 **다음과 같이 제목과 부제목을 수정**합니다.

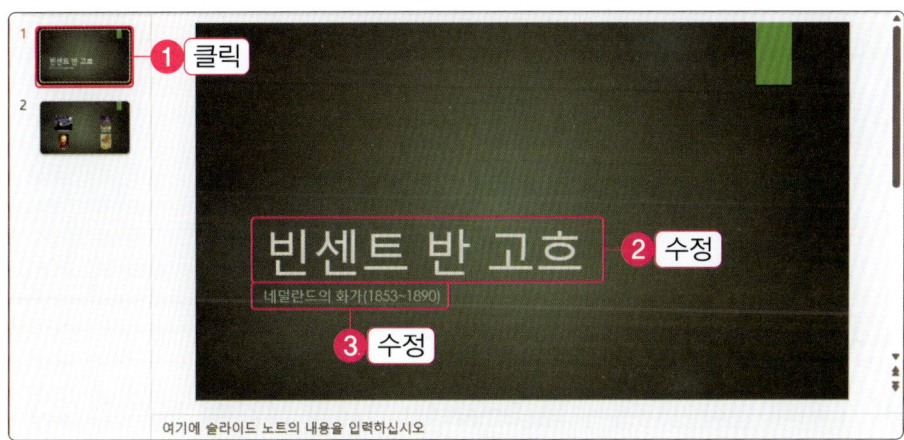

11 슬라이드 보기 창에서 **2번 슬라이드를 선택**한 후 **다음과 같이 제목을 입력**합니다.

12 제목이 입력되면 **다음과 같이 앨범을 저장**합니다.
- 앨범 저장 : 위치(문서), 파일 이름(빈센트 반 고흐)

Chapter 11 SmartArt 활용하기

기본 Study / Powerpoint 2021

요소 간의 관계나 어떤 단계 등을 일정한 양식의 그림으로 나타낸 것을 '다이어그램'이라고 하는데요. 파워포인트에서는 SmartArt를 활용하면 다이어그램을 쉽고 빠르게 작성할 수 있습니다. 그럼, SmartArt를 활용하는 방법에 대해 알아보겠습니다.

미리보기

[성체줄기세포를 이용한 치료 슬라이드 예시 - 순환기, 내분비, 암, 뼈]

C:\단계학습\파워포인트\예제파일\Ch11.pptx

01 SmartArt 삽입하기

1 SmartArt를 삽입하기 위해 슬라이드에서 [SmartArt 그래픽 삽입]을 클릭합니다.

[삽입] 탭-[일러스트레이션] 그룹에서 [SmartArt]를 클릭하여 SmartArt를 삽입할 수도 있습니다.

2 [SmartArt 그래픽 선택] 대화상자가 나타나면 [목록형]에서 [세로 상자 목록형]을 선택한 후 [확인] 단추를 클릭합니다.

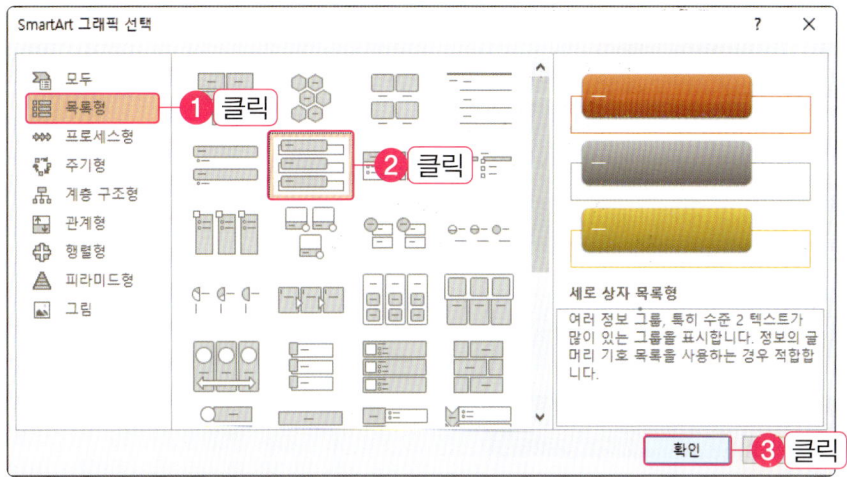

알고 넘어갑시다!

SmartArt 종류
- [목록형] : 비순차 정보를 표시하는 경우에 주로 사용합니다.
- [프로세스형] : 순차 정보를 표시하는 경우에 주로 사용합니다.
- [주기형] : 순환 정보를 표시하는 경우에 주로 사용합니다.
- [계층 구조형] : 계층 정보를 표시하는 경우에 주로 사용합니다.
- [관계형] : 정보 사이의 관계를 표시하는 경우에 주로 사용합니다.
- [행렬형] : 전체 정보에 대한 각 정보의 관계를 표시하는 경우에 주로 사용합니다.
- [피라미드형] : 정보 사이의 관계를 상대적으로 표시하는 경우에 주로 사용합니다.
- [그림] : 그림을 활용하여 정보를 표시하는 경우에 주로 사용합니다.

3 SmartArt가 삽입되면 **다음과 같이 SmartArt를 이동**한 후 SmartArt의 크기를 조정하기 위해 **SmartArt의 크기 조정 핸들(○)을 드래그**합니다.

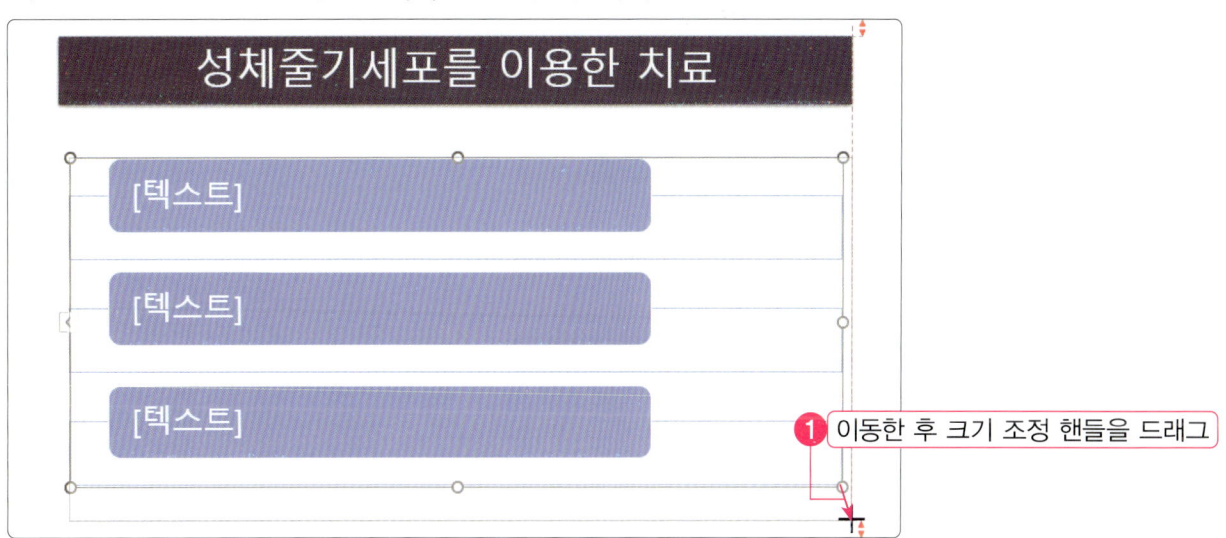

도형을 선택한 후 SmartArt의 테두리를 클릭하면 SmartArt를 선택할 수 있는데요. SmartArt를 선택한 후 SmartArt의 테두리를 드래그하면 SmartArt를 이동할 수 있습니다.

4 도형을 추가하기 위해 **수준 1의 첫 번째 도형을 선택**한 후 [SmartArt 디자인] 탭-[그래픽 만들기] 그룹에서 **[도형 추가]**의 **[목록] 단추를 클릭**한 다음 **[뒤에 도형 추가]를 클릭**합니다.

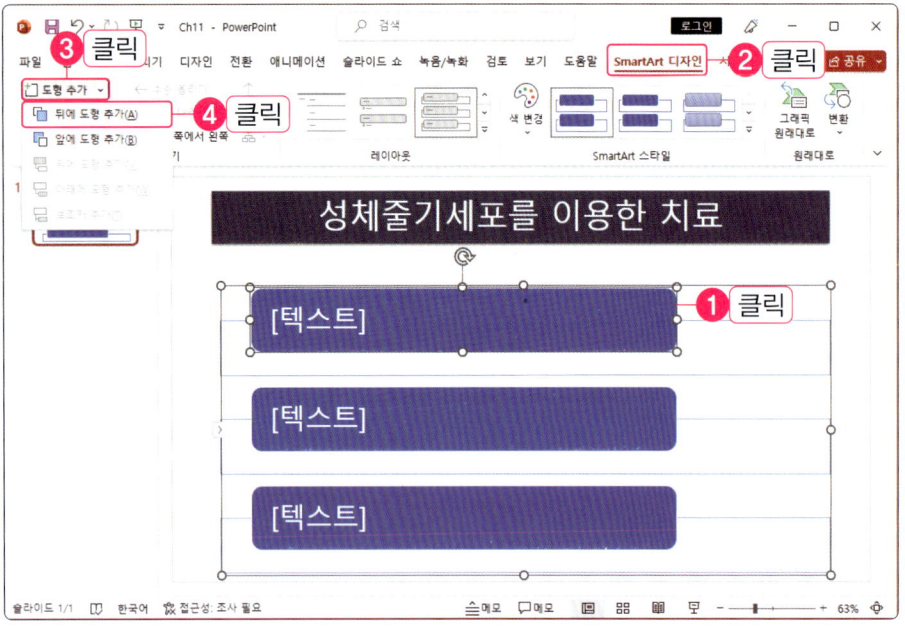

- 세로 상자 목록형 SmartArt에서 수준 1 도형은 위쪽에 있는 도형을 말하고, 수준 2 도형은 아래쪽에 있는 도형을 말합니다.
- 다른 수준 1 도형을 선택(수준 2 도형을 선택하면 도형을 추가할 수 없습니다)한 후 [SmartArt 도구] 정황 탭-[디자인] 탭-[그래픽 만들기] 그룹에서 [도형 추가]의 ▼[목록] 단추를 클릭한 다음 [뒤에 도형 추가]/[앞에 도형 추가]를 클릭하여 도형을 추가할 수도 있습니다.
- 세로 상자 목록형 SmartArt에서는 도형을 추가하면 수준 1 도형과 수준 2 도형이 함께 추가됩니다.

5 도형이 추가되면 **다음과 같이 SmartArt 텍스트를 입력**합니다.

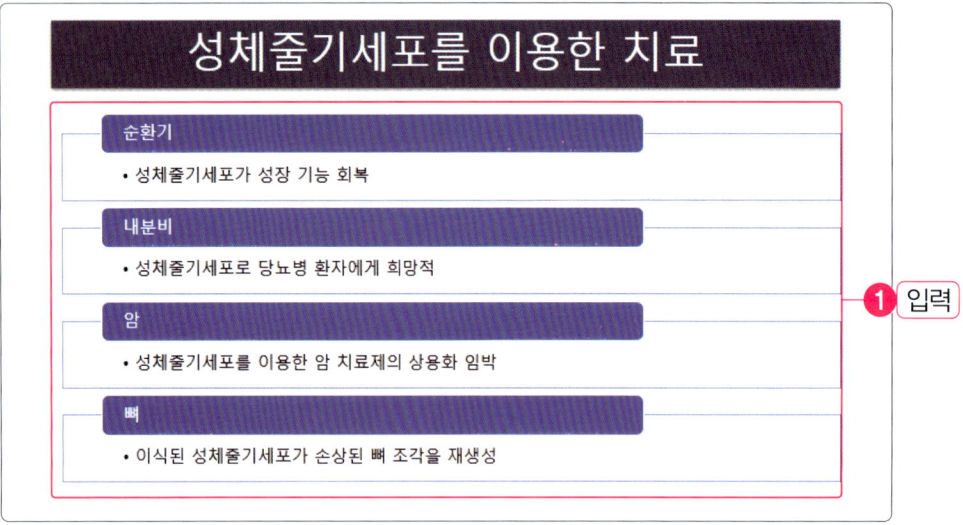

02 SmartArt 편집하기

1 SmartArt 스타일을 지정하기 위해 **SmartArt를 선택**한 후 [SmartArt 디자인] 탭-[SmartArt 스타일] 그룹에서 **[자세히] 단추를 클릭**합니다.

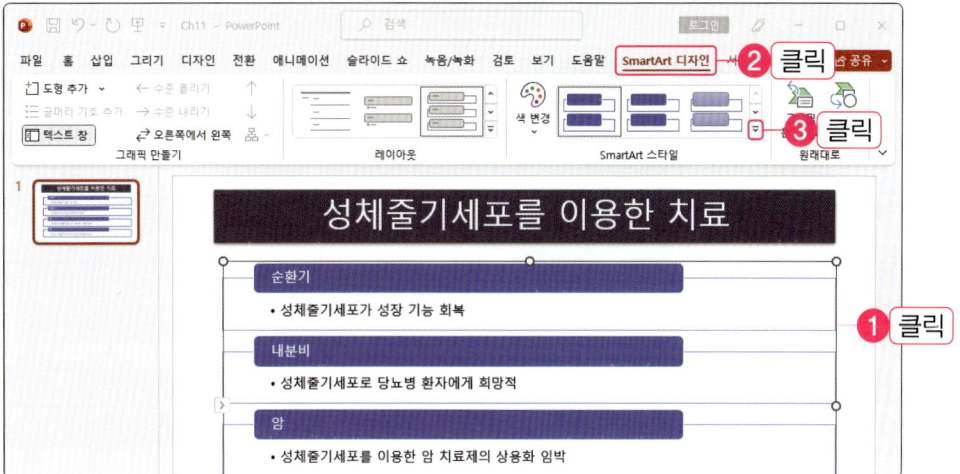

2 SmartArt 스타일 목록이 나타나면 **[강한 효과]를 클릭**합니다.

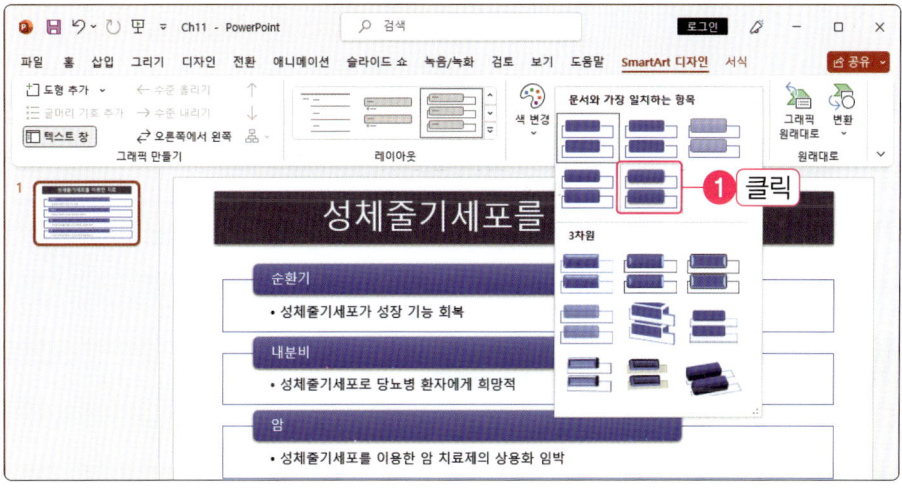

3 SmartArt 색을 변경하기 위해 [SmartArt 도구] 정황 탭-[디자인] 탭-[SmartArt 스타일] 그룹에서 **[색 변경]을 클릭**한 후 **[색상형 범위 - 강조색 4 또는 5]를 클릭**합니다.

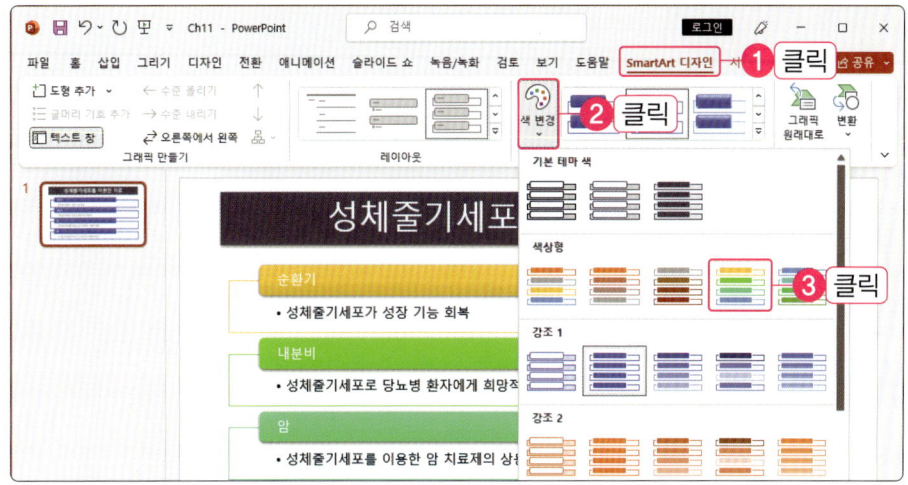

4 다음과 같이 SmartArt 색이 변경됩니다.

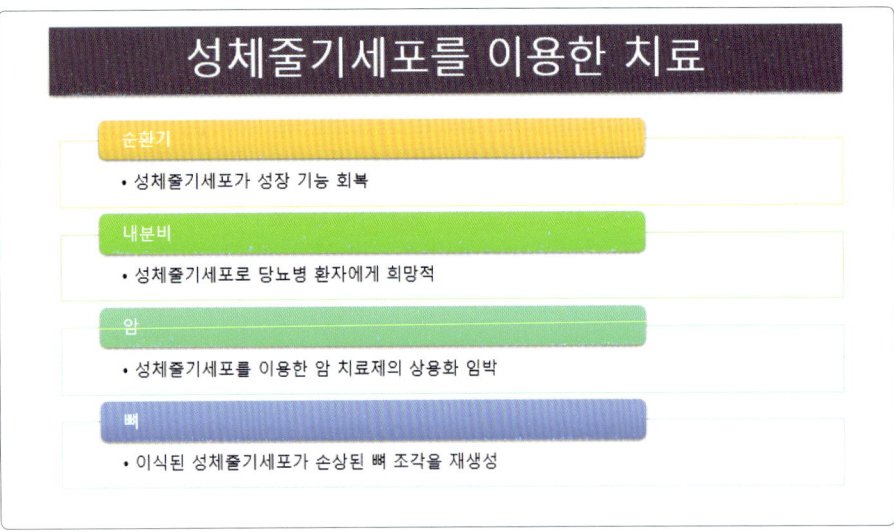

- 세로 상자 목록형 SmartArt에서는 수준 1 도형을 선택(수준 2 도형을 선택하면 도형을 지울 수 없습니다)한 후 Delete 를 누르면 도형을 지울 수 있습니다.
- 세로 상자 목록형 SmartArt에서는 수준 1 도형을 지우면 수준 1 도형과 수준 2 도형이 함께 지워집니다.

알고 넘어갑시다!

도형의 모양 변경하기

다음과 같이 도형을 선택한 후 [SmartArt 도구] 정황 탭–[서식] 탭–[도형] 그룹에서 [도형 모양 변경]을 클릭한 다음 도형을 선택하면 도형의 모양을 변경할 수 있습니다.

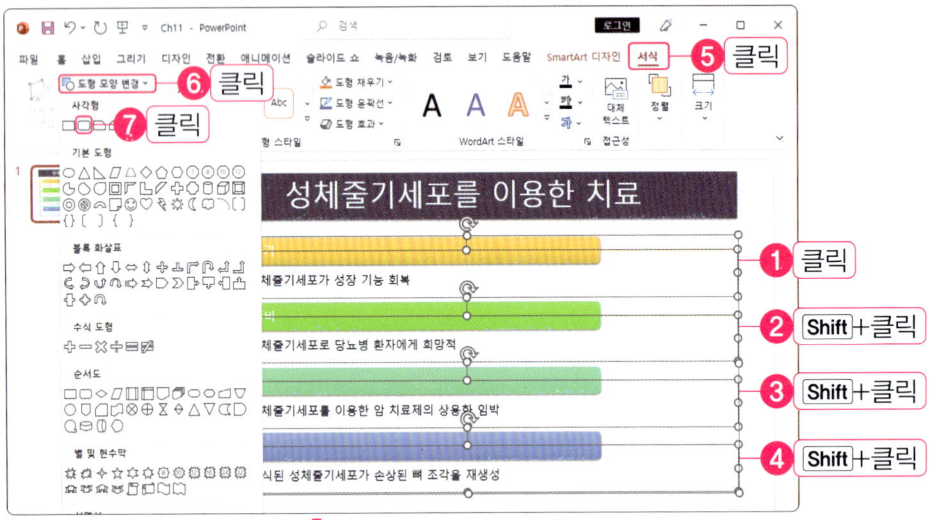

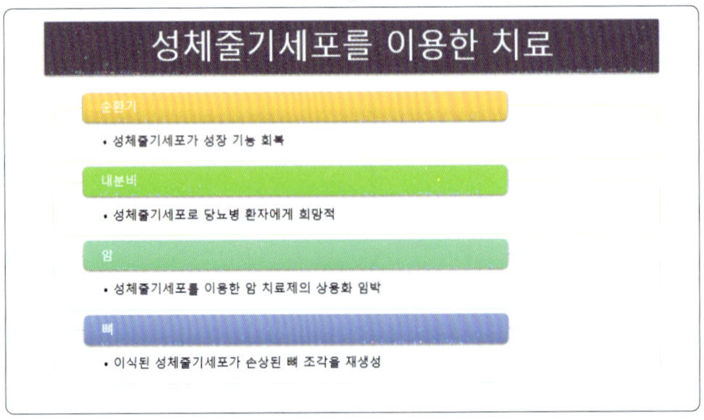

POWERPOINT 2021 연습문제 E·x·e·r·c·i·s·e

C:\단계학습\파워포인트\연습파일\Ch11-연습.pptx

1 다음과 같이 SmartArt를 삽입해 보세요.
- SmartArt 삽입 : SmartArt 종류([목록형]-[세로 갈매기형 수장 목록형])

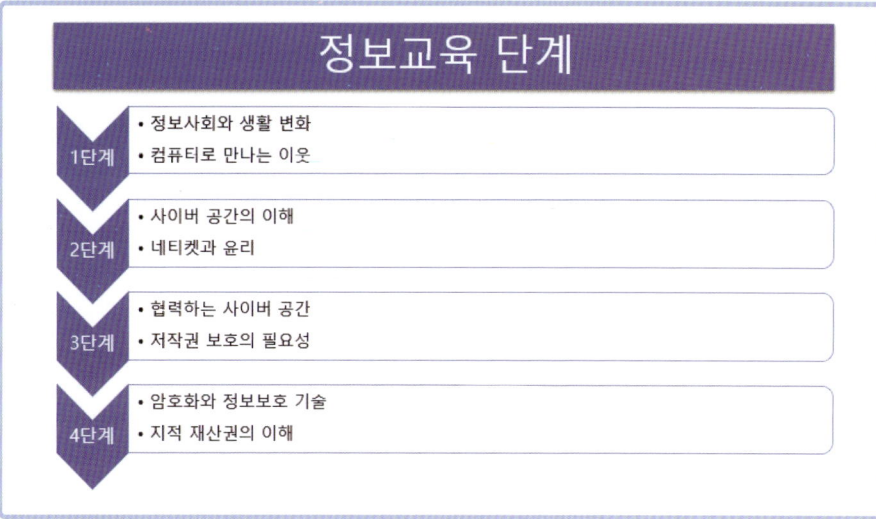

2 다음과 같이 SmartArt를 편집해 보세요.
- SmartArt 스타일 지정 : [만화]
- SmartArt 색 변경 : [색상형 - 강조색]

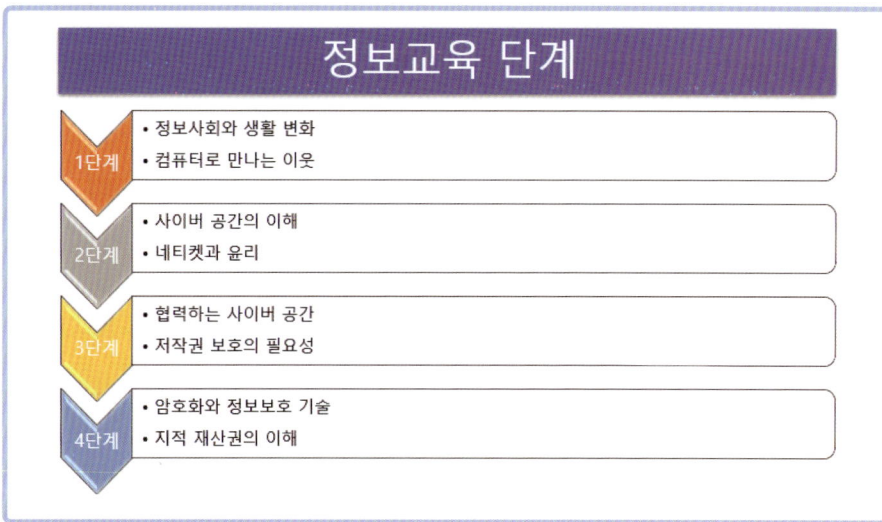

Hint
SmartArt를 선택한 후 [SmartArt 도구] 정황 탭-[디자인] 탭-[SmartArt 스타일] 그룹에서 [색 변경]을 클릭한 다음 [색상형 - 강조색]을 클릭하면 SmartArt 색을 변경할 수 있습니다.

기본 Study

Chapter 12

표 작성하기

Powerpoint 2021

내용을 표로 정리하면 일목요연하게 보여 줄 수 있는데요. 최근에는 표 대신 도형을 사용하여 시각적이고 입체적인 표를 작성하는 경우도 많습니다. 그럼, 표를 작성하는 방법에 대해 알아보겠습니다.

미리 보기

상품특성에 따른 경쟁우위

항목	A타입	B타입	C타입	D타입
상품특성	정형품		비정형품	
소비특성	비일상품	일상품	비일상품	일상품
상품군	전자제품 브렌드PC	생활용품 식음료품	여행서비스 의류	수산물 축산물
핵심경쟁력	가격경쟁력		전문성	

C:\단계학습\파워포인트\예제파일\Ch12.pptx

01 표 삽입하기

1 표를 삽입하기 위해 슬라이드에서 ▦[표 삽입]을 클릭합니다.

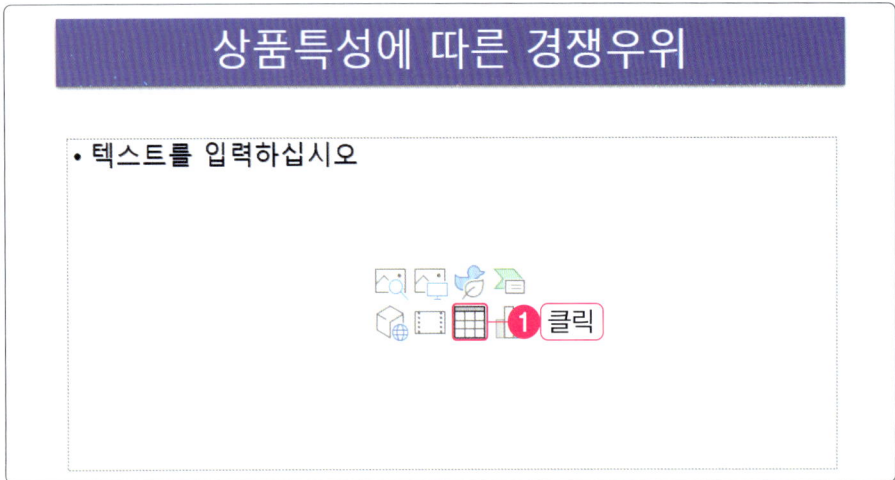

[삽입] 탭–[표] 그룹에서 [표]를 클릭한 후 [표 삽입]을 클릭하여 표를 삽입할 수도 있습니다.

2 [표 삽입] 대화상자가 나타나면 **열 개수(5)와 행 개수(5)를 입력**한 후 [확인] 단추를 **클릭**합니다.

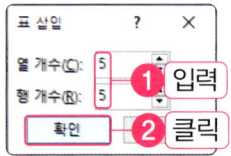

3 표가 삽입되면 **다음과 같이 표를 이동**한 후 표의 크기를 조정하기 위해 **표의 크기 조정 핸들(○)을 드래그**합니다.

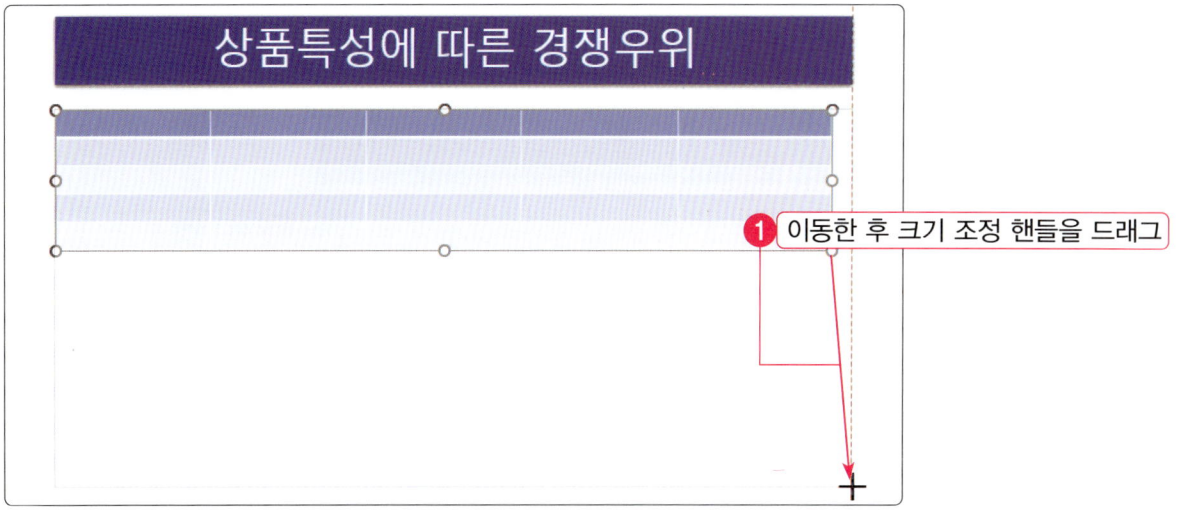

> 셀을 클릭한 후 표의 테두리를 클릭하면 표를 선택할 수 있는데요. 표를 선택한 후 표의 테두리를 드래그하면 표를 이동할 수 있습니다.

알고 넘어갑시다!

셀

표에서 행과 열이 교차하면서 생긴 영역을 '셀'이라고 하는데요. 셀은 행과 열을 조합하여 '1행2열'과 같이 나타냅니다.

	1열	2열	3열
1행	1행1열	1행2열	1행3열
2행	2행1열	2행2열	2행3열

4 셀을 병합하기 위해 **2행2열과 2행3열을 선택**한 후 [레이아웃] 탭-[병합] 그룹에서 **[셀 병합]을 클릭**합니다.

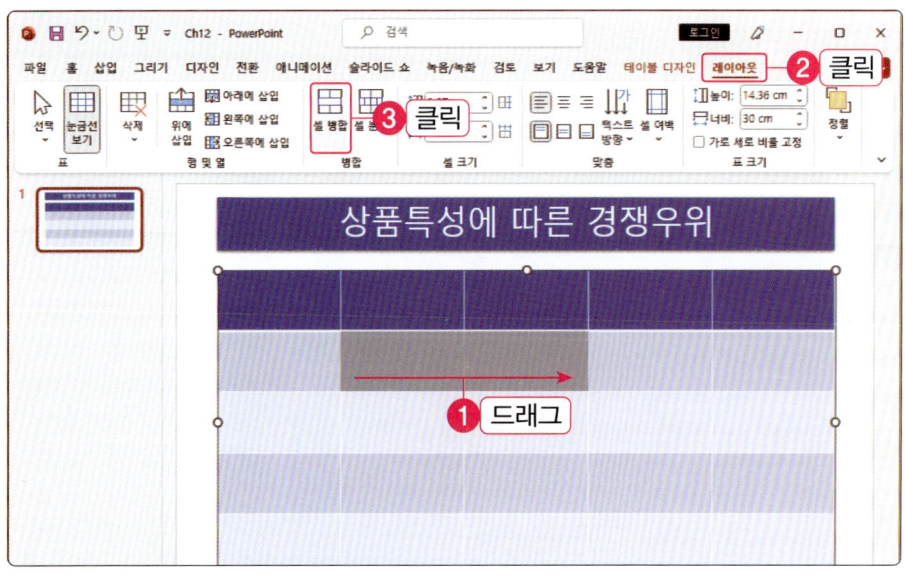

> 여러 개의 셀을 합쳐서 하나의 셀로 만드는 것을 '셀 병합'이라고 하고, 하나의 셀을 나누어서 여러 개의 셀로 만드는 것을 '셀 분할'이라고 합니다.

5 같은 방법으로 **다음과 같이 2행4열과 2행5열, 5행2열과 5행3열, 5행4열과 5행5열을 병합**합니다.

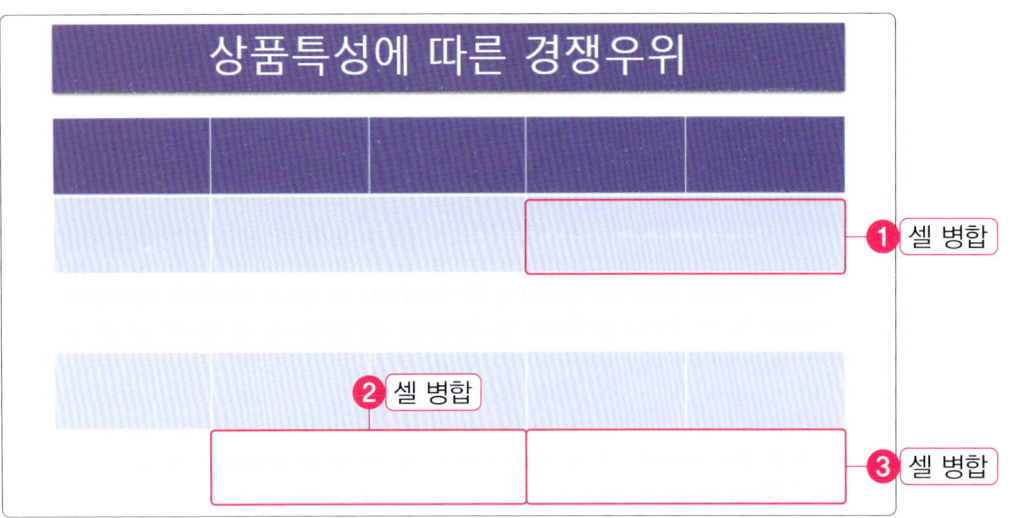

알고 넘어갑시다!

표 그리기

표를 선택한 후 [표 도구] 정황 탭–[디자인] 탭–[테두리 그리기] 그룹에서 [표 그리기]를 클릭(마우스 포인터가 ✏ 모양으로 변경됩니다)한 다음 표에서 드래그하면 셀 선을 그려 셀을 분할할 수 있습니다.

지우개

표를 선택한 후 [표 도구] 정황 탭–[디자인] 탭–[테두리 그리기] 그룹에서 [지우개]를 클릭(마우스 포인터가 ✐ 모양으로 변경됩니다)한 다음 표에서 드래그하면 셀 선을 지워 셀을 병합할 수 있습니다.

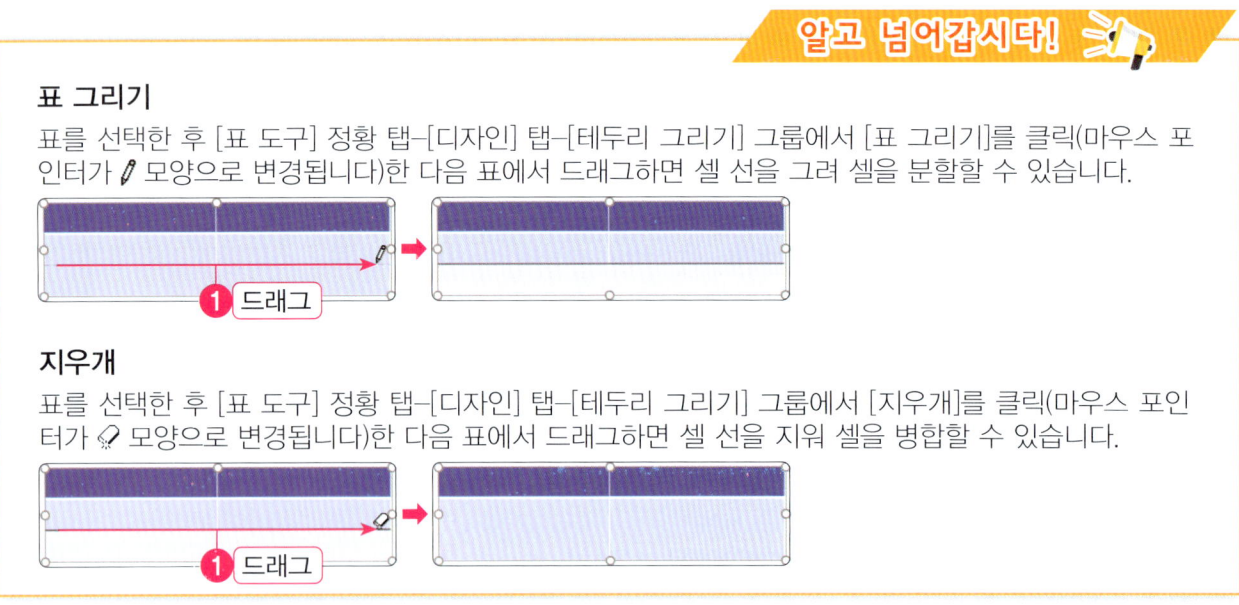

6 셀이 병합되면 **다음과 같이 표 내용을 입력**합니다.

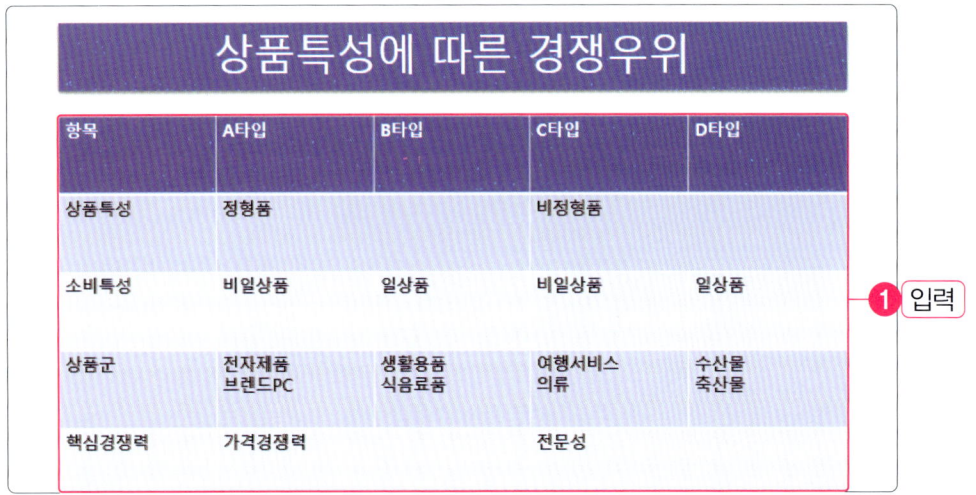

셀로 마우스 포인터를 가져가서 마우스 포인터가 I 모양으로 변경되었을 때 클릭한 후 내용을 입력하면 표 내용을 입력할 수 있습니다.

02 표 편집하기

1 표 스타일을 지정하기 위해 **표를 선택**한 후 [테이블 디자인] 탭–[표 스타일] 그룹에서 **[자세히] 단추를 클릭**합니다.

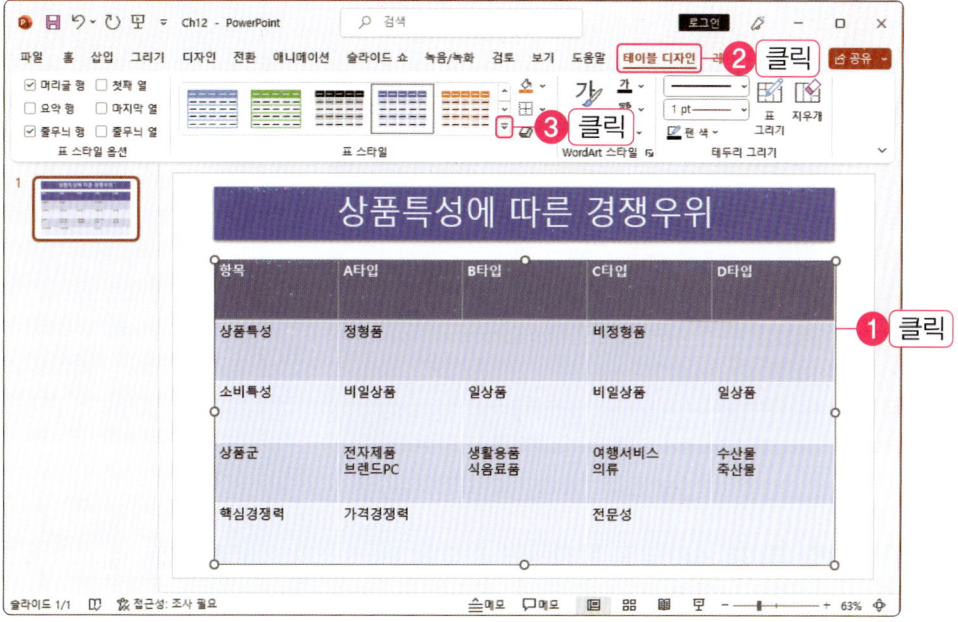

2 표 스타일 목록이 나타나면 [보통 스타일 2 – 강조 5]를 클릭합니다.

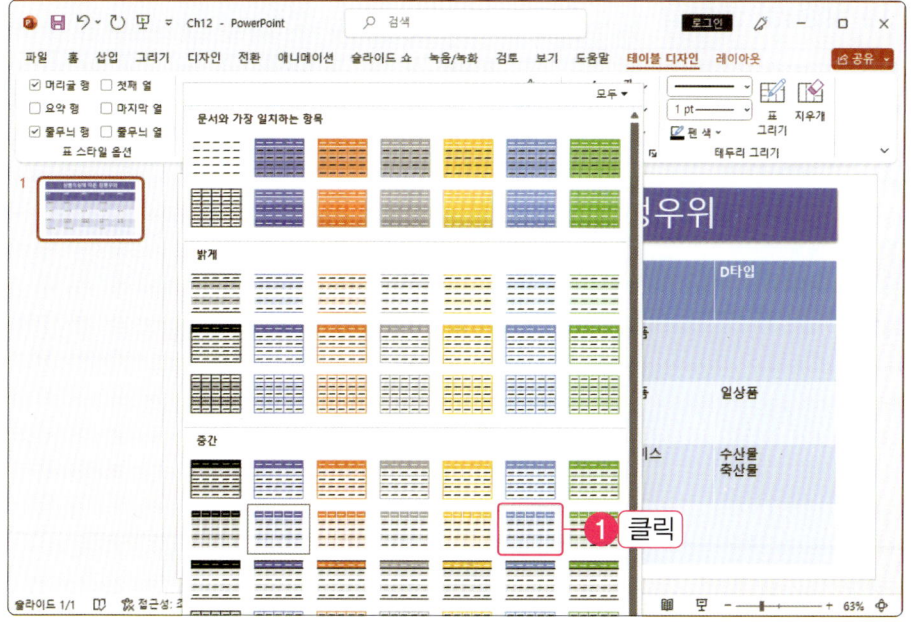

알고 넘어갑시다!

표에 테두리 지정하기

표를 선택한 후 [표 도구] 정황 탭–[디자인] 탭–[표 스타일] 그룹에서 [테두리]의 ▼[목록] 단추를 클릭한 다음 테두리를 선택하면 표에 테두리를 지정할 수 있습니다.

3 표 내용에 글꼴 서식을 지정하기 위해 **모든 셀을 선택**한 후 [홈] 탭-[글꼴] 그룹에서 **글꼴(맑은 고딕)을 선택**한 다음 **글꼴 크기(22)를 입력**합니다.

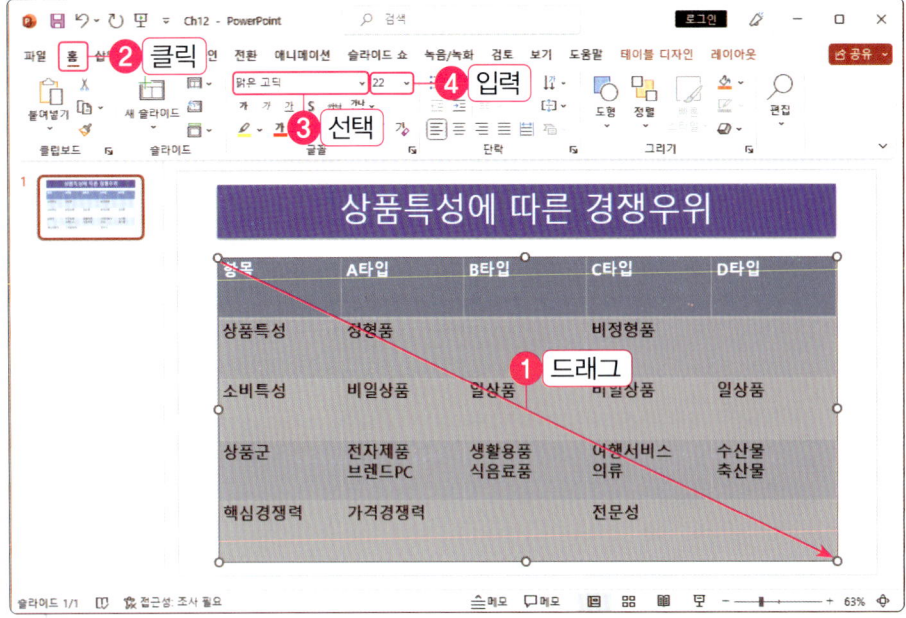

표 내용에 글꼴 서식을 지정한 후 표 스타일을 지정하면 지정한 표 스타일과 관련 있는 글꼴 서식으로 다시 지정되므로 먼저 표 스타일을 지정한 후 표 내용에 글꼴 서식을 지정합니다.

4 표 내용에 맞춤 서식을 지정하기 위해 [레이아웃] 탭-[맞춤] 그룹에서 [가운데 맞춤]을 클릭한 후 [세로 가운데 맞춤]을 클릭합니다.

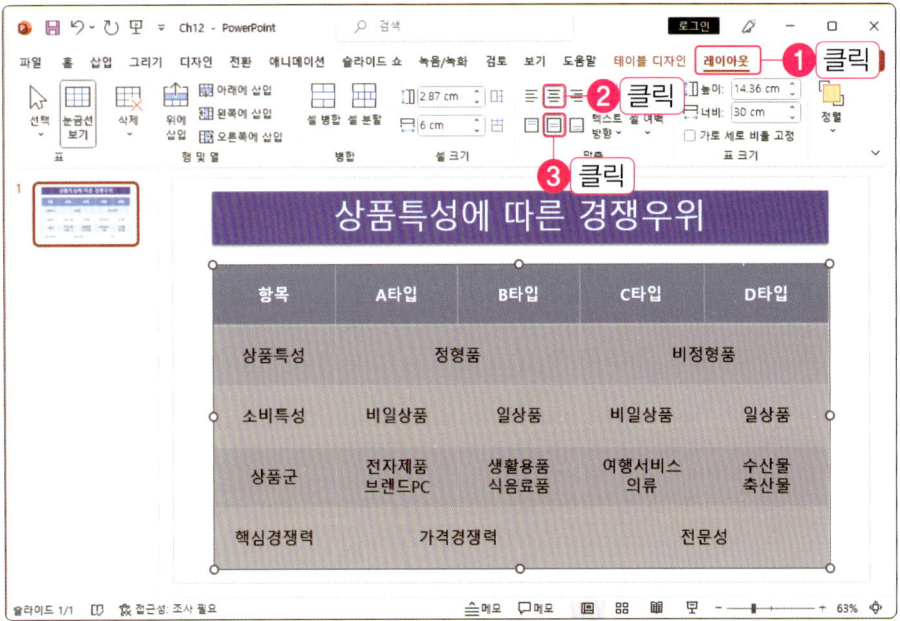

- [세로 가운데 맞춤]은 세로 방향으로 셀의 가운데에 맞추어 표 내용을 표시합니다.
- [홈] 탭-[단락] 그룹에서 [가운데 맞춤]을 클릭한 후 [텍스트 맞춤]을 클릭한 다음 [중간]을 클릭하여 표 내용에 맞춤 서식을 지정할 수도 있습니다.

5 표 스타일 옵션을 지정하기 위해 **표를 선택**한 후 [테이블 디자인] 탭-[표 스타일 옵션] 그룹에서 **[첫째 열]을 선택**합니다.

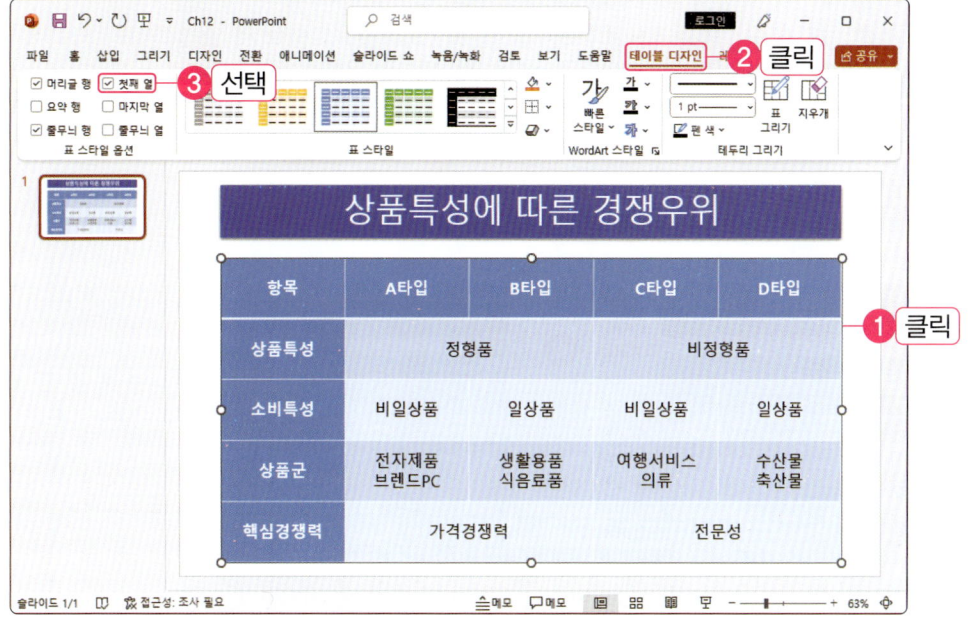

6 셀에 셀 입체 효과를 지정하기 위해 **4행2열~4행5열을 선택**한 후 [테이블 디자인] 탭-[표 스타일] 그룹에서 **[효과]를 클릭**한 다음 **[셀 입체 효과]-[기울기]를 클릭**합니다.

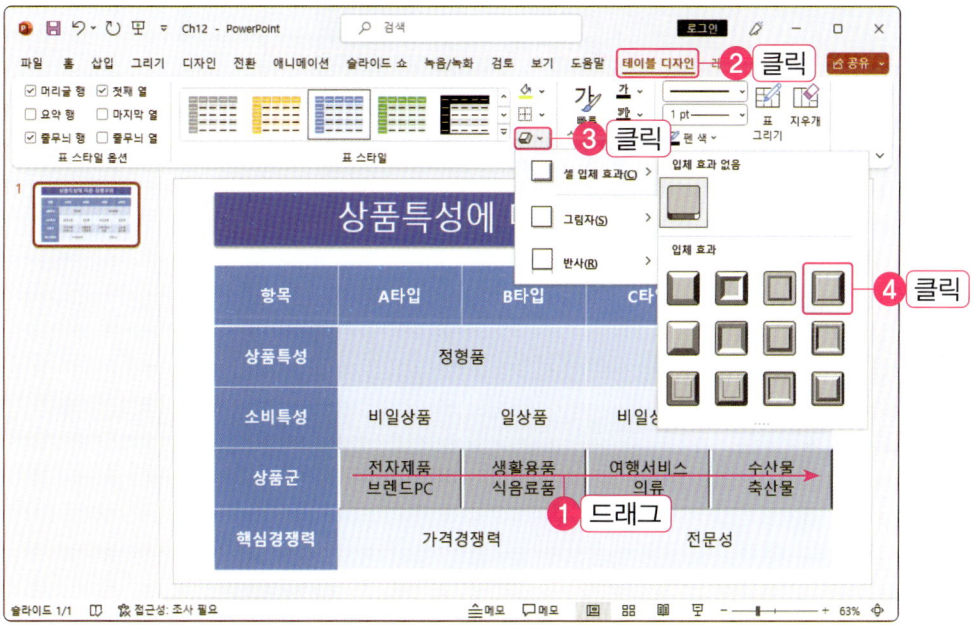

7 셀에 셀 입체 효과가 지정됩니다.

셀에 채우기 색 지정하기

다음과 같이 셀을 선택한 후 [표 도구] 정황 탭-[디자인] 탭-[표 스타일] 그룹에서 [음영]의 [목록] 단추를 클릭한 다음 채우기 색을 선택하면 셀에 채우기 색을 지정할 수 있습니다.

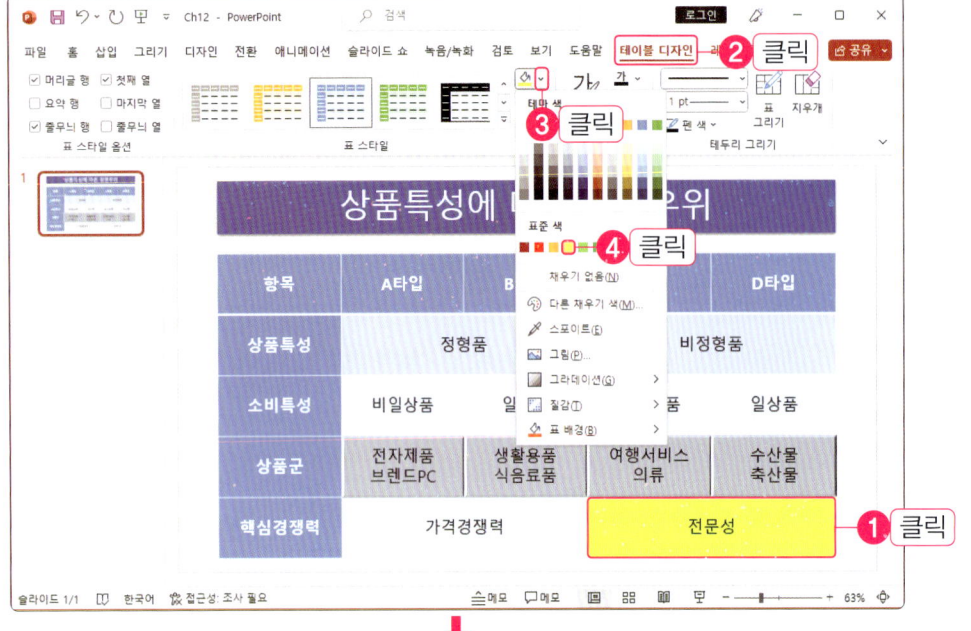

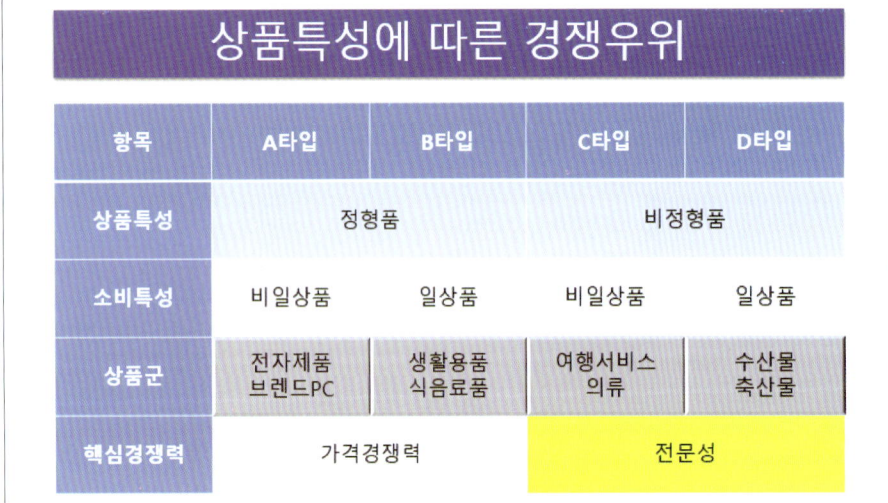

POWERPOINT 2021 연습문제 Exercise

C:\단계학습\파워포인트\연습파일\Ch12-연습.pptx

1 다음과 같이 표를 삽입해 보세요.
- 표 삽입 : 행 개수(7), 열 개수(4)
- 셀 병합 : 4행3열과 4행4열/5행1열~7행1열/6행2열과 7행2열/6행4열과 7행4열

항목	A사	B사	C사
개발 연도	2020년	2021년	2020년
KPI 수	250개	123개	260개
특징	KM과 연동	1차와 2차로 나누어 개발	
구축 효과	KPI 중심의 전략	실질적 성과 평가	정보의 투명성
	조직간 의사 소통 향상	지표의 일원화	경영과 분석의 신뢰 향상
		투명 경영 실천	

2 다음과 같이 표를 편집해 보세요.
- 표 스타일 지정 : [보통 스타일 2 – 강조 6]
- 표 내용에 글꼴과 맞춤 서식 지정 : 글꼴(맑은 고딕), 글꼴 크기(22), [가운데 맞춤], [세로 가운데 맞춤]
- 2행1열~7행1열 : 채우기 색(녹색, 강조 6, 40% 더 밝게)

Hint
2행1열~7행1열을 선택한 후 [표 도구] 정황 탭-[디자인] 탭-[표 스타일] 그룹에서 [음영]의 [목록] 단추를 클릭한 다음 [녹색, 강조 6, 40% 더 밝게]를 클릭하면 2행1열~7행1열에 채우기 색을 지정할 수 있습니다.

기본 Study
Chapter 13
차트 작성하기

차트는 매입량이나 매출량 등의 수치 데이터를 분석하여 그 관계를 일정한 양식의 그림으로 나타낸 것인데요. 파워포인트에서는 차트 데이터(차트로 작성될 데이터)를 파워포인트 차트에서 입력합니다. 그럼, 차트를 작성하는 방법에 대해 알아보겠습니다.

미리보기

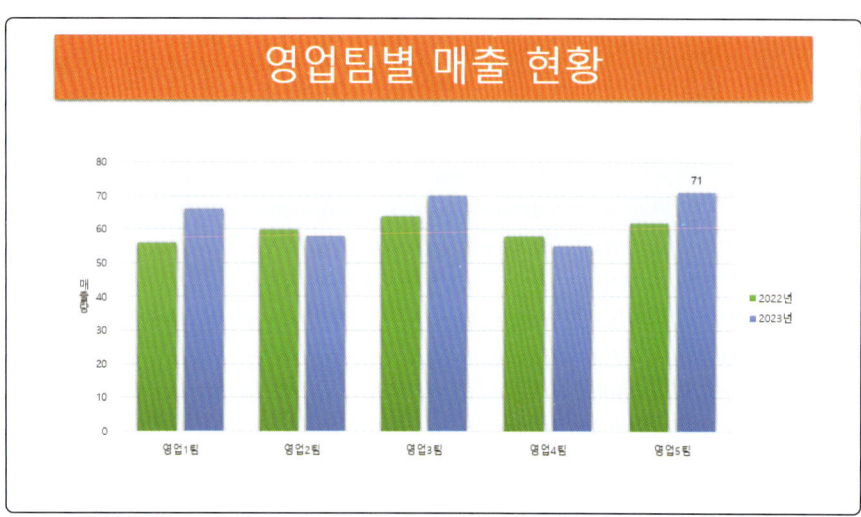

C:\단계학습\파워포인트\예제파일\Ch13.pptx

01 차트 삽입하기

1 차트를 삽입하기 위해 슬라이드에서 [차트 삽입]을 클릭합니다.

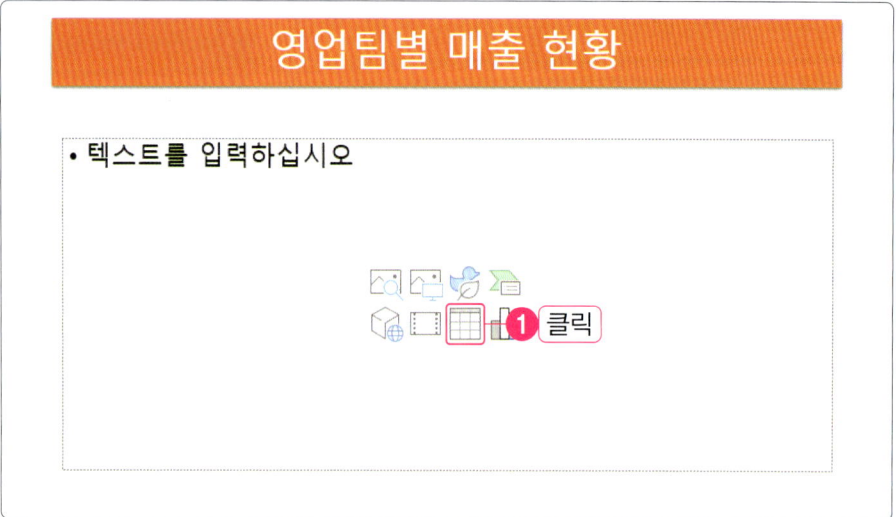

[삽입] 탭-[일러스트레이션] 그룹에서 [차트]를 클릭하여 차트를 삽입할 수도 있습니다.

2 [차트 삽입] 대화상자가 나타나면 [세로 막대형]에서 [묶은 세로 막대형]을 클릭한 후 [확인] 단추를 클릭합니다.

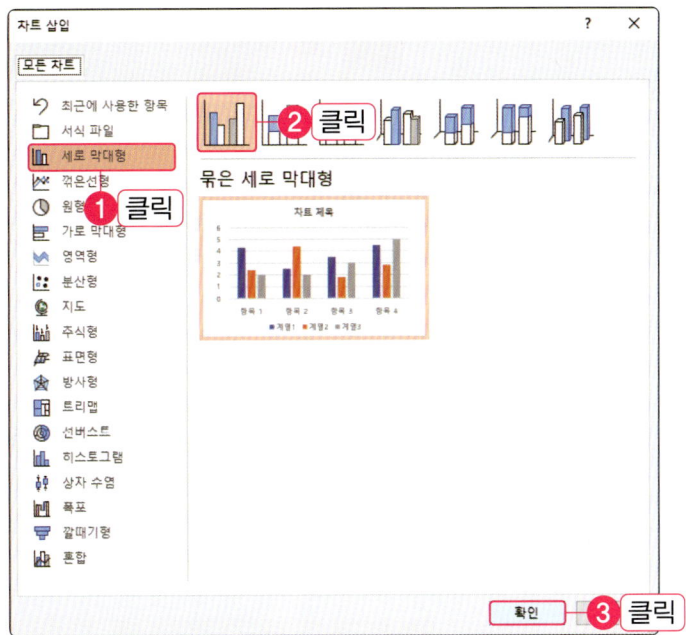

3 파워포인트 차트가 나타나면 차트 데이터 범위를 조정하기 위해 **다음과 같이 차트 데이터 범위의 오른쪽 아래 모서리(⬛)를 드래그**합니다.

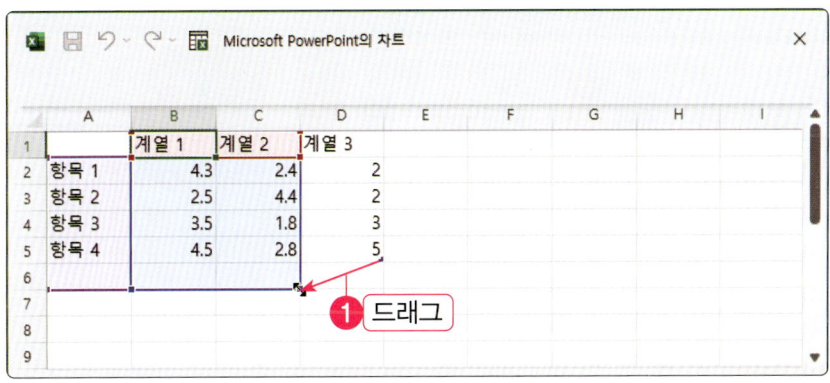

알고 넘어갑시다!

파워포인트 차트의 화면 구성

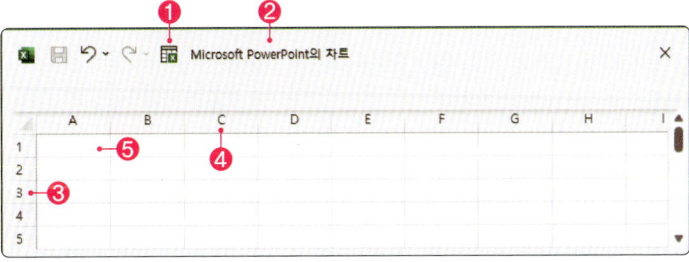

❶ **Microsoft Excel에서 데이터 편집** : 엑셀을 실행하여 차트 데이터를 편집할 수 있는 도구입니다.
❷ **제목 표시줄** : 프로그램의 이름(Microsoft PowerPoint의 차트)이 표시되는 곳입니다.
❸ **행 머리글** : 행(가로 방향)을 나타내는 숫자가 표시되는 곳입니다.
❹ **열 머리글** : 열(세로 방향)을 나타내는 문자가 표시되는 곳입니다.
❺ **셀** : 행과 열이 교차하면서 생긴 영역입니다.

Chapter 13 - 차트 작성하기　**83**

4 차트 데이터 범위가 조정되면 **다음과 같이 차트 데이터를 입력**한 후 ❌[닫기] 단추를 클릭합니다.

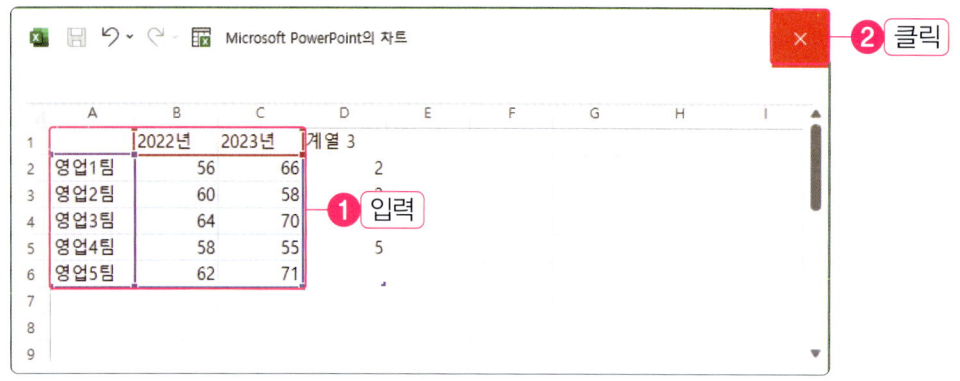

셀을 선택한 후 차트 데이터를 입력한 다음 Enter 를 누르면 차트 데이터를 입력할 수 있고, 셀을 더블클릭하거나 셀을 선택한 후 F2 를 누르면 차트 데이터를 수정할 수 있습니다.

5 차트가 삽입됩니다.

알고 넘어갑시다!

차트의 구성

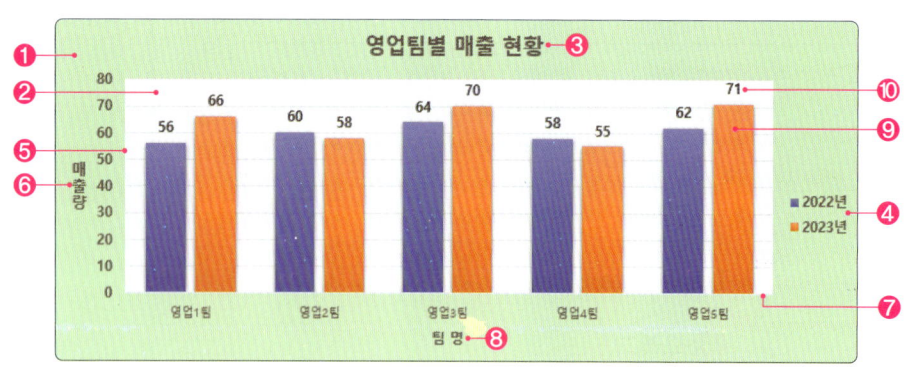

❶ **차트 영역** : 모든 차트 요소(차트 영역, 그림 영역, 차트 제목 등)를 포함한 차트 전체입니다.
❷ **그림 영역** : 2차원 차트에서는 데이터 계열을 포함한 축으로 둘러싸인 영역이고, 3차원 차트에서는 세로 축, 세로 축 제목, 가로 축, 가로 축 제목을 포함합니다.
❸ **차트 제목** : 차트의 제목입니다.
❹ **범례** : 데이터 계열을 구분하는 색과 이름을 표시하는 상자입니다.
❺ **세로 축** : 데이터 계열의 값을 표시하는 축입니다.
❻ **세로 축 제목** : 세로 축의 제목입니다.
❼ **가로 축** : 데이터 계열의 이름을 표시하는 축입니다.
❽ **가로 축 제목** : 가로 축의 제목입니다.
❾ **데이터 계열** : 관련 있는 데이터 요소의 집합입니다. 데이터 계열은 '계열', 데이터 요소는 '요소'라고도 합니다.
❿ **데이터 레이블** : 데이터 요소의 계열 이름, 항목 이름, 값을 표시합니다.

02 차트 편집하기

1 차트 스타일을 지정하기 위해 **차트를 선택**한 후 [차트 디자인] 탭-[차트 스타일] 그룹에서 **[자세히] 단추를 클릭**합니다.

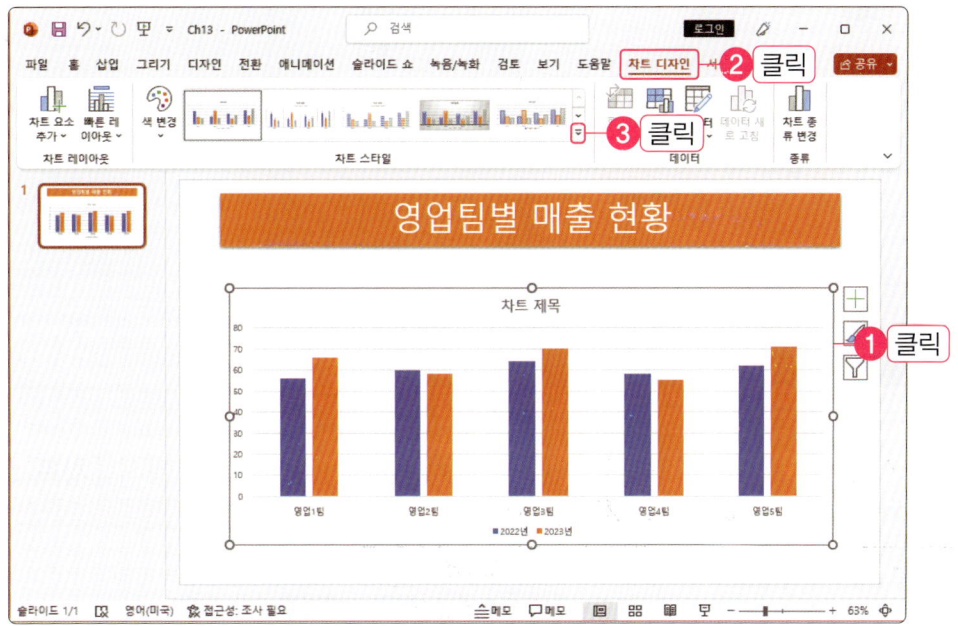

차트 영역을 클릭하면 차트를 선택할 수 있습니다.

2 차트 스타일 목록이 나타나면 [스타일 14]를 **클릭**합니다.

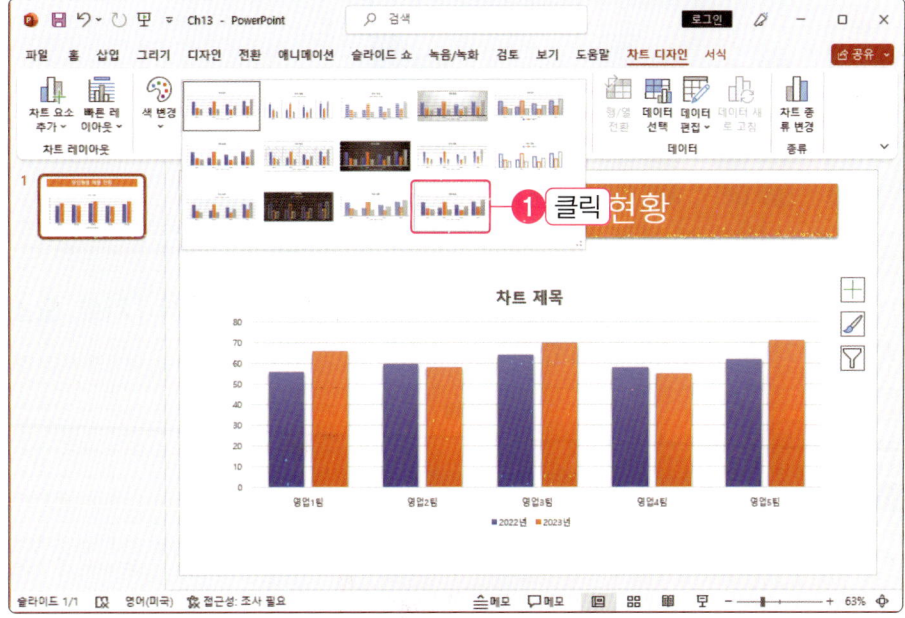

3 차트 색을 변경하기 위해 [차트 디자인] 탭-[차트 스타일] 그룹에서 **[색 변경]을 클릭**한 후 **[다양한 색상표 4]를 클릭**합니다.

4 차트 제목을 표시하지 않기 위해 [차트 디자인] 탭-[차트 레이아웃] 그룹에서 **[차트 요소 추가]를 클릭**한 후 **[차트 제목]-[없음]을 클릭**합니다.

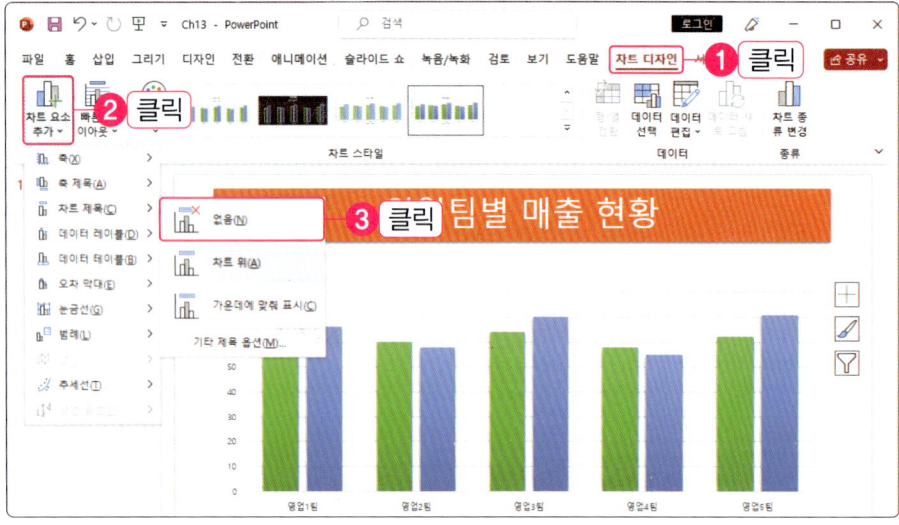

5 세로 축 제목을 표시하기 위해 [차트 디자인] 탭-[차트 레이아웃] 그룹에서 **[차트 요소 추가]를 클릭**한 후 **[축 제목]-[기본 세로]를 클릭**합니다.

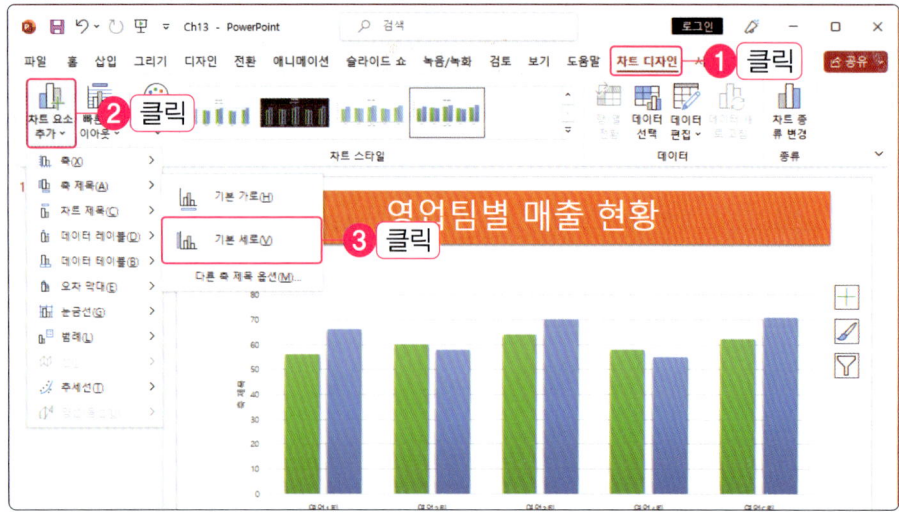

6 세로 축 제목(**매출량**)을 **입력**한 후 세로 축 제목 서식을 지정하기 위해 **세로 축 제목을 선택**한 다음 [서식] 탭-[현재 선택 영역] 그룹에서 **[선택 영역 서식]**을 클릭합니다.

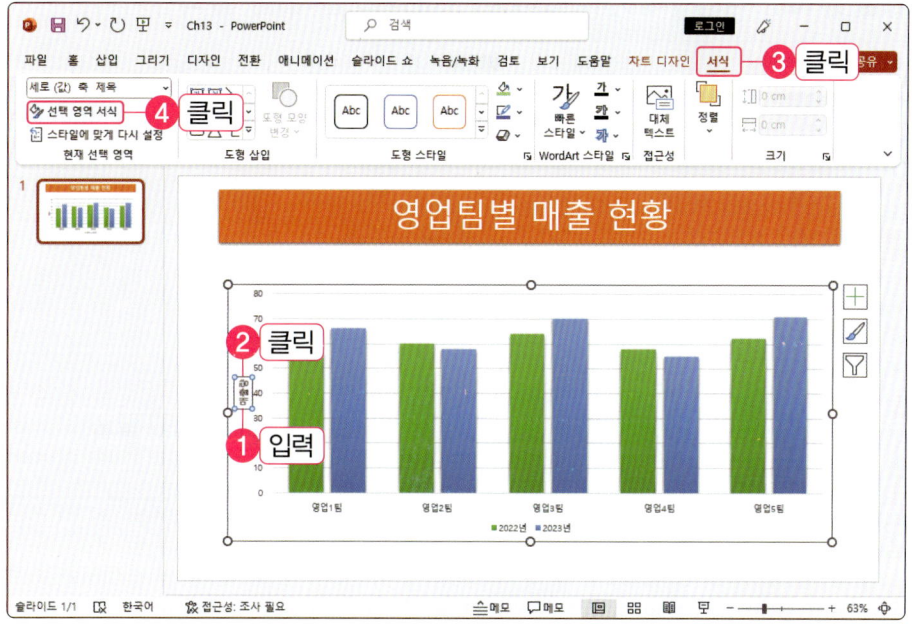

알고 넘어갑시다!

차트 요소 선택하기

- **방법1** : 차트를 선택한 후 [차트 도구] 정황 탭-[서식] 탭-[현재 선택 영역] 그룹에서 [차트 요소]의 ∨[목록] 단추를 클릭한 다음 차트 요소(차트 영역, 그림 영역, 차트 제목 등)를 클릭합니다. 이 방법을 사용하면 한 번에 선택하기 힘든 차트 요소를 쉽고 빠르게 선택할 수 있습니다.
- **방법2** : 차트 요소로 마우스 포인터를 가져가서 마우스 포인터가 모양이나 모양으로 변경되었을 때 클릭합니다.

7 [축 제목 서식] 작업 창이 나타나면 [제목 옵션]-[크기 및 속성]-[맞춤]에서 **텍스트 방향(세로)을 선택**한 후 [닫기]를 **클릭**합니다.

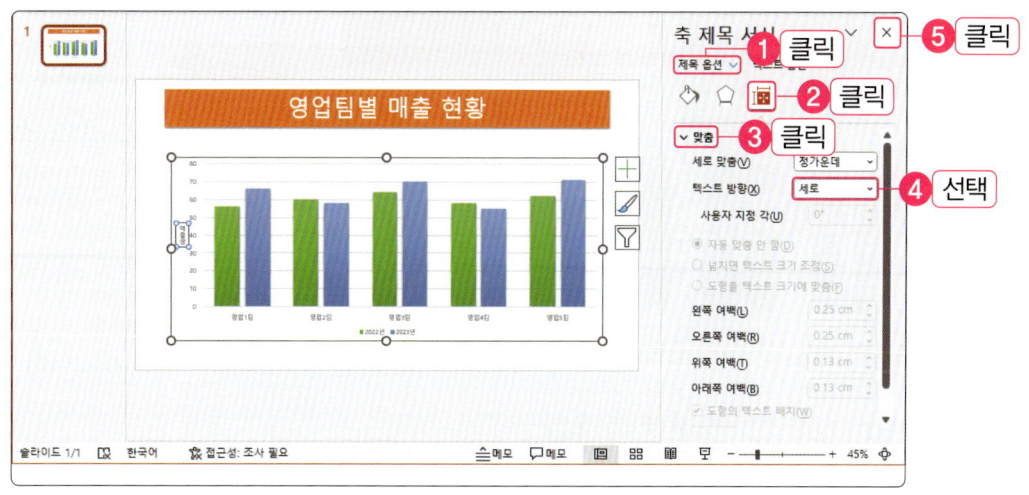

8 '2023년' 데이터 계열의 '영업5팀' 데이터 요소만 데이터 레이블을 표시하기 위해 **'2023년' 데이터 계열의 '영업5팀' 데이터 요소만 선택**한 후 [차트 디자인] 탭-[차트 레이아웃] 그룹에서 **[차트 요소 추가]를 클릭**한 다음 **[데이터 레이블]-[바깥쪽 끝에]를 클릭**합니다.

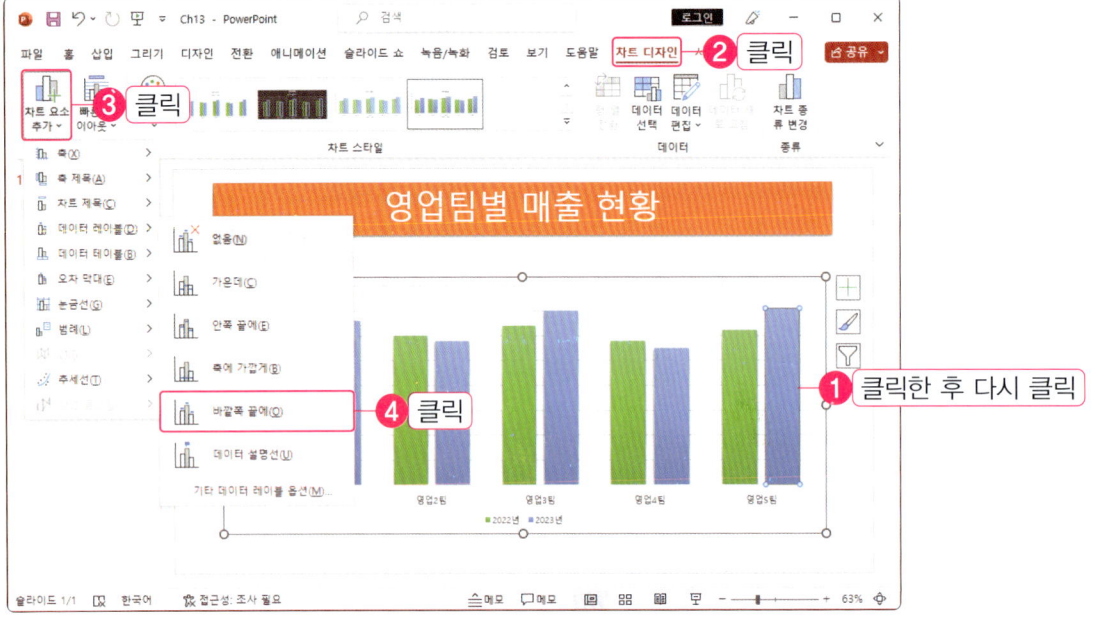

'2023년' 데이터 계열의 '영업5팀' 데이터 요소를 클릭한 후 다시 클릭하면 '2023년' 데이터 계열의 '영업5팀' 데이터 요소만 선택할 수 있습니다.

9 범례의 위치를 변경하기 위해 **차트를 선택**한 후 [차트 디자인] 탭-[차트 레이아웃] 그룹에서 **[차트 요소 추가]를 클릭**한 다음 **[범례]-[오른쪽]을 클릭**합니다.

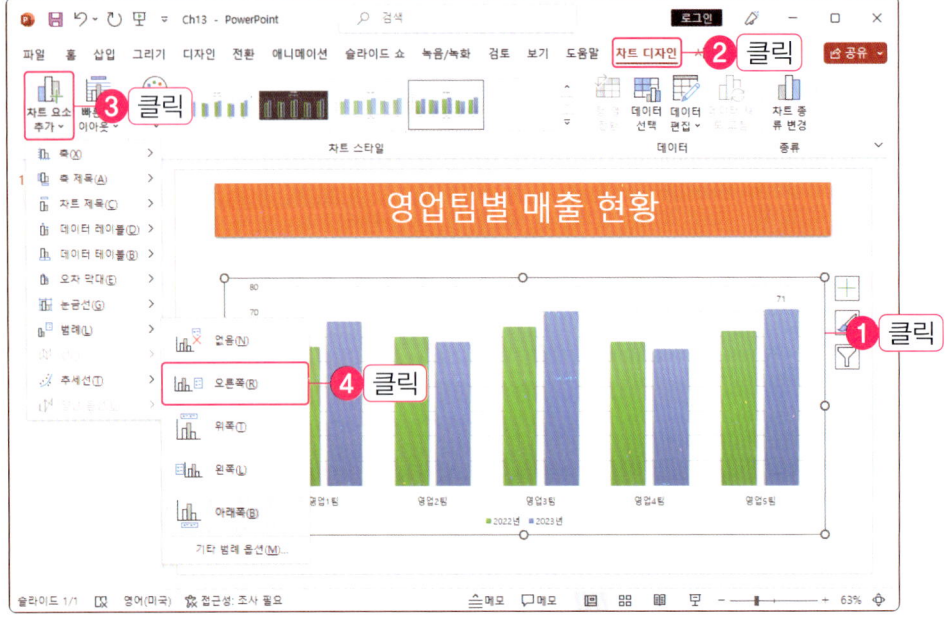

10 그림 영역 서식을 지정하기 위해 **그림 영역을 선택**한 후 [서식] 탭-[현재 선택 영역] 그룹에서 **[선택 영역 서식]을 클릭**합니다.

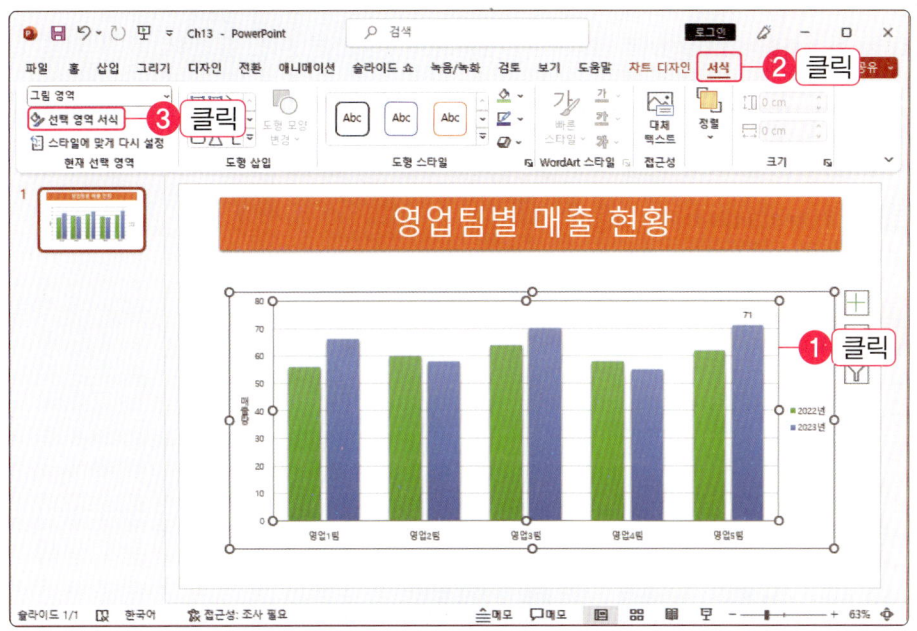

> 차트 영역 서식이나 그림 영역 서식 등을 지정한 후 차트 스타일을 지정하면 지정한 차트 스타일과 관련 있는 차트 영역 서식이나 그림 영역 서식 등으로 다시 지정되므로 먼저 차트 스타일을 지정한 후 차트 영역 서식이나 그림 영역 서식 등을 지정합니다.

11 [그림 영역 서식] 작업 창이 나타나면 [그림 영역 옵션]-[채우기 및 선]-[채우기]에서 **[단색 채우기]를 선택**한 후 **색(회색, 강조 3, 80% 더 밝게)을 선택**한 다음 ×**[닫기]를 클릭**합니다.

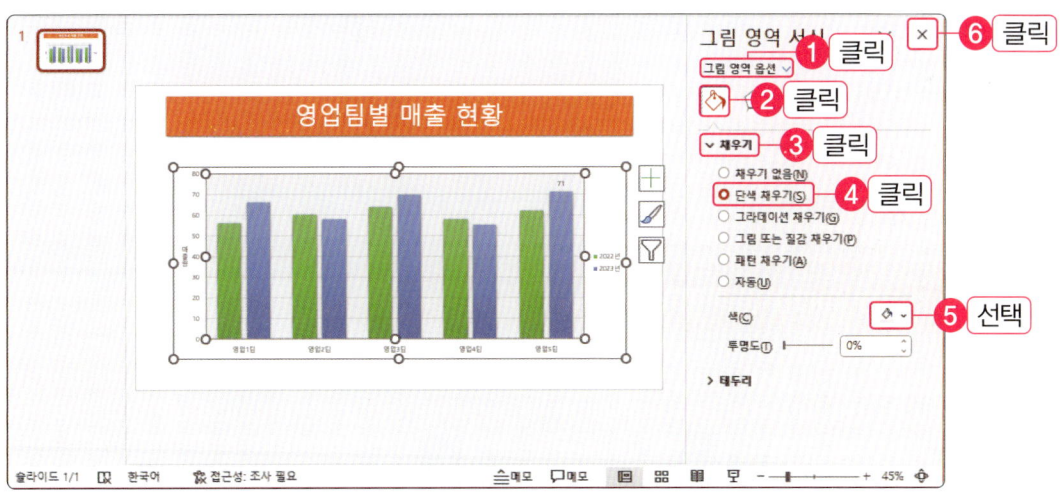

12 그림 영역 서식이 지정됩니다.

차트 데이터 수정하기

다음과 같이 차트를 선택한 후 [차트 디자인] 탭-[데이터] 그룹에서 [데이터 편집]을 클릭하면 차트 데이터를 수정할 수 있습니다.

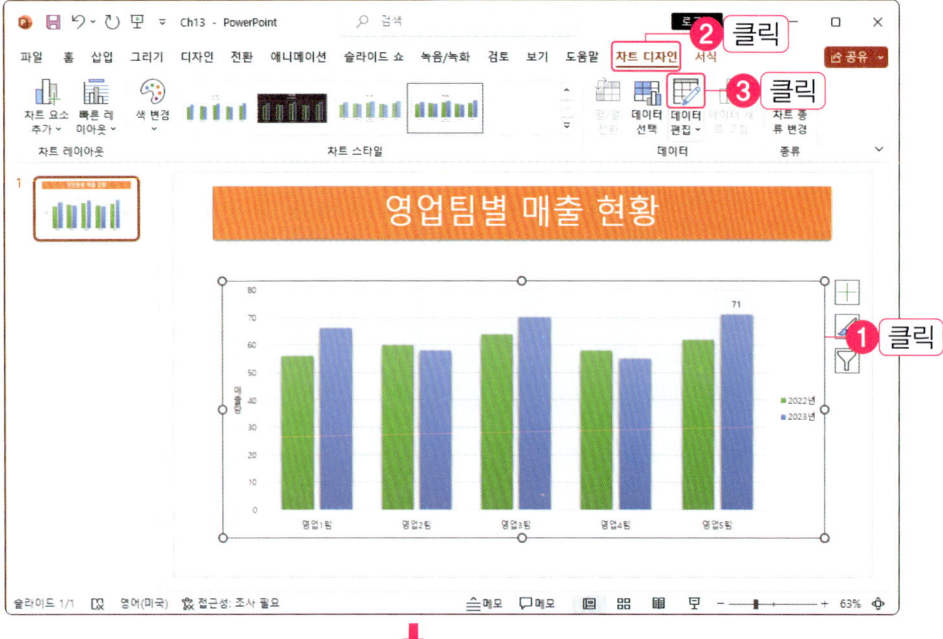

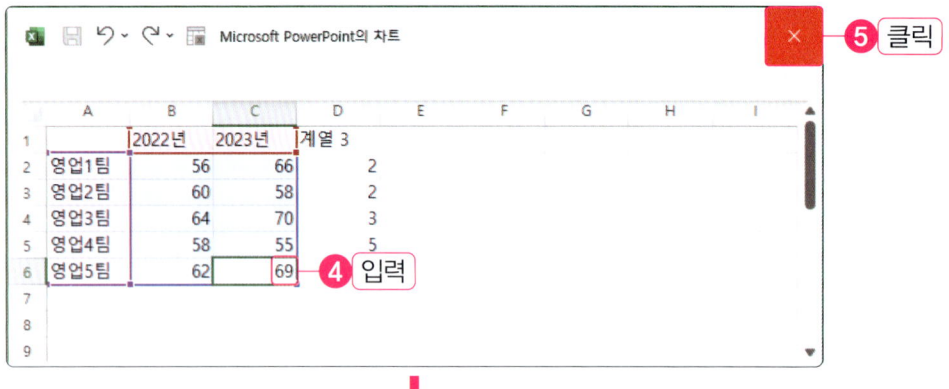

POWERPOINT 2021 연습문제 E·x·e·r·c·i·s·e

C:\단계학습\파워포인트\연습파일\Ch13-연습.pptx

1 다음과 같이 차트를 삽입해 보세요.
- **차트 삽입** : 차트 종류(◐[원형]-◎[도넛형])

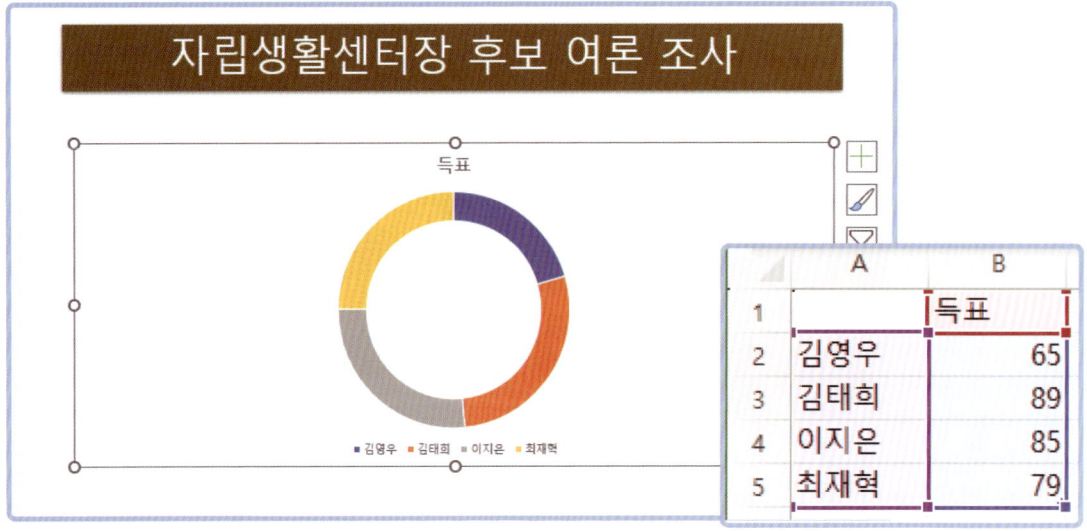

2 다음과 같이 차트를 편집해 보세요.
- **차트 스타일 지정** : ◎ [스타일 6]
- **차트 색 변경** : ■■■■■ [다양한 색상표 3]
- **차트 제목 표시** : 없음
- **데이터 레이블** : 표시
- **범례 표시** : 아래쪽

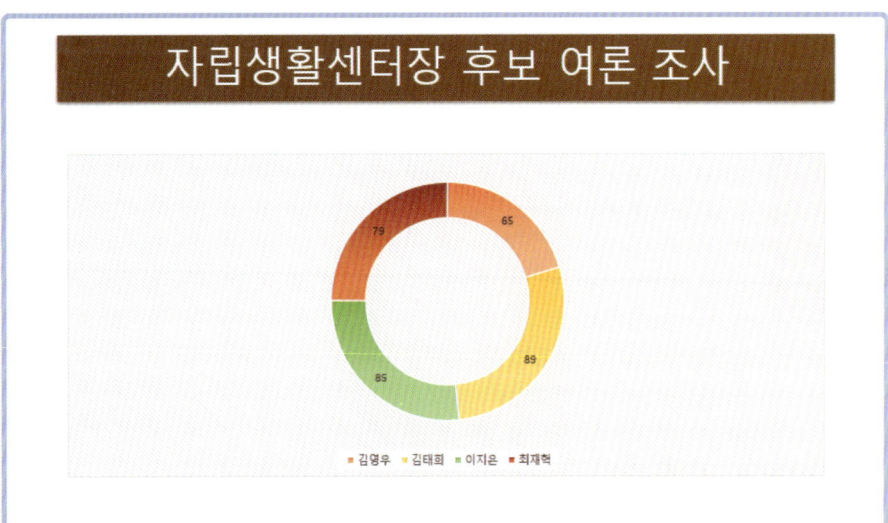

Hint 차트를 선택한 후 [차트 도구] 정황 탭-[디자인] 탭-[차트 레이아웃] 그룹에서 [차트 요소 추가]를 클릭한 다음 [차트 제목]-[없음]을 클릭하면 차트 제목을 표시하지 않을 수 있습니다.

Chapter 13 - 차트 작성하기 **91**

Chapter 14 동영상 활용하기

프레젠테이션을 할 때 그림을 보여주는 것보다 동영상을 보여주면 생동감이 있어서 자신의 의견을 청중에게 더 효과적으로 전달할 수 있습니다. 그럼, 동영상을 활용하는 방법에 대해 알아보겠습니다.

미리보기

C:\단계학습\파워포인트\예제파일\Ch14.pptx

01 동영상 삽입하기

1 동영상을 삽입하기 위해 슬라이드에서 [비디오 삽입]을 클릭합니다.

[삽입] 탭-[미디어] 그룹에서 [비디오]를 클릭한 후 [내 PC의 비디오]를 클릭하여 동영상을 삽입할 수도 있습니다.

2 [비디오 삽입] 대화상자가 나타나면 **위치(C:\단계학습\파워포인트\예제파일)**를 선**택**한 후 **파일(영화가 좋다)**을 **선택**한 다음 **[삽입] 단추를 클릭**합니다.

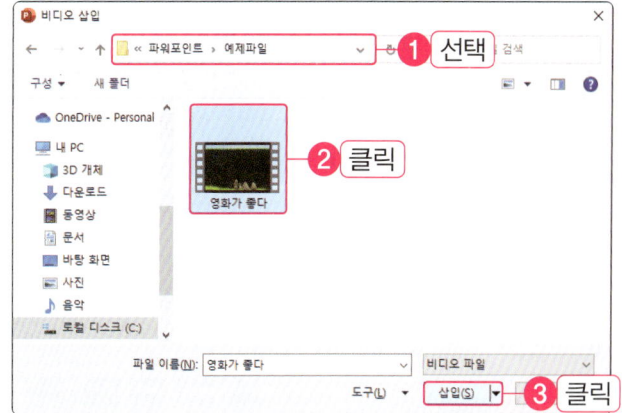

3 동영상이 삽입되면 동영상을 재생하기 위해 ▶[재생/일시 중지] **단추를 클릭**합니다.

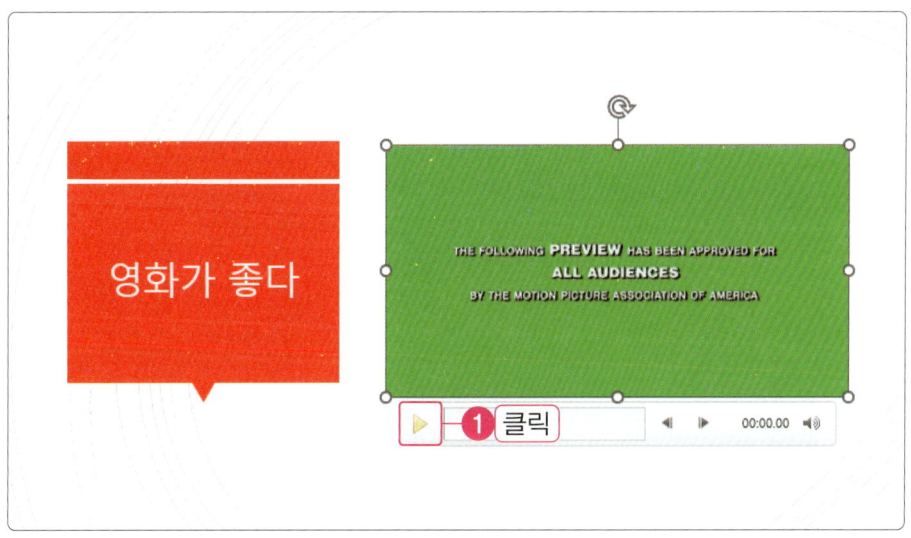

[비디오 형식] 탭-[미리 보기] 그룹에서 [재생]을 클릭하여 동영상을 재생할 수도 있습니다.

4 다음과 같이 동영상이 재생됩니다.

02 동영상 편집하기

1 비디오 스타일을 지정하기 위해 **동영상을 선택**한 후 [비디오 형식] 탭-[비디오 스타일] 그룹에서 [비디오 스타일]-[일반 프레임, 그라데이션]을 클릭합니다.

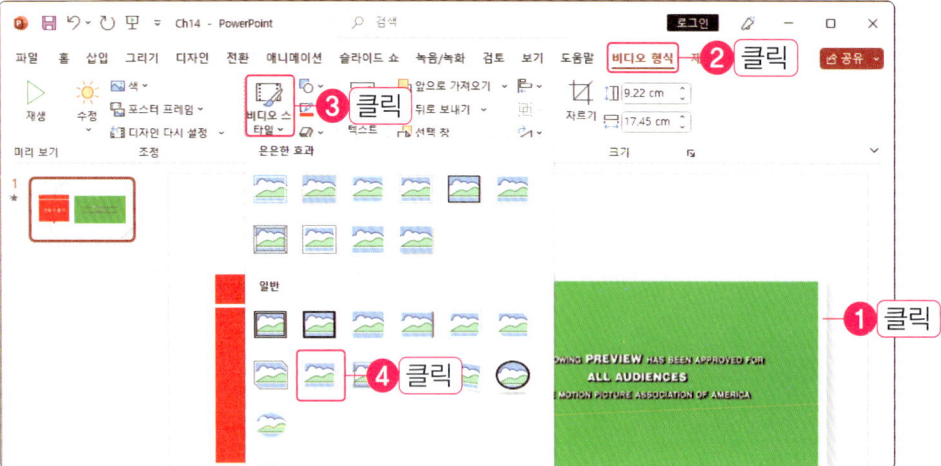

2 선택한 비디오 스타일이 지정되어 표시됩니다.

3 비디오 테두리를 지정하기 위해 비디오 개체를 선택 후 [비디오 형식] 탭-[비디오 스타일] 그룹에서 [비디오 테두리]의 [목록] 단추를 클릭한 후 [바다색, 강조 5]를 클릭합니다.

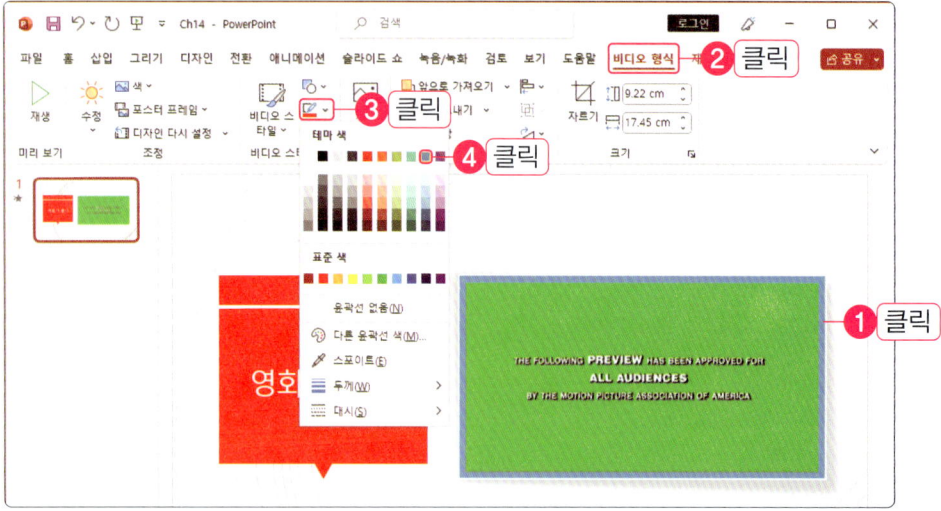

4 동영상의 미리 보기 이미지를 지정하기 위해 [비디오 형식] 탭-[조정] 그룹에서 [포스터 프레임]을 클릭한 후 [파일의 이미지]를 클릭합니다.

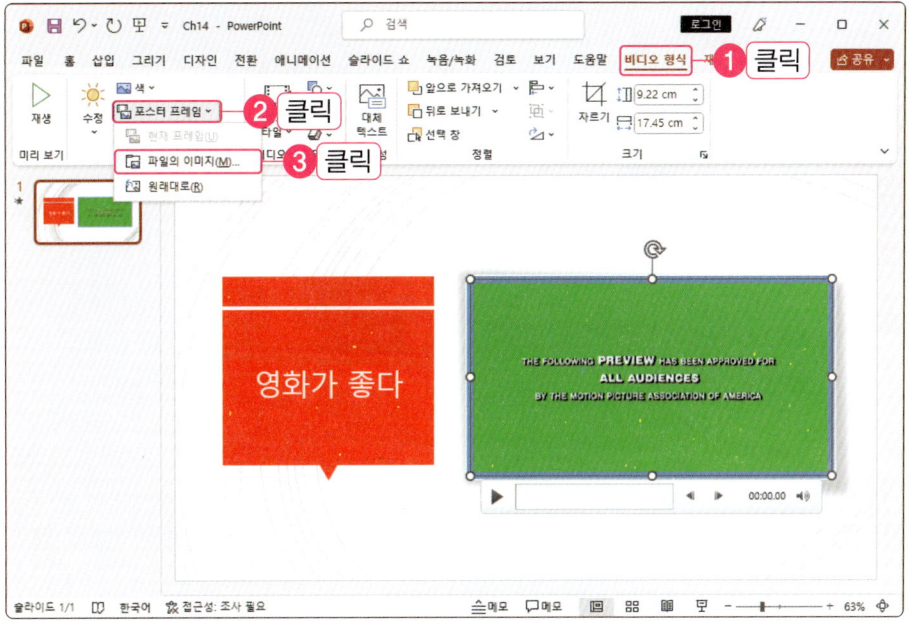

5 [그림 삽입] 창이 나타나면 [파일에서]를 클릭합니다.

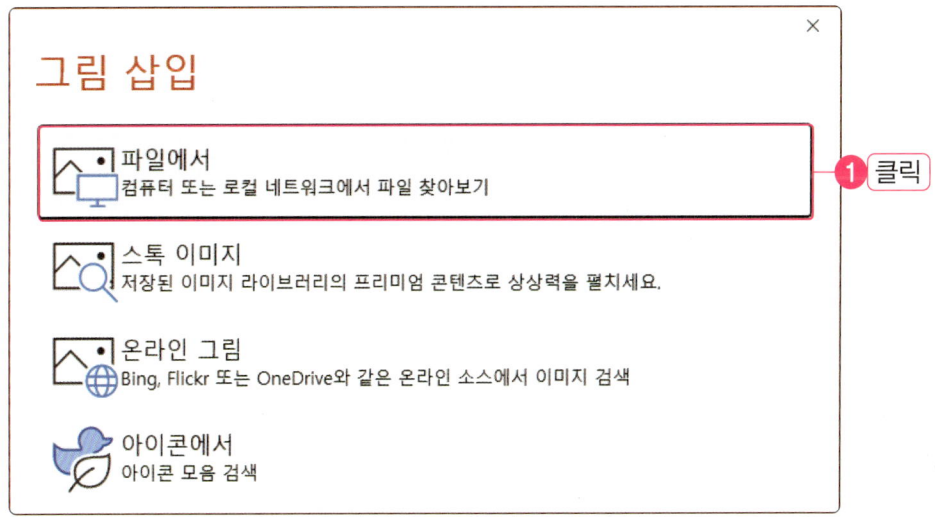

6 [그림 삽입] 대화상자가 나타나면 위치(C:\단계학습\파워포인트\예제파일)를 선택한 후 파일(영화가 좋다)을 선택한 다음 [삽입] 단추를 클릭합니다.

7 다음과 같이 동영상의 미리 보기 이미지가 지정됩니다.

동영상을 선택한 후 [비디오 형식] 탭–[조정] 그룹에서 [포스터 프레임]을 클릭한 다음 [원래대로]를 클릭하면 동영상의 미리 보기 이미지를 제거할 수 있습니다.

알고 넘어갑시다!

비디오 색 지정하기

다음과 같이 동영상을 선택한 후 [비디오 형식] 탭–[조정] 그룹에서 [색]을 클릭한 다음 비디오 색을 선택하면 비디오 색을 지정할 수 있습니다.

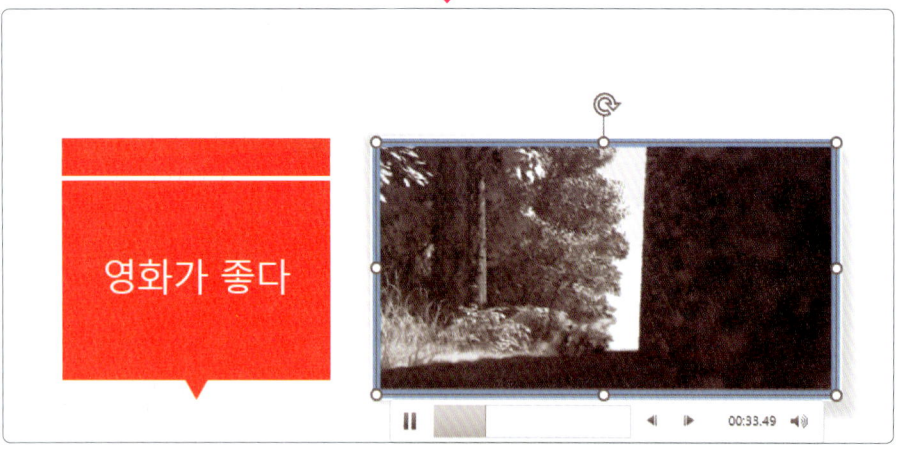

POWERPOINT 2021 연습문제 Exercise

C:\단계학습\파워포인트\연습파일\Ch14-연습.pptx

1 다음과 같이 동영상을 삽입한 후 재생해 보세요.
- 동영상 삽입 : 위치(C:\단계학습\파워포인트\연습파일), 파일 이름(영화산책)

2 다음과 같이 동영상을 편집해 보세요.
- 비디오 스타일 지정 : [사각형 가운데 그림자]
- 동영상의 미리 보기 이미지 지정 : 위치(C:\단계학습\파워포인트\연습파일), 파일 이름(영화산책)

Hint

동영상을 선택한 후 [비디오 형식] 탭-[조정] 그룹에서 [포스터 프레임]을 클릭한 다음 [파일의 이미지]를 클릭합니다. 그런 다음 [그림 삽입] 창에서 [파일에서 찾아보기]를 클릭한 후 [그림 삽입] 대화상자에서 위치(C:\단계학습\파워포인트\연습파일)를 선택한 다음 파일(영화산책)을 선택하고 [삽입] 단추를 클릭하면 동영상의 미리 보기 이미지를 지정할 수 있습니다.

기본 Study

Chapter 15 슬라이드 마스터와 유인물 마스터 설정하기

슬라이드 마스터를 설정하면 제목이나 내용 등의 서식을 모든 슬라이드에 동일하게 적용하여 일관성 있는 프레젠테이션을 작성할 수 있고, 유인물 마스터를 설정하면 유인물의 디자인을 변경할 수 있습니다. 그럼, 슬라이드 마스터와 유인물 마스터를 설정하는 방법에 대해 알아보겠습니다.

Powerpoint 2021

C:\단계학습\파워포인트\예제파일\Ch15.pptx

01 슬라이드 마스터 설정하기

1 슬라이드 마스터를 설정하기 위해 [보기] 탭-[마스터 보기] 그룹에서 **[슬라이드 마스터]**를 클릭합니다.

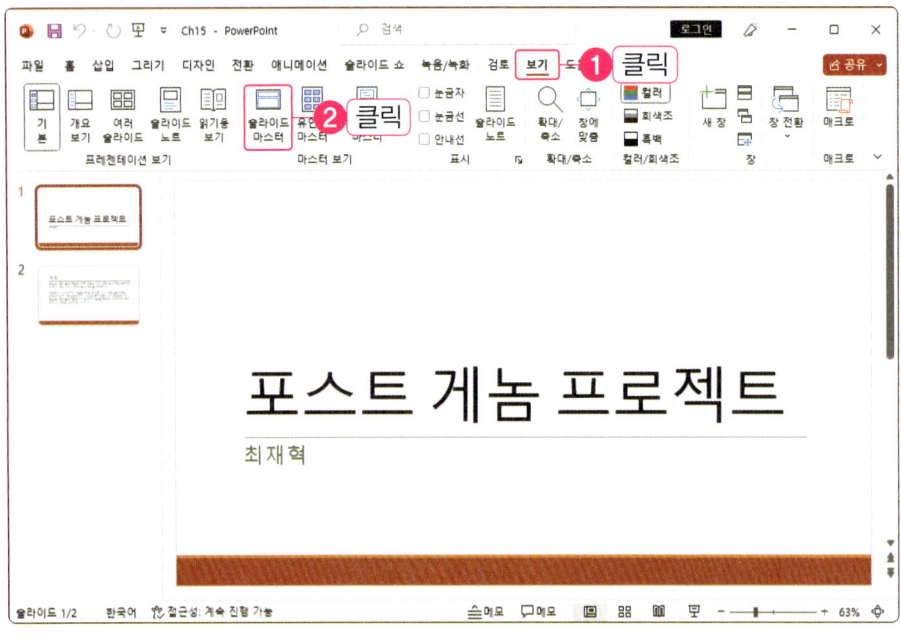

Shift 를 누른 상태에서 보기 바로 가기에 있는 [기본]을 클릭하여 슬라이드 마스터를 설정할 수도 있습니다.

2 슬라이드 마스터 화면이 나타나면 슬라이드 마스터에서 글꼴 서식을 지정하기 위해 [마스터 텍스트 스타일을 편집하려면 클릭] 개체를 선택한 후 [홈] 탭-[글꼴] 그룹에서 **글꼴(휴먼편지체)을 선택**합니다.

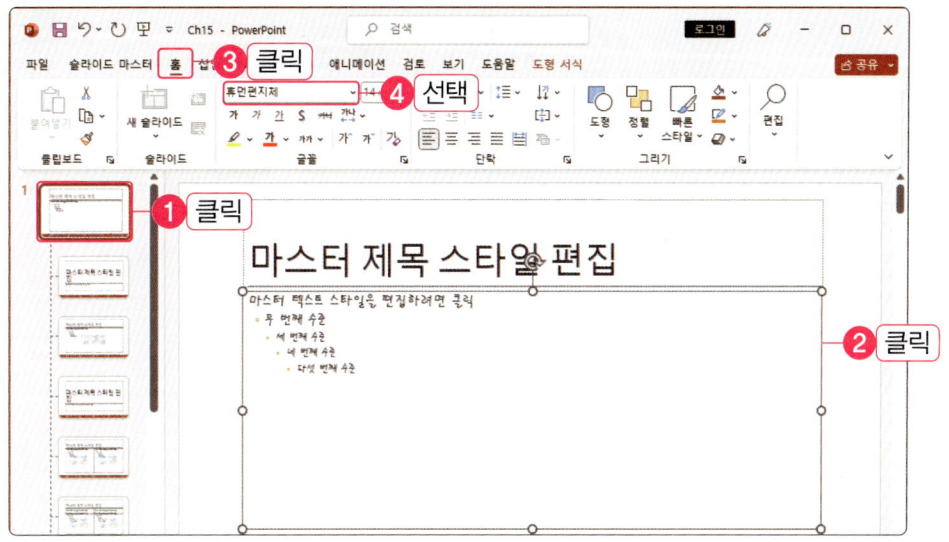

알고 넘어갑시다!

슬라이드 마스터와 제목 슬라이드 레이아웃

슬라이드 마스터는 슬라이드 마스터와 제목 슬라이드 레이아웃, 제목 및 내용 레이아웃, 구역 머리글 레이아웃 등 11종류의 레이아웃으로 구성되어 있는데요. 슬라이드 마스터를 설정하면 모든 슬라이드에 적용되고, 제목 슬라이드 레이아웃을 설정하면 제목 슬라이드에만 적용됩니다.

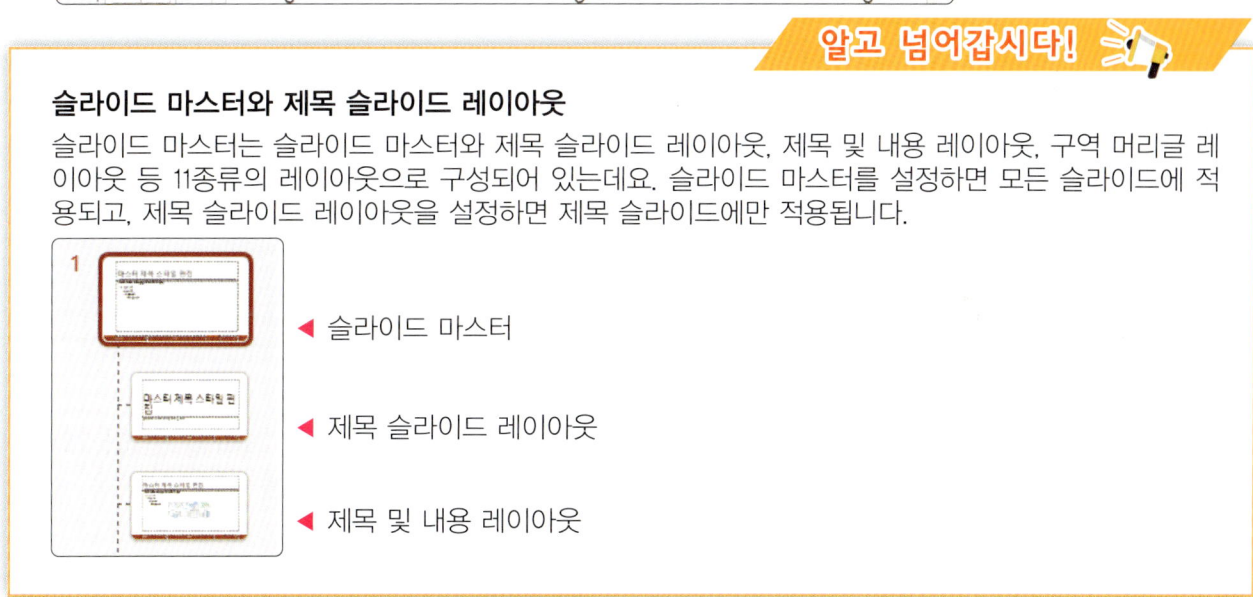

◀ 슬라이드 마스터

◀ 제목 슬라이드 레이아웃

◀ 제목 및 내용 레이아웃

3 그림을 삽입하기 위해 [삽입] 탭-[이미지] 그룹에서 **[그림]-[이 디바이스...]를 클릭**합니다.

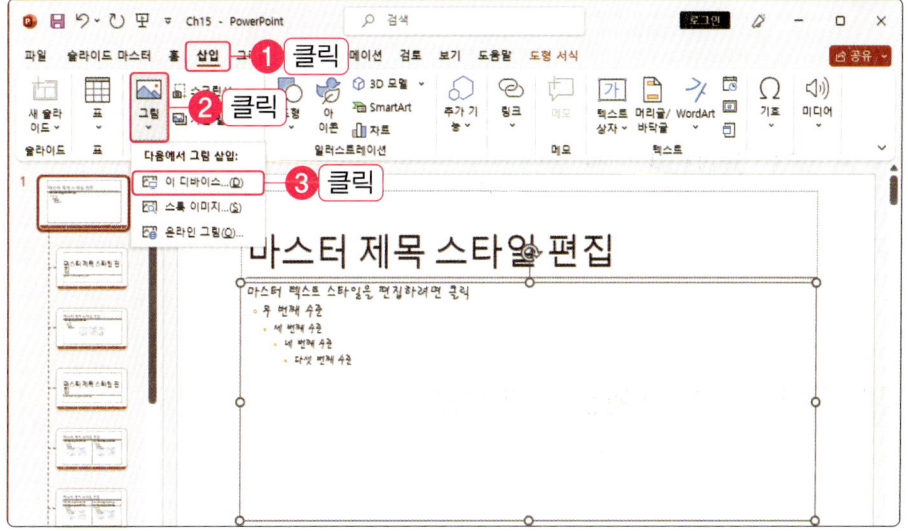

4 [그림 삽입] 대화상자가 나타나면 **위치(C:\단계학습\파워포인트\예제파일)**를 **선택**한 후 **파일(포스트 게놈 프로젝트)**을 **선택**한 다음 [삽입] 단추를 클릭합니다.

5 그림이 삽입되면 **다음과 같이 그림을 이동**합니다.

6 제목 슬라이드 레이아웃에서 글꼴 서식을 지정하기 위해 [마스터 제목 스타일 편집] 개체를 **선택**한 후 [홈] 탭-[글꼴] 그룹에서 **글꼴(휴먼엑스포)과 글꼴 크기(72)를 선택**한 다음 S [텍스트 그림자]를 클릭합니다.

7 슬라이드 마스터 화면을 닫기 위해 [슬라이드 마스터] 탭-[닫기] 그룹에서 **[마스터 보기 닫기]**를 클릭합니다.

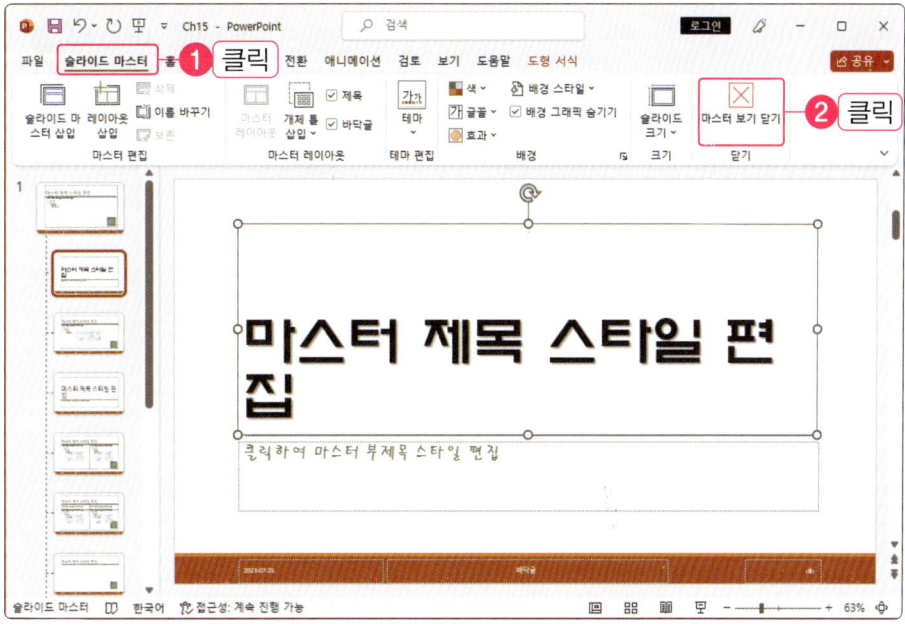

8 **슬라이드 보기 창에서 슬라이드를 선택**하면 다음과 같이 슬라이드에 슬라이드 마스터가 적용된 것을 확인할 수 있습니다.

▲ 1번 슬라이드

▲ 2번 슬라이드

슬라이드에서 직접 제목이나 내용 등의 서식을 지정한 경우에는 슬라이드 마스터가 적용되지 않습니다.

02 유인물 마스터 설정하기

1 유인물 마스터를 설정하기 위해 [보기] 탭-[마스터 보기] 그룹에서 **[유인물 마스터]를 클릭**합니다.

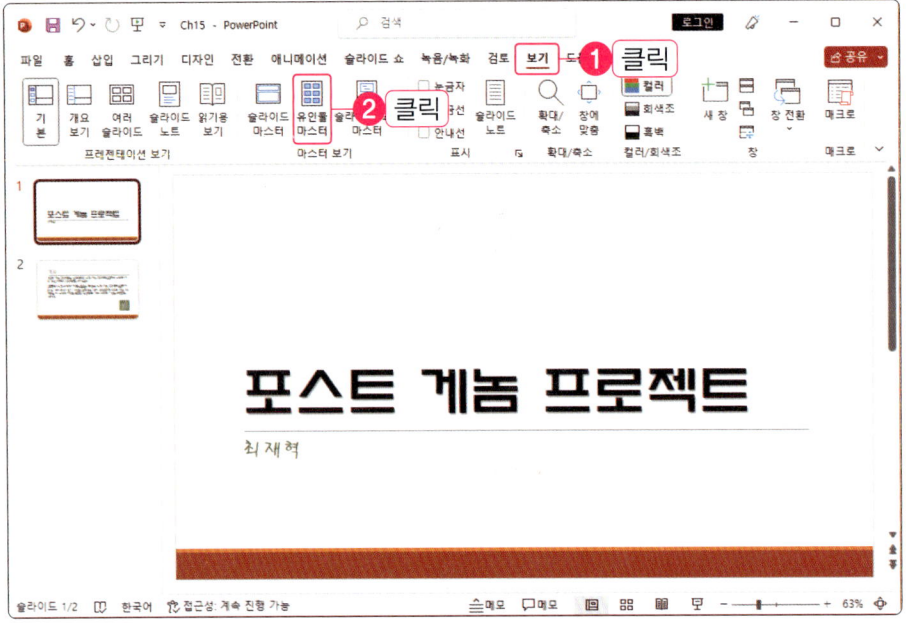

> Shift 를 누른 상태에서 보기 바로 가기에 있는 🔠[여러 슬라이드]를 클릭하여 유인물 마스터를 설정할 수도 있습니다.

2 유인물 마스터 화면이 나타나면 그림을 삽입하기 위해 [삽입] 탭-[이미지] 그룹에서 **[그림]-[이 디바이스...]를 클릭**합니다.

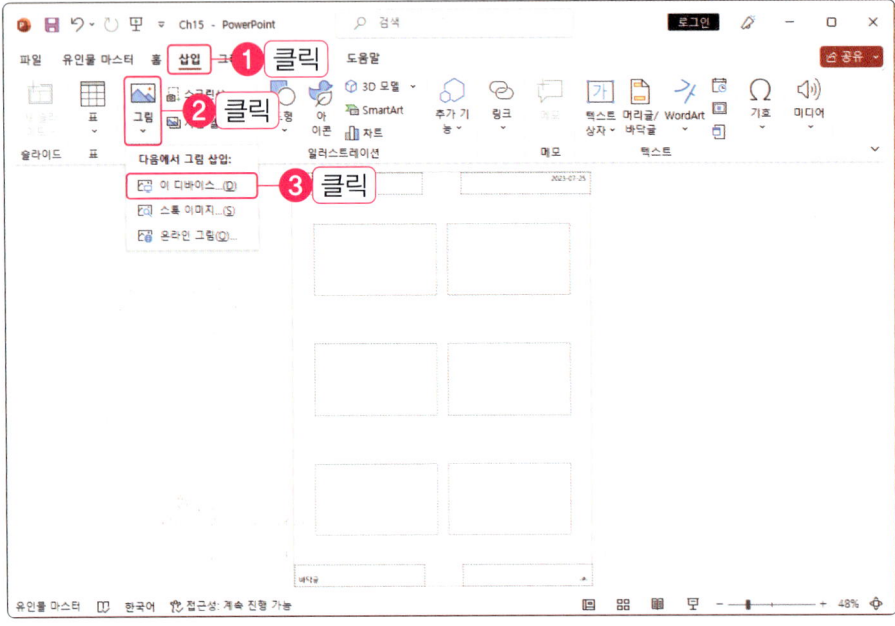

3 [그림 삽입] 대화상자가 나타나면 **위치(C:\단계학습\파워포인트\예제파일)를 선택**한 후 **파일(아슬란생명공학)을 선택**한 다음 [삽입] 단추를 클릭합니다.

4 그림이 삽입되면 밝기/대비를 지정하기 위해 **그림을 선택**한 후 [그림 서식] 탭-[조정] 그룹에서 [수정]을 클릭한 다음 슬라이셍[밝기: +20% 대비: +20%]를 클릭합니다.

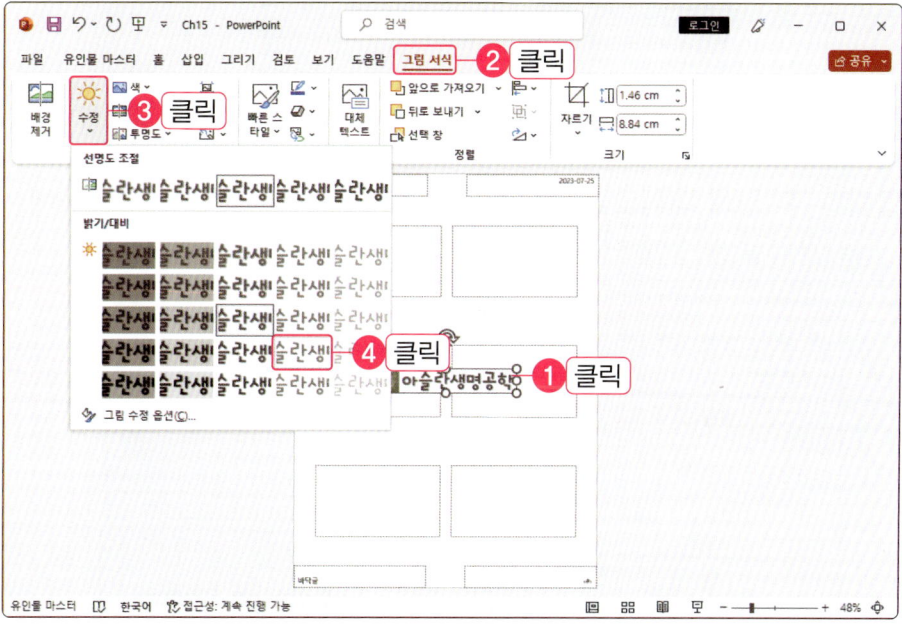

5 밝기/대비가 지정되면 **다음과 같이 그림을 이동**합니다.

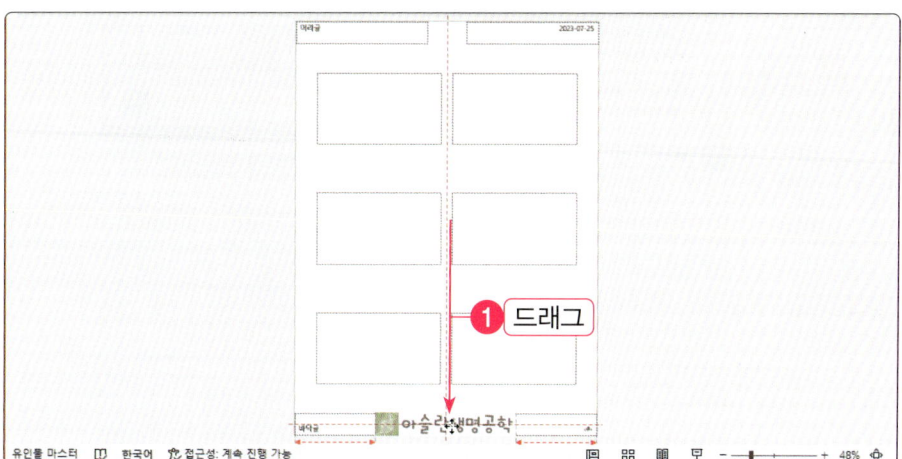

6 유인물 마스터 화면을 닫기 위해 [유인물 마스터] 탭-[닫기] 그룹에서 **[마스터 보기 닫기]**를 클릭합니다.

7 **[파일] 탭-[인쇄]를 클릭**한 후 **인쇄 대상(2슬라이드)을 선택**하면 다음과 같이 유인물에 유인물 마스터가 적용된 것을 확인할 수 있습니다.

POWERPOINT 2021 연습문제 E·x·e·r·c·i·s·e

C:\단계학습\파워포인트\연습파일\Ch15-연습.pptx

1 다음과 같이 슬라이드 마스터를 설정해 보세요.
- **슬라이드 마스터** : [마스터 텍스트 스타일을 편집하려면 클릭] 개체(글꼴(맑은 고딕))
- **제목 슬라이드 레이아웃** : [마스터 제목 스타일 편집] 개체(글꼴(휴먼엑스포), 글꼴 크기(48)), [클릭하여 마스터 부제목 스타일 편집] 개체(글꼴(맑은 고딕), ≡[가운데 맞춤])

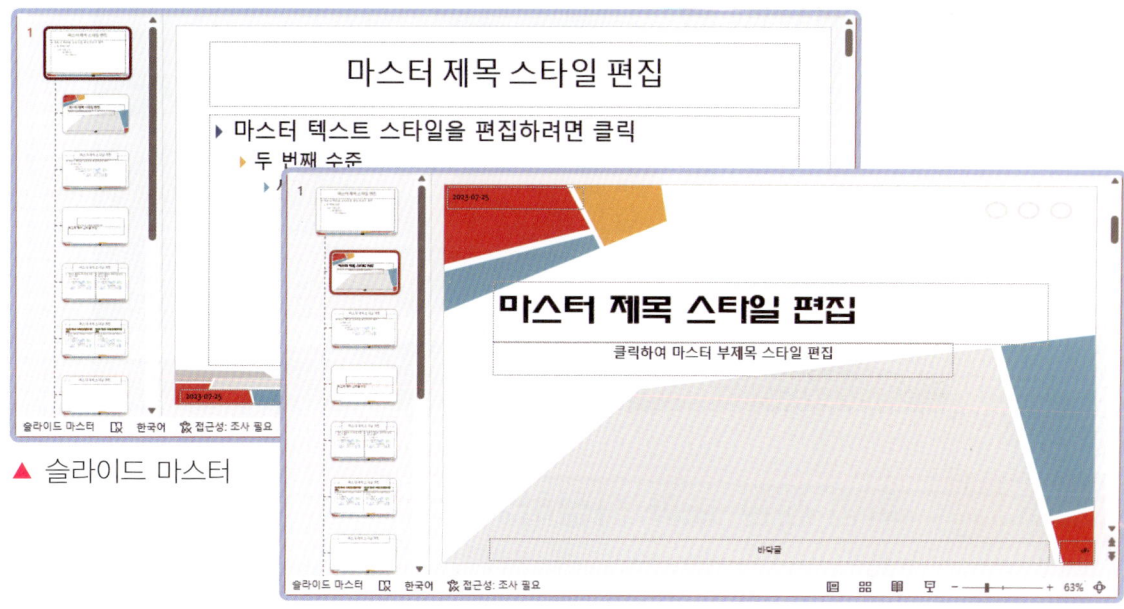

▲ 슬라이드 마스터

▲ 제목 슬라이드 레이아웃

2 다음과 같이 유인물 마스터를 설정해 보세요.
- **유인물 마스터** : 그림 삽입(위치(C:\단계학습\파워포인트\연습파일), 파일 이름(유네스코))

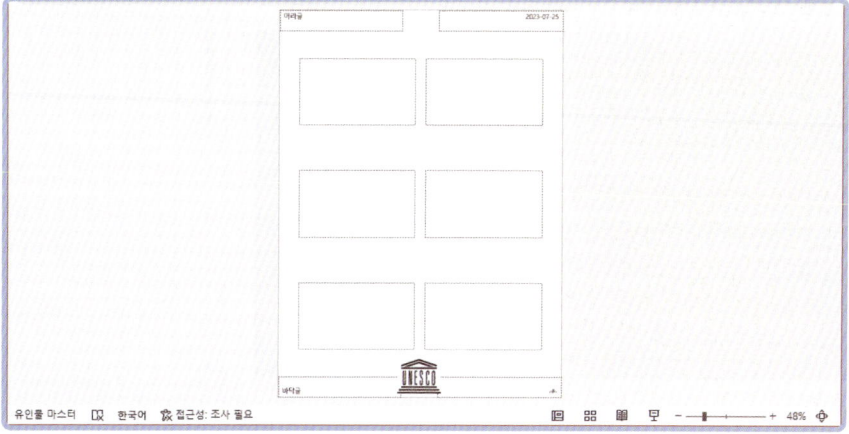

3 1번 슬라이드와 2번 슬라이드에 슬라이드 마스터가 적용된 것을 확인한 후 유인물에 유인물 마스터가 적용된 것을 확인해 보세요.

기본 Study

Chapter 16

화면 전환 효과 지정하고 슬라이드 쇼 시작하기

화면 전환 효과는 한 슬라이드에서 다른 슬라이드로 이동할 때 다른 슬라이드가 나타나는 방식을 말하는데요. 화면 전환 효과를 지정하면 생동감이 있어서 청중이 관심을 갖고 집중할 수 있도록 할 수 있습니다. 그럼, 화면 전환 효과를 지정하고 슬라이드 쇼를 시작하는 방법에 대해 알아보겠습니다.

미리 보기

C:\단계학습\파워포인트\예제파일\Ch16.pptx

01 화면 전환 효과 지정하기

1 화면 전환 효과를 지정하기 위해 슬라이드 보기 창에서 **1번 슬라이드를 선택**한 후 [전환] 탭-[슬라이드 화면 전환] 그룹에서 **[자세히] 단추를 클릭**합니다.

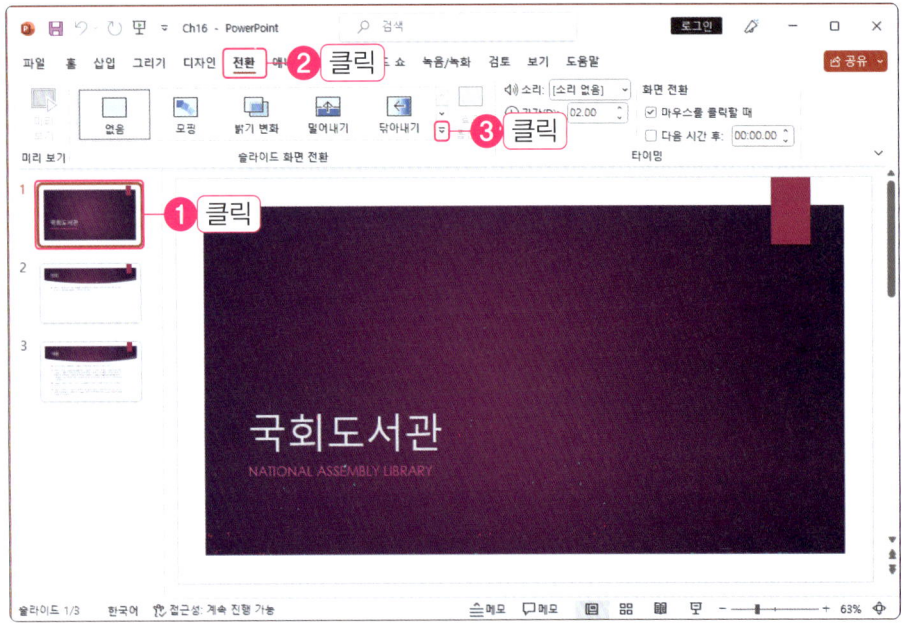

2 화면 전환 효과 목록이 나타나면 [화려한 효과]-[상자]를 클릭합니다.

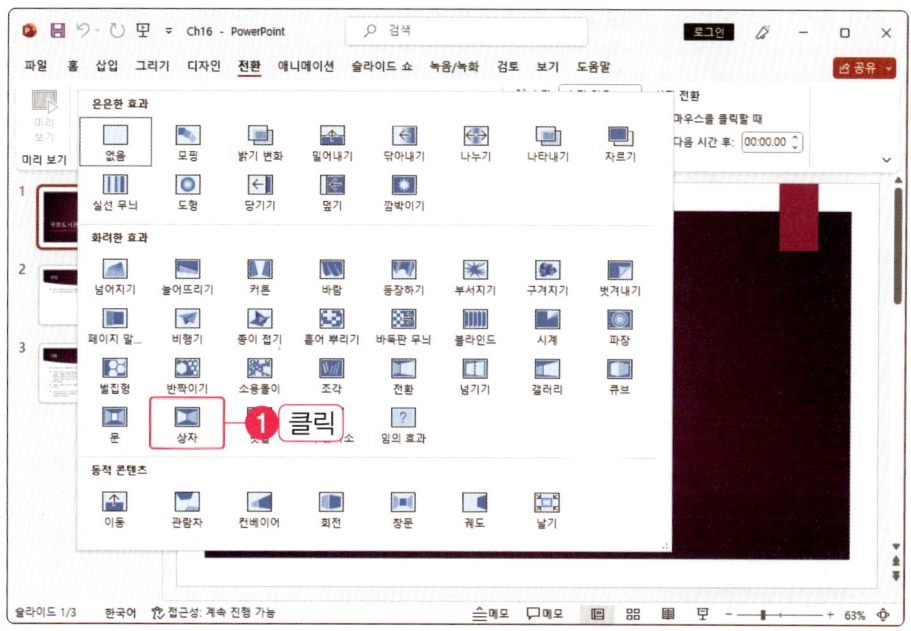

3 1번 슬라이드에 화면 전환 효과가 지정되면 화면 전환 효과 옵션을 지정하기 위해 [전환] 탭-[슬라이드 화면 전환] 그룹에서 [효과 옵션]을 클릭한 후 [왼쪽에서]를 클릭합니다.

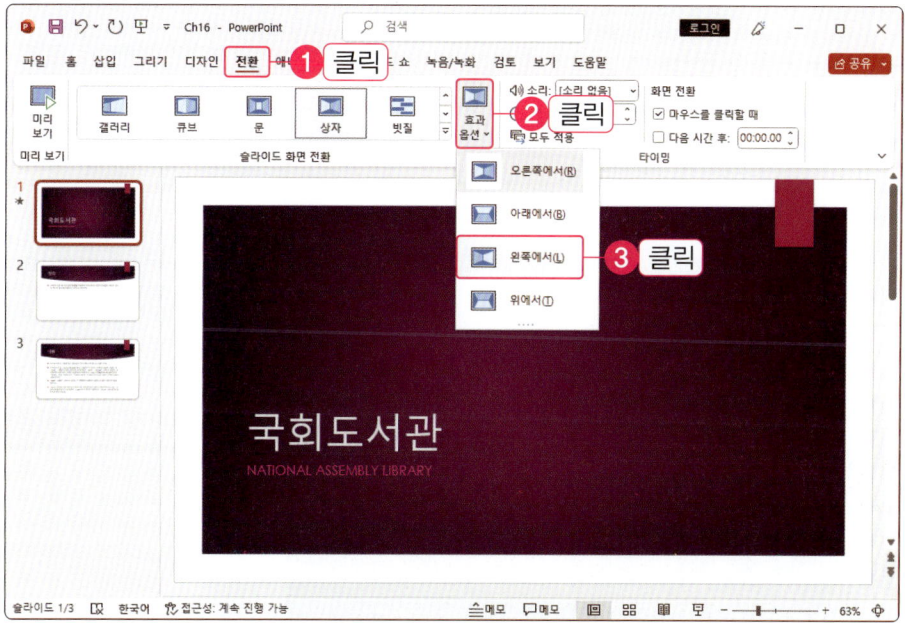

- 화면 전환 효과를 지정하면 해당 슬라이드 번호 아래에 ★[애니메이션 실행] 아이콘이 표시됩니다.
- 화면 전환 효과 옵션은 화면 전환 효과마다 다른데요. 예를 들어 '상자' 화면 전환 효과 옵션에는 오른쪽에서나 왼쪽에서 등이 있지만 '흩어 뿌리기' 화면 전환 효과 옵션에는 어떤 화면 전환 효과 옵션도 없습니다.
- 슬라이드 보기 창에서 화면 전환 효과가 지정된 슬라이드를 선택한 후 [전환] 탭-[슬라이드 화면 전환] 그룹에서 ▼[자세히] 단추를 클릭한 다음 [없음]을 클릭하면 지정된 화면 전환 효과를 제거할 수 있습니다.

4 기간을 지정하기 위해 [전환] 탭-[타이밍] 그룹에서 **기간(2)을 입력**한 후 모든 슬라이드에 화면 전환 효과를 지정하기 위해 **[모두 적용]을 클릭**합니다.

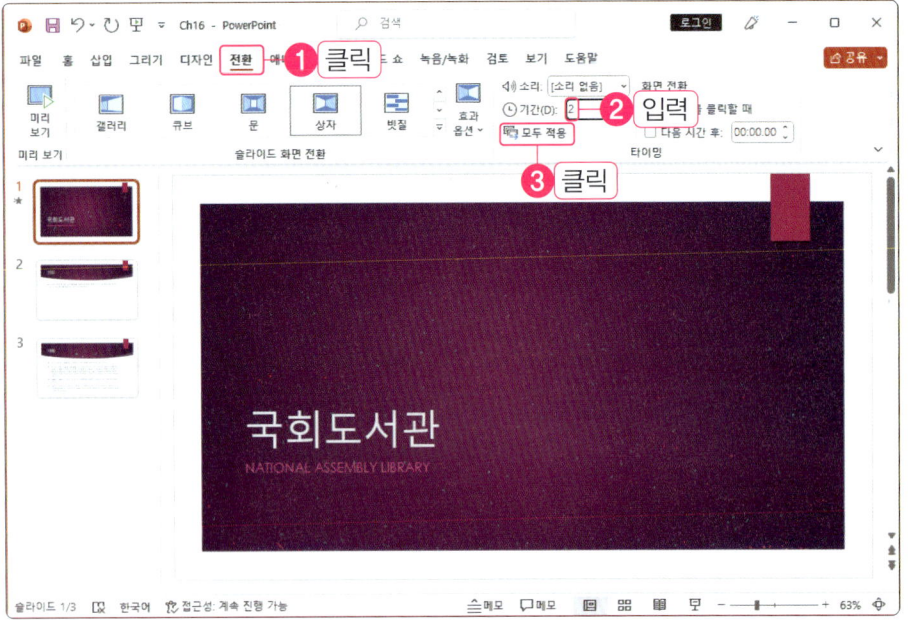

- 기간은 화면이 전환되는 시간을 말합니다.
- [소리]를 클릭하면 화면을 전환하는 동안 재생할 소리를 선택할 수 있습니다.

5 모든 슬라이드에 화면 전환 효과가 지정됩니다.

알고 넘어갑시다!

화면 전환 효과 확인하기

슬라이드 보기 창에서 화면 전환 효과가 지정된 슬라이드를 선택한 후 [전환] 탭-[미리 보기] 그룹에서 [미리 보기]를 클릭하거나 다음과 같이 ★[애니메이션 실행] 아이콘을 클릭하면 지정된 화면 전환 효과를 확인할 수 있습니다.

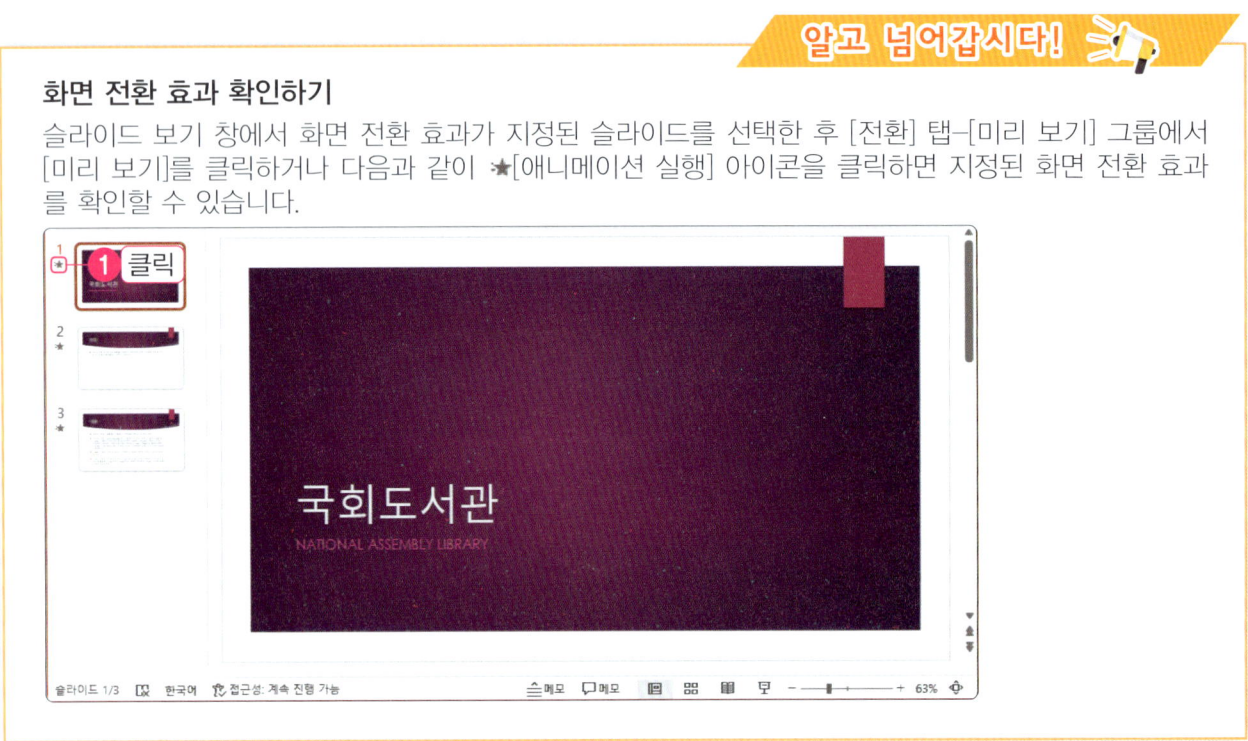

02 슬라이드 쇼 시작하기

1 슬라이드 쇼를 시작하기 위해 [슬라이드 쇼] 탭-[슬라이드 쇼 시작] 그룹에서 **[처음부터]**를 클릭합니다.

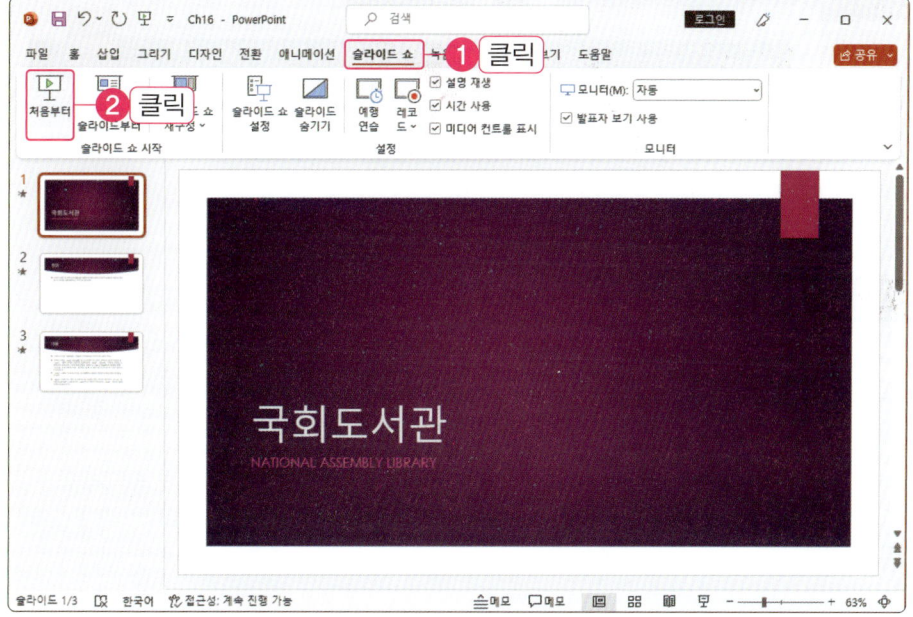

- F5 를 눌러 슬라이드 쇼를 시작할 수도 있습니다.
- [슬라이드 쇼] 탭-[슬라이드 쇼 시작] 그룹에서 [처음부터]를 클릭하거나 F5 를 누르면 1번 슬라이드부터 슬라이드 쇼를 시작하고, 슬라이드 보기 창에서 2번 슬라이드를 선택한 후 [슬라이드 쇼] 탭-[슬라이드 쇼 시작] 그룹에서 [현재 슬라이드부터]를 클릭하거나 Shift + F5 를 누르면 2번 슬라이드부터 슬라이드 쇼를 시작합니다.

2 1번 슬라이드가 전체 화면으로 나타나면 다음 슬라이드로 이동하기 위해 **슬라이드를 클릭**합니다.

3 2번 슬라이드가 전체 화면으로 나타나면 슬라이드 쇼를 종료하기 위해 Esc를 **누릅니다.**

4 슬라이드 쇼가 종료됩니다.

알고 넘어갑시다!

슬라이드 쇼에서 키보드를 사용하여 슬라이드 이동하기
- 다음 슬라이드로 이동 : Enter, SpaceBar, PageDown, →, ↓
- 이전 슬라이드로 이동 : BackSpace, PageUp, ←, ↑

POWERPOINT 2021 연습문제 E·x·e·r·c·i·s·e

C:\단계학습\파워포인트\연습파일\Ch16-연습.pptx

1 다음과 같이 화면 전환 효과를 지정해 보세요.
- **화면 전환 효과 지정** : 화면 전환 효과([화려한 효과]-[바둑판 무늬]), 화면 전환 효과 옵션(위에서), 기간(5), 모두 적용

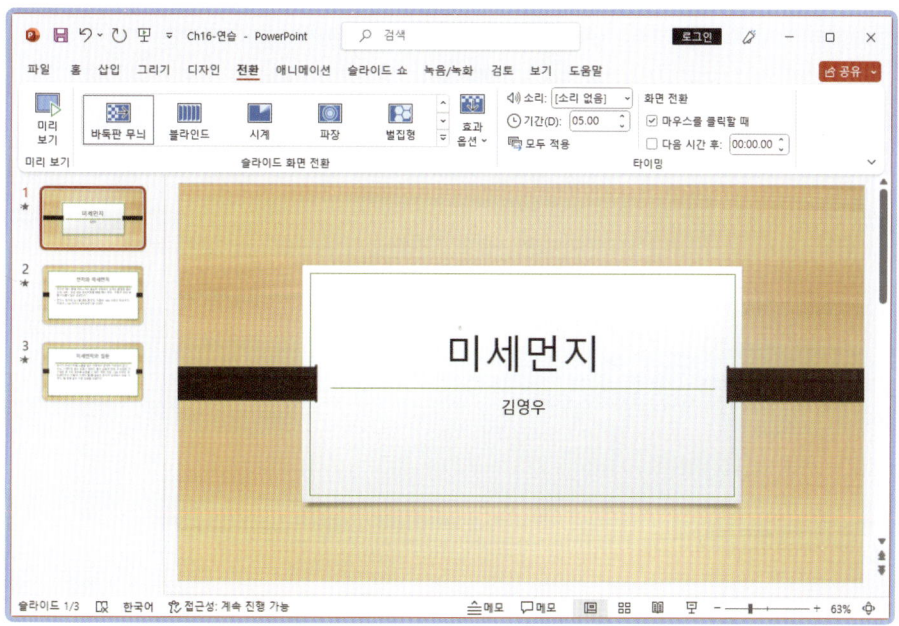

2 다음과 같이 2번 슬라이드부터 슬라이드 쇼를 시작해 보세요.

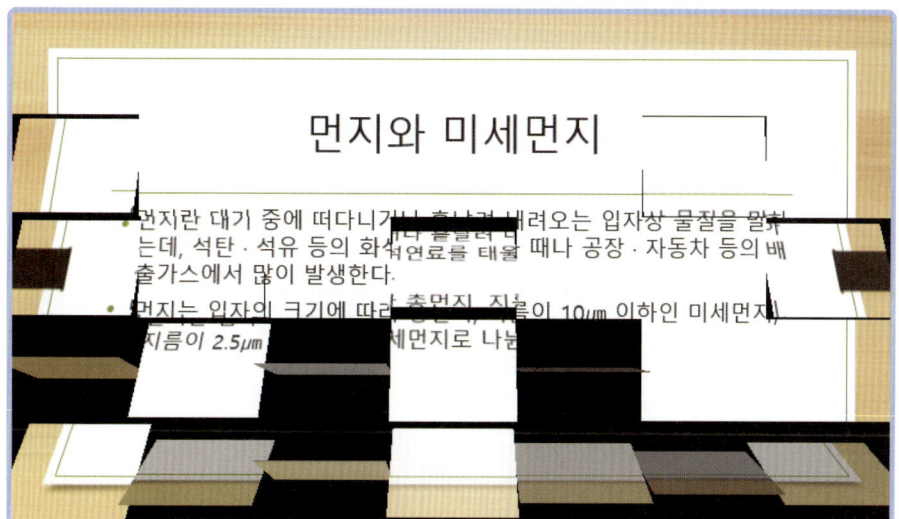

Hint
슬라이드 보기 창에서 2번 슬라이드를 선택한 후 [슬라이드 쇼] 탭-[슬라이드 쇼 시작] 그룹에서 [현재 슬라이드부터]를 클릭하면 2번 슬라이드부터 슬라이드 쇼를 시작할 수 있습니다.

Chapter 16 - 화면 전환 효과 지정하고 슬라이드 쇼 시작하기

기본 Study
Chapter 17

애니메이션 지정하기

애니메이션은 개체나 단락에 지정할 수 있는데요. 애니메이션을 너무 많이 지정하면 산만하여 내용을 이해할 수 없게 만들 수 있으므로 주의해야 합니다. 그럼, 애니메이션을 지정하는 방법에 대해 알아보겠습니다.

Powerpoint 2021

미리 보기

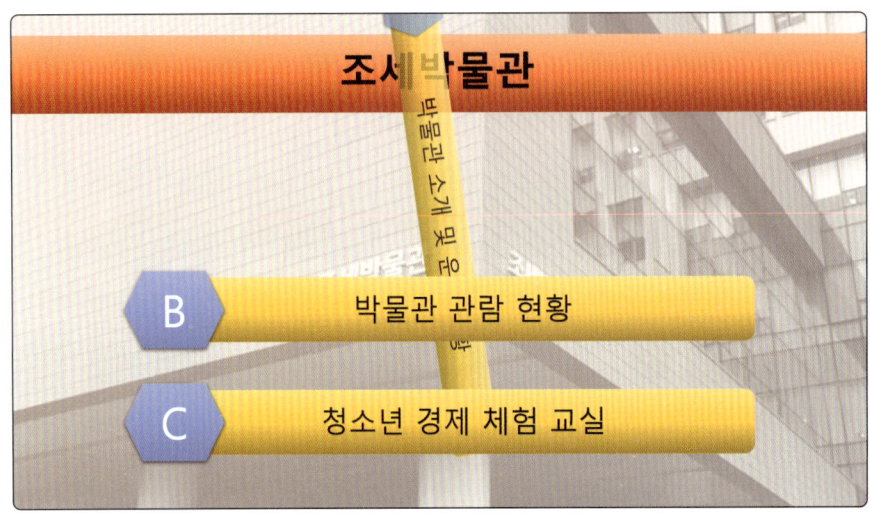

C:\단계학습\파워포인트\예제파일\Ch17.pptx

01 애니메이션 지정하기

1 애니메이션을 지정하기 위해 **첫 번째 도형을 선택**한 후 [애니메이션] 탭-[애니메이션] 그룹에서 **[자세히] 단추를 클릭**합니다.

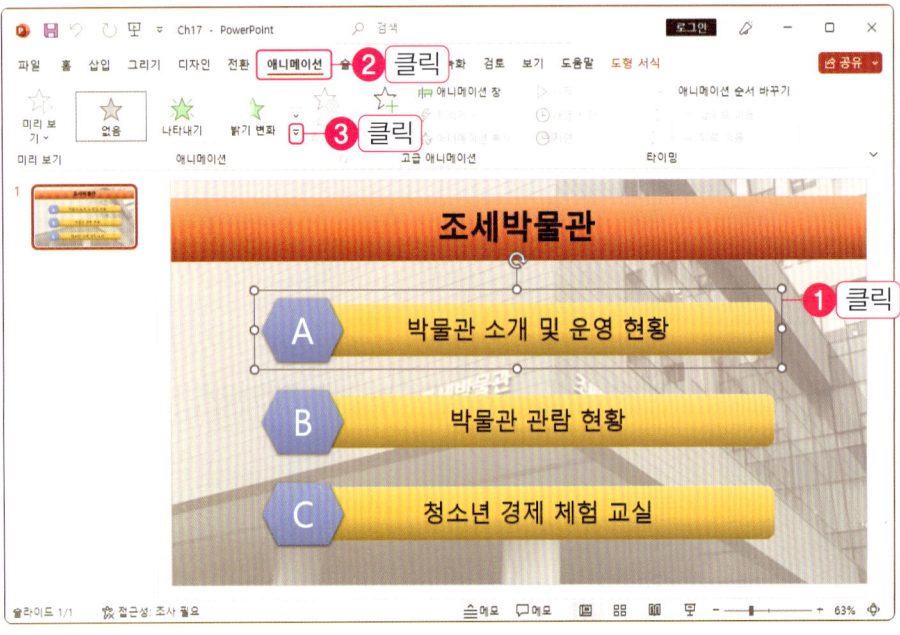

112 파워포인트 2021

2 애니메이션 목록이 나타나면 [나타내기]-[날아오기]를 클릭합니다.

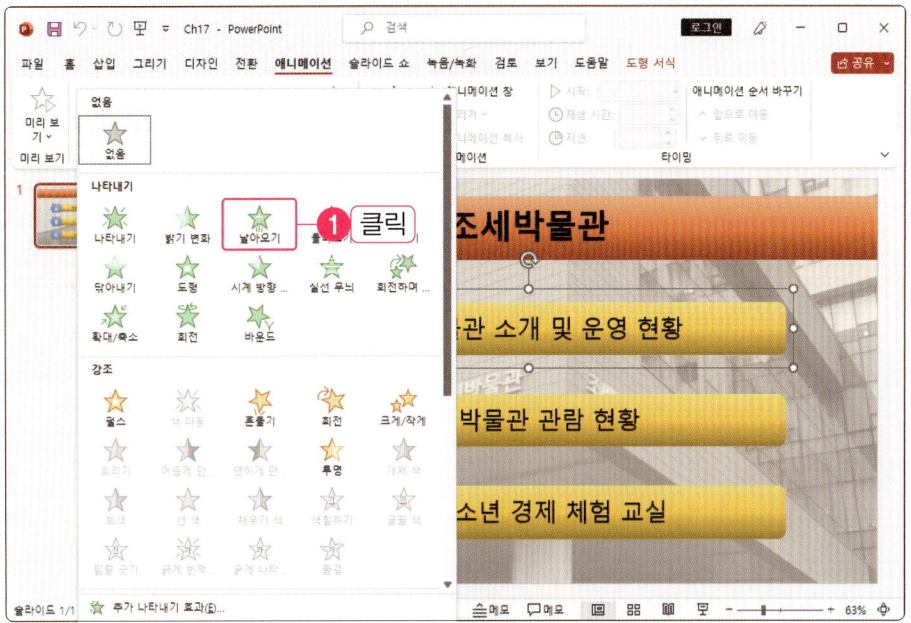

3 첫 번째 도형에 애니메이션이 지정되면 애니메이션 효과 옵션을 지정하기 위해 [애니메이션] 탭-[애니메이션] 그룹에서 **[효과 옵션]**을 클릭한 후 **[위에서]**를 클릭합니다.

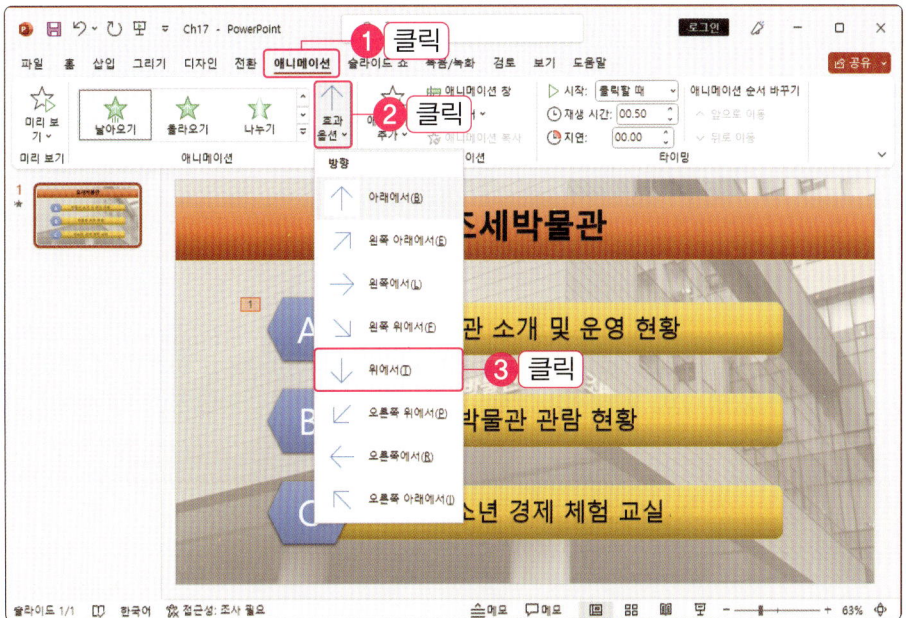

- 애니메이션을 지정하면 해당 개체나 단락의 왼쪽 위에 애니메이션 번호가 표시되고, 해당 슬라이드 번호 아래에 ★[애니메이션 실행] 아이콘이 표시됩니다.
- 애니메이션 효과 옵션은 애니메이션마다 다른데요. 예를 들어 '날아오기' 애니메이션 효과 옵션에는 아래에서나 위에서 등이 있지만 '나누기' 애니메이션 효과 옵션에는 가로 안쪽으로나 가로 바깥쪽으로 등이 있습니다.
- 애니메이션 번호를 선택한 후 [애니메이션] 탭-[애니메이션] 그룹에서 ▽[자세히] 단추를 클릭한 다음 [없음]을 클릭하면 지정된 애니메이션을 제거할 수 있습니다.

Chapter 17 - 애니메이션 지정하기 **113**

4 재생 시간과 지연을 지정하기 위해 [애니메이션] 탭-[타이밍] 그룹에서 **재생 시간(2)과 지연(1)을 입력**합니다.

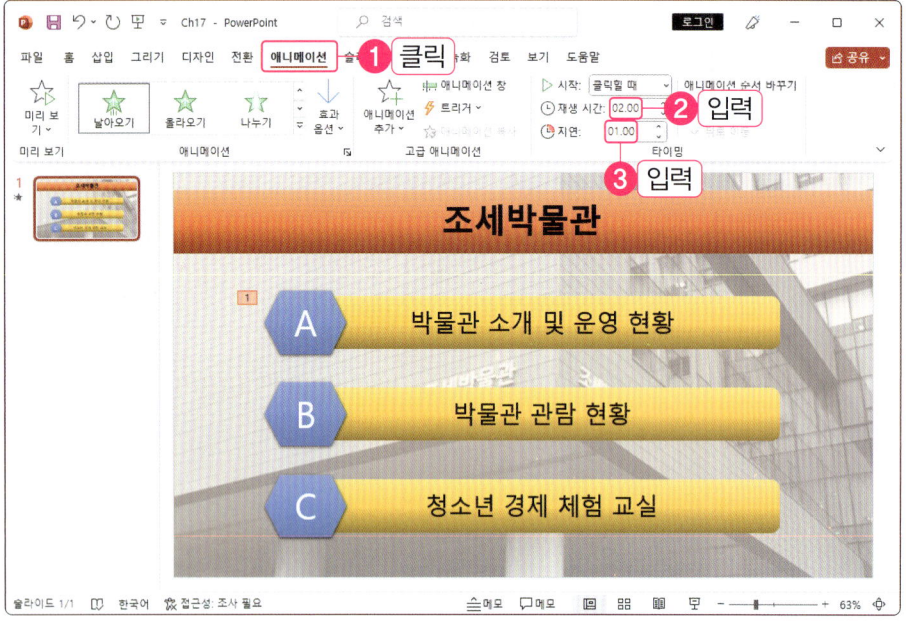

재생 시간은 애니메이션이 실행되는 시간을 말하고, 지연은 애니메이션이 실행되기 전에 대기하는 시간을 말합니다.

5 같은 방법으로 **다음과 같이 두 번째 도형과 세 번째 도형에 애니메이션을 지정**합니다.
- 두 번째 도형 : 애니메이션 지정([나타내기]-[날아오기]), 효과 옵션(왼쪽에서), 재생 시간(2), 지연(1)
- 세 번째 도형 : 애니메이션 지정([나타내기]-[날아오기]), 효과 옵션(아래에서), 재생 시간(2), 지연(1)

알고 넘어갑시다!

애니메이션 확인하기

슬라이드 보기 창에서 애니메이션이 지정된 개체나 단락이 있는 슬라이드를 선택한 후 [애니메이션] 탭-[미리 보기] 그룹에서 [미리 보기]를 클릭하거나 다음과 같이 ★[애니메이션 실행] 아이콘을 클릭하면 지정된 애니메이션을 확인할 수 있는데요. 애니메이션을 지정하지 않은 개체나 단락은 애니메이션을 지정한 개체나 단락보다 먼저 나타납니다.

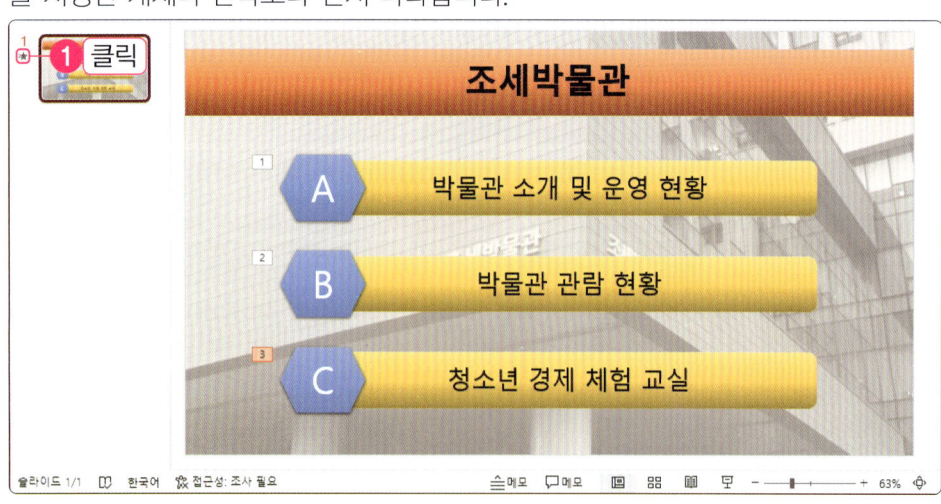

02 애니메이션 추가하기

1 애니메이션을 추가하기 위해 **첫 번째 도형을 선택**한 후 [애니메이션] 탭-[고급 애니메이션] 그룹에서 [**애니메이션 추가**]를 **클릭**한 다음 [**추가 나타내기 효과**]를 **클릭**합니다.

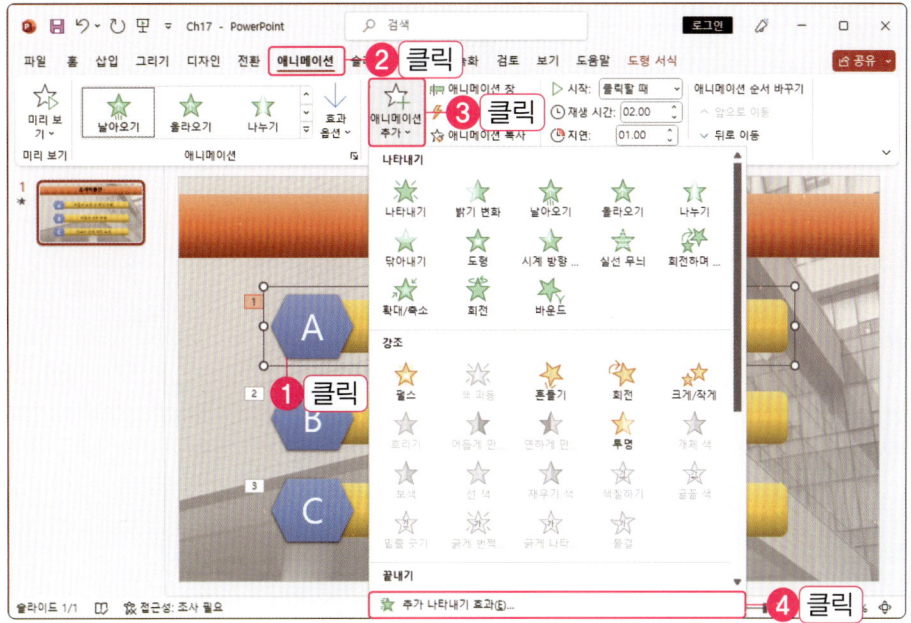

2 [나타내기 효과 추가] 대화상자가 나타나면 [**온화한 효과**]-[**돌기**]를 **선택**한 후 [**확인**] **단추를 클릭**합니다.

3 같은 방법으로 **다음과 같이 두 번째 도형과 세 번째 도형에 애니메이션을 추가**합니다.
   - 두 번째 도형/세 번째 도형 : 애니메이션 추가([추가 나타내기 효과]-[온화한 효과]-[돌기])

애니메이션이 실행되는 순서 바꾸기

다음과 같이 애니메이션 번호를 선택한 후 [애니메이션] 탭-[타이밍] 그룹에서 [앞으로 이동]을 클릭하면 선택한 애니메이션을 지금보다 일찍 실행할 수 있고, [뒤로 이동]을 클릭하면 선택한 애니메이션을 지금보다 늦게 실행할 수 있습니다.

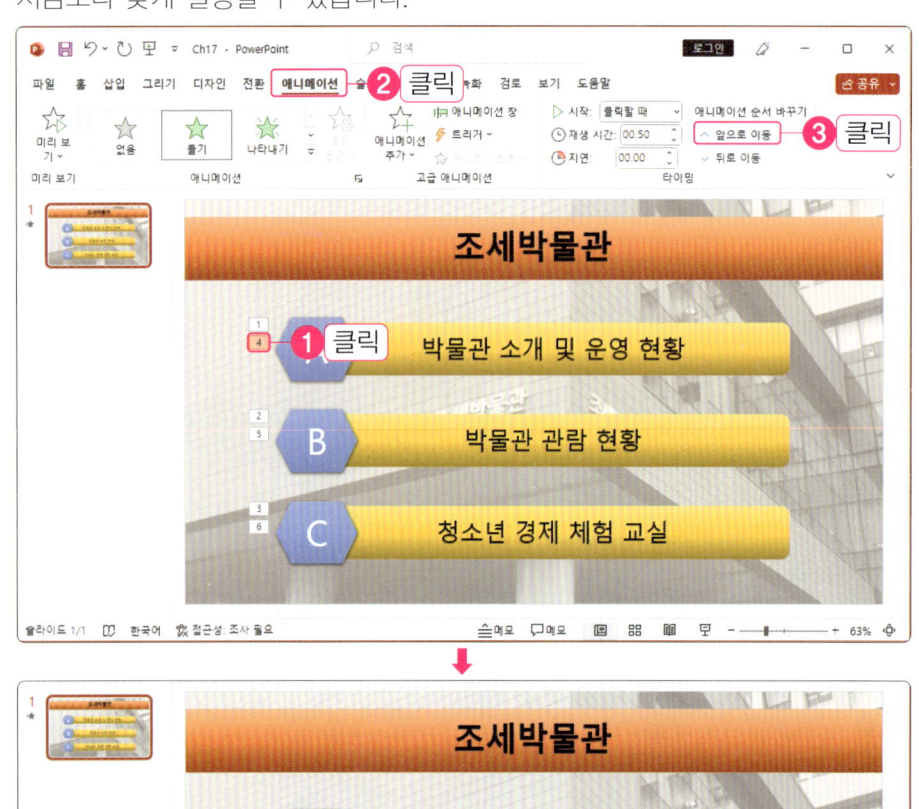

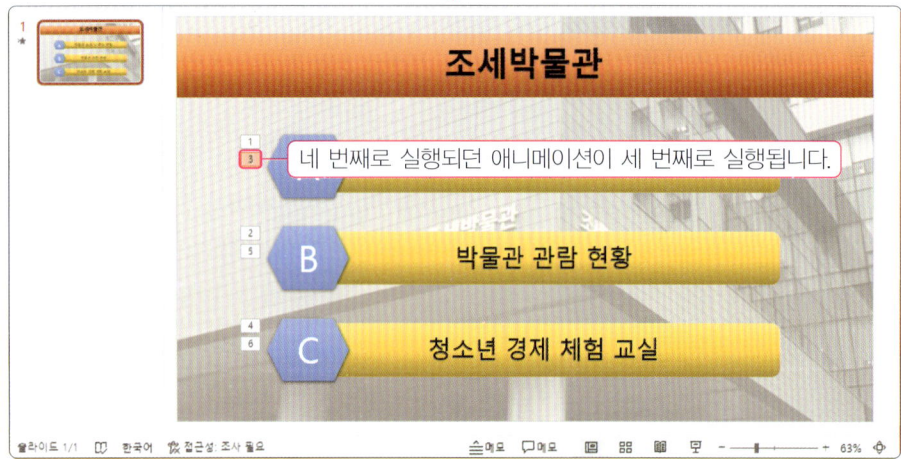

POWERPOINT 2021 연습문제 E·x·e·r·c·i·s·e

C:\단계학습\파워포인트\연습파일\Ch17-연습.pptx

1 다음과 같이 도형에 애니메이션을 지정해 보세요.
- **첫 번째 도형/두 번째 도형/세 번째 도형** : 애니메이션 지정([나타내기]-[바운드]), 재생 시간(2), 지연(1)

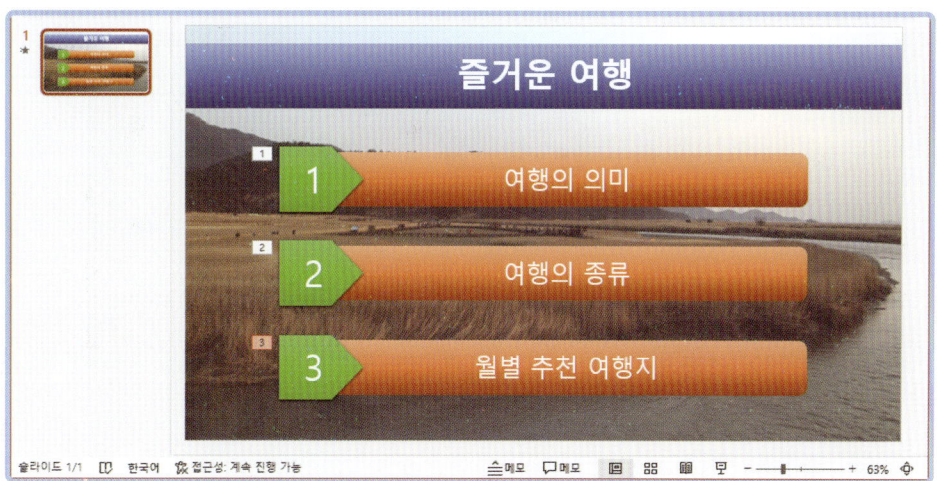

2 다음과 같이 도형에 애니메이션을 추가해 보세요.
- **첫 번째 도형/두 번째 도형/세 번째 도형** : 애니메이션 추가([추가 강조하기 효과]-[화려한 효과]-[깜박이기])

3 애니메이션을 확인해 보세요.

Chapter 17 - 애니메이션 지정하기 **117**

기본 Study

Chapter 18

하이퍼링크와 실행 단추 삽입하기

하이퍼링크와 실행 단추는 슬라이드 쇼를 진행하다가 다른 슬라이드로 바로 이동할 수 있는 기능인데요. 하이퍼링크와 실행 단추를 삽입하면 슬라이드 쇼를 매끄럽게 진행하여 효과적인 프레젠테이션을 할 수 있습니다. 그럼, 하이퍼링크와 실행 단추를 삽입하는 방법에 대해 알아보겠습니다.

Powerpoint 2021

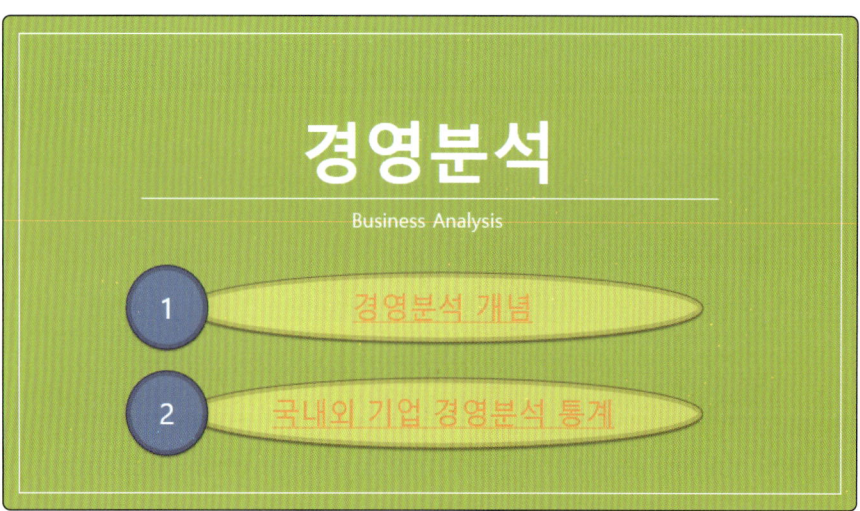

C:\단계학습\파워포인트\예제파일\Ch18.pptx

01 하이퍼링크 삽입하기

1 하이퍼링크를 삽입하기 위해 슬라이드 보기 창에서 **1번 슬라이드를 선택**한 후 '**경영분석 개념**'을 드래그하여 선택한 다음 [삽입] 탭-[링크]-[링크]를 클릭합니다.

2 [하이퍼링크 삽입] 대화상자가 나타나면 **연결 대상(현재 문서)을 선택**한 후 **이 문서에서 위치(2. 경영분석 개념)를 선택**한 다음 [확인] 단추를 클릭합니다.

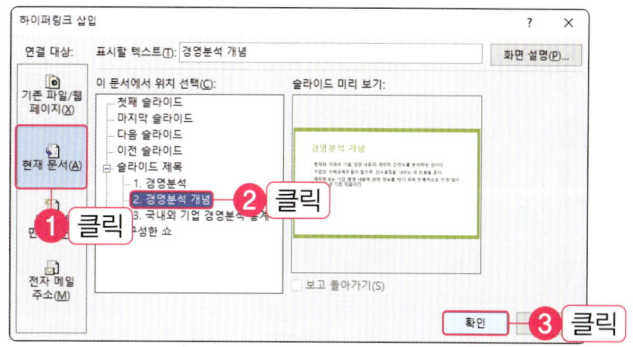

3 같은 방법으로 **다음과 같이 1번 슬라이드의 '국내외 기업 경영분석 통계'에 하이퍼링크를 삽입**합니다.

- 1번 슬라이드의 '국내외 기업 경영분석 통계' : 하이퍼링크 삽입(연결 대상(현재 문서), 이 문서에서 위치 (3. 국내외 기업 경영분석 통계))

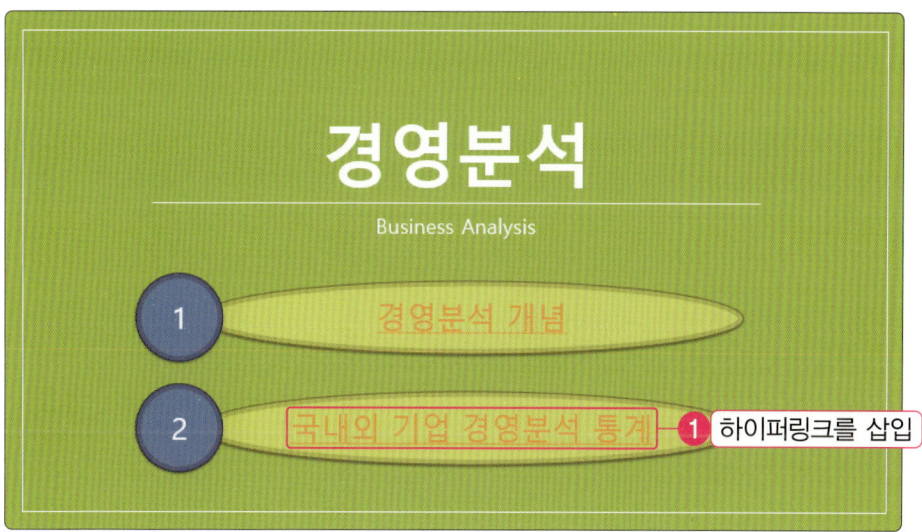

4 슬라이드 쇼를 시작하기 위해 [슬라이드 쇼] 탭-[슬라이드 쇼 시작] 그룹에서 **[처음부터]를 클릭**합니다.

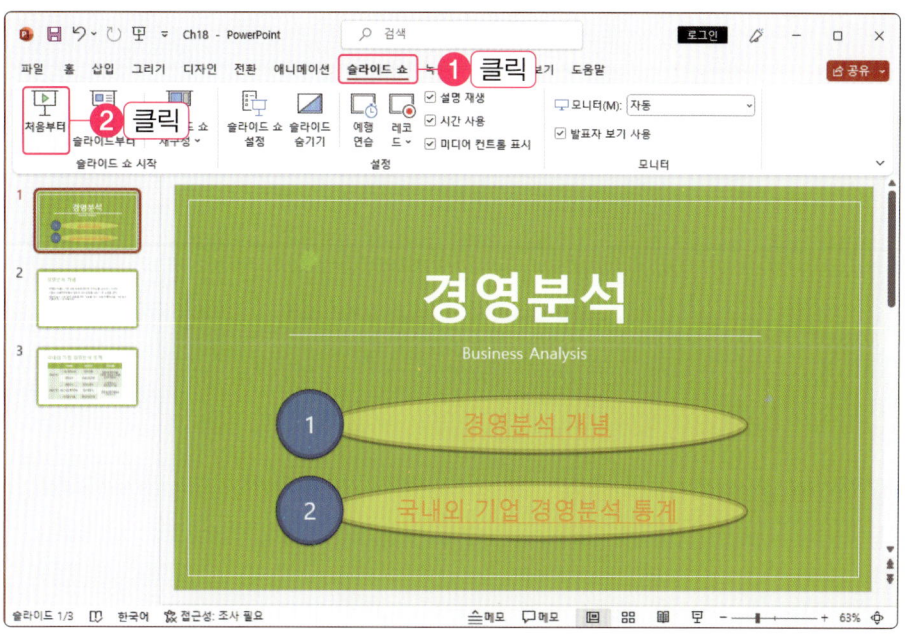

5 1번 슬라이드가 전체 화면으로 나타나면 **'경영분석 개념'을 클릭**합니다.

6 2번 슬라이드가 전체 화면으로 나타나면 이전 슬라이드로 이동하기 위해 BackSpace 를 **누릅니다.**

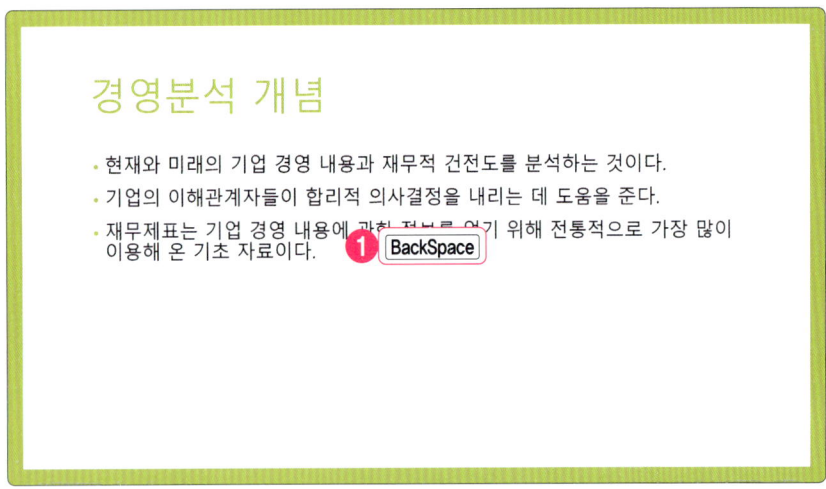

1번 슬라이드의 '경영분석 개념'에 2번 슬라이드로 이동하는 하이퍼링크가 삽입되어 있기 때문에 2번 슬라이드가 전체 화면으로 나타납니다.

7 1번 슬라이드가 전체 화면으로 나타나면 **'국내외 기업 경영분석 통계'를 클릭**합니다.

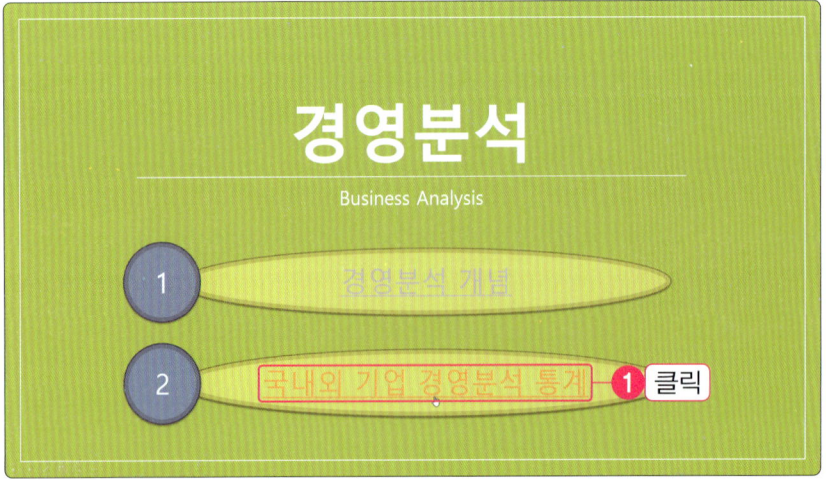

8 3번 슬라이드가 전체 화면으로 나타나면 슬라이드 쇼를 종료하기 위해 Esc를 누릅니다.

> 1번 슬라이드의 '국내외 기업 경영분석 통계'에 3번 슬라이드로 이동하는 하이퍼링크가 삽입되어 있기 때문에 3번 슬라이드가 전체 화면으로 나타납니다.

9 슬라이드 쇼가 종료됩니다.

알고 넘어갑시다!

하이퍼링크 제거하기

하이퍼링크가 삽입되어 있는 텍스트를 드래그하여 선택한 후 [삽입] 탭-[링크]-[링크]를 클릭하면 [하이퍼링크 편집] 대화상자가 나타나는데요. 다음과 같이 [하이퍼링크 편집] 대화상자에서 [링크 제거] 단추를 클릭하면 하이퍼링크를 제거할 수 있습니다.

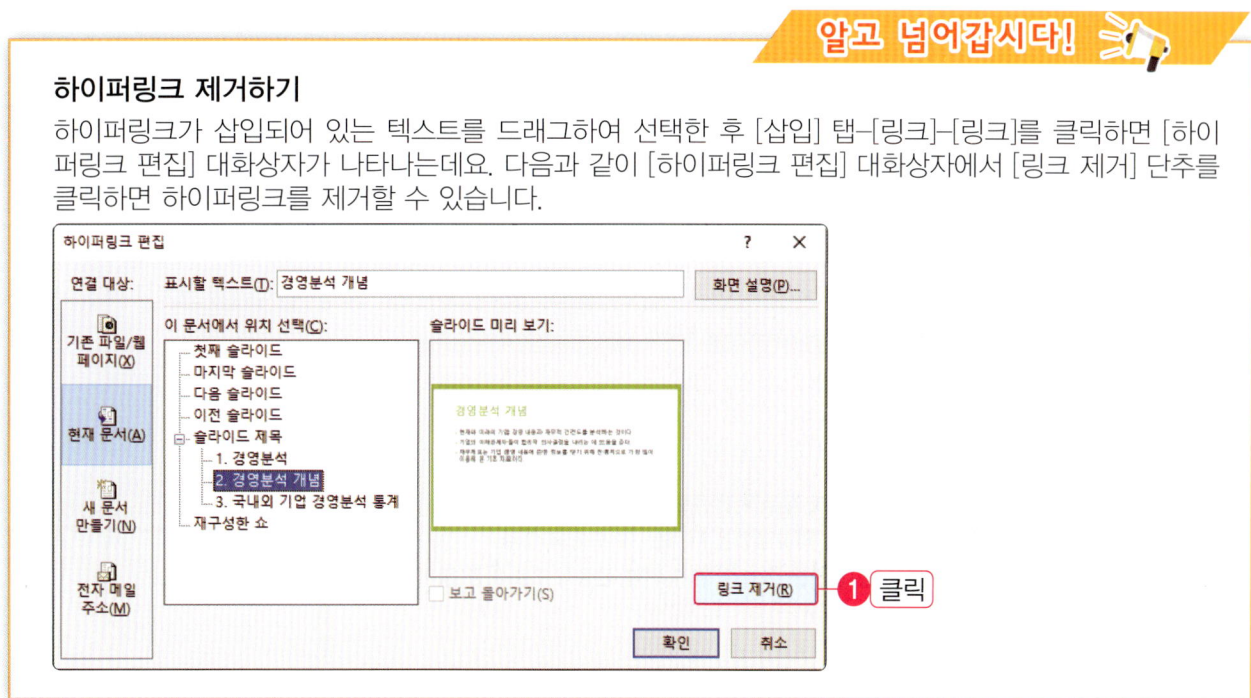

02 실행 단추 삽입하기

1 실행 단추를 삽입하기 위해 슬라이드 보기 창에서 **2번 슬라이드를 선택**한 후 [삽입] 탭-[일러스트레이션] 그룹에서 **[도형]을 클릭**한 다음 [실행 단추: 홈으로 이동]을 클릭합니다.

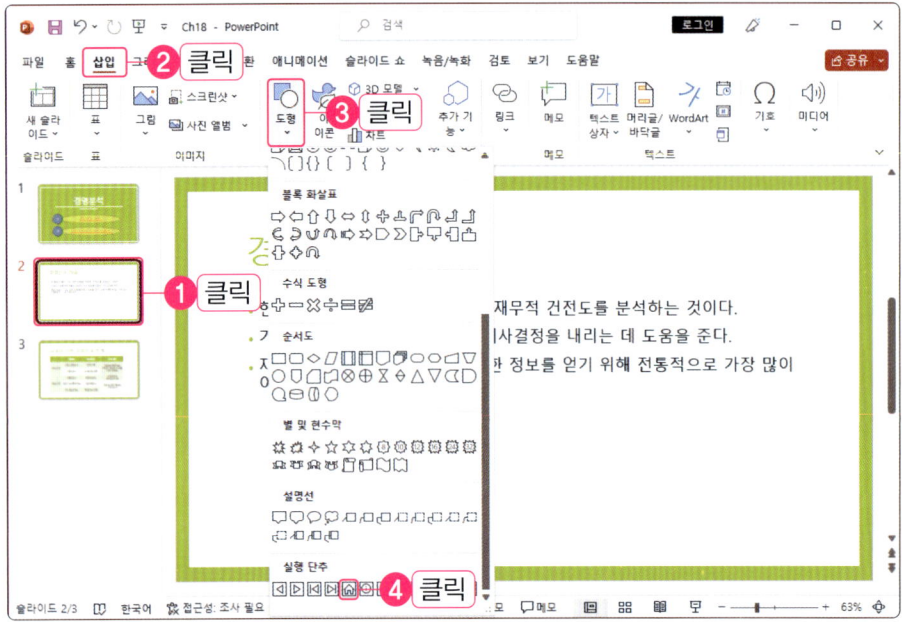

실행 단추는 슬라이드를 이동할 수 있는 하이퍼링크(이전 슬라이드, 다음 슬라이드, 첫째 슬라이드, 마지막 슬라이드 등)가 삽입되어 있는 도형인데요. [실행 단추: 홈으로 이동]에는 기본적으로 첫째 슬라이드(1번 슬라이드)로 이동하는 하이퍼링크가 삽입되어 있습니다.

2 마우스 포인터가 + 모양으로 변경되면 **다음과 같이 드래그**하여 실행 단추를 그립니다.

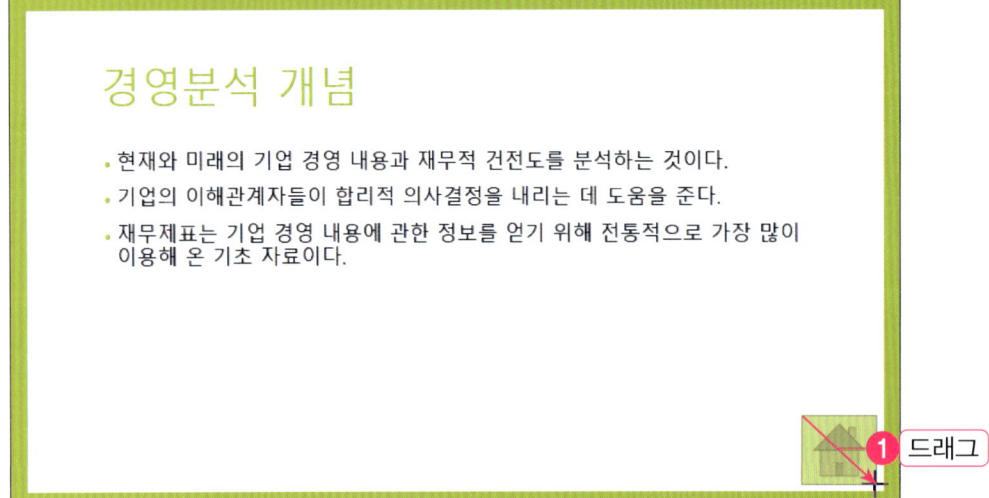

3 [실행 설정] 대화상자가 나타나면 [마우스를 클릭할 때] 탭에서 **하이퍼링크가 '첫째 슬라이드'로 선택되어 있는 것을 확인**한 후 [확인] **단추를 클릭**합니다.

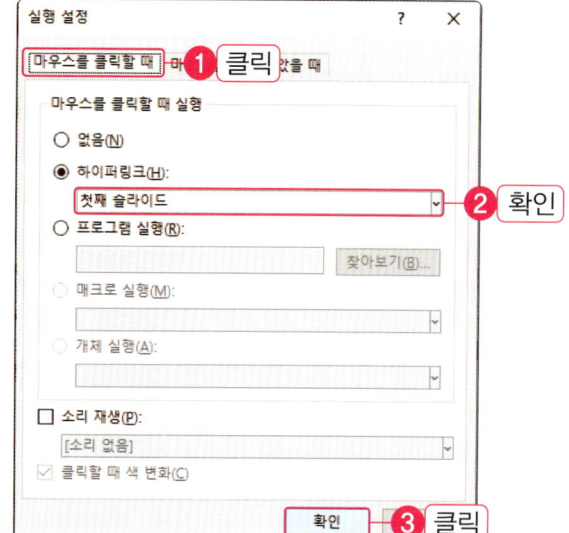

[실행 설정] 대화상자는 실행 단추를 삽입하자마자 나타납니다.

4 같은 방법으로 **다음과 같이 3번 슬라이드에 실행 단추를 삽입**합니다.

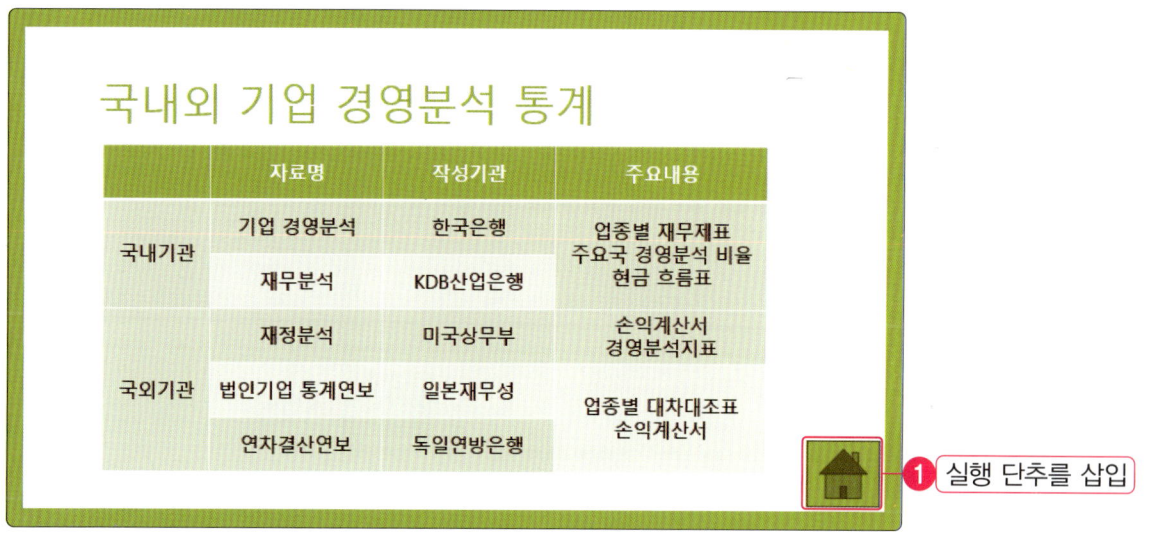

슬라이드의 🏠을 선택한 후 [삽입] 탭-[링크] 그룹에서 [링크]를 클릭하면 슬라이드의 🏠에 삽입되어 있는 하이퍼링크를 수정할 수 있습니다.

알고 넘어갑시다!

실행 단추에 기본적으로 삽입되어 있는 하이퍼링크
- ◁[실행 단추: 뒤로 또는 앞으로 이동] : 이전 슬라이드
- ▷[실행 단추: 앞으로 또는 다음으로 이동] : 다음 슬라이드
- ◁|[실행 단추: 처음으로 이동] : 첫째 슬라이드
- |▷[실행 단추: 끝으로 이동] : 마지막 슬라이드
- 🏠[실행 단추: 홈으로 이동] : 첫째 슬라이드
- ↩[실행 단추: 돌아가기] : 마지막으로 본 슬라이드

5 슬라이드 쇼를 시작하기 위해 [슬라이드 쇼] 탭-[슬라이드 쇼 시작] 그룹에서 [**처음부터**]를 **클릭**합니다.

6 1번 슬라이드가 전체 화면으로 나타나면 '**경영분석 개념**'을 **클릭**합니다.

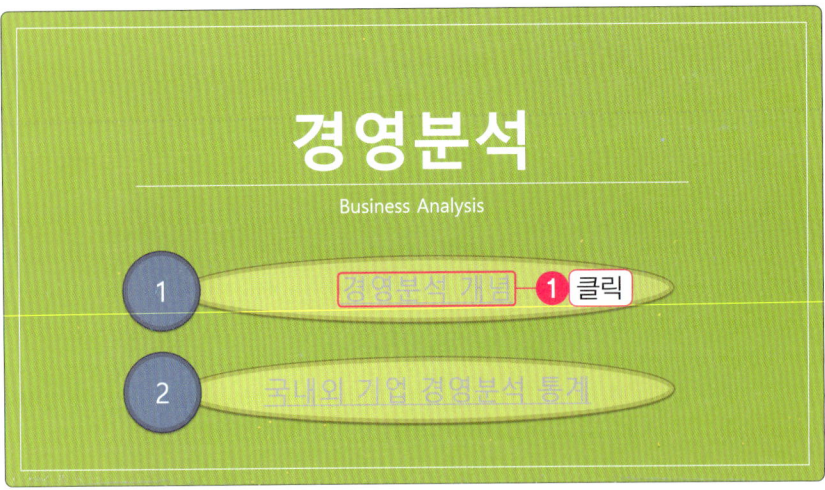

7 2번 슬라이드가 전체 화면으로 나타나면 1번 슬라이드로 이동하기 위해 🏠**를 클릭**합니다.

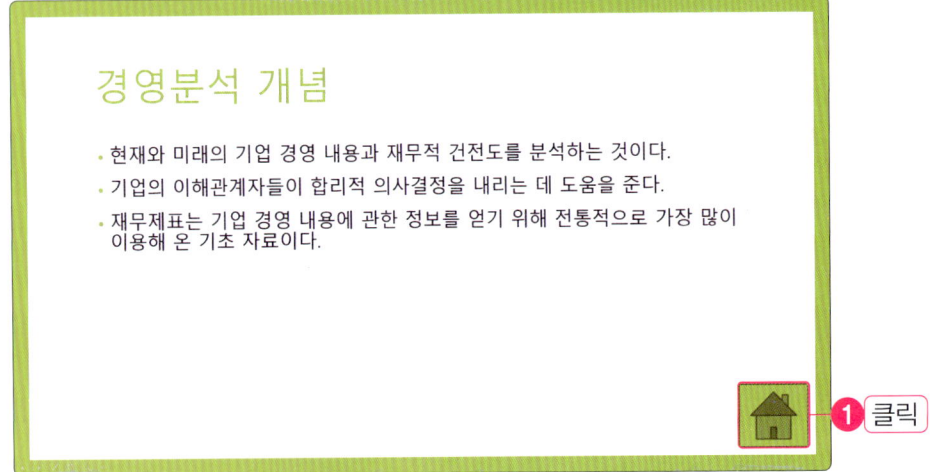

8 1번 슬라이드가 전체 화면으로 나타나면 슬라이드 쇼를 종료하기 위해 Esc**를 누릅니다.**

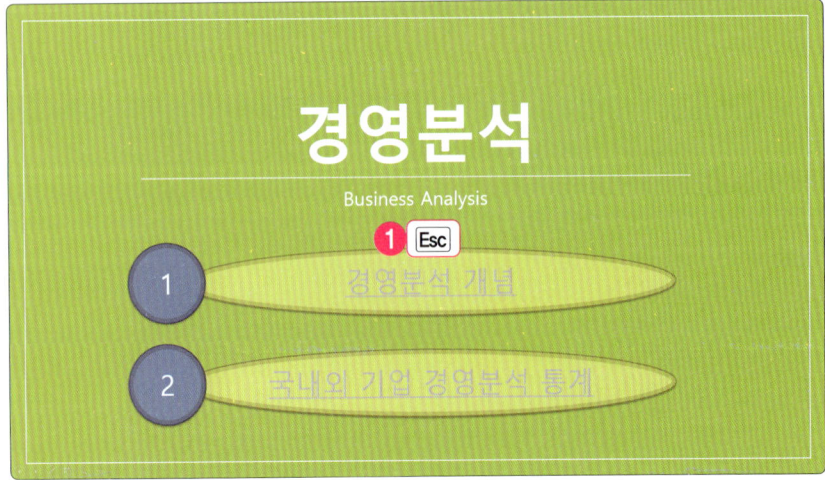

2번 슬라이드의 🏠에 1번 슬라이드로 이동하는 하이퍼링크가 삽입되어 있기 때문에 1번 슬라이드가 전체 화면으로 나타납니다.

9 슬라이드 쇼가 종료됩니다.

POWERPOINT 2021 연습문제 Exercise

C:\단계학습\파워포인트\연습파일\Ch18-연습.pptx

1 다음과 같이 하이퍼링크와 실행 단추를 삽입해 보세요.
- 1번 슬라이드의 '규모와 진도' : 하이퍼링크 삽입(연결 대상(현재 문서), 이 문서에서 위치(2. 규모와 진도))
- 1번 슬라이드의 '국내 지진 규모별 순위' : 하이퍼링크 삽입(연결 대상(현재 문서), 이 문서에서 위치(3. 국내 지진 규모별 순위))
- 2번 슬라이드/3번 슬라이드 : 실행 단추 삽입(🏠[실행 단추: 홈으로 이동])

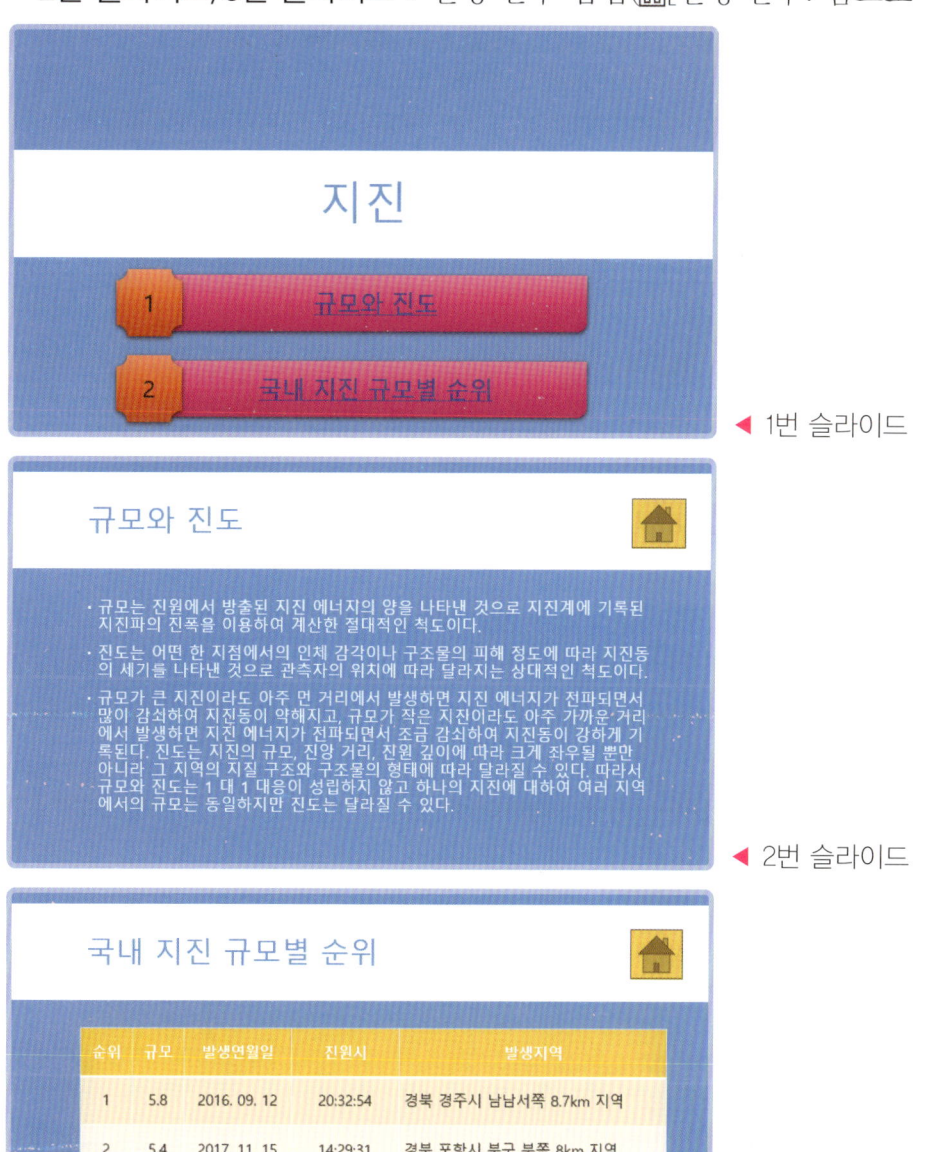

◀ 1번 슬라이드

◀ 2번 슬라이드

◀ 3번 슬라이드

2 1번 슬라이드부터 슬라이드 쇼를 시작하여 삽입된 하이퍼링크와 실행 단추를 확인해 보세요.

기본 Study

Chapter 19

슬라이드 숨기고 슬라이드 쇼 재구성하기

Powerpoint 2021

프레젠테이션을 작성한 후 슬라이드 쇼를 진행하다 보면 필요 없는 슬라이드가 있을 수 있는데요. 이런 경우, 필요 없는 슬라이드를 숨기거나 슬라이드 쇼를 재구성하면 필요 없는 슬라이드가 나타나지 않게 할 수 있습니다. 그럼, 슬라이드를 숨기고 슬라이드 쇼를 재구성하는 방법에 대해 알아보겠습니다.

미리 보기

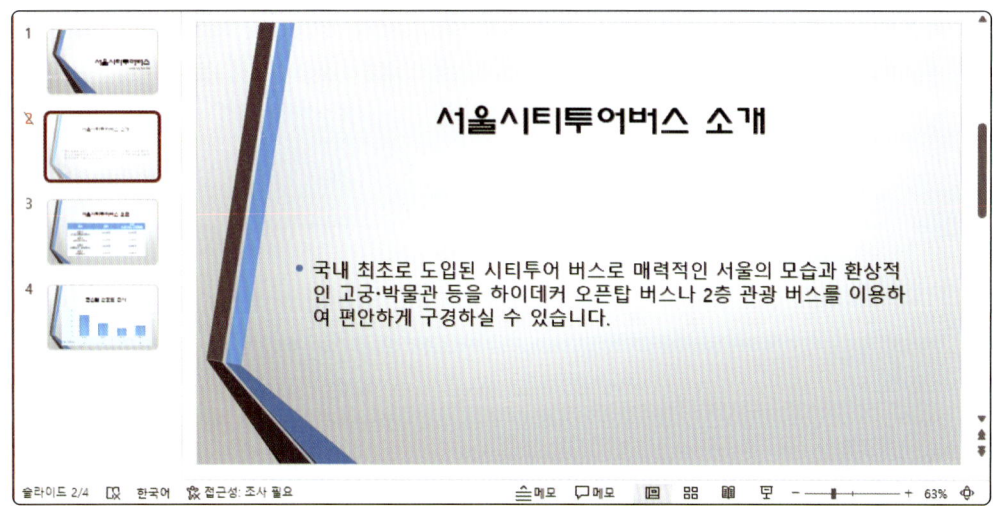

C:\단계학습\파워포인트\예제파일\Ch19.pptx

01 슬라이드 숨기기

1 슬라이드를 숨기기 위해 슬라이드 보기 창에서 **2번 슬라이드를 선택**한 후 [슬라이드 쇼] 탭-[설정] 그룹에서 **[슬라이드 숨기기]를 선택**합니다.

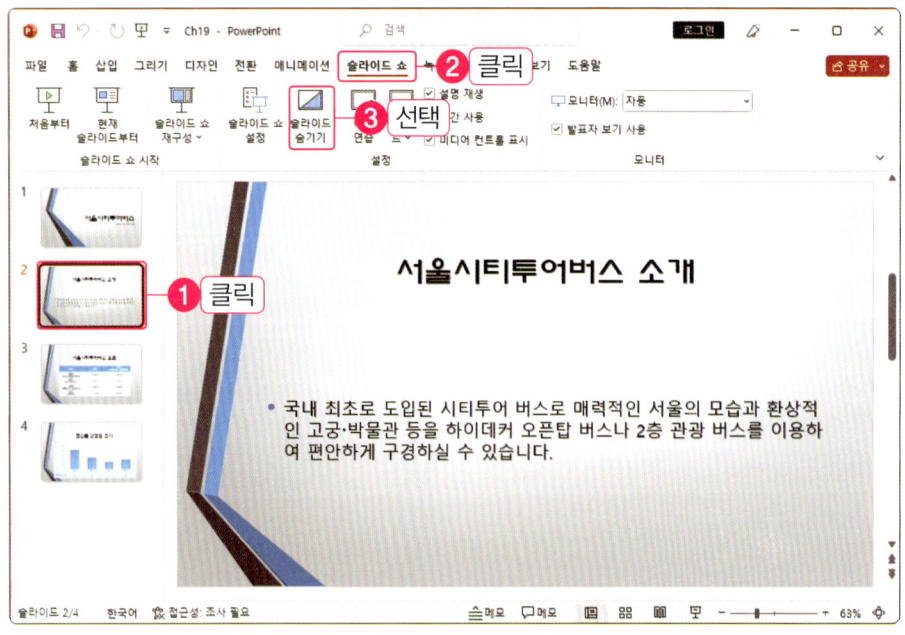

[슬라이드 숨기기]는 클릭하면 선택되고, 다시 클릭하면 선택 해제됩니다.

2 슬라이드가 숨겨지면 슬라이드 쇼를 시작하기 위해 [슬라이드 쇼] 탭-[슬라이드 쇼 시작] 그룹에서 **[처음부터]를 클릭**합니다.

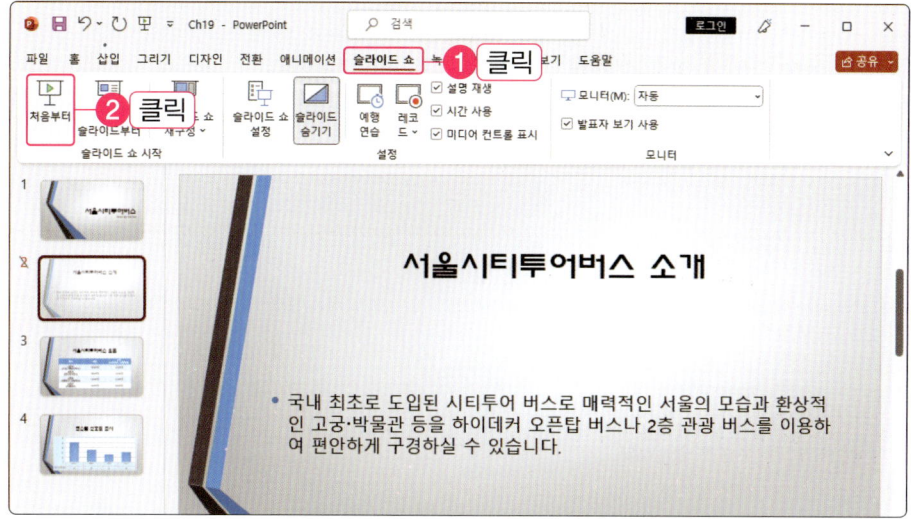

3 1번 슬라이드가 전체 화면으로 나타나면 다음 슬라이드로 이동하기 위해 **슬라이드를 클릭**합니다.

4 3번 슬라이드가 전체 화면으로 나타나면 슬라이드 쇼를 종료하기 위해 Esc를 누릅니다.

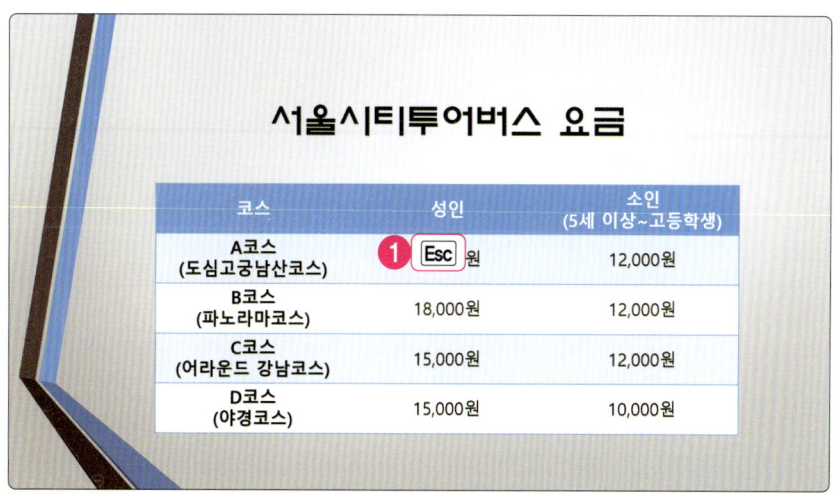

2번 슬라이드가 숨겨져 있기 때문에 3번 슬라이드가 전체 화면으로 나타납니다.

5 슬라이드 쇼가 종료되면 숨긴 슬라이드를 다시 표시하기 위해 슬라이드 보기 창에서 **2번 슬라이드를 선택**한 후 [슬라이드 쇼] 탭-[설정] 그룹에서 **[슬라이드 숨기기]를 선택 해제**합니다.

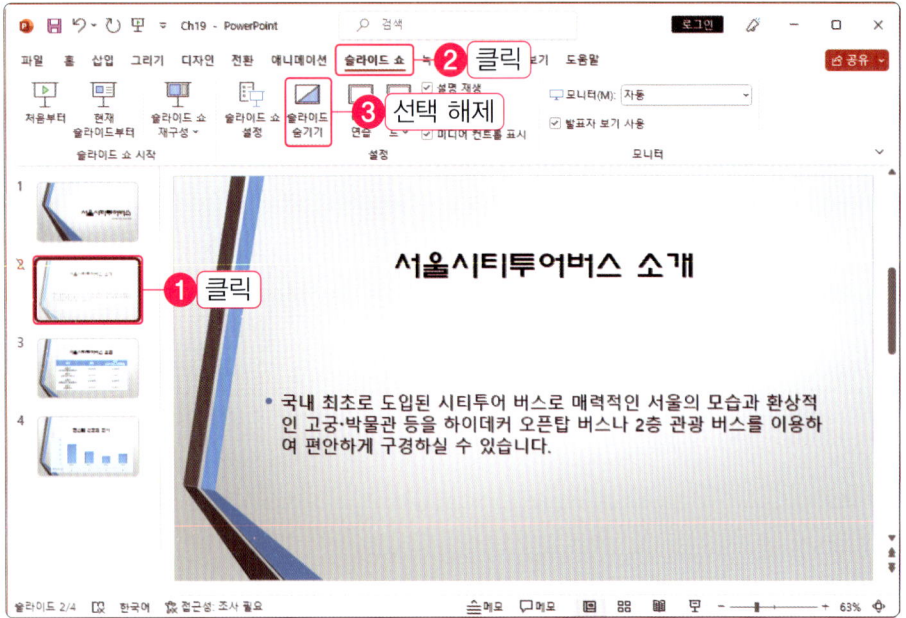

6 숨긴 슬라이드가 다시 표시됩니다.

02 슬라이드 쇼 재구성하기

1 슬라이드 쇼를 재구성하기 위해 [슬라이드 쇼] 탭-[슬라이드 쇼 시작] 그룹에서 [슬라이드 쇼 재구성]을 클릭한 후 [쇼 재구성]을 클릭합니다.

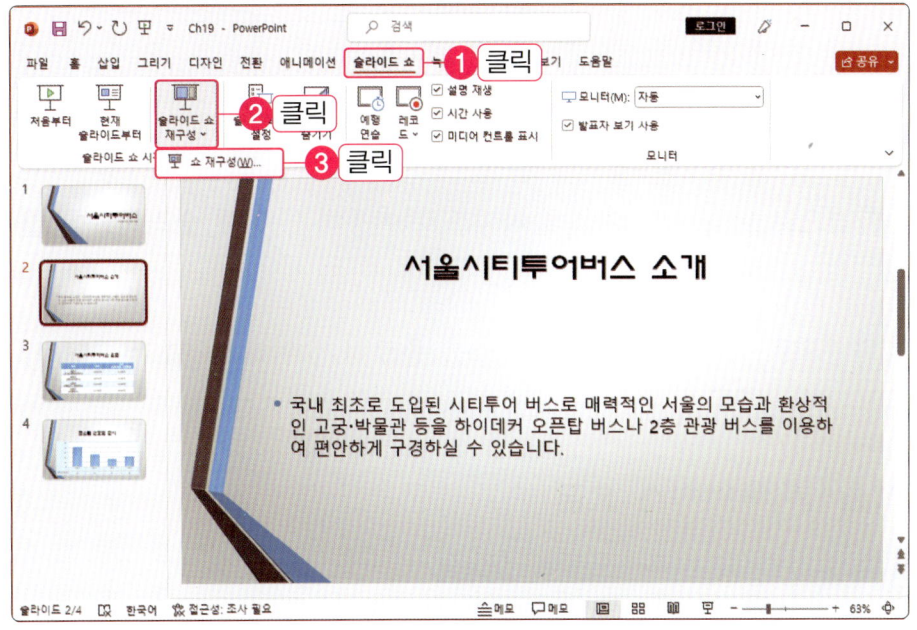

2 [쇼 재구성] 대화상자가 나타나면 [새로 만들기] 단추를 클릭합니다.

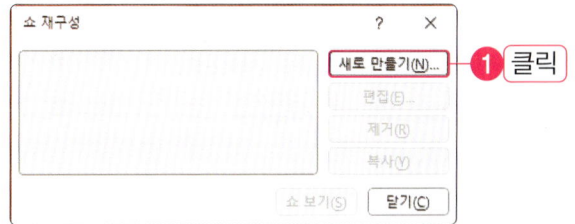

3 [쇼 재구성하기] 대화상자가 나타나면 슬라이드 쇼 이름(서울시티투어버스)을 입력한 후 프레젠테이션에 있는 슬라이드에서 1번 슬라이드와 3번 슬라이드를 선택한 다음 [추가] 단추를 클릭합니다. 그런 다음 1번 슬라이드와 3번 슬라이드가 재구성한 쇼에 있는 슬라이드에 추가되면 [확인] 단추를 클릭합니다.

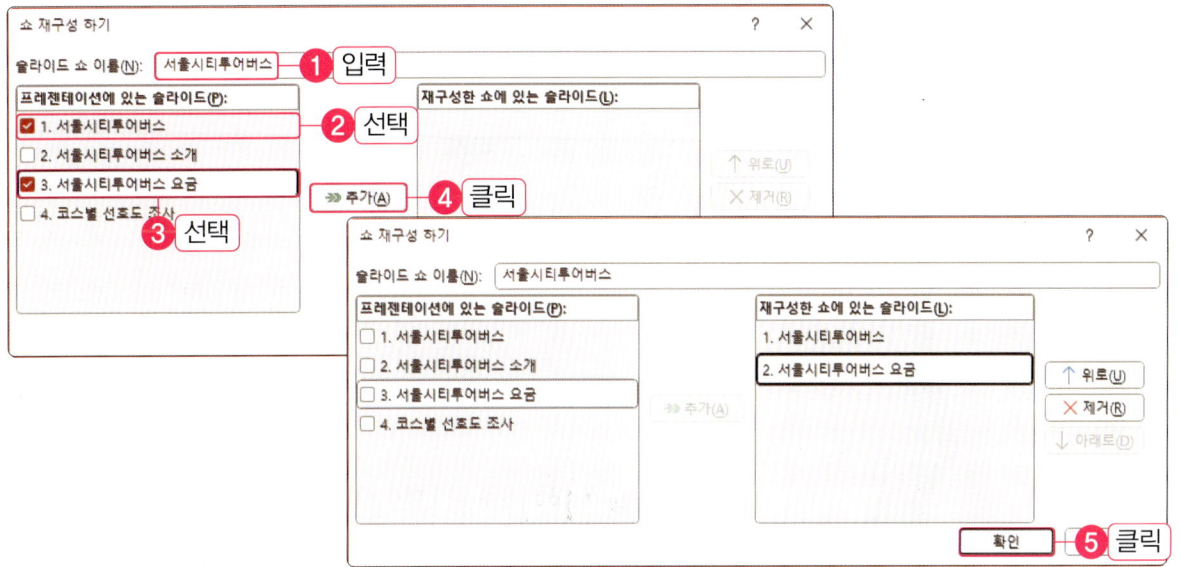

Chapter 19 - 슬라이드 숨기고 슬라이드 쇼 재구성하기

4 [쇼 재구성] 대화상자가 다시 나타나면 재구성한 쇼를 보기 위해 **[쇼 보기] 단추를 클릭**합니다.

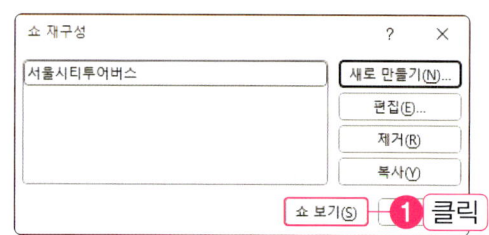

재구성한 쇼를 선택한 후 [편집] 단추를 클릭하면 재구성한 쇼를 수정할 수 있고, [제거] 단추를 클릭하면 재구성한 쇼를 제거할 수 있습니다.

5 1번 슬라이드가 전체 화면으로 나타나면 다음 슬라이드로 이동하기 위해 **슬라이드를 클릭**합니다.

6 2번 슬라이드가 전체 화면으로 나타나면 슬라이드 쇼를 종료하기 위해 **Esc를 누릅니다.**

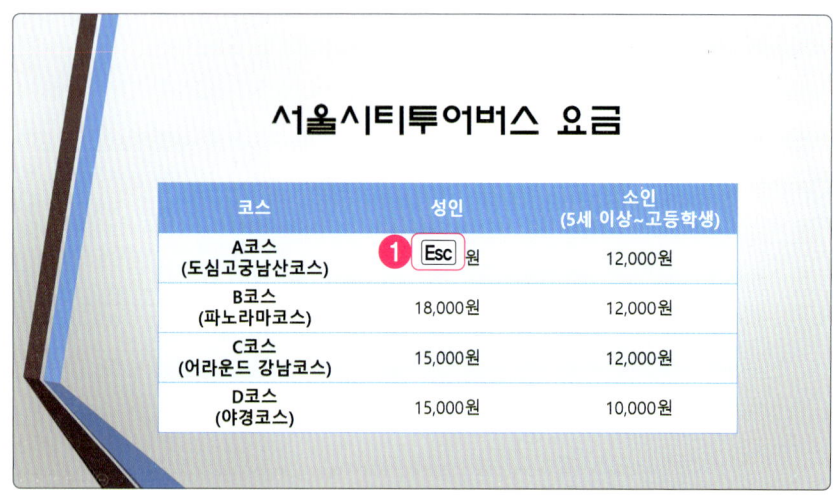

재구성한 쇼에 있는 슬라이드만 표시되는 것을 확인할 수 있습니다.

7 슬라이드 쇼가 종료됩니다.

알고 넘어갑시다!

재구성한 쇼 보기

다음과 같이 [슬라이드 쇼] 탭-[슬라이드 쇼 시작] 그룹에서 [슬라이드 쇼 재구성]을 클릭한 후 재구성한 쇼(슬라이드 쇼를 재구성하면 표시됩니다)를 클릭하여 재구성한 쇼를 볼 수도 있습니다.

POWERPOINT 2021 연습문제 E·x·e·r·c·i·s·e

C:\단계학습\파워포인트\연습파일\Ch19-연습.pptx

1 다음과 같이 4번 슬라이드를 숨겨 보세요.

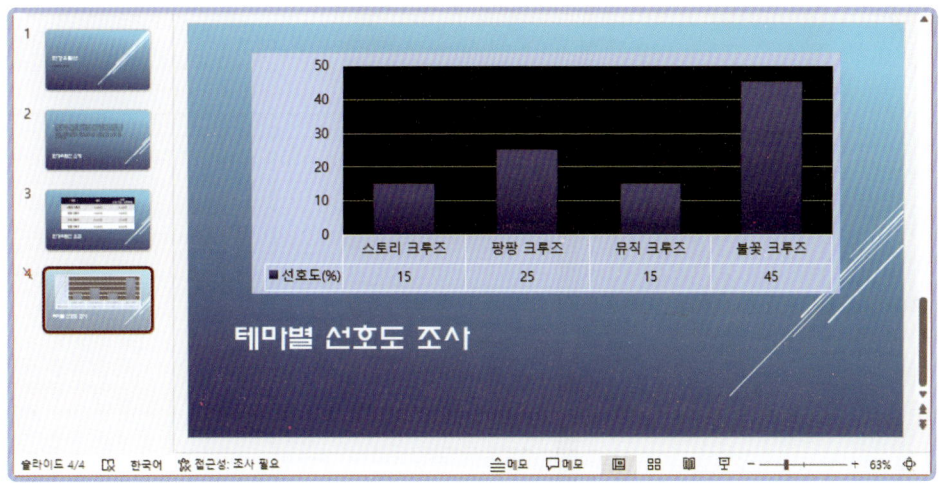

2 1번 슬라이드부터 슬라이드 쇼를 시작하여 숨긴 슬라이드가 표시되지 않는 것을 확인한 후 숨긴 슬라이드를 다시 표시해 보세요.

3 다음과 같이 슬라이드 쇼를 재구성해 보세요.
- 슬라이드 쇼 재구성 : 슬라이드 쇼 이름(한강유람선), 재구성한 쇼에 있는 슬라이드(프레젠테이션에 있는 슬라이드에서 1번 슬라이드/3번 슬라이드/4번 슬라이드 선택)

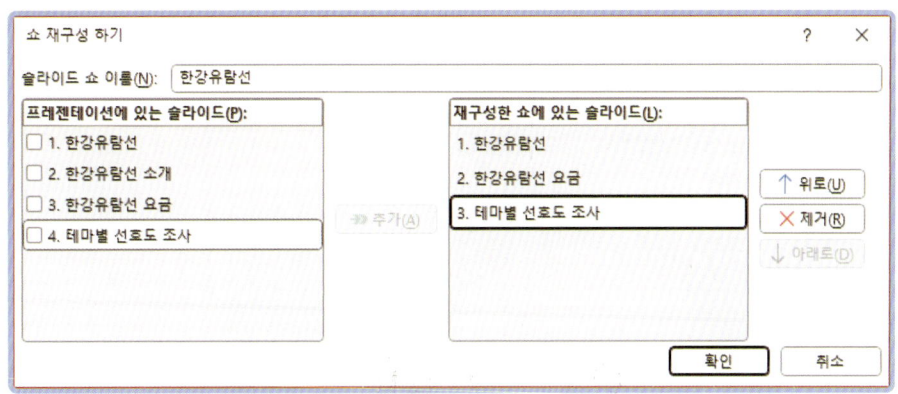

4 재구성한 쇼를 봐 보세요.

Hint
[슬라이드 쇼] 탭-[슬라이드 쇼 시작] 그룹에서 [슬라이드 쇼 재구성]을 클릭한 후 [한강유람선]을 클릭하면 재구성한 쇼를 볼 수 있습니다.

Chapter 19 – 슬라이드 숨기고 슬라이드 쇼 재구성하기

기본 Study

Chapter 20

슬라이드 쇼 진행하고 예행 연습하기

예행 연습은 슬라이드 쇼를 매끄럽게 진행하기 위해 미리 슬라이드 쇼를 진행해 볼 수 있는 기능인데요. 슬라이드 쇼를 진행할 때 필요한 기능을 익히고 예행 연습을 충분히 한다면 훌륭한 프레젠테이션을 할 수 있을 것입니다. 그럼, 슬라이드 쇼를 진행하고 예행 연습을 하는 방법에 대해 알아보겠습니다.

Powerpoint 2021

미리 보기

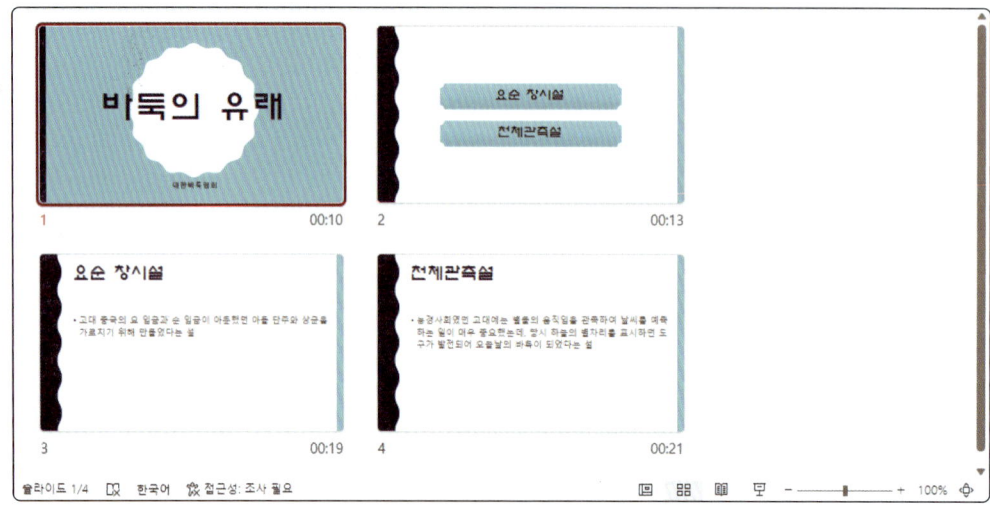

C:\단계학습\파워포인트\예제파일\Ch20.pptx

01 슬라이드 쇼 진행하기

1 슬라이드 쇼를 진행하기 위해 [슬라이드 쇼] 탭-[슬라이드 쇼 시작] 그룹에서 **[처음부터]**를 클릭합니다.

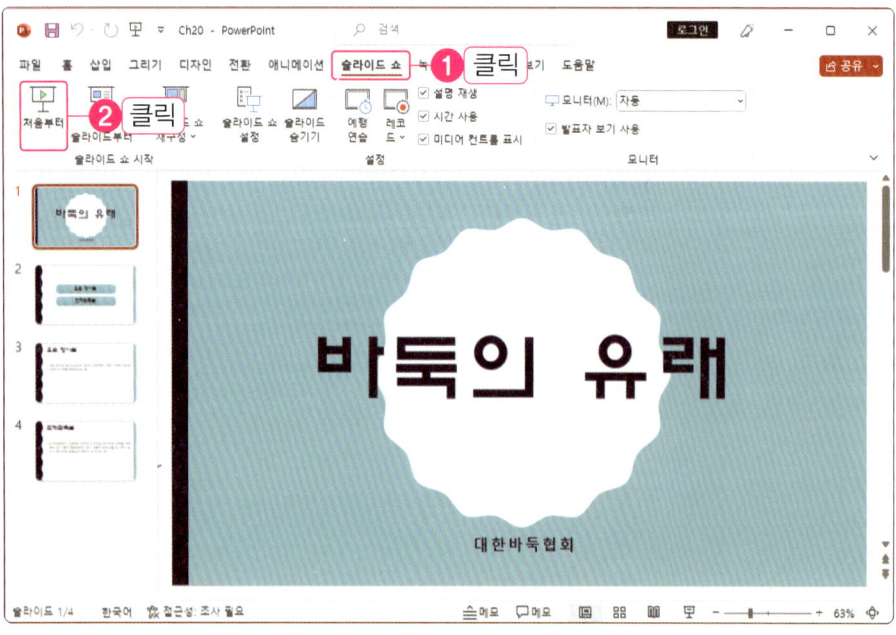

2 1번 슬라이드가 전체 화면으로 나타나면 3번 슬라이드로 이동하기 위해 ③을 누른 후 Enter 를 누릅니다.

슬라이드 번호를 누른 후 Enter를 누르면 해당 슬라이드로 바로 이동할 수 있습니다.

3 3번 슬라이드가 전체 화면으로 나타나면 형광펜으로 주요 내용을 표시하기 위해 **슬라이드의 바로 가기 메뉴에서 [포인터 옵션]–[형광펜]을 클릭**합니다.

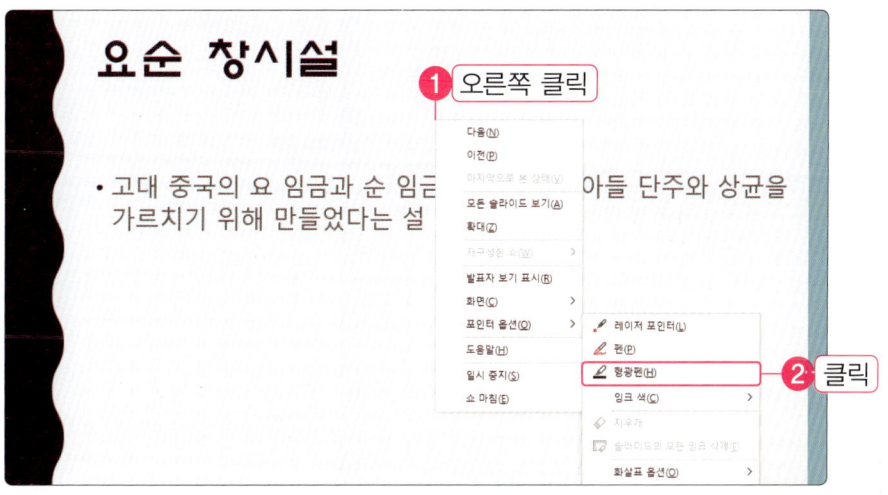

알고 넘어갑시다!

포인터 옵션

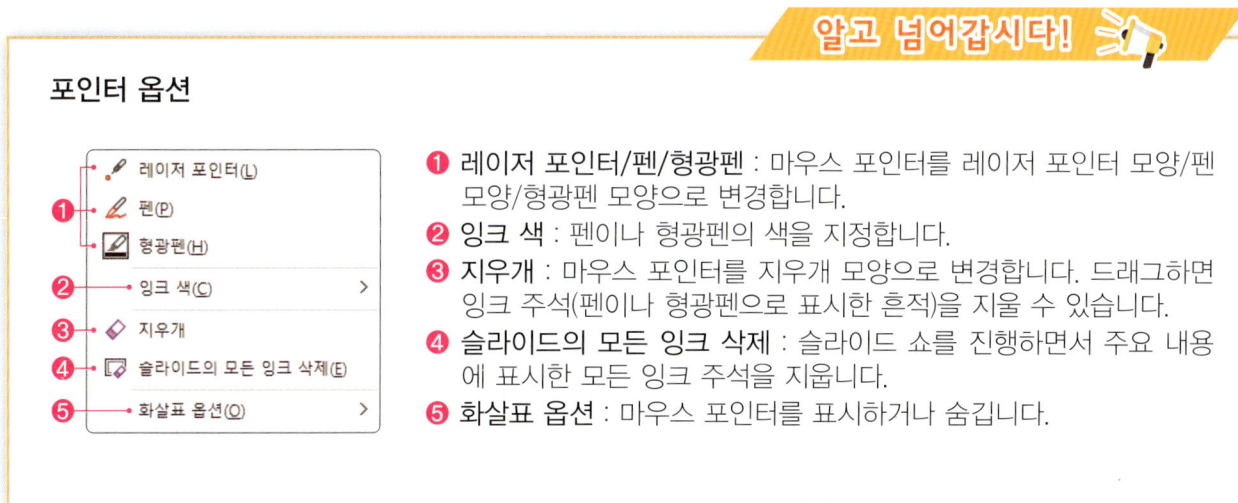

❶ **레이저 포인터/펜/형광펜** : 마우스 포인터를 레이저 포인터 모양/펜 모양/형광펜 모양으로 변경합니다.
❷ **잉크 색** : 펜이나 형광펜의 색을 지정합니다.
❸ **지우개** : 마우스 포인터를 지우개 모양으로 변경합니다. 드래그하면 잉크 주석(펜이나 형광펜으로 표시한 흔적)을 지울 수 있습니다.
❹ **슬라이드의 모든 잉크 삭제** : 슬라이드 쇼를 진행하면서 주요 내용에 표시한 모든 잉크 주석을 지웁니다.
❺ **화살표 옵션** : 마우스 포인터를 표시하거나 숨깁니다.

4 마우스 포인터가 형광펜 모양으로 변경되면 **다음과 같이 드래그하여 주요 내용을 표시**한 후 4번 슬라이드로 이동하기 위해 Enter**를 누릅니다.**

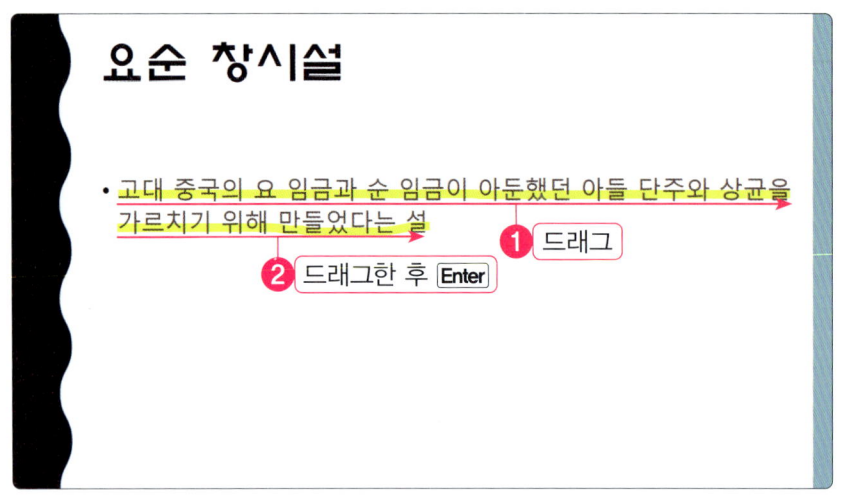

펜이나 형광펜을 사용하면 클릭하여 다음 슬라이드로 이동할 수 없기 때문에 Enter를 눌러 다음 슬라이드로 이동해야 합니다.

5 4번 슬라이드가 전체 화면으로 나타나면 슬라이드 쇼를 종료하기 위해 Esc**를 누릅니다.**

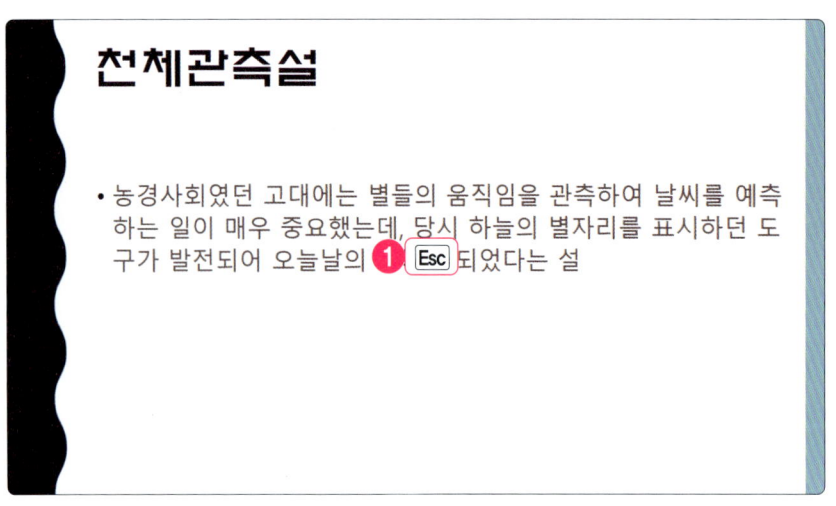

6 '잉크 주석을 유지하시겠습니까?'라고 묻는 대화상자가 나타나면 **[아니오] 단추를 클릭**합니다.

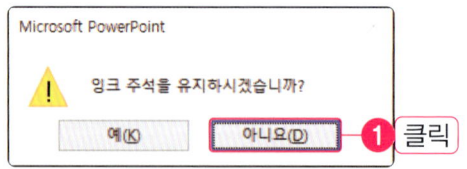

[예] 단추를 클릭하면 잉크 주석이 슬라이드에 도형을 그린 것처럼 삽입됩니다.

7 슬라이드 쇼가 종료됩니다.

알고 넘어갑시다!

슬라이드 쇼 화면 확대하기

다음과 같이 슬라이드 쇼를 진행하다가 슬라이드의 바로 가기 메뉴에서 [확대]를 클릭하면 슬라이드 쇼 화면을 확대할 수 있습니다.

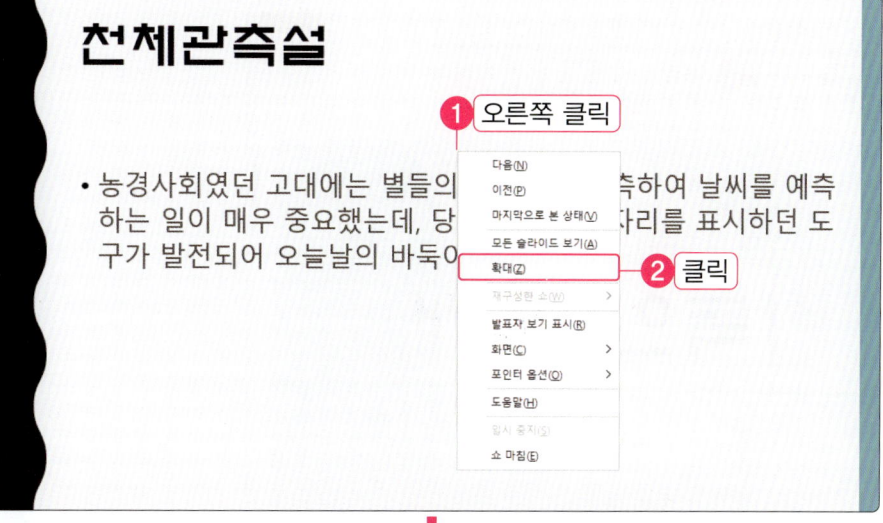

02 예행 연습하기

1. 예행 연습을 하기 위해 [슬라이드 쇼] 탭-[설정] 그룹에서 **[예행 연습]을 클릭**합니다.

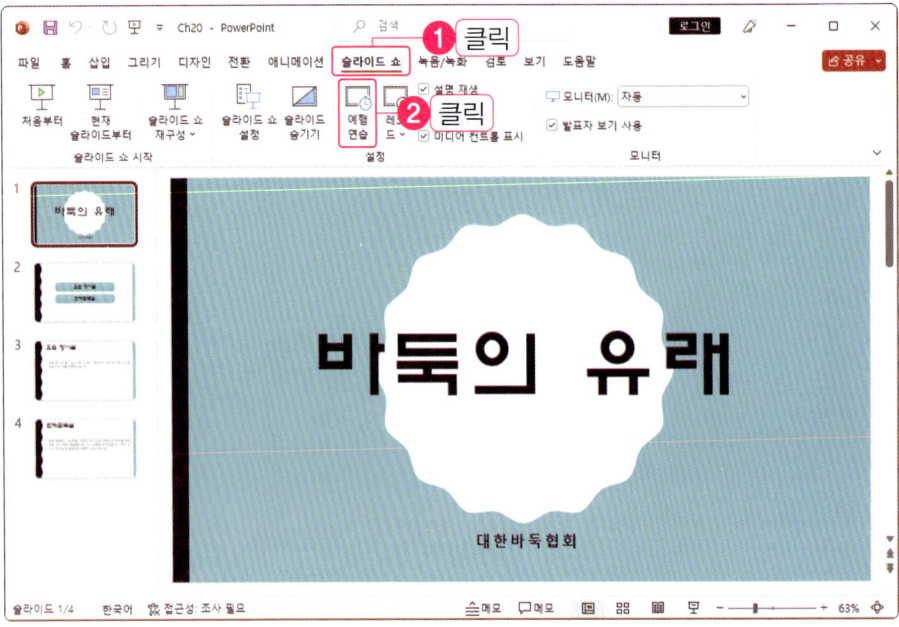

2. [녹화] 도구 모음과 함께 1번 슬라이드가 전체 화면으로 나타나면 **슬라이드 쇼를 진행**합니다.

[녹화] 도구 모음은 슬라이드 시간(슬라이드 쇼의 진행 시간)을 기록하는데요. 슬라이드 쇼를 일시 중지한 시간이나 펜이나 형광펜을 선택하는 시간 등은 슬라이드 시간에 포함되지 않습니다.

알고 넘어갑시다!

슬라이드 쇼 일시 중지하기
- **방법1** : ,를 누르면(흰 화면이 됩니다) 슬라이드 쇼를 일시 중지할 수 있고, 다시 ,를 누르면 슬라이드 쇼를 진행할 수 있습니다.
- **방법2** : .를 누르면(검은 화면이 됩니다) 슬라이드 쇼를 일시 중지할 수 있고, 다시 .를 누르면 슬라이드 쇼를 진행할 수 있습니다.

3 슬라이드 쇼를 종료한 후 '새 슬라이드 시간을 저장하시겠습니까?'라고 묻는 대화상자가 나타나면 **[예] 단추를 클릭**합니다.

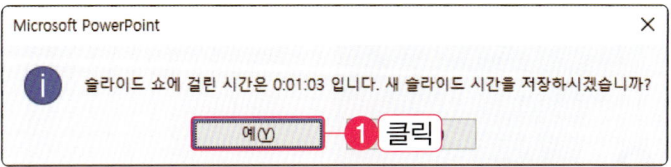

4 프레젠테이션 보기를 여러 슬라이드 보기로 전환하기 위해 [보기] 탭-[프레젠테이션 보기] 그룹에서 **[여러 슬라이드]를 클릭**합니다.

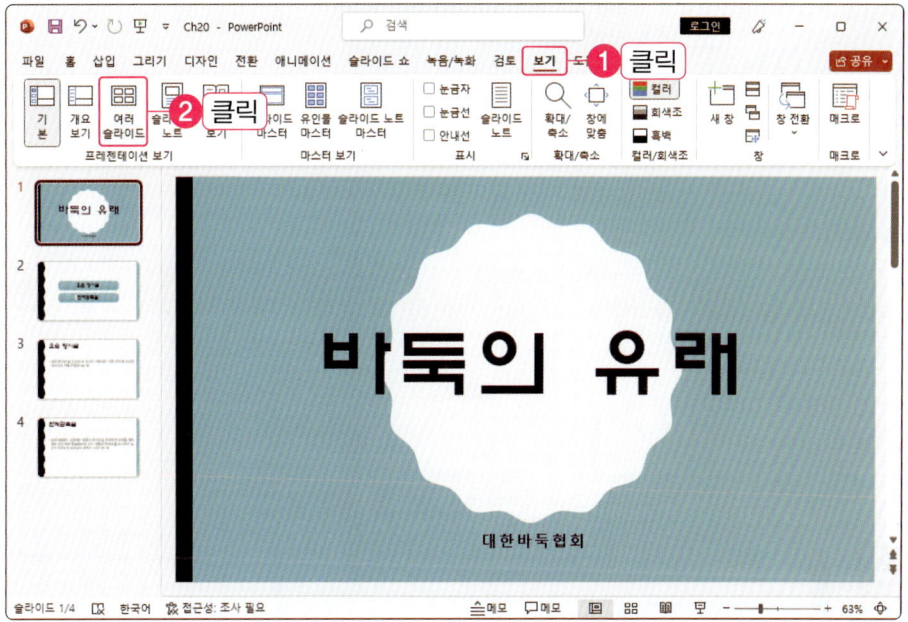

프레젠테이션 보기를 여러 슬라이드 보기로 전환하면 슬라이드별로 슬라이드 시간을 확인할 수 있습니다.

5 슬라이드 시간대로 슬라이드 쇼가 진행되는지 확인하기 위해 [슬라이드 쇼] 탭-[슬라이드 쇼 시작] 그룹에서 **[처음부터]를 클릭**합니다.

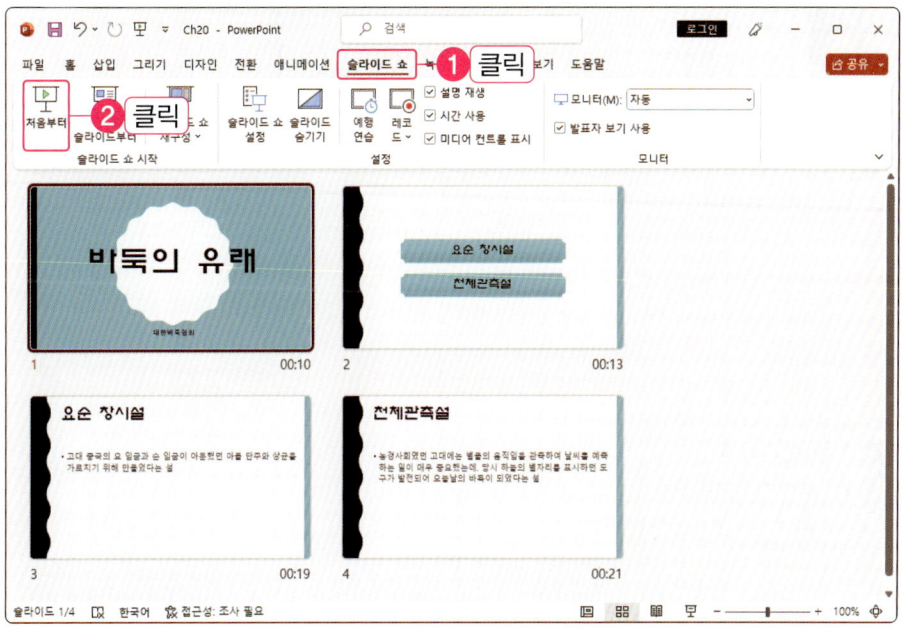

6 다음과 같이 슬라이드 시간대로 슬라이드 쇼가 진행되는 것을 확인할 수 있습니다.

알고 넘어갑시다!

슬라이드 시간 사용하지 않기

다음과 같이 슬라이드를 선택한 후 [전환] 탭-[타이밍] 그룹을 보면 [다음 시간 후]가 선택되어 있는 것을 확인할 수 있습니다. 예행 연습을 한 후 슬라이드 시간을 저장하면 [다음 시간 후]가 자동으로 선택되는 것인데요. [다음 시간 후]를 선택 해제하면 슬라이드 시간을 사용하지 않을 수 있습니다.

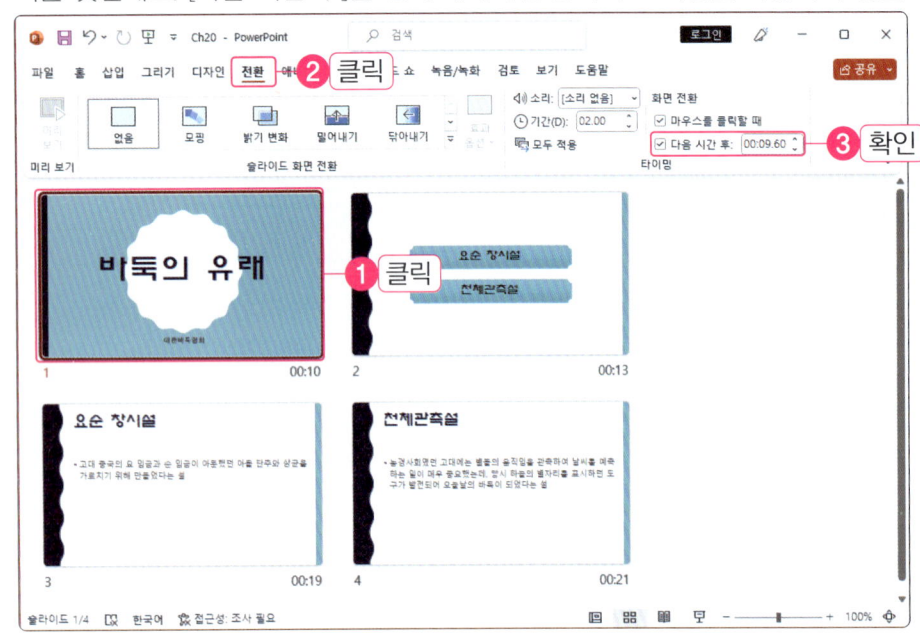

POWERPOINT 2021 **연습문제** E·x·e·r·c·i·s·e

📄 C:\단계학습\파워포인트\연습파일\Ch20-연습.pptx

1 다음과 같이 슬라이드 쇼를 진행하면서 펜으로 주요 내용을 표시해 보세요.

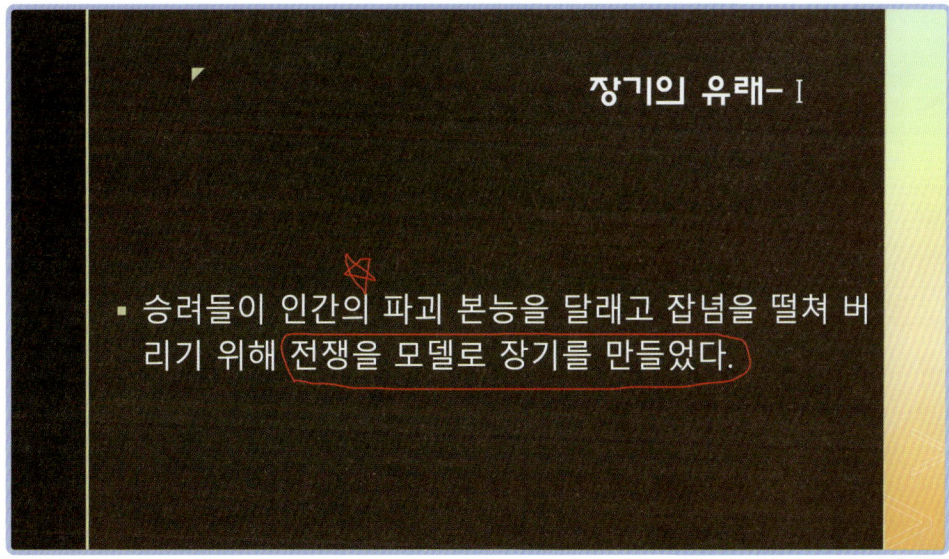

2 다음과 같이 예행 연습을 한 후 슬라이드별로 슬라이드 시간을 확인해 보세요.

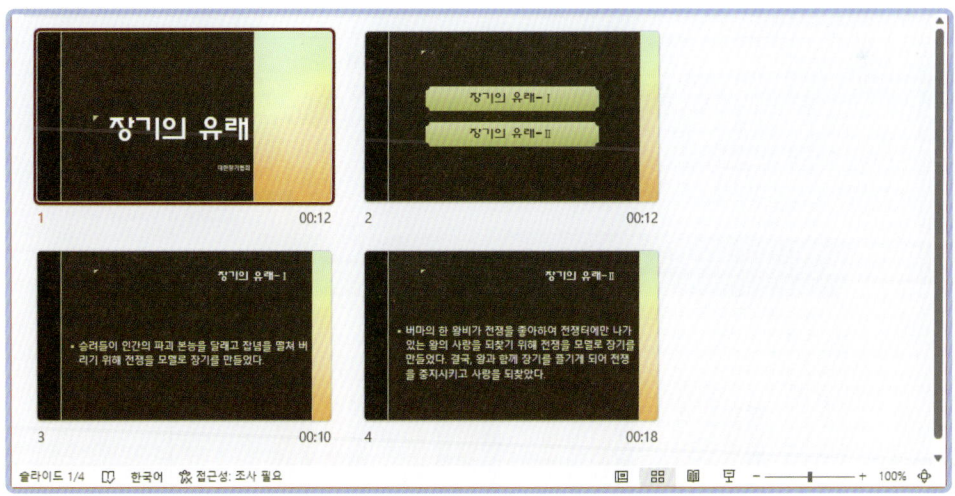

> **Hint**
> 프레젠테이션 보기를 여러 슬라이드 보기로 전환하면 슬라이드별로 슬라이드 시간을 확인할 수 있습니다.

Chapter 20 - 슬라이드 쇼 진행하고 예행 연습하기

차트 애니메이션 지정하기

파워포인트에서는 차트에 나타내기, 밝기 변화, 날아오기 등의 애니메이션을 지정하여 차트의 특정 요소를 강조하거나 단계적으로 표시할 수 있습니다. 그럼, 차트 애니메이션을 지정하는 방법에 대해 알아보겠습니다.

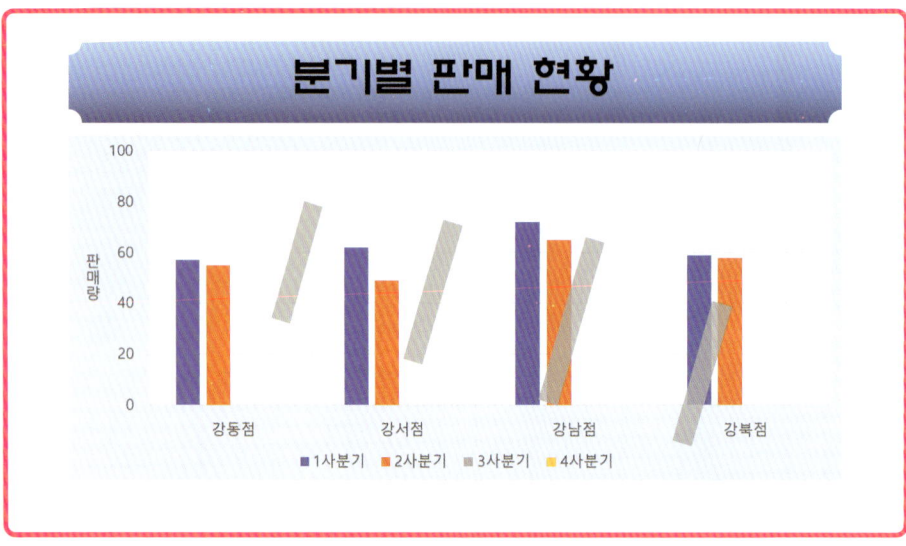

C:\단계학습\파워포인트\예제파일\Sp02.pptx

1 차트 애니메이션을 지정하기 위해 **차트를 선택**한 후 [애니메이션] 탭-[애니메이션] 그룹에서 [자세히] 단추를 클릭합니다.

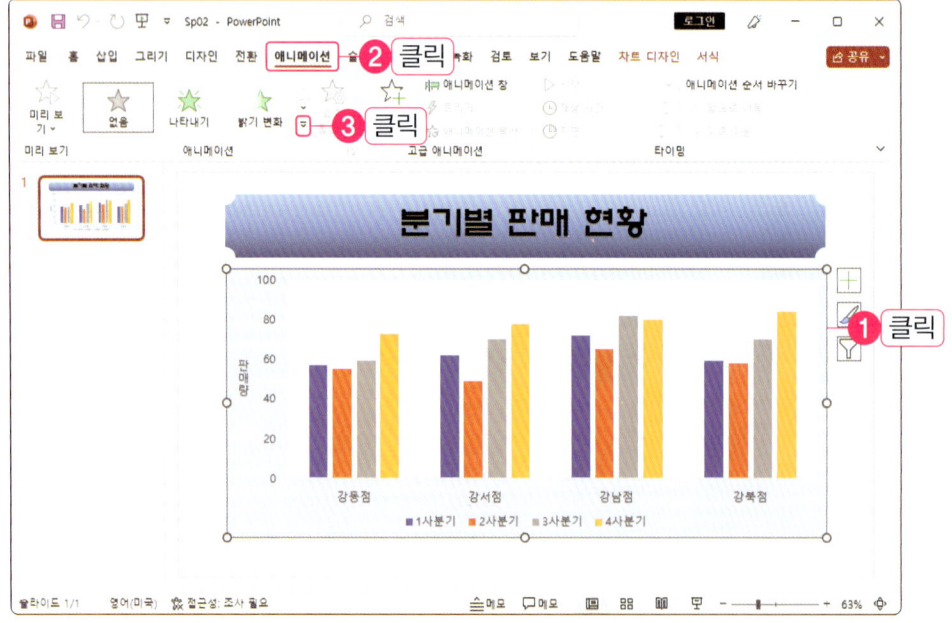

2 애니메이션 목록이 나타나면 [나타내기]-[회전하며 밝기 변화]를 클릭합니다.

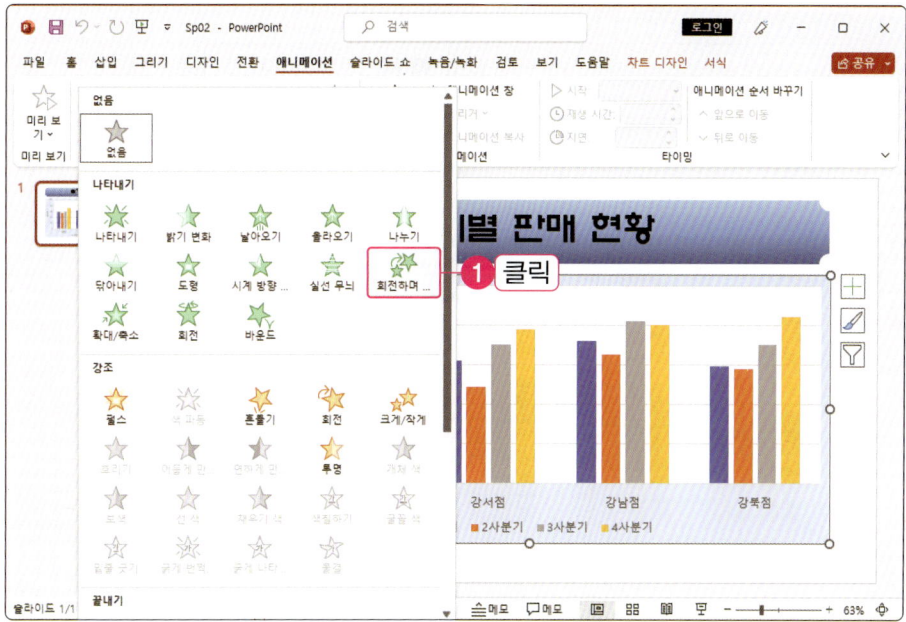

3 애니메이션 효과 옵션을 지정하기 위해 [애니메이션] 탭-[애니메이션] 그룹에서 [효과 옵션]을 클릭한 후 [계열별로]를 클릭합니다.

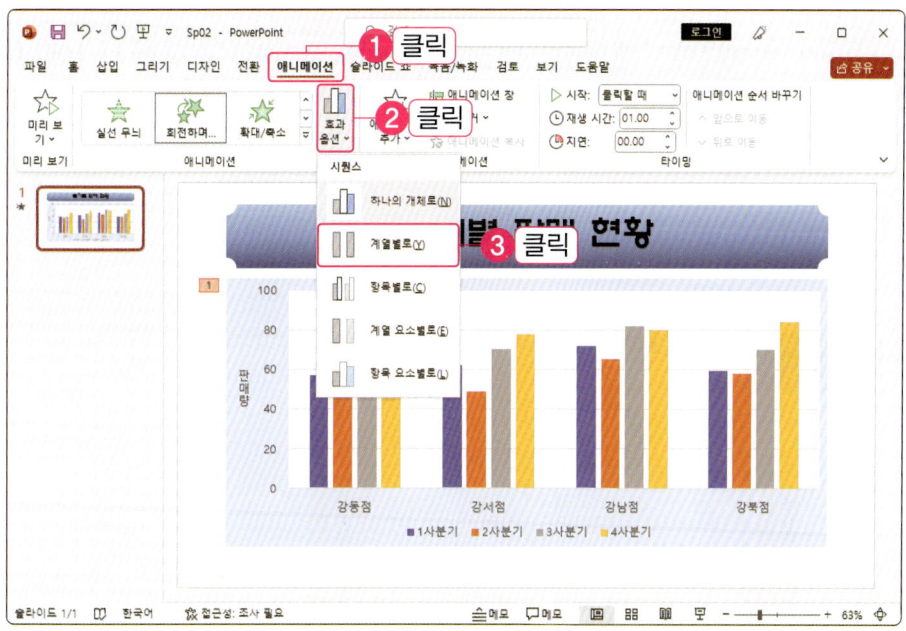

[계열별로]를 선택하면 1사분기, 2사분기, 3사분기, 4사분기 순으로 나타나고, [항목별로]를 선택하면 강동점, 강서점, 강남점, 강북점 순으로 나타납니다.

4 시작을 지정하기 위해 [애니메이션] 탭-[타이밍] 그룹에서 **시작(이전 효과 다음에)을 선택**합니다.

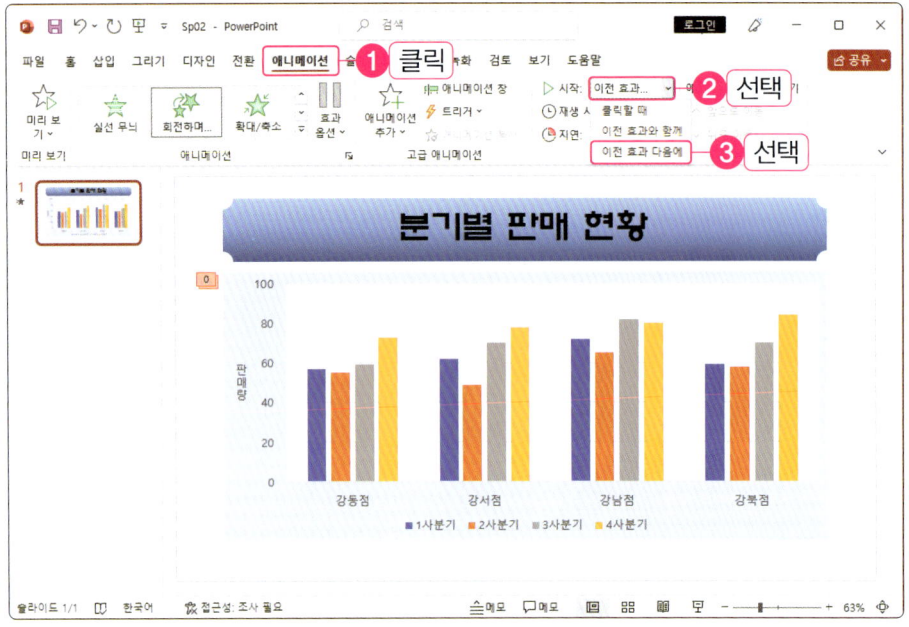

시작은 애니메이션이 실행되는 시점을 말합니다.

5 애니메이션을 추가하기 위해 [애니메이션] 탭-[고급 애니메이션] 그룹에서 [애니메이션 추가]를 클릭한 후 **[추가 강조하기 효과]**를 클릭합니다.

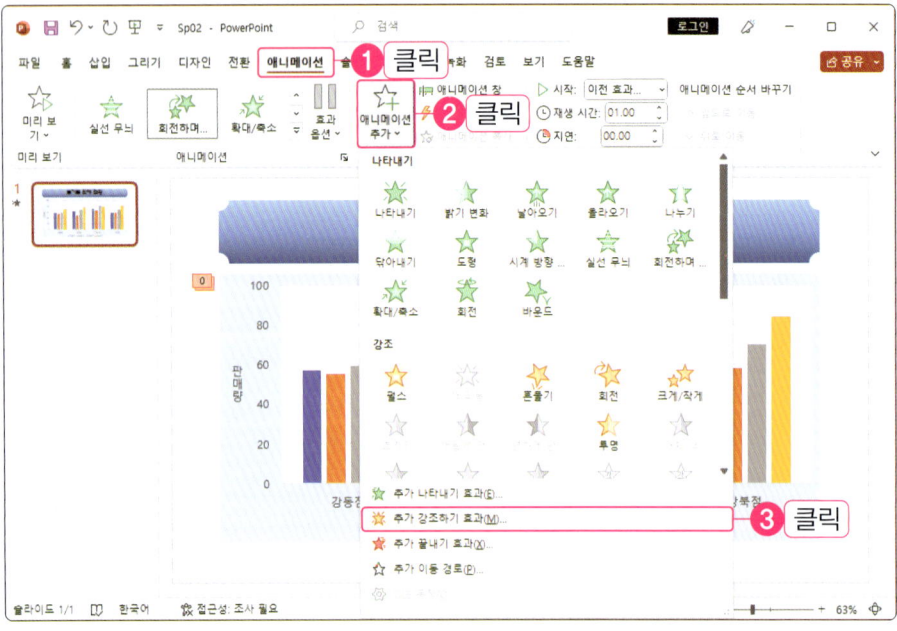

6 [강조하기 효과 추가] 대화상자가 나타나면 [화려한 효과]-[깜박이기]를 선택한 후 [확인] 단추를 클릭합니다.

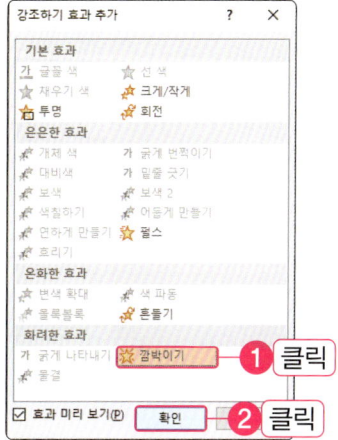

7 애니메이션이 추가되면 [애니메이션] 탭-[애니메이션] 그룹에서 [추가 옵션]을 클릭합니다.

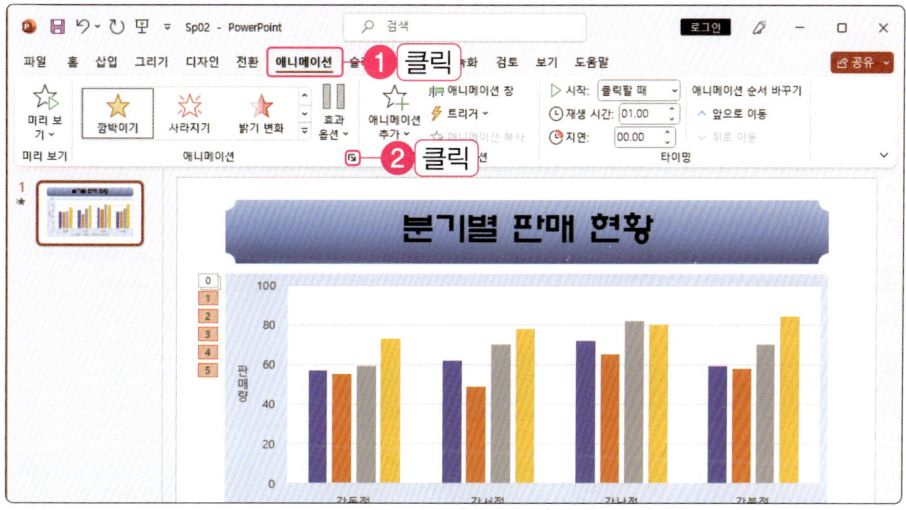

8 [깜박이기] 대화상자가 나타나면 [타이밍] 탭에서 **시작(클릭할 때)과 재생 시간(2초(중간))을 선택**한 후 [차트 애니메이션] 탭을 클릭합니다. 그런 다음 [깜박이기] 대화상자의 [차트 애니메이션] 탭이 나타나면 **[차트 배경을 그리면서 애니메이션 실행]을 선택 해제**한 후 [확인] 단추를 클릭합니다.

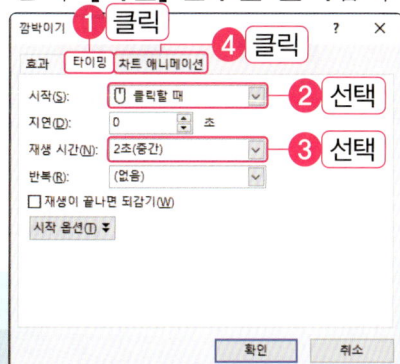
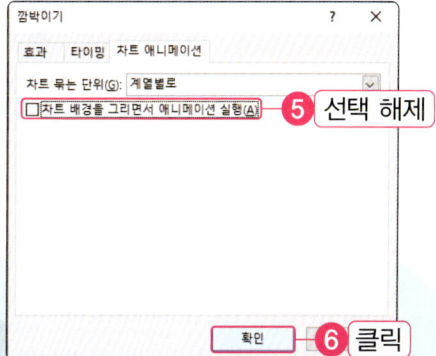

[차트 배경을 그리면서 애니메이션 실행]을 선택 해제하면 데이터 계열만 애니메이션이 실행됩니다.

Special page - 차트 애니메이션 지정하기 **143**

9 슬라이드 쇼를 시작하기 위해 [슬라이드 쇼] 탭-[슬라이드 쇼 시작] 그룹에서 **[처음부터]를 클릭**합니다.

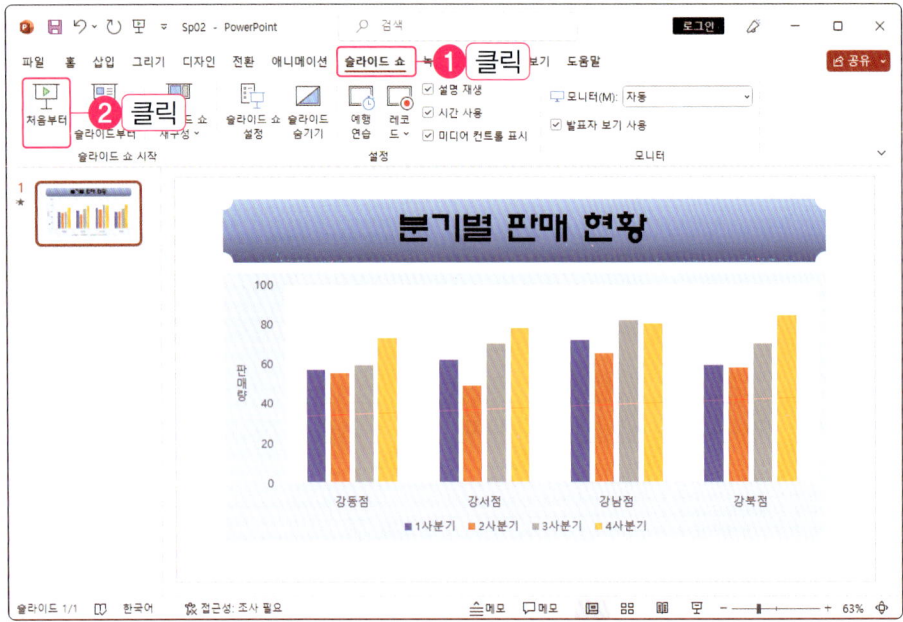

여기서는 차트 애니메이션이 슬라이드 쇼에서 어떻게 실행되는지 확인합니다.

10 다음과 같이 차트 애니메이션이 실행됩니다.

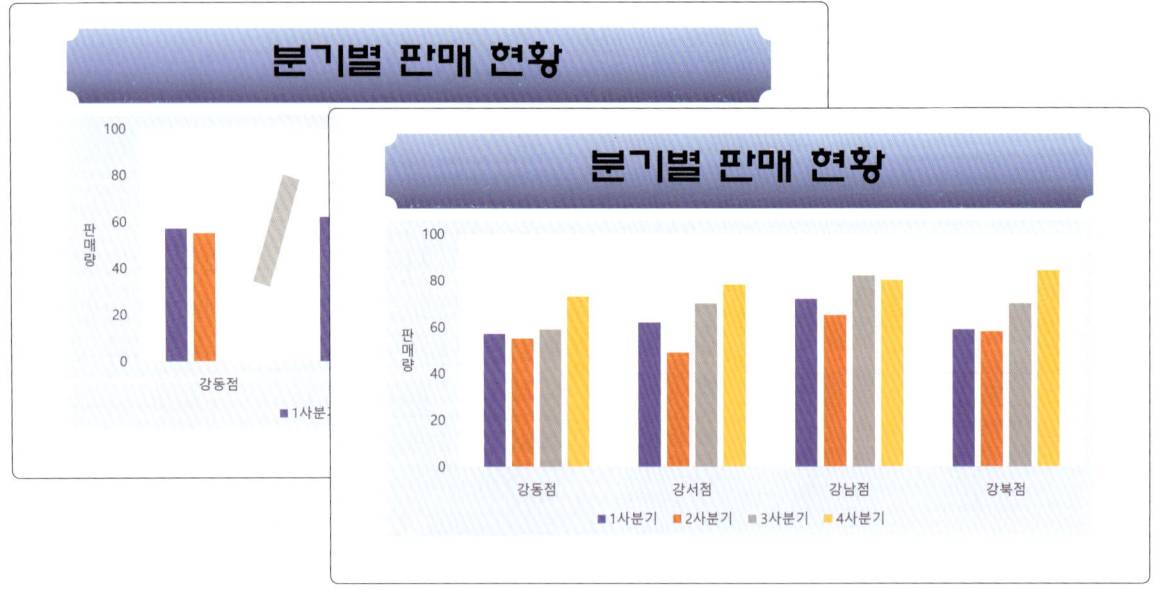

- '회전하며 밝기 변화' 애니메이션은 시작을 '이전 효과 다음에'로 지정하였기 때문에 슬라이드가 전체 화면으로 나타난 후 자동으로 애니메이션이 실행됩니다.
- '깜박이기' 애니메이션은 시작을 '클릭할 때'로 지정하였고 [차트 배경을 그리면서 애니메이션 실행]을 선택 해제하였기 때문에 '회전하며 밝기 변화' 애니메이션이 실행된 후 슬라이드를 클릭할 때마다 데이터 계열만 1사분기, 2사분기, 3사분기, 4사분기 순으로 애니메이션이 실행됩니다.